Viola Hartung-Beck

Schulische Organisationsentwicklung und Professionalisierung

Viola Hartung-Beck

Schulische Organisationsentwicklung und Professionalisierung

Folgen von Lernstandserhebungen
an Gesamtschulen

VS VERLAG FÜR SOZIALWISSENSCHAFTEN

Bibliografische Information der Deutschen Nationalbibliothek
Die Deutsche Nationalbibliothek verzeichnet diese Publikation in der
Deutschen Nationalbibliografie; detaillierte bibliografische Daten sind im Internet über
<http://dnb.d-nb.de> abrufbar.

1. Auflage 2009

Alle Rechte vorbehalten
© VS Verlag für Sozialwissenschaften | GWV Fachverlage GmbH, Wiesbaden 2009

Lektorat: Monika Mülhausen

VS Verlag für Sozialwissenschaften ist Teil der Fachverlagsgruppe Springer Science+Business Media.
www.vs-verlag.de

Umschlaggestaltung: KünkelLopka Medienentwicklung, Heidelberg
Druck und buchbinderische Verarbeitung: Krips b.v., Meppel
Gedruckt auf säurefreiem und chlorfrei gebleichtem Papier
Printed in the Netherlands

ISBN 978-3-531-16592-9

Inhalt

Einleitung

Die vorliegende Arbeit beschäftigt sich im Kontext der *empirischen Wende* der Erziehungswissenschaften mit der Thematik der Rückmeldungen aus Lernstandserhebungen, die innerhalb der Einzelschule als Instrument der outputorientierten Reformen im Bildungssystem eingeführt wurden. Es handelt sich um eine qualitative empirische Arbeit, die sich zwischen den Forschungsfeldern der Bildungs-, Schul- und Evaluationsstudien sowie im Umfeld von Professions- und Organisationsstudien positionieren lässt. Die methodische und theoretische Verortung dieser Arbeit als Verbindung zwischen kulturtheoretischen und konstruktivistischen Ansätzen liegt im Forschungsgegenstand dieser Arbeit begründet, nämlich in den Fragen, *wie Lernstandserhebungen als Medium der Organisation bzw. als organisatorische Ressource in den schulischen Organisationsstrukturen etabliert werden* und *wie die Nutzung der Daten durch professionelle (epistemologische) Überzeugungen der Lehrkräfte strukturiert wird.* Im Fokus stehen schulinterne Prozesse, die auf die Rückmeldungen von Schülerleistungen aus Lernstandserhebungen innerhalb der Einzelschule erfolgen. Als Ziel wird eine modell- und typenbildende Gesamtinterpretation formuliert, um einen Beitrag zu grundsätzlichen Fragen der Einführung von Lernstandserhebungen und deren Rückmeldungen als Instrument der Steuerung der Einzelschule und der schulischen Qualitätssicherung und -entwicklung zu liefern. Grundlage dieser Untersuchung bilden dabei zwei Gesamtschulen in Nordrhein-Westfalen, die an der Lernstandserhebung Lernstand 9 beteiligt waren und die im Rahmen von qualitativen Fallstudien im multiple-case Design u.a. durch 23 problemzentrierte Interviews erhoben und ausgewertet wurden.

Ausgangslage für die empirische Studie dieser Arbeit stellen die Veränderungen innerhalb des deutschen Bildungssystems dar, das sich momentan in einer Phase des Wandels von einer Input- zu einer Outputsteuerung befindet. Hierbei sollen mittels Bildungsstandards und Kernlehrplänen sowie Parallel- und Vergleichsarbeiten Verbesserungen der Schulqualität und der Schülerleistungen erreicht werden. Maßgeblich für diese Veränderungen ist die Einführung von nationalen Bildungsstandards (vgl. Klieme u.a. 2003, Klieme 2004) und deren Umsetzung auf Länderebene durch den Konstanzer-Beschluss der Kultusministerkonferenz aus dem Jahr 1997. Hiermit wurde der Weg für die Einführung einer Messung von Schülerleistungen durch in den Schulen eingesetzte Lernstandserhebungen nicht nur international, sondern auch national sowie innerhalb der einzelnen Bundesländer geebnet, mit denen die Rückmeldungen der Ergebnisse zu einem zentralem Instrument der Bildungssteuerung geworden sind. Zu beachten bleibt allerdings, dass die konkreten Auswirkungen dieser Reform innerhalb der Einzelschule noch weitestgehend unbekannt sind.

Die outputorientierte Entwicklung zeichnet sich in Deutschland seit Mitte der 1990er Jahre ab, in denen Deutschland sich an internationalen Studien wie TIMSS (Third International Mathematics and Science Study) und PISA (Programme for International Student Assessment) beteiligt hat. Der Schock, wie er in der Öffentlichkeit häufig benannt wird, über das mittelmäßige bis schlechte Abschneiden deutscher Schüler in den Kernfächern Mathematik und Deutsch hat zwar nicht allein, aber doch ausschlaggebend dazu beigetragen, dass langfristig geplante Reformen im Bildungssystem angestoßen bzw. ausgebaut wurden. Denn neben diversen Maßnahmen, wie der Stärkung der Ursachenforschung von Lehr- und Lernprozessen, wurden auch externe Evaluationsmaßnahmen, wie etwa die Lernstandserhebungen von Schülern ganzer Schuljahrgänge und deren Rückmeldungen an die beteiligten Schulen und Lehrkräfte für die einzelschulische Qualitätssicherung und -entwicklung in einzelnen Bundesländern verstärkt eingeführt. In diesem Zusammenhang, dem im Rahmen dieser Arbeit nachgegangen werden wird, deutet sich bereits die Relevanz der Frage nach den Auswirkungen und dem Nutzen der empirischen Daten für schulische Qualitätssicherung, Entwicklung und Lehrerprofessionalisierung an.

Zu beachten bleibt, dass sich die einzelnen Lernstandserhebungen zentral voneinander unterscheiden, wie bereits in der Vielfalt ihrer unterschiedlichen Bezeichnungen und Namen, etwa MARKUS (Mathematik-Gesamterhebung Rheinland-Pfalz: Kompetenzen, Unterrichtsbedingen, Schulischer Kontext), QuaSUM (Brandenburger Studie zu Qualitätsuntersuchungen an Schulen zum Unterricht in Mathematik) oder VERA (VergleichsArbeiten in der Grundschule), deutlich wird. An dieser Stelle gilt es, eine zentrale Unterscheidung für die unterschiedlichen Bezeichnungen der Schülerleistungsmessungen, wie etwa Vergleichs- und Orientierungsarbeiten sowie Large-Scale-Assessments, zu treffen und zu differenzieren. Denn unter den unterschiedlichen Namen verbergen sich unterschiedliche Testdesigns, die Einfluss auf die Möglichkeiten der Steuerungsintention nehmen. Die verschiedenen Lernstandserhebungen – dieser Begriff wird im weiteren Verlauf dieser Arbeit synonym für alle Schülerleistungsmessungen genutzt – unterscheiden sich in Bezug auf ihre Zielstellungen, Funktionen und Adressaten voneinander, so dass sich durch diese unterschiedlichen Voraussetzungen Differenzen für Designs, Stichproben, Test- und Rückmeldeformate ergeben. Die Auswahl einer geeigneten Lernstandserhebung als Untersuchungsgrundlage, die sich mit der Frage nach den schulinternen Auswirkungen von Rückmeldungen aus solchen Tests beschäftigt, muss folglich diese Kriterien berücksichtigen. Denn die verschiedenen Rückmeldungen aus Lernstandserhebungen lassen sich nicht unter einer Kategorie subsumieren, da es von erheblicher Bedeutung ist, ob die Daten sich auf Quer- oder Längsschnittdaten oder auf Stichproben oder Vollerhebungen beziehen.

Aus der Perspektive dieser Arbeit bietet sich eine Differenzierung der Lernstandserhebungen an, die sich auf die mit ihnen verbundenen Steuerungsintentionen und Zielstellungen für die unterschiedlichen Adressaten des Bildungssystems beziehen. Sollen Lernstandserhebungen Zielstellungen auf der Ebene des Bildungssystems erfüllen, d.h. sind Schuladministrationen wie Ministerien, Schulaufsichtsbehörden etc. die Adressaten der Rückmeldungen, reicht es meist aus, Stichproben zu erheben, um Bildungs- bzw. Systemmonitorings zu erstellen. Diese Rückmeldungen genügen für eine Beurteilung des gesamten Bildungssystems oder einzelner Aspekte, wie es z.B. in TIMSS, PISA, DESI und IGLU[1] gewährleistet wurde. Sollen dagegen Lernstandserhebungen auf der Ebene der Einzelschule Ziele für die Schul- und Unterrichtsentwicklung erfüllen, d.h. sind die Einzelschulen, also die Schulleitungen und Lehrkräfte, die Adressaten der Rückmeldungen, ist es meist notwendig, größere Stichproben, wenn nicht ganze Schuljahrgänge zu testen, um der Zielstellung einer Standortbestimmung der Einzelschule oder klassenspezifischer Profile sowie

---

[1] Bei den Studien IGLU und DESI handelt es sich um eine ‚Zwischenform', da diese Untersuchungen zwar stichprobenbasiert durchgeführt wurden, hier aber ganze Klassen als Einheit gewählt wurden. Aus den Rückmeldungen an die einzelnen Schulen und Klassen ergeben sich somit auch Möglichkeiten der Standortbestimmung wie sie sonst nur bei Vollerhebungen möglich sind.

Erkenntnisse über Einzelschülerleistungen nachzukommen. Diese Form der Rückmeldung genügt dann den Informationsansprüchen der Einzelschulen, wie es z.B. in KESS 4 (Kompetenzen und Einstellungen von Schülerinnen und Schülern), VERA, LAU (Hamburger Studie zu Aspekten der Lernausgangslage und Lernentwicklung), QuaSUM, MARKUS und Lernstand 9 der Fall ist. Für die vorliegende Arbeit ist besonders die zweite Form der Lernstandserhebungen interessant, da hier die Einzelschulen direkt adressiert und mit vielfältigen Ansprüchen und Zielstellungen konfrontiert werden. Als Basis für die empirische Studie der vorliegenden Arbeit wurde aus diesen und weiteren Gründen, die im weiteren Verlauf der Arbeit dargelegt werden, die Lernstandserhebung Lernstand 9 aus Nordrhein-Westfalen ausgewählt[2], die in Kapitel 3.2 dieser Arbeit vorgestellt wird.

Insgesamt ergeben sich für die Lernstandserhebung Lernstand 9 die Möglichkeiten, wie sie unter den Studien mit Einzelschulen als Adressaten aufgeführt wurden und somit für diese Arbeit Anschlusspunkte, die sich auf Prozesse beziehen lassen, die auf die Rückmeldungen von Schülerleistungen innerhalb der Schulen folgen. Denn für diese Arbeit ist besonders interessant, wie die Adressaten der Rückmeldungen die Zielsetzungen und Möglichkeiten der Lernstandserhebungen umsetzen. Dieser Frage nachzugehen, ist Gegenstand einer relativ neuen bildungswissenschaftlichen Forschungsrichtung: den Rezeptionsstudien. Diese definieren sich darüber, wie Informationen über Ergebnisse aus solchen Lernstandserhebungen an die Adressaten gelangen, wie sie dort aufgenommen, genutzt und bewertet werden, sowie zu welchen Maßnahmen und Aktivitäten sie führen und welche Effekte darauf folgen (vgl. Schrader & Helmke 2004, S. 141f.). Aus bereits durchgeführten Rezeptionsstudien wie zu MARKUS, LAU und QuaSUM ist bereits bekannt, dass die Erwartungen an die Konsequenzen höher eingeschätzt werden können, wenn die Rückmeldungen direkt für die Schulen als Adressaten konzipiert wurden. Über die faktische Nutzung der Datenrückmeldungen durch Einzelschulen und Lehrkräfte selbst ist allerdings bisher sowohl im deutschsprachigen als auch im internationalen Raum noch relativ wenig bekannt.

Aufbau der Arbeit

Die vorliegende Arbeit wird sich mit der Darlegung von Einsichten aus bisher durchgeführten Rezeptionsstudien beschäftigen und grundlegende Erkenntnisse aus nationalen und internationalen Studien darstellen, wie es in Kapitel 1 nachzulesen ist. Vorweg kann bereits festgehalten werden, dass die Bereitstellung der Rückmeldungen nicht automatisch bzw. auf dem direkten Weg zu Verbesserungen führen und in Entscheidungshandeln transformiert werden können, wie es eine instrumentelle Nutzung nahelegen würde, sondern vielmehr einen Anlass für Gespräche und Schulentwicklungsprozesse im Kollegium geben, wie es die konzeptuelle Nutzung beschreibt (vgl. Ackeren 2004). Die Erwartungen, die allerdings an die Standortbestimmungen der Einzelschule und deren Nutzen für die Qualitätssicherung und -entwicklung geknüpft werden, sind sehr hoch und direkt an die Datenrückmeldungen gebunden. Auf der Ebene der Einzelschule sollen die Daten für Schul- und Unterrichtsentwicklungen genutzt, innerschulische Diskussionsprozesse angestoßen und die diagnostischen Fähigkeiten der Lehrkräfte gestärkt werden; insgesamt soll damit eine Pro-

---

[2] Im Verlauf dieser Arbeit, d.h. im Schuljahr 2006/2007, wurde Lernstand 9 in den Jahrgang acht verlegt. Dies hat aber keine Auswirkung auf die vorliegende Studie, da der empirische Teil zum Zeitpunkt der Umstellung bereits abgeschlossen war.

fessionalisierung der Schulleitungen und Lehrkräfte unterstützt werden (vgl. Peek, Dobbelstein 2006, Groß Ophoff u.a. 2006, Orth 2005b). Diese und weitere Ansprüche finden sich auch in der für diese Arbeit ausgewählten Lernstandserhebung Lernstand 9 in Nordrhein-Westfalen. Der Einsatz von Lernstandserhebungen ist in dieser Hinsicht exemplarisch als eine Herausforderung an die Schulentwicklung und Professionalisierung von Lehrern zu verstehen. Welche Auswirkungen die empirischen Rückmeldungen allerdings tatsächlich auf schulinterne Professionalisierungsprozesse haben, ist noch offen und wird kaum von den bisherigen Erkenntnissen der Rezeptionsstudien abgedeckt. Die vorliegenden Ergebnisse lassen momentan noch viele zentrale Fragestellungen offen, z.B. ob das neue Steuerungsmodell überhaupt Auswirkungen auf Qualitätssicherungsprozesse von Schulen hat. Es konnte auch noch nicht geklärt werden, welche Entwicklungsprozesse, Handlungsoptionen und -strategien in den Schulen eingesetzt haben oder welche Bedingungen und Faktoren begünstigend auf die Schulentwicklung einwirken. Die vorliegenden Rezeptionsstudien geben in erster Linie Auskunft über die Einstellungen gegenüber Evaluation, nicht darüber, wie das durch Evaluation gewonnene Wissen in den Schulen in Handlungswissen transformiert wird. An dieser Stelle sind besonders die Studien aus dem internationalen Kontext für diese Arbeit aufschlussreich, die sich auf Sensemaking-Prozesse beziehen, die die Nutzung der Rückmeldungen innerhalb der Schulen anleiten.

Bereits diese ersten Desiderata machen deutlich, dass eine detaillierte Forschung zu den Entwicklungen und Prozessen innerhalb der Schulen durch die Datenrückmeldungen erforderlich ist. Die Auswirkungen der Einführung von Lernstandserhebungen und deren Rückmeldungen an Einzelschulen sind bislang nicht in Hinblick auf die Profession der Lehrkräfte und die schulische Organisationsstruktur, die Kooperation und Schulentwicklung einschließen, empirisch und theoretisch fundiert worden. In Kapitel 2 folgt deshalb eine theoretische und in Kapitel 3 eine methodische Einbettung der Datennutzung aus Lernstandserhebungen in Schulen. Bisher liegen allein Ausformulierungen der hohen Anforderungen auf der Ebene der schulinternen Koordination der Ergebnisverwendung und der professionellen Expertise von Lehrkräften vor: Denn auf der Ebene der individuellen Verarbeitung der Daten werden Lehrkräfte als Professionelle adressiert, die empirische Informationen bei der Gestaltung des Unterrichts berücksichtigen sollen. Hier liegt die Anforderung in einer Verkopplung von standardisierten, Vergleiche ermöglichenden Daten über Schülerleistungen mit ihrem individuellen Handlungswissen. Und auf der Ebene der organisatorischen Verarbeitung der Daten werden Schulen als Einheiten adressiert, die die empirischen Daten durch einen internen und externen Vergleich der Schülerleistungen für gemeinsame Handlungsmodelle nutzen sollen. Hier liegt die Anforderung in der Entwicklung von kollegialen Professionskulturen, d.h. in einer Verständigung über die Deutung der Ergebnisse, die in verbindliche Modelle für anschließendes Handeln münden soll.

Die theoretische Fundierung dieser Arbeit beruht auf der Verwendung von organisationssoziologischen Ansätzen wie der Bürokratietheorie (vgl. Mayntz 1963), Kontingenztheorie (vgl. Mintzberg 1983) und dem Ansatz des Neo-Institutionalismus (vgl. Scott 1992, Meyer & Rowan 1977), die allesamt unter einer systemtheoretischen Perspektive (vgl. Luhmann 1981, 1992, 2000) betrachtet und als skizzenhafte Theorie für eine organisationale Schulstruktur zusammengefasst werden. Weiterhin werden Überlegungen zur Profession der Lehrkräfte angestellt, die hauptsächlich auf strukturtheoretischen Überlegungen beruhen (vgl. Parsons 1939/1964, 1968, Rüschemeyer 1972), sowie Prozesse des Sensemaking (vgl. Weick 1995) aufgegriffen, die eine Verbindung zwischen den Ebenen der Organisation Schule und der Ebene der Profession ermöglichen. Hiermit wird eine Verbindung von kulturtheoretischen und konstruktivistischen Ansätzen beschrieben, die der Erfassung der Datennutzung dienen und in Kapitel 3 dieser Arbeit zu einem qualitativen Forschungsdesign zusammengefasst werden, um dem Ziel einer modell- und typenbildenden Untersuchung schulinterner Kommunikations-, Professions- und Organisationsstrukturen, die Einfluss auf den Umgang mit den Rückmeldungen in Bezug auf schulinterne Entscheidungen nehmen, nachzukommen. Hiermit wird ein weiteres Ziel dieser Arbeit formuliert: ein heuristisches Modell zur Erfassung der Datennutzung in Hinblick auf die Anforderungen an die schulischen Organisationsstrukturen und an die professionellen Umgangsweisen der Lehrkräfte zu erstellen, das in der Lage ist, (a) sowohl eine theoretische als auch eine empirische Evidenz für die Fragestellungen dieser Arbeit zu liefern und (b) bereits bestehende Modelle wie das Rezeptionsmodell von Helmke & Schrader (2001), das in anderen Rezeptionsstudien bereits erfolgreich eingesetzt wurde, in sich zu integrieren.

In den Kapiteln 4 und 5 werden die Ergebnisse der qualitativen empirischen Fallstudien dargestellt. Bei den Auswertungen ist ein zweischrittiges Verfahren zur Anwendung gekommen: Im ersten Schritt wird versucht, eine typenbildende Gesamtinterpretation im Sinne einer erklärenden und verstehenden Perspektive aufgrund der theoretischen Vorüberlegungen vorzunehmen, die zunächst auf die einzelne Lehrkraft ausgerichtet ist. Im zweiten Schritt wird dann das erste Verfahren der Typenbildung mit dem Verfahren der strukturgebenden qualitativen Inhaltsanalyse kombiniert, um zu einer fallspezifischen Auswertung auf Einzelschulbasis zu gelangen. In Kapitel 4 ist daraus eine Beschreibung der Nutzungstypen von Rückmeldungen aus Lernstandserhebungen auf der Basis der professionellen und organisationalen Überzeugungen der befragten Lehrkräfte entstanden. Diese werden getrennt nach empirisch identifizierten „Professionstypen" (4 Typen) und „Organisationstypen" (4 Typen) vorgestellt und im Anschluss in ersten Gedanken zur Modellbildung diskutiert. In Kapitel 5 erfolgen die schulspezifischen Auswertungen des gesamten vorliegenden empirischen Materials (inklusive informeller Gespräche und Ergebnisprotokollen aus diversen Gremiensitzungen), die zu einem Modell über die komplexen Wirkungszusammenhänge von organisationalen Schulstrukturen und professionellen Überzeugungen zusammengefasst werden und damit den Abschluss der Ergebnisdarstellung bilden. In Kapitel 6 werden die Erkenntnisse der empirischen Auswertungen abschließend im Kontext bisheriger Forschungsergebnisse und der verwendeten Theorien diskutiert und zu einigen komprimierten Aussagen über ein Modell der Datennutzung im Kontext von Organisation und Profession verdichtet.

1 Lernstandserhebungen als Steuerungsinstrument

Der Einführung von Lernstandserhebungen[3] als Vollerhebungen ganzer Jahrgangsstufen eines oder mehrerer Bundesländer und der Rezeption der Ergebnisse in Schulen durch Lehrkräfte für die Schul- und Unterrichtsentwicklung geht ein differenzierter Diskurs über bildungspolitische Reformen und wissenschaftliche Erkenntnisse voran. Zunächst ist mit der Einführung nationaler Bildungsstandards ein handlungspraktischer Schritt in Richtung einer bildungspolitischen Reform unternommen worden, der sich um die zentralen Begriffe *Dezentralisierung* und *Outputsteuerung* anordnen lässt. Hiermit werden wissenschaftliche Themenfelder wie die Veränderung des Steuerungsparadigmas des Bildungssystems und die Bestimmung von Schulqualität innerhalb der Schulqualitätsforschung sowie auch ein Empirieschub in der Schulforschung berührt. Innerhalb der Schulentwicklungsforschung, Schulplanung und empirischen Bildungsforschung werden Lernstandserhebungen im Sinne von vergleichenden Schülerleistungsmessungen immer stärker als ein Instrument der Qualitätssicherung der Einzelschule und nicht nur des Bildungssystems angesehen (vgl. Klemm 2000, Kohler & Schrader 2004, Peek 2001). Lernstandserhebungen werden damit immer stärker zu einem Instrument der Standortbestimmung der Einzelschule ausgebaut und von den verschiedenen Bundesländern bildungspolitisch genutzt (s. Kapitel 1.1). Welche Möglichkeiten Lernstandserhebungen aus einer methodischen Perspektive bieten, um den vielfältigen politischen und wissenschaftlichen Zielsetzungen nachzukommen, muss jeweils abhängig vom Design jeder einzelnen Studie aus betrachtet werden (s. Kapitel 1.2).

Des Weiteren kommt gerade den Rückmeldungen aus den Schülerleistungsmessungen eine Schlüsselstellung zu, da diese maßgeblich über das Ge- und Misslingen der mit den Messungen verbundenen Zielsetzungen entscheiden (s. Kapitel 1.2.1 und 1.2.2). Nachfolgend werden die daraus resultierenden Anforderungen an die Schulen und Lehrkräfte und die Kritikpunkte an den neuen Reformstrategien benannt (s. Kapitel 1.2.3). Inwieweit die mit den Lernstandserhebungen verbundenen Zielsetzungen innerhalb der Schulen und bei den Lehrkräften umgesetzt werden können und auf welche theoretischen Modelle bei der Rückmeldegestaltung und Ergebnisrezeption rekurriert wird, ist ein relativ neues Forschungsfeld, das Aufschluss über Möglichkeiten und Grenzen der Ergebnisnutzung geben kann (s. Kapitel 1.3). Hierbei sind besonders die jüngsten Forschungsergebnisse aus Deutschland (s. Kapitel 1.3.1), aber auch Erkenntnisse aus dem angloamerikanischen For-

---

[3] Es liegen unterschiedliche empirische Erhebungsdesigns für die Messung von Schülerleistungen vor, deren allgemein gültige Definition lauten könnte: „Empirische Leistungsvergleichs-Untersuchungen (..), die mit wissenschaftlichem Anspruch in bestimmten Jahrgängen (bzw. Altersgruppen) des Schulwesens eingesetzt werden, um dort den Stand der fachlichen – z.T. auch der überfachlichen – Kenntnisse zu ermitteln" (Ackeren & Klemm 2000, S. 11). Innerhalb der verschiedenen Designs können zum einen Lernstandserhebungen als Vollerhebungen z.B. ganzer Schuljahrgänge eines Bundeslandes differenziert werden. Für Lernstandserhebung existiert eine Vielzahl von Bezeichnungen, eine begriffliche Einstimmigkeit gibt es nicht. In dieser Arbeit wird einheitlich der Begriffe der Lernstandserhebung benutzt, der synonym für Begriffe wie z.B. vergleichende Leistungsmessungen, Qualitätsuntersuchungen, Gesamterhebungen, Vergleichs- und Orientierungsarbeiten steht. Zum anderen können Large-Scale-Assessments abgegrenzt werden, die nicht auf Vollerhebungen, sondern auf Stichproben basieren.

schungsstand (s. Kapitel 1.3.2) einzubeziehen. Abschließend werden die Erkenntnisse aus den vorangegangenen Abschnitten zusammengefasst und in weiterführende Fragestellungen für die hier vorliegende Arbeit überführt (s. Kapitel 1.4).

1.1 Einführung von Bildungsstandards als Ausgangslage

Ausgangslage für die Nutzung der Lernstandserhebungen im Sinne der Qualitäts- und Unterrichtsentwicklung bildet die Einführung von Bildungsstandards auf nationaler Ebene, die mit dem Beschluss der Kultusministerkonferenz (KMK) im Juni 2002 (vgl. Klieme & Avenarius u.a. 2003, Kultusministerkonferenz 2004, Dezember) bildungspolitisch einen Anfang für die Bestimmung von Qualitätsmaßstäben markieren (vgl. Schwippert 2005a, b). Diese Bildungsstandards können durch vergleichende Schulleistungsmessungen im Sinne einer outputorientierten Steuerung gemessen und für die Bestandsaufnahme auf den verschiedenen Ebenen des Bildungssystems herangezogen werden. Die Entwicklung der Bildungsstandards geht auf Forschungen aus den Vereinigten Staaten, aus Kanada und Großbritannien zurück, die bereits seit den 1980er Jahren die Umsetzung dieser Steuerungsidee verfolgen. Die Umsetzung der Standards in Deutschland geht auf den Bericht der OECD „Schulen und Qualität" aus dem Jahr 1991 zurück, in dem das Konzept der Standards verankert ist. Die Kultusminister der Länder haben in ihrem Beschluss vom Juni 2002 festgelegt, dass länderübergreifende Standards in zentralen Fächern (Mathematik, Deutsch, erste Fremdsprache und Naturwissenschaften) für den mittleren Schulabschluss, den Hauptschulabschluss und den Abschlussjahrgang der Primarschule (4. Klasse) formuliert werden, die mit zentralen Lernstandserhebungen überprüft werden sollen (vgl. Klieme 2004).

Die Ansprüche der KMK an Bildungsstandards richten sich vor allem auf die fachlichen Erwartungen des Lernens innerhalb der Schulen und versuchen allgemeine Bildungsziele zu spezifizieren. Spezielle Curricula, die sich auf Kernbereiche fokussieren, werden seit dem Sommer 2004 in allen Bundesländern sukzessive eingeführt und in deren Verantwortung praktisch umgesetzt. Klieme formuliert auf der Grundlage der Einrichtung nationaler Bildungsstandards folgende Zusammenfassung der Problematik: „Leistungsstandards im empirischen Sinne (=gemessene Lernergebnisse) sollen länderübergreifend auf ein ähnliches Niveau gebracht und zugleich – soweit möglich – angehoben werden, indem Standards im normativen Sinne (=Erwartungen (a) an die Lernergebnisse von Schülerinnen und Schülern – ‚performance standards' –, (b) an die Unterrichtsinhalte – ‚content standards' – oder (c) an den Unterricht selbst – ‚opportunity-to-learn-standards' –) verbindlich vereinbart und überprüft werden" (ebd. 2004, S. 628). Nach Thies (2005) erfüllen die Bildungsstandards die Funktion einer ergebnisorientierten Bildungssteuerung, die für Schul- und Unterrichtsentwicklung die benötigten Vergleichsmaßstäbe liefert und mithilfe externer Überprüfung bzw. Evaluation gemessen und gesichert werden können. Bildungsstandards werden von Böttcher (2002) im Steuerungskontext als Input interpretiert, der von offiziellen Leistungsinstanzen an Schüler und Schulen formulierte Erwartungen bzw. Maßstäbe enthält und an dem sich Schülerleistungen messen lassen müssen (vgl. ebd., S. 141).

Bei der bildungspolitischen Einbindung der Bildungsstandards im Rahmen von externen Lernstandsmessungen stellt sich besonders die Frage, wie die flächendeckenden Evaluationen von Einzelschulen als Instrumente der Qualitätssicherung und -entwicklung im

Bildungssystem eingesetzt werden können. Nach Baumert (2001) werden international zwei Grundlinien beschrieben: Auf der einen Seite handelt es sich um ein *Wettbewerbsmodell*, das sowohl mit so genannten league tables oder so genannten raw scores arbeiten kann, bei denen nur Rohwerte der Schulen verglichen werden; auch value added approach genannt oder adjusted scores[4], bei denen unterschiedliche Eingangsbedingungen der Schüler und Schulen im Vergleich berücksichtigt werden, die nicht durch die Schulen beeinflusst werden können. Auf der anderen Seite handelt es sich um ein *Modell der professionellen Qualitätsentwicklung und -sicherung*, das sowohl die Separierung als auch die Verbindung von Beratung und Kontrolle bzw. Steuerung im Blick haben kann (vgl. ebd., S. 5). In Großbritannien wurde z.B. mit der Einführung eines National Curriculums eine marktorientierte Schulentwicklungspolitik etabliert, die eine Rechenschaftslegung der Einzelschule beinhaltet (accountability testing at high stakes). Hierbei wird über die Veröffentlichung von schulbezogenen Leistungswerten mittels Ranking-Tabellen (school performance tables) und über die Veröffentlichung von schulstufenbezogenen Leistungskennwerten (key stages assessments) versucht, Bildungsqualität zu steuern (vgl. Arnold 1999).

Ackeren beschreibt innerhalb Europas die verschiedenen Ausrichtungen der bildungspolitischen Steuerung in Hinblick auf das Qualitätsmanagement für die Länder England, Frankreich und die Niederlande, die im Gegensatz zu Deutschland bereits einen breiten Erfahrungshorizont im Umgang mit empirischen Ergebnissen aus externen Evaluationen haben (vgl. ebd. 2003, 2004, 2005). Für England analysiert sie eine stark marktorientierte Schulentwicklungspraxis, die als pressure-Ansatz beschrieben werden kann. Für Frankreich konstatiert sie zentrale Evaluationen, die die Schulen eigenständig zur Schulentwicklung nutzen sollen, wobei eine Marktlogik vermieden wird und als support-Ansatz bezeichnet wird. Und für die Niederlande sieht Ackeren eine Kombination aus beiden Ansätzen; hier wird eine marktorientierte Schulentwicklung mit gleichzeitiger Stärkung der Autonomie der Einzelschule vorangebracht, der folglich als pressure and support-Ansatz charakterisiert wird. In Deutschland ist in dieser Hinsicht eine eindeutige bildungspolitische Richtungsentscheidung noch nicht beschrieben und bewegt sich zwischen den Polen Wettbewerb, auch Marktmodell genannt, vs. staatlicher Regulierung. „Bislang ungeklärt ist die Bedeutung von Large-Scale-Assessments im Spannungsfeld zwischen wettbewerbsorientierter und staatlicher Regulierung des Bildungssystems" (Kuper 2002b, S. 542). Die Möglichkeiten schwanken zwischen Konkurrenz unter den Schulen und der Möglichkeit, durch kooperativen Austausch Qualitätsmaßnahmen einzuführen.

Wissenschaftlich flankiert werden die bildungspolitischen Reformen sowohl von der Schulqualitäts-, die Schulentwicklungs- und Schulplanungsforschung als auch von der empirischen Bildungsforschung, wobei das Thema der Qualität einen zentralen Begriff für die neuen Entwicklungen darstellt. Der Empirieschub in der Bildungsforschung lässt sich durch einen kurzen Rückblick bis in die 1950er Jahre nachzeichnen. Hier kann für Deutschland eine Abstinenz an (internationalen) Schulleistungsvergleichen bis in die 1990er Jahre und eine schwache Entwicklung einer empirisch ausgeprägten erziehungs-, bildungswissenschaftlichen und bildungspolitischen Denkweise konstatiert werden. Während dieser

---

[4] Nach Arnold (1999) bereinigen die adjustierten Werte den Vergleich und zeigen die Effizienz der Schulen an, die durch sie selbst und nicht durch andere Faktoren bestimmt werden. Unterschiede zwischen den verschiedenen Schulen werden damit sehr viel geringer als bei unbereinigten Werten: „Nicht-adjustierte Schulvergleichstabellen geben kaum die *in den Schulen* erreichten Lernleistungen wieder; insofern sind sie als unfaire Leistungsindikatoren zu bezeichnen" (ebd., S. 13).

Zeit stand eine Überprüfung von Qualitätskriterien nicht im Vordergrund der Bildungssteuerung, bis die Kenntnisnahme internationaler Vergleichsstudien, wie z.B. der TIMS-
Studie, stärker in den Fokus der Aufmerksamkeit rückten (vgl. Bos & Postlethwaite 2002).
Seit Anfang bzw. Mitte der 1990er Jahre, d.h. durch die Kenntnisnahme des mittelmäßigen
bis schlechten Abschneidens bei den internationalen Schulleistungsstudien wie TIMSS und
PISA, kann demnach die „empirische Wende" verortet werden. Seit diesem Zeitpunkt stellt
der Begriff der Qualität im öffentlichen bzw. politischen Raum einen zentralen Ansatz-
punkt dar. Hier wird unter den Schlagworten des TIMSS- bzw. PISA-Schocks über die
Qualität im Bildungssystem diskutiert. Die empirische Bildungsforschung hat im wissenschaftlichen Diskurs dabei den Fokus auf die Wirkung von Schule und Unterricht verlagert,
d.h. auf die Qualität der Lehr-Lern-Prozesse. Im Rahmen der Wirkungs- und Wirksamkeits-
forschung spielen der Unterricht und die Wirkung von Schule auf die Entwicklung der
Schüler eine entscheidende Rolle (vgl. Kohler 2005), wohingegen die Schulorganisations-
forschung nicht mehr im Zentrum der Aufmerksamkeit der bildungswissenschaftlichen
Forschung steht (vgl. Weinert 2002b, 2002).

Der Qualitätsbegriff hat auch bereits durch Arbeiten der Schulqualitätsforschung (vgl.
Bargel 1996, Fend 1986) seit den 1980er Jahren an Bedeutung gewonnen. Der Frage, *was
eine gute Schule ausmacht* (vgl. Fend 1986, 2001), kommt dabei große Beachtung zu. Die
Festlegung auf bestimmte Kriterien, *was überhaupt eine gute Schule und guter Unterricht
ist*, gestaltet sich relativ problematisch, da ein Konsens über Schul- und Unterrichtsqualität
aufgrund unterschiedlicher Zielrichtungen und Interessen der beteiligten Akteure schwer zu
erreichen ist (für einen Überblick über die Debatte s. Kohler 2005, S. 38ff., Tenorth 2004
oder Weinert 2002). Innerhalb der Schulqualitätsforschung wurde aber deutlich herausgearbeitet, dass die Qualität von Schulen nicht durch Schulaufsicht, Lehrpläne und entsprechende Maßnahmen (vgl. Bargel 1996) garantiert werden kann. Aus verschiedenen
empirischen Studien hat sich vor allem die Erkenntnis herausgebildet, dass die Einzelschule
„als pädagogische Handlungseinheit" (Fend 1986) angesehen werden kann. Insgesamt ist
im Rahmen der Schulqualitätsforschung seit den 1970er/80er Jahren deutlich geworden, so
formuliert Altrichter (1998), dass Schulen als Institutionen ihren eigenen Entwicklungsdy-
namiken folgen. Besonders innerhalb der Debatte der Schulentwicklungsforschung wird der
Fokus auf die Einzelschule als Steuerungsmöglichkeit des Bildungssystems gelegt und abgeleitet, dass durch die *alte Inputsteuerung*[5], die auch unter der Formel der *zentralen Steuerung* zusammengefasst werden kann, nicht die Qualität der Einzelschule garantiert werden
kann (vgl. Dalin & Rolff u.a. 1996). Dieses zentrale Steuerungsmodell weist eine eindeutig
hierarchische Struktur auf, welche über detaillierte Erlasse und Gesetze das Handeln und
die Qualität der Einzelschule bestimmen soll (vgl. Burkhard 1998). Kuper (2002b) beschreibt dieses Steuerungsmodell als Bereitstellung von homogenen institutionellen Voraussetzungen, mit dem Ziel, innerhalb gleicher pädagogischer Einrichtungen homogene
Leistungen erzielen zu können.

Mit der Erkenntnis, dass die Einzelschule als zentraler Ort der Qualitätsverbesserung
angesehen wird (Buchen & Burkhard 2000), ist ein Paradigmenwechsel in Hinblick auf die

---

[5] Nach Kempfert & Rolff 2000 sowie Altrichter 1998 können Qualität bzw. mögliche Entscheidungsbereiche im
Bildungswesen auf der Grundlage des modernen Qualitätsmanagements auf drei Ebenen unterschieden werden:
Input (Ressourcen wie Schulcurriculum), Prozess (z.B. Lernformen, Lernkultur) und Output (wie z.B. das Niveau
der Lernergebnisse). Diese Einteilung wird aus dem traditionellen Modell der Steuerung und Qualitätssicherung
(CIPP-Modell von Stufflebeam) entlehnt, das die Phasen Input, Prozess und Produkt beschreibt (vgl. Rolff 1995).

Steuerung von schulischen Bildungsprozessen eingeleitet worden[6]. Innerhalb der Organisationstheorie von Schule kommt es zu einem neuen Steuerungsparadigma: Schulen sind „sich-selbst-steuernde-Systeme" (Burkhard 1998, S. 18). Diese Steuerungsidee kann sowohl mit der Formel *Outputsteuerung* als auch *Dezentralisierung* beschrieben werden und soll zur Qualitätsentwicklung und -verbesserung des Bildungssystems führen. Die Formel der *Dezentralisierung* beschreibt dabei eine Verlagerung von Entscheidungskompetenzen auf die unteren Ebenen im Bildungssystem, womit eine Stärkung der Einzelschulautonomie einhergeht, damit die Probleme direkt *vor Ort* gelöst werden können. Die Semantik um die Qualität von Schule ist dabei nach Kuper (2002b) eingelassen in den Steuerungsstrategiewandel (vgl. ebd., S. 536), welcher auch die Einführung von Lernstandserhebungen beinhaltet. Dabei wird Qualität als eine komplexe, dezentrale Managementaufgabe innerhalb der Einzelschule aufgefasst, die mit hohen, vieldeutigen Anforderungen beschrieben werden kann. Des Weiteren lässt sich die Verantwortung für Qualität besser an Organisationen adressieren als an die komplexen, kaum als Einheiten repräsentierbaren Bildungssysteme (vgl. ebd., S. 542).

Empirisch gestützt wird das neue Steuerungsparadigma weiterhin durch Studien zu den aus der Organisationstheorie adaptierten Modelle der Implementationsforschung bzw. Transfer- (für einen Überblick vgl. Gräsel & Jäger u.a. 2006, S. 526ff., für die politische Implementationsforschung vgl. Mayntz 1980, 1983) und Innovationsforschung (vgl. Rogers 2003), die *top-down Strategien* als nicht eindeutig funktionsfähig beschreiben. Außerdem belegen nicht zuletzt die Ergebnisse der empirischen Bildungsforschung, z.B. über die Ergebnisse der TIMS- und PISA-Studie (vgl. Bundesministerium für Bildung und Forschung 2001, Deutsches PISA-Konsortium & Baumert u.a. 2001), dass das alte Steuerungsparadigma seine Zielsetzungen nicht erfüllt (vgl. Böttcher 2002). Dies zeigt sich u.a. darin, dass die Ungenauigkeiten in den Leistungsbeurteilungen zwischen verschiedenen Schulen des gleichen Schultyps zu erheblichen Leistungsunterschieden führen und sich sogar innerhalb derselben Schule die verschiedenen Klassen teilweise erheblich voneinander unterschieden: „Schulen und Lehrer bewirken bedeutsame Differenzen in den durchschnittlichen Leistungen und Leistungsfortschritten der Schüler" (Weinert 2002b, S. 20).

Die empirische Schulforschung beschreibt die Hinwendung zur Einzelschule als zentrale Handlungseinheit für die Qualitätsentwicklung im Bildungswesen als den Fundamentalsatz der Schulentwicklungsforschung (vgl. Klieme & Baumert u.a. 2000). Unter der Formel der *Outputsteuerung* wird Schulentwicklung zunehmend zu einem zentralen Thema des internen Qualitätsmanagements von Schulen und des Bildungssystems, bei dem durch Rückgriff auf extern gemessene Schulleistungsergebnisse Qualitätssicherung, -entwicklung und -verbesserung erreicht werden sollen. Schulentwicklung wird hier als Bedingung für die Qualitätsverbesserung der Einzelschule angesehen und definiert als „ein Prozess der kontinuierlichen Verbesserung von Arbeitsstrukturen und Kooperationsformen in der Schulleitung, im Kollegium sowie zwischen Lehrern und Eltern, Schule und Gemeinde" (ebd., S. 389). Innerhalb der Schulplanung wird Schulentwicklung im neuen Steuerungsparadigma als „bewusste Weiterentwicklung von Schule, auf ihre Fähigkeit, sich selbst zu organisieren, zu reflektieren und zu steuern" (Ackeren 2003, S. 24) definiert. Unabdingbare Konsequenzen aus der Dezentralisierung von Entscheidungen zugunsten der Einzelschule – auch Teilautonomie der Einzelschule genannt – sind u.a. klare Abgrenzungen zwischen den Kompetenzbereichen der Schule und den staatlichen Rahmenvorgaben, die Implementie-

---

[6] Dieser Paradigmenwechsel hat sich zuvor in der öffentlichen Verwaltung durchgesetzt (vgl. Klemm 2000).

rung von Steuerungsinstrumenten und die Auseinandersetzung mit der Problematik der Vergleichbarkeit der in den einzelnen Schulen erworbenen Schülerleistungen[7]. Nach Klemm (1998) ist es eine zentrale Aufgabe des Schulwesens ein Berechtigungssystem über Schulleistungen zu garantieren, das die Sicherung der Qualität schulischer Arbeit und die Vergleichbarkeit der an den Schulen vergebenen Zertifikate gewährleistet (vgl. ebd., S. 272). Für das (zukünftige) staatliche Qualitätsmanagement von Schulen erscheint es damit unumgänglich, durch eine zentrale Steuerung von Zielvorgaben bzw. Outputkriterien zu garantieren, dass die Vergleichbarkeit der Leistungen gesichert wird bzw. bleibt. Auch Böttcher (2002) sieht in den externen Kontrollinstrumenten eine Konsequenz des neuen Steuerungsparadigmas, die eine Kompensation für aufgegebene Steuerungsinstrumente bürokratischer Steuerung darstellen (vgl. ebd., S. 157). Eine klare Definition konkreter und messbarer Ziele ist nach Böttcher notwendig (vgl. ebd., S. 201). Das Definieren, Messen und Erreichen der *Qualität* stellt dementsprechend wesentliche Bereiche für das Qualitätsmanagement des Bildungssystems, aber auch der Einzelschule dar.

Der Einsatz von Lernstandserhebungen stellt sich zusammenfassend aus diesen Positionen als ein Instrument dar, an das unterschiedliche Vorstellungen gerichtet sind. Zum einen wird ein Instrument beschrieben, mit dem im Bildungssystem erbrachte Leistungen kontrolliert werden können und mit dem „eine systematische, methodisch abgesicherte Sammlung von Informationen als Grundlage für Entscheidungsprozesse" (Böttcher 2002, S. 201) geliefert wird. Zum anderen werden Lernstandserhebungen als ein Instrument interpretiert, mit dessen Einsatz Daten für ein verbessertes Qualitätsmanagement aufgrund einer Ist-Diagnose innerhalb der Schulen bereitgestellt werden können (vgl. Kempfert & Rolff 2000, S. 23). Externe Evaluationen stellen eine Systemkoppelungsmöglichkeit dar, mit der interne und externe Qualitätsansprüche vereint werden können und schulübergreifende Qualitätssicherung innerhalb der Einzelschule gewährleistet werden kann[8] (vgl. Altrichter 1998, Rolff 1995). Nach Altrichter (1998) werden „im Zusammenhang mit Schulentwicklung (..) unter Evaluation systematische Prozesse des Bestimmens von Qualitätskriterien für eine pädagogische Praxis sowie des Sammelns und Analysierens von Informationen darüber verstanden, um auf dieser Basis Bewertungsurteile und begründete Weiterentwicklungen dieser pädagogischen Praxis zu ermöglichen" (ebd., S. 263). Des Weiteren werden aus der empirischen Schulforschung an die empirisch-methodische Umsetzung der Schülerleistungsmessungen hohe Ansprüche gestellt, um den formulierten Zielsetzungen nachkommen zu können (vgl. Baumert 2001).

Der Einführung von Bildungsstandards kommen unterschiedliche Hoffnungen zu: Zum einen wird eine Verbesserung der Bildungsgerechtigkeit abgeleitet, da Bildungschancen mit den Bildungsstandards an nachweisbare Leistungen gebunden werden. Zum anderen können Bildungsstandards die Grundlage für Prozesse der Unterrichts- und Schulentwicklung bilden (vgl. Thürmann 2002, S. 3). Darüber hinaus sieht z.B. Arnold (1999) die

---

[7] Eine Studie zu Schulentwicklungsprozessen liegt von Söll (1999) vor. Hier werden subjektive Theorien von Lehrkräften über Schulentwicklungsprozesse dargestellt. Zentrales Ergebnis der Untersuchung ist, dass Schulentwicklung nur dann gelingt, wenn sie nicht als von außen aufgezwungen empfunden wird, und wenn sich zur Umsetzung der Schulentwicklung geeignete Prozesse innerhalb der Schulen etablieren.

[8] Es wird besonders darauf verwiesen, dass die externe Evaluation nur dann einen Beitrag zum Qualitätsmanagement der Einzelschule leisten kann, wenn sie mit interner Evaluation gekoppelt wird (vgl. Burkhard 1998, Rolff 1995). Das Modell von Kempfert & Rolff (2000) „Verknüpfung externer und interner Evaluation" ist allerdings nur normativ und nicht empirisch begründet. Eine ausführliche Auseinandersetzung mit der Verbindung zwischen interner und externer Evaluation findet sich auch bei Kohler 2005, S. 49-56.

Möglichkeit, durch die Einführung von Fähigkeits- bzw. Kompetenzniveaus innerhalb der Schulen die sozialnormorientierte Beurteilung durch eine sachnorm-(kriterien-)orientierte Beurteilung zu ersetzen und den Schülern damit statt eines Personenvergleichs ein Konzept der Fähigkeitseinschätzung anzubieten[9]. Ausführlicher wird dieser Aspekt von Schrader & Helmke (2002) diskutiert: Lehrkräfte könnten ihre diagnostische Kompetenz verbessern, womit auch eine Verbesserung des Unterrichts eintreten könne. Lernzielorientierte Lernstandserhebungen könnten den Lehrkräften Aufschluss darüber geben, ob bestimmte Lernziele beherrscht werden, die durch die kriterienbezogene Bezugsnorm garantiert werden. Durch die Aufschlüsselung der Leistungen bestehe für die Lehrkräfte die Möglichkeit, den Rückgriff auf die soziale Bezugsnorm zu relativieren und sowohl die Schülerleistungen als auch ihren Unterrichtserfolg unabhängig von ihrem subjektiven Urteil zu bewerten.

1.2   Konzepte von Schulleistungsmessungen

1.2.1   Empirisch-methodische Umsetzungsmöglichkeiten

Large-Scale-Assessments und Lernstandserhebungen beinhalten durchaus sehr unterschiedliche Möglichkeiten für die Qualitätskontrolle, -sicherung und das Qualitätsmanagement. Die auf unterschiedlichen Ebenen implementierten Leistungsmessungen sind mit sehr differenten Zielsetzungen verbunden und spiegeln deshalb sehr unterschiedliche Möglichkeiten für die schulinterne Auseinandersetzung mit den Ergebnissen wider. Eine Vielzahl solcher Schülerleistungsmessungen ist mittlerweile eingeführt worden: Internationale Vergleichsstudien wie z.B. TIMSS, PISA, IGLU – auch *Systemmonitoring* oder Large-Scale-Assessment genannt – wie auch nationale bzw. regionale Bundesländer-Studien wie VERA, LAU, QuaSUM – auch *Schulmonitoring* genannt – sind inzwischen in die öffentliche Wahrnehmung gerückt. Diese Messungen geben zwar Auskünfte über den Output des Bildungssystems, die Ergebnisse beinhalten allerdings ganz unterschiedliche Informationen über den System- oder Schulzustand.

Für die in diesem Kontext beschriebenen Ansprüche zur Qualitätsentwicklung der Einzelschule eignet sich insbesondere die zweite Form, d.h. das *Schulmonitoring*, wobei auch hier die genaue Zielsetzung des Qualitätmanagements das Design der Studie und die Aussagekraft der Ergebnisse bestimmen sollte. Aufgrund des unterschiedlichen Informationsgehalts der Schülerleistungsstudien wird hier zunächst eine Systematik über die verschiedenen Studien vorgestellt. Diese Systematik orientiert sich an vier Aspekten: 1) Der inhaltlichen Messgestaltung der Schülerleistung, d.h. welche theoretischen Modelle vertreten werden. 2) Der Stichprobenzusammensetzung und den daraus resultierenden Aussagemöglichkeiten. 3) Dem verwendeten Messmodell (KTT- vs. IRT-Modelle). 4) Der jeweiligen Rückmeldestruktur (s. auch Kapitel 1.2.2):

---

[9] Rheinberg (2002) weist darauf hin, dass Leistungsbeurteilungen Bezugsnormen brauchen, wobei jede der drei möglichen Bezugsnormen (sozial, individuell, sachlich/curricular/lehrzielorientiert/kriterial) auch „blinde Flecken" bei der Beurteilung aufweist.

1. Einen inhaltlichen Aspekt bildet die Umsetzung der abgefragten Vergleichsmaßstäbe innerhalb der Leistungsmessung. Nach Baumert (2001) kann sich die Umsetzung auf zwei Aspekte beziehen: Zum einen können sich die Kriterien auf *curriculare Validität*, d.h. auf den institutionell legitimierten Lehrplan bzw. Unterricht beziehen, wie es z.B. in der TIMS-Studie über ein internationales Kerncurriculum umgesetzt wurde[10]. Zum anderen kann es sich bei den Kriterien um einen *normativ-didaktischen* Entwurf der Aufgabenauswahl handeln, bei dem normative Konzepte, beispielsweise Kompetenzmodelle, eingesetzt werden, wie es z.B. in der PISA-Studie mit einem funktionellen Verständnis von Allgemeinbildung über Kompetenzstufen umgesetzt wurde, die im Sinne einer psychologisch-diagnostischen Argumentation formuliert wurden. Die Festlegung auf Bildungsstandards kann eine Möglichkeit bieten, sowohl eine *curriculare* als auch eine *normative Verankerung der Qualitätskriterien* zu gewährleisten und gleichzeitig als messbare Grundlage für vergleichende Schülerleistungsstudien genutzt werden. Arnold (1999) weist in diesem Zusammenhang auf den Aspekt der Fairness hin, wenn die Rückmeldungen zur internen wie externen Qualitätsentwicklung genutzt werden. Hierbei muss die Testtheorie die Gütekriterien für die Beurteilung der Fairness liefern[11]. Die Auswahl der Testaufgaben soll keine beteiligte Schülergruppe bevorzugen oder benachteiligen, die Testinhalte müssen zum Curriculum gehören.

2. Den zentralen Aspekt bildet die Stichprobenzusammensetzung. Nach Klieme & Baumert u.a. (2000) kann Qualitätsentwicklung und -sicherung nur dann als Zielsetzung bestimmt werden, wenn der Aussagekraft der Daten besondere Beachtung geschenkt wird. Die Möglichkeiten der Daten für solche Zielsetzungen erklärt sich aus dieser Sicht vor allem durch die Stichprobenzusammensetzung, welche besonders die Verallgemeinerbarkeit der Ergebnisinterpretation bestimmt. Für die Informationsbedürfnisse bestimmter Zielgruppen, wie z.B. auf der Ebene der Bildungsadministration, reicht es aus, Stichproben zu definieren, die Schulen als repräsentative Einheit auswählen. Hierbei genügen einige Schüler pro Schule, z.B. um zuverlässige Ergebnisse für die Bewertung und Steuerung auf der Ebene des Bildungssystems zu liefern. Diese Studien lassen sich unter der Formel *Systemmonitoring* zusammenfassen. Nach Klieme, Baumert & Schwippert sind besonders die Informationsbedürfnisse der jeweiligen Adressaten der Studien entscheidend dafür, wie die Studien gestaltet und wie die Stichproben zusammengesetzt werden müssen, bzw. ob es sogar notwendig sein kann, Vollerhebungen durchzuführen (vgl. ebd. 2000, S. 395). Bei Systemmonitorings sollen auf (inter-)nationaler Ebene Schülerleistungen möglichst präzise abgebildet werden, weshalb viele unterschiedliche Schulen, innerhalb der Schulen aber nur wenige Schü-

---

[10] Innerhalb internationaler Schulleistungsvergleiche wird dabei zwischen dem intendierten, implementierten und realisierten Curriculum unterschieden (Details s. z.B. Bos & Postlethwaite 2002, S. 256f.)

[11] Arnold (2002) geht auf die Qualitäts-, Vergleichbarkeits- und Fairnesskriterien ein, die externe Lernstandserhebungen erfüllen sollten, um in Sinne ihrer Zielsetzungen eingesetzt zu werden. Dazu zählen vor allem die Hauptgütekriterien Objektivität (Unabhängigkeit der Testergebnisse), Reliabilität (Zuverlässigkeit, Messgenauigkeit), Inhalts-, Kriterien- und Konstruktvalidität (allgemeine Gültigkeit) und die Nebengütekriterien (Normierung, Vergleichbarkeit, Ökonomie, Nützlichkeit, Fairness). Des Weiteren sollten Lernstandserhebungen testtheoretische Überlegungen (KTT: klassische Testtheorie vs. probabilistische Testtheorie bzw. IRT: Item-Response-Theorie) für die Testkonstruktion und Aufgabenauswahl einbeziehen. Für weitere Informationen zu diesem Thema in der deutschen Diskussion s. z.B. Nachtigall & Kröhne 2006.

ler untersucht werden[12]. Dieses Vorgehen optimiert die Informationsgewinnung auf nationaler Ebene, reduziert aber die Aussagekraft der Daten für die Einzelschule (vgl. Klieme & Baumert u.a. 2000, S. 399). Die Adressierung der Daten an Einzelschulen benötigt je nach Zielsetzung der Lernstandserhebung häufig die Vollerhebung ganzer Schuljahrgänge, um den einzelnen Schulen zuverlässige Ergebnisse über ihre Schülerleistungen liefern zu können. Diese Studien lassen sich von den Systemmonitorings besonders unter dem Aspekt der Stichprobenzusammensetzung abgrenzen und unter der Formel *Schulmonitoring* zusammenfassen. Peek (2002) sieht die Möglichkeiten für die örtliche Schulentwicklung und konkrete Unterrichtsverbesserungen dann gewährleistet, wenn durch das Studiendesign (z.B. flächendeckende Studie mit Einbezug der gesamten Schülerschaft eines Schuljahrgangs) Voraussetzungen geschaffen werden, die Daten für „klassen- bzw. kursbezogene, jahrgangsübergreifende und schulbezogene Reflexionsprozesse sowie ggf. für Entwicklung von Handlungsoptionen zu nutzen" (ebd., S. 332). Eine Erhöhung der Aussagekraft der Ergebnisse für die Einzelschule und die einzelne Klasse wird dadurch erreicht, dass Daten umfassender erhoben werden. Arnold (1999) weist in diesem Zusammenhang darauf hin, dass die Vergleichbarkeit der Stichproben und die Nutzung adjustierter Ergebnisdarstellungen für die Gewährung von Chancengleichheit garantiert werden muss. „Auf der Ebene des Vergleichs der Einzelschule wird Fairness primär durch eine pädagogisch angemessene Form der Leistungsindikatoren gewährleistet, die Schulwirksamkeit als ,adjustierte Werte' definiert und somit insbesondere die Lernausgangslage der Schüler berücksichtigt" (Arnold 1999, S. 16).

3.   Innerhalb des psychometrischen Ansatzes bezieht sich der Begriff der standardisierten Leistungsmessung auf Messinstrumente zur Leistungserfassung, die in Bezug auf die Testgütekriterien (Objektivität, Reliabilität, Validität) kontrolliert und standardisiert worden sind (vgl. Heller & Hany 2002, S. 91). Leistungen definieren sich als Produktionsvorgang, der von allen Schülern vollzogen wird und sich nach einem Prozess des Lernens, Übens und Vorbereitens als nachweisbares Ergebnis zeigt (vgl. ebd., S. 88). Die Leistungsmessungen können dabei mit unterschiedlichen Bezugsgruppen erfolgen (isaptiv-, kriterial- und sozialnormorientiert)[13] und sich auf unterschiedliche Testmodelle beziehen, die Aufschluss über das getestete individuelle Leistungspotential geben. Gegenübergestellt werden hier die klassische Testtheorie (KTT) und probabilistische Testmodelle bzw. Item-Response-Theorien (IRT). Beim ersten Modell wird unterstellt, dass einzelne Testaufgaben nur dann einen hochwertigen Test bilden, wenn die Summe der Antworten hohe Übereinstimmungen mit anderen Kriterien zeigen, die Gleiches zu messen beanspruchen (vgl. Arnold 2002, S. 119). Beim zweiten Modell wird ein Test als hochwertig beurteilt, wenn die Aufgaben ein latentes Personenmerkmal abbilden können (vgl. ebd.). „In einem empirisch testbaren Modell wird der Einfluss einer nicht direkt messbaren ,Personenfähigkeit' auf die Bewältigung der Test-

---

[12] Ausnahmen bilden hierbei zum einen die IGLU-Studie, bei der es sich zwar um eine stichprobenbasierte Erhebung handelt, aber ganze Klassen in die Stichprobe eingegangen sind. Und zum anderen die DESI-Studie, bei der aus allen neunten Klassen innerhalb von zufällig ausgewählten Schulen zwei komplette Klassen getestet wurden.

[13] isaptiv: Vergleich mit früheren Leistungen derselben Schule; sozial: Vergleich mit einer Normgruppe von Schulen, die als Vergleichsgruppe definiert wurden („fairer Vergleich"); kriteriumsbezogen: Bezug auf Standards. Diese Einteilung geht zurück auf die allgemeine Leistungsbeurteilung durch Lehrkräfte (vgl. Schrader & Helmke 2002).

aufgaben beschrieben, deren ‚Schwierigkeit' in einem eigenständig, d.h. zusätzlich zur Personenfähigkeit schätzbaren Parameter ausgedrückt wird" (ebd.).

4. Die Rückmeldungen der *Systemmonitoring*-Studien auf nationaler oder länderbezoge-ner Ebene, basierend auf einem Stichprobendesign, werden an Akteure des Bildungs-systems adressiert. Diese Adressaten haben Interesse an Informationen über den Zu-stand des gesamten Bildungssystems. Diese Studien können als Makroebene der ex-ternen Evaluation bezeichnet werden (vgl. Klemm 2000). Ackeren & Klemm (2000) unterscheiden innerhalb der Systemmonitorings außerdem zwischen Studien, die international (bspw. TIMSS, PISA) und bundeslandübergreifend/national (bspw. DE-SI, VERA) angelegt sind (vgl. ebd., S. 11). Die Rückmeldungen aus *Schulmonitorings*, basierend auf Vollerhebungen ganzer Schuljahrgänge bzw. ganzer Klassen und wer-den an die Leitungen und Lehrkräfte selbst adressiert. Das Interesse dieser Zielgruppe ist an Informationen ausgerichtet, die sich auf die Standortbestimmung ihrer Schule, Klassen und Schüler beziehen. Diese Lernstandserhebungen können im Gegensatz zu Systemmonitorings als Mikroebene der externen Evaluation bezeichnet werden (bspw. LAU, MARKUS, QuaSUM). Eine allgemeine Zusammenfassung unterschiedlicher Zielsetzungen aus Schulmonitorings beinhaltet beispielsweise folgende Aspekte (vgl. für einen Überblick: Schneewind 2006a, S. 10): Standardüberprüfung und Qualitätssi-cherung, systematische und externe Beurteilung von Schülerleistungen, Vergleich der eigenen Klasse mit einer repräsentativen Stichprobe, Bereitstellung diagnostischer In-formationen und Förderung und Stärkung der diagnostischen Kompetenz, Anregung zur schulinternen Kooperation, Objektivierung der Beurteilungspraxis, Selbstevaluati-on und Optimierung des Unterrichts und Hilfestellung zur professionellen Ausführung der Arbeit. Nachtigall & Kröhne (2006) formulieren für die deutsche Debatte um die Rückmeldungen, dass Vergleiche im Rahmen schulischer Leistungsmessungen mög-lichst fair sein sollten in dem Sinne, dass sie den kausalen Effekt von Schule und Un-terricht widerspiegeln sollten (ebd., S. 71). Detaillierte Ausführungen zur Rückmelde-gestaltung sind weiterhin in Kapitel 1.2.2 dieser Arbeit zu finden.

In der folgenden Tabelle 1 wird eine systematische Zusammenstellung ausgewählter Stu-dien aus der Grundschule sowie der Sekundarstufe I und II dargestellt. Die Systematik orientiert sich an den dargelegten Kriterien. Hiermit soll ein kurzer Überblick über die Möglichkeiten geboten werden, die durch den Einsatz von Studien eröffnet werden. Im Verlauf der Arbeit werden zu den einzelnen Schülerleistungsmessungen unterschiedliche Rezeptionsstudien vorgestellt, die einen faktischen Einblick in die Nutzungsmöglichkeiten der unterschiedlichen Studiendesigns liefern.

Tabelle 1: Auswahl von Schulleistungsstudien

Studie		Inhaltliche Gestaltung	
Name	**Zeit**	**Leistungen**	**Ziele (Bsp.)**
TIMSS	1993-1996	Mathematik und Naturwissen-schaften	(a) Leistungsstärken/-schwächen (b) Unterrichtsgrundmuster (c) Benchmarking
PISA	2000 2003 2006	Lesekompetenz, mathematische und naturwissenschaftliche Grundbildung	(a) Bildungsstand im Vergleich (b) allg. Erkenntnisse über Bedingungen & Ergebnisse von Lehr-Lern-Prozessen
IGLU	2001	Leseverständnis, Mathematik, naturwissenschaftliche Grundbildung	(a) Erkenntnisse über Schuleingangsphase (b) Sicherung der Grundbildung (Lesen)
DESI	2003 2004	Sprachliche Leistungen in Englisch und Deutsch (mündlich & schriftlich)	(a) Optimierungsansätze für den Unterricht (b) Aus- und Weiterbildung von Lehrkräften
VERA	seit 2003	Fähigkeitsniveaus in Deutsch und Mathematik	(a) handlungsleitender Nutzen für Schul-/Unterrichtsentwicklung (b) Förderung der Professionalität
LAU 5-13	1996 (5.) 1998 (7.) 2000 (9.) 2002 (11.) 2005 (13.)	Deutsch, Mathematik, 1. Fremdsprache	(a) Wissen für die Curriculumsentwicklung (b) klassen- und schulbezogene Reflexionsprozesse
MARKUS	1999-2000	Mathematik	(a) Benchmarking (b) Verbesserung von Schule/Unterricht, Lehren/Lernen
QuaSUM	1999	Mathematik	s. LAU
Lernstand 9 bzw. 8	jährlich seit 2004	Deutsch, Mathematik, Englisch	(a) Feststellung des Förderbedarfs (b) Stärkung der diagnostischen Kompetenz der Lehrkräfte

Stichprobenstruktur				Adressatenstruktur	
Erhebungsart	Anzahl	Alter	Schulform	Ebene	Adressaten
Stichprobe	12.000	Jahrgänge 7 und 8 (TIMSS I) Jahrgänge 9 (TIMSS II) Ende Sek II (TIMSS III)	alle ohne Sonderschulen	international	Systemmonitoring ohne Evaluation von Einzelschulen
Stichprobe	5.000	15-Jährige	alle	international	Systemmonitoring ohne Evaluation von Einzelschulen
Stichprobe mit kompletten Schulklassen	10.500 (246 Schulen)	Jahrgang 4	Grundschule	international	Systemmonitoring mit Evaluation von Einzelschulen
Stichprobe mit kompletten Schulklassen	2003: 10.639 2004: 10.632 (219 Schulen)	Jahrgang 9	alle	national (alle Bundesländer)	Systemmonitoring mit Evaluation von Einzelschulen
Vollerhebung	320.000	Jahrgang 4 seit 06/07: Jahrgang 3	Grundschule	national (7 Bundesländer)	Schulmonitoring
Vollerhebung (Längsschnitt)	LAU 5: 13.367 LAU 7: 13.266 LAU 9: 12.620 LAU 11: 6.411 LAU 13: 5.566	Jahrgänge 5, 7, 9 und 11	alle ohne Sonderschulen	national (länderintern)	Schulmonitoring
Vollerhebung	38.000	Jahrgang 8	alle ohne Sonderschulen	national (länderintern)	Schulmonitoring
Stichprobe: Schule mit kompletten Jahrgängen	12.620	Jahrgänge 5 und 9	alle ohne Sonderschulen	national (länderintern)	Schulmonitoring
Vollerhebung	ca. 200.000 pro Jhg.	Jahrgang 9 bzw. ab 06/07 Jahrgang 8	alle ohne Sonderschulen	national (länderintern)	Schulmonitoring

1.2.2 Rückmeldestruktur aus System- und Schulmonitorings

Nach Klemm (2000) steuern die *Ergebnisrückmeldungen* und das damit verbundene Inter-
pretationsangebot einen zentralen Beitrag zur Qualitätssicherung bei: Die Rückmeldung
stellt eine Brücke zwischen den Schülerleistungsmessungen und der teilautonomen Schulentwicklung dar, zwischen landesweiten Zielvorgaben und der Schulprogrammarbeit in der
Einzelschule und zwischen interner und externer Evaluation (vgl. ebd., S. 8). Er weist zudem darauf hin, dass solche Rückmeldungen keinen direkten Beitrag zu Qualitätssicherung
liefern, sondern nur mehr Transparenz in Entwicklungsprozesse bringen können (vgl.
Klemm 1998, S. 294). Nach Leschinsky & Cortina (2003) wird die zentrale Stellung der
Rückmeldungen in einem Bildungssystem mit Outputsteuerung ebenfalls bestätigt und
angemerkt, dass nicht die Outputmessung per se problematisch ist, sondern der Mangel an
daraus resultierender spezifischer Rückmeldung (vgl. ebd., S. 47). Hier wird deutlich, dass
der Erfolg der Studien – d.h. die Frage, ob die Realisierung in der Schule konkrete Nutzungsmöglichkeiten beinhaltet, ob die Unterrichtsqualität verbessert wird und ob Möglichkeiten für Entwicklung geboten werden – direkt an die Rückmeldeformate der Studien
gebunden sind. Diese Erkenntnis stellt den Gegenstand einer aktuellen Debatte dar (vgl.
Weinert 2002a, 2002b). *Rückmeldungen* bilden in einem System der Outputsteuerung den
Schlüssel zu den unterschiedlichen Zielsetzungen der Schülerleistungsmessungen.

Die *Rückmeldungen* aus *Systemmonitorings* gründen sich auf stichprobenbasierten Untersuchungen, die aufgrund des Adressatenkreises der Lernstandserhebungen ausreichend
sind. Bei den Adressaten handelt es sich nicht um einzelne Schulen, sondern um Akteure
der Systemebene des Bildungssystems wie z.B. Bildungspolitiker, Bildungsplaner, Lehr-
planentwickler, Institutionen der Lehreraus- und -weiterbildung sowie Moderatoren für
Schulentwicklung. Zu solchen Monitorings zählen die TIMS-, PISA-, IGLU- und DESI-
Studie. Internationale Leistungsuntersuchungen sind nach Bos & Postlethwaite (2002) ein
denkbares Instrument für einen normativen Vergleich, auch Benchmarking genannt, deren
Ergebnisse zum einen Steuerungswissen für Bildungsplaner enthalten, zum anderen aber
auch einen Beitrag zur Grundlagenforschung liefern können. Aus diesen Studien leite sich
aber kein unmittelbarer, direkter Nutzen für die Lehrkräfte und die einzelnen Schulen ab
(vgl. auch Peek 2002). Rückmeldungen aus Systemmonitorings an Einzelschulen dienen
nach Klieme, Baumert & Schwippert allein der Akzeptanzsicherung bei den Beteiligten.
Der Informationsgehalt ist aufgrund des Designs relativ gering, da die Studien nicht zur
Schulevaluation konzipiert wurden. Den Schulen werden aber mit den Rückmeldungen
Anhaltspunkte für Diskussionen über Veränderungen geliefert (vgl. Watermann & Stanat
2004, Watermann & Stanat u.a. 2003), wenn man die Interpretationseinschränkungen der
rückgemeldeten Ergebnisse den Adressaten deutlich mache. Diese Rückmeldungen bieten
den Schulen beispielsweise die Möglichkeit, sich international über Kompetenzstufen kriterial zu vergleichen, was eine interne Selbstevaluation als Information nicht bereitstellen
kann. Insgesamt sind Systemmonitorings wie TIMSS oder PISA aber nicht für eine Standortbestimmung der Einzelschule konzipiert. „So wollen internationale Vergleichsstudien
vor allem anhand der tatsächlich erzielten Leistungen von Schülern vergleichende Aussagen über den Zustand des gesamten Bildungs- bzw. Schulsystems eines Landes gewinnen,
um den Verantwortlichen und der Öffentlichkeit Informationen für dessen Standortbestimmung und Weiterentwicklung liefern" (Kohler & Schrader 2004, S. 4). Baumert (2001)
sieht in den Rückmeldungen aus Systemmonitorings keine steuernde Funktion für die Ein-

zelschule, sondern vielmehr die Aufgabe, Wissen auf Systemebene zur Verfügung zu stellen (vgl. ebd., S. 7). Es ist deshalb besonders wichtig, auf die „Grenzen der Aussagekraft und Belastbarkeit solcher Schulrückmeldungen hinzuweisen" (ebd., S. 12). Durch Stichproben- und querschnittlich angelegte Designs würden kaum individuelle Leistungsvoraussetzungen der Schüler sowie institutionelle Kontextbedingungen erfasst, so dass nur wenige Aussagen über die Wirkungen von Arbeit in Einzelschulen möglich seien.

Die *Rückmeldungen* aus *Schulmonitorings* verfolgen wiederum andere Zielsetzungen als die aus Systemmonitorings. Sie sind stark auf die Evaluation der Einzelschule ausgerichtet und sollen Anlässe für Schul- und Unterrichtsentwicklung liefern. Die 16 Bundesländer haben die bereits in Kapitel 1.1 beschriebenen bildungspolitischen Veränderungen aufgenommen und seit Ende der 1990er Jahre verschiedene Projekte zur Lernstandsermittlung eingeführt (für einen Überblick s.: Helmke 2000, Helmke & Schrader 2001, Ackeren & Klemm 2000: z.B. Hamburger Studie LAU, Brandenburger Studie QuaSUM, Rheinland-Pfälzer Studie MARKUS). In diesen Studien wurden die Möglichkeiten erprobt und ausgewertet, die die Lernstandserhebungen für die Schulentwicklung und das Qualitätsmanagement der Einzelschule bieten (vgl. Peek 2001). „Landesweite Untersuchungen zielen über das System-Monitoring hinaus meist auch auf die Sicherstellung eines vergleichbaren Anforderungsniveaus an verschiedenen Schulen und eine Standortbestimmung der Einzelschule ab. Die Evaluation spezifischer Bereiche an Einzelschulen schließlich dient der Feststellung des Ist-Zustands und der möglichen Entwicklungspotentiale vor Ort" (Kohler & Schrader 2004, S. 4). Bei diesen Studien werden die Zielsetzungen über Vollerhebungen ganzer Jahrgangsstufen realisiert, um die notwendigen Informationen für die Schulen bereitzustellen. Den Einzelschulen werden dabei Rückmeldungen in Form von Daten zur Verfügung gestellt, die meist eigenständig ausgewertet und für ihre Entwicklung nutzbar gemacht werden sollen. Leistungsmessungen und deren Rückmeldungen können nach Helmke (2000) ein integraler Bestandteil eines umfassenden Qualitätsmanagements sein, um Verbesserungen des Lernens und Lehrens nach sich zu ziehen (vgl. ebd., S. 156). Peek (2002) weist allerdings auf den begrenzten Aufschluss dieser Studien über die möglichen Ursachenzusammenhänge für die gemessenen Leistungen und die anzuwendenden didaktischen Konzepte zur Beseitigung der erkannten Defizite hin.

Der Gebrauchswert der Rückmeldungen hängt stark von deren Gestaltung und den daraus resultierenden Interpretationsmöglichkeiten ab (vgl. Klieme & Baumert u.a. 2000, Helmke 2000). Für die Gestaltung der schulbezogenen Rückmeldeformate haben Klieme & Baumert u.a. (2000) prozessbezogene und methodische Kriterien abgeleitet, die für ein nützliches Feedback wichtig sind. Unter prozessbezogenen Kriterien werden die Punkte Freiwilligkeit, Vertraulichkeit, Orientierung an Zielen und Entwicklungsbedürfnissen der Einzelschule benannt. Weiterhin werden drei methodische Kriterien für die Rückmeldungsgestaltung als sinnvoll angesehen: (1) Eine angemessene Verankerung im internationalen, nationalen oder regionalen Vergleich, wobei drei (isaptive, soziale, kritierumsbezogene) Bezugsnormen existieren. (2) Die Berücksichtigung der Kontextbedingungen (z.B. sozialer Hintergrund, kognitive Fähigkeiten der Schüler, materielle und personelle Ressourcen der Schule), außerdem sollen die Vergleiche grundsätzlich in Relation zu den Eingangsbedingungen dargestellt werden (so genannte value-added-Strategie, die dem fairen Vergleich dienen soll)[14]. (3) Die Beachtung der Grenzen bei der Aussagekraft der Daten (z.B.

---

[14] Möglichkeiten dies zu erreichen, liegen z.B. im Vergleich von Schulen, die unter den gleichen Bedingungen arbeiten; in der Bildung von Residualwerten (Berücksichtigung von definierten Kriterien, die einen Erwartungs-

über die Angabe von Vertrauensintervallen). Nach Helmke & Schrader (2001) sollten die Rückmeldungen für die Verwendung in der Einzelschule besonders die Einheit der Klasse im Blick haben, weil diese für Lehr-Lernprozesse die entscheidende Größe darstellen. Kohler & Schrader (2004) weisen darauf hin, dass es sich meist um querschnittsartig angelegte Untersuchungen handelt, die sich auf einzelne Fächer und Kompetenzen beziehen und kaum Generalisierungen auf andere Klassen und Jahrgänge erlauben. Die schulbezogenen Rückmeldungen bieten allerdings die Möglichkeiten, einen Referenzrahmen für interne Evaluationsbemühungen zu beziehen, die Diagnostik zu unterstützen und eine inhaltliche Erweiterung von schulischen Entscheidungs- und Reflexionsprozessen zu erreichen. Entscheidend für die Gestaltung und Aussagekraft der Daten ist nach Kohler & Schrader die Frage, *was* soll *wem wie* rückgemeldet werden (vgl. ebd., S. 7). Den Kern der Rückmeldungen bieten nach den Autoren dabei in der Regel die Schülerleistungen und u.U. die Kontextbedingungen (*was*), die Adressaten der Rückmeldungen sind in den jeweiligen Untersuchungen immer anders festgelegt (*wem*) und die Formate und Rahmenbedingungen der Rückmeldungen werden ebenfalls sehr verschieden gehandhabt (*wie*). Die Ergebnisdarstellung erfolge in den meisten Fällen über Balkendiagramme, die unterschiedliche zusätzliche Informationen beinhalteten (z.B. Mittelwerte, Streuungsmaße, Bezugs-/Vergleichsgruppen). Abs & Maag Merki (2006) fassen die Rückmeldeformate unter folgenden Merkmalen zusammen: Die Rückmeldungen unterscheiden sich in Hinblick darauf, auf welche Bezugsnormen (sozial, kriterial, individuell) zurückgegriffen wird, auf welchen Ebenen auf Basis der sozialen Bezugsnorm Rückmeldungen gemacht werden (z.B. Schule/Klasse im Vergleich zu allen Schulen/Klassen innerhalb der eigenen Schule bzw. innerhalb der Stichprobe), auf welchen Inhalten die Rückmeldungen beruhen (z.B. Mittelwerte/Standardabweichungen, Quartile, Perzentile, relative Häufigkeiten, Kompetenzstufen) und über welche Brutto- und Nettowerte Informationen vorliegen (z.B. Schultypus, sozioökonomischer Hintergrund, Geschlecht).

Welche statistischen Daten für die Lehrkräfte nützlich sind, ist noch nicht vollständig beantwortet. Klemm (2000) betont, dass Kontext- und Prozessvariablen einbezogen werden müssen, damit ein fairer Vergleich möglich ist. Rolff (2002) geht davon aus, dass eine sinnvolle Rückmeldung keine Rohdaten enthalten dürfte, sondern adjustierte Daten verwendet werden sollten. „Schulen können anhand derartiger Rückmeldungen erkennen, wie die bei ihnen untersuchten Fächer und Lernkompetenzen im Vergleich zu anderen Schulen einzuschätzen sind und inwieweit sie einem vorgegebenen Standard entsprechen" (ebd., S. 346). Er sieht es als wichtig an, dass die Lehrkräfte bei der Interpretation der Daten z.B. durch geschulte Moderatoren betreut werden, damit es nicht zu Fehleinschätzungen kommt, und dass die Rückmeldungen schulische und unterrichtliche Bedingungen von Schülerleistungen enthalten, die dann erst Unterrichts- und Schulentwicklung ermöglichen.

1.2.3 *Professionalisierungsansprüche und Kritikpunkte*

Es scheint unter Berücksichtigung der mit den Lernstandserhebungen verbundenen Zielsetzungen aus dem neuen Steuerungsparadigma für deren Erreichen besonders wichtig, dass einerseits die Gestaltung der Rückmeldungen innerhalb dieser Studien eine bedeutende

---

wert für den Schüler wiedergeben); oder in der Ermittlung eines Erwartungswerts für jede einzelne Schule. Detailliert ist Arnold (1999) auf die Frage der Fairness bei Schulsystemvergleichen eingegangen.

Stellung einnimmt und dass andererseits die Schulen und Lehrkräfte in den Prozess der Schulentwicklung durch die Nutzung von Ergebnissen eingebunden werden. Mit dem letzt genannten Prozess sind vielfältige Ansprüche an die Schulen und an die in ihnen agierenden Lehrkräfte verbunden. Nach Arnold (1999) haben Schulleistungsstudien das Potential, die Schuldiagnostik auf einem Niveau zu erweitern, das mit den bisherigen Möglichkeiten der Beurteilung durch Lehrkräfte nicht vergleichbar ist. Die wissenschaftlich-diagnostische Beurteilungspraxis im Schulsystem kann sich durch die Ergebnisnutzung sowohl für Lehrkräfte als auch für Schüler erweitern. Ackeren sieht besonders in der Selbstbestimmung der Lehrkräfte als Professionelle eine Möglichkeit, Daten aus externen Evaluationen für Schulentwicklungsprozesse zu nutzen. „Es bedarf einer zwar leistungsorientierten Kultur, die aber gleichwohl Vertrauen in die professionellen Fähigkeiten von Lehrern setzt. Die professionelle Urteilsfähigkeit von Lehrkräften muss genutzt und unterstützt werden, indem ihnen bei der Auswertung von Tests und Prüfungen nicht das Mandat entzogen wird" (ebd. 2003s, S. 28).

Im Prozess der Schulentwicklung durch externe Evaluation werden Lehrkräfte als Professionelle adressiert, die mit den hohen Anforderungen der Nutzungsmöglichkeiten umgehen sollen. In der Debatte um die Nutzung der Rückmeldungen aus Lernstandserhebungen für schulinternes Qualitätsmanagement wird auf der einen Seite eine stärkere Professionalität der Lehrkräfte gefordert, um eine effektive Nutzung der Ergebnisse gewährleisten zu können (vgl. Weinert 2002a), auf der anderen Seite wird in der Nutzung der Lernstandserhebungen als eine Möglichkeit der Professionalisierung der Lehrkräfte gesehen (vgl. Klieme 2004). Für Schlömerkemper (2002) besteht die Möglichkeit, anhand der Daten die Qualität des professionellen Handelns zu überprüfen. Er konstatiert einen professionellen Umgang mit den Daten, wenn Lehrkräfte in der Lage sind, diese sachgerecht zu beurteilen, die jeweiligen Ergebnisse auf entsprechende Kontextbedingungen zu beziehen und die Leistungsdaten mit anderen Informationen und Lernprozessen in Beziehung zu setzen.

Die Einführung von Standards für die Leistungsbeurteilung von Schülern ist nach Klieme (2004) auch eine Möglichkeit, Normen professionellen Handelns für Lehrkräfte anzubieten. „Professionen definieren sich nicht zuletzt durch die teils expliziten, teils impliziten Erwartungen an das professionelle Handeln ihrer Angehörigen, die durch wissenschaftliche Ausbildung, durch die berufliche Sozialisation und den kollegialen Diskurs vermittelt und immer wieder eingefordert werden. Gerade weil professionelles Handeln – bei Lehrkräften wie in anderen Professionen – durch einen hohen Grad an Komplexität, Nicht-Planbarkeit und Eigenverantwortung gekennzeichnet ist, kommt Standards im Sinne tradierter Erwartungen eine große Bedeutung zu. Professionelles Handeln kann und soll durch solche Normen nicht ‚standardisiert', technologisch zugerichtet werden, aber die Qualität des Handelns und seine Konsequenzen werden rational überprüfbar" (ebd., S. 526).

Thürmann (2002) geht davon aus, dass mit Standards Zielklärungsprozesse in den Fachgremien, d.h. die professionelle Reflexion über das pädagogische Handeln und die diagnostische Kompetenz unterstützt sowie die kollegiale Kooperation gefördert wird, wenn die Instrumente und Prozesse der Standardsicherung und Unterrichtsentwicklung in Einklang mit den Leitbildern der Fächer und Lernbereiche stehen (vgl. ebd., S. 3f.). Weiterhin bringt die Orientierung an Standards eine Veränderung in der Interaktion zwischen Lehrkräften und Schülern mit sich, da durch die Überprüfung die professionelle Arbeit mit Beurteilungen und Beobachtungen um eine neue Perspektive ergänzt wird. Hier wird im

Verhältnis zwischen Klient und Professionellem eine Symmetrieverschiebung zugunsten der Klienten erreicht (vgl. Kuper 2002b).

Weiterhin werden Vermutungen angestellt, welche Hindernisse bei der Etablierung einer professionellen Evaluationskultur an Schulen auftreten können. Kohler (2005)[15] benennt sieben Hindernisse, die vermutlich eintreten werden: (1) Abwehr wegen erhöhter Arbeitsbelastung durch Einführung von Evaluationen; (2) fehlende Unterstützungssysteme durch ein hierarchisches Verhältnis zwischen Schulen und Schulaufsicht; (3) gering ausgeprägte kollegiale Kommunikation und Kooperation, die eine Abwehr gegenüber Evaluation mit sich bringt; (4) das Autonomie-Paritäts-Muster verhindert eine Auseinandersetzung mit Evaluationsergebnissen; (5) unzureichende Selbstwirksamkeitserwartungen bedingen eine geringe Handlungsbereitschaft und Einbringung in Schulentwicklungsprozesse; (6) objektiv hohe berufliche Belastung und ein hohes subjektives Empfinden dieser Belastung führt zu Verweigerung sich an diesen Prozessen zu beteiligen; (7) Attributionsvoreingenommenheiten könnten zu einer Ablehnungshaltung führen, wobei keine empirischen Belege für fördernde oder hinderliche Attributionen vorliegen (vgl. ebd., S. 56ff.).

Kritikpunkte werden aus unterschiedlichen Perspektiven und an verschiedenen Aspekten der neuen Steuerungsidee formuliert. Die Kernfrage der Debatte um die outputorientierte Steuerung bewegt sich um den Aspekt, ob Lernstandserhebungen überhaupt einen Beitrag zur Qualitätsentwicklung der Schulen und des Unterrichts leisten können (vgl. Tillmann 2001). Dabei wird auf die Wichtigkeit des Einbezugs der Lehrkräfte und Schulleitungen verwiesen sowie auf die Verständlichkeit der Rückmeldungen, damit überhaupt Schulentwicklungsprozesse entstehen können (vgl. Oelkers 2004). Diskutiert wird vorwiegend, ob Prozesse des *teaching to the test* durch ein technokratisches Rechenschaftslegungsmodell etabliert werden, die Qualitäts- und Entwicklungsmaßnahmen ausschließen, und ob der Bildungsbegriff durch messbare Standards eingeengt wird (vgl. Groeben 2005, Groeben & Tillmann 2000). Als problematisch wird auch angesehen, dass innerhalb der Rückmeldungen keine Ursachenanalysen mitgeliefert werden, durch welche Kontextfaktoren (z.B. Miterzieher, Familie, Peers, Massenmedien) und Lernprozesse die Ergebnisse zustande kommen und beeinflusst werden (vgl. Hesse 2005, Stähling 2005). Hiermit würden den Lehrkräften keine Optionen aufgezeigt, wie Qualität entwickelt werden kann. Die Wirkungszusammenhänge innerhalb der Schule müssen erfasst werden, um Qualitätskriterien für guten Unterricht ableiten zu können. Weitere Kritikpunkte beziehen sich auf die Systemebene der Lernstandserhebungen. Bähr (2003) sieht den Konflikt bei der einzelschulischen Qualitätssicherung durch Lernstandserhebungen als ein systemisches Problem an. Outputsteuerung ist zwar auf der System- aber nicht auf der Einzelschulebene möglich, da es sich bei Schulklassen nicht um Organisationen handele und diese zudem ein Ort der Inputsteuerung seien. Die Schulen und Schulkassen bedürfen vielmehr einer Unterstützungs- als einer Kontrollleistung durch Daten. Die Schnittstelle für die Outputsteuerung ist für Bähr allein die Regierung, die Systeminformationen benötigt.

---

[15] Diese Vermutungen von Kohler werden von ihr in einer empirischen Studie untersucht, deren Ergebnisse in Kapitel 1.5 dargestellt werden.

1.3 Forschung zur Rückmeldegestaltung und Rezeption der Ergebnisse

Die Rückmeldungen stellen die Schlüsselrolle für die Umsetzung der diversen Zielsetzungen innerhalb der Schulen dar. Neben internen Maßnahmen der Schule, über die sie weitgehend Autonomie in Bezug auf Durchführung und Inhalte haben, oder den alltäglichen Leistungsmessungen und -beurteilungen, die zu ihrem Kerngeschäft gehören, sind Lernstandserhebungen und deren Rückmeldungen eine neue Aufgabe für die Schulen und Lehrkräfte, mit denen in Deutschland bisher sehr wenige Erfahrungen existieren (vgl. Kohler 2005). Die Nützlichkeit und der Gebrauchswert der Rückmeldungen hängen von vielen Faktoren ab. Es besteht allerdings Einigkeit darüber, dass die Rückmeldungen nicht zu automatischen Veränderungen bzw. Verbesserungen innerhalb der Einzelschule führen, sondern lediglich Anhaltspunkte und keine kausalen Wirkungszusammenhänge liefern (vgl. Ackeren 2003, 2004, 2005, Arnold 1999, Terhart 2002, Watermann & Stanat 2004, Watermann & Stanat u.a. 2003; Rolff 2002; Böttcher 2002; Kuper 2002b). „Charakteristisch (...) ist, dass keiner direkte Entscheidungshilfen liefert, sondern eher die Komplexität von Entscheidungssituationen vergrößert. (...) Nutzen wird erst im reflexiven Gebrauch der Ergebnisse erzeugt. Die eigentliche Arbeit beginnt in der Schule, in den sie unterstützenden Einrichtungen und in der Politik erst nach der Untersuchung" (Baumert 2001, S. 13). Die Rückmeldungen sollen nicht nur *Steuerungswissen*, sondern auch *Analysewissen* für Qualitätssicherung und -verbesserung auf der Einzelschulebene bereitstellen.

Diese indirekte Wissensverwendungserkenntnis stützt sich auf Forschungsergebnisse der sozialwissenschaftlichen Wissensverwendungsforschung (vgl. zum Überblick Beck & Bonß 1989)[16]. Hier wird auf die Reinterpretationen verwiesen, die wissenschaftliches Wissen im Gegensatz zu praktischem Wissen durch die Adressaten selbst erfährt (vgl. ebd., S. 9). „Verwendung ist also nicht ‚Anwendung', sondern ein aktives Mit- und Neuproduzieren der Ergebnisse, die gerade dadurch den Charakter von ‚Ergebnissen' verlieren und im Handlungs-, Sprach-, Erwartungs- und Wertkontext des jeweiligen Praxiszusammenhangs nach immanenten Regeln in ihrer praktischen Relevanz überhaupt erst erschaffen werden" (ebd., S. 11). Wissenschaftliches Wissen könne in der Praxis erst dann Bedeutung erlangen, wenn es allein aus den praktischen Handlungsregeln der Praxis selbst erklärbar wird (vgl. ebd., S. 12). Verwendung von Wissen wird in der revidierten Wissensverwendungsforschung als Verwandlung gedacht (vgl. ebd., S. 24ff.) und als Prozess „des induktiven Umgangs mit handlungsentlastet produzierten Deutungsangeboten" (ebd., S. 27) ausgelegt. Es komme zu Lerneffekten: Auf Seiten der Wissenschaft und der Praxis.

Kuper fasst die Debatte über die Ergebnisverwendung wie folgt zusammen: „Dass weder Sozialtechnologie – als eine Subsumtion praktischer Handlungsregeln unter generalisierbares wissenschaftliches Wissen – noch Aufklärung – als eine durch wissenschaftliche Beobachtung verbürgte Transparenz der Beweggründe praktischen Handelns – ein hinreichendes Modell der Beschreibung des Verhältnisses zwischen Wissenschaft und Praxis darstellt, gilt inzwischen weithin als unstrittig. (...) Aus den Erkenntnissen sollte jedoch keineswegs der voreilige Schluss gezogen werden, Ergebnisse der Bildungsforschung ver-

---

[16] Für eine Übersicht der Debatte in der erziehungswissenschaftlichen Wissensverwendungsforschung s. Drerup & Terhart 1979, die die Technologieproblematik der Erziehungswissenschaften in den Fokus stellen. Und s. ebenfalls Kuper (2005, S. 96-107), der weiterhin für eine Unterscheidung zwischen wissenschaftlichen und praktischem Wissen plädiert: „Vielmehr muss der Fortbestand der Differenz zwischen praktischem und theoretischem Wissen als fortwährender Anlass gesehen werden, aus beiden Wissensdomänen heraus wechselseitig aufeinander Bezug nehmende Deutungsangebote zu unterbreiten" (ebd., S. 107).

hielten sich gegenüber der Praxis des Bildungssystems beliebig" (ebd. 2005, S. 9). Danach erfordert ein solches Qualitätsmanagement in den Schulen eine intensive Kooperation und kann nicht ohne die Beteiligung der Beteiligten implementiert werden (vgl. ebd. 2002b). Kuper sieht in der Verarbeitung der wissenschaftlichen Informationen für die Verwendung in der Schulpraxis zwei grundlegende Probleme: Zum einen stoßen die Informationen auf begrenzte Kapazitäten der Verarbeitung und zum anderen herrscht noch weitestgehend Unkenntnis über die Folgen der Verwendung dieser Informationen (vgl. ebd. 2006). Die Überlegung, dass es keine direkte Ergebnisnutzung gibt, wird weiterhin gestützt durch Kohler & Schrader (2004), sie gehen davon aus, dass Rückmeldungen zwar Informationen bereit stellen, diese sich aber nicht unmittelbar in Maßnahmen umsetzen lassen, auch wenn die Daten in vielerlei Hinsicht genutzt werden können (vgl. ebd., S. 6)[17]. Eine differenzierte Leistungsmessung kann aber nach Helmke (2004) eine solide empirische Basis für Unterrichtsentwicklung darstellen (vgl. ebd., S. 212).

Modelle zur Erfassung der Ergebnisnutzung

Aufgrund der geringen theoretischen Fundierung dieser Problematik, d.h. der Zielumsetzung der Qualitätssicherung und -entwicklung durch externe Leistungsmessungen, und der Erkenntnis, dass sich das Wissen aus diesen standardisierten Studien nicht direkt in Handlungswissen umsetzten lässt, wird angestrebt, Modelle zu entwickeln, die sich mit der Wahrnehmung der empirischen Daten und deren Umsetzung in Konsequenzen und Maßnahmen beschäftigen. Helmke & Schrader haben bspw. ein Rahmenmodell zur Ergebnisrezeption entwickelt, das sich mit beeinflussenden Faktoren auf Wirkung und Erfolg der Rezeption beschäftigt. Das Modell der verschiedenen Faktoren zur Rezeption der Rückmeldungen und deren Umsetzung in geeignete Maßnahmen (vgl. Helmke & Schrader 2001, S. 601; Helmke 2004, S. 99ff.) wird in der Abbildung 1 dargestellt:

---

[17] Eine differenzierte Auseinandersetzung mit der Umsetzung von Ergebnisrückmeldungen in Handlungen für die Schul- und Unterrichtsentwicklung erfolgt in Kapitel 1.4.

Abbildung 1:   Rezeptionsmodell nach Helmke & Schrader 2001

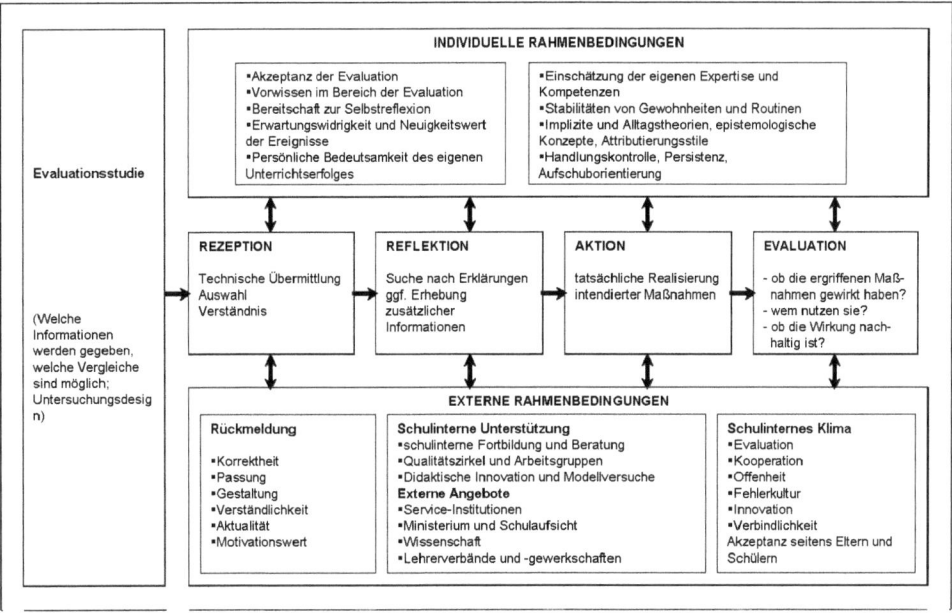

Hier wird beschrieben, dass die Lehrkräfte die Ergebnisse zunächst wahrnehmen müssen (*Rezeption*), bevor Maßnahmen abgeleitet werden können. Dieser Prozess wird als nicht trivial beschrieben, da an dieser Stelle die Lehrkräfte häufig die Möglichkeit haben, aus unterschiedlichen Varianten der Ergebnisrückmeldung auszuwählen. Des Weiteren müssen die rückgemeldeten Ergebnisse im Anschluss auch verstanden werden, damit Fehlinterpretationen der Daten vermieden werden. Hierbei spielt vor allem die Gestaltung der Rückmeldung eine Rolle. In dem folgenden Schritt der *Reflektion* müssen die Daten interpretiert werden, damit Ursachen ermittelt werden können; u.U. kann es für die Schule auch notwendig sein, zusätzliche Informationen zu erheben. Erst an diesen Schritt schließt die eigentlich abzuleitende Handlung (*Aktion*) an, d.h. die sich im vorherigen Schritt ergebenen Überlegungen können jetzt in Handlungen bzw. Konsequenzen überführt werden. Diese Maßnahmen können sehr verschieden sein (z.B. Sicherung eines Mindestniveaus fachlicher Leistungen, Förderung leistungsschwacher/leistungsstarker Schülergruppen, Verbesserung der Unterrichtsqualität und Klassenführung etc.) und sollten, wenn sie eingeführt wurden, im letzten Schritt (*Evaluation*) auch in Hinblick auf ihre Zielsetzung überprüft werden (vgl. Helmke 2004). Neben diesem Rezeptionszyklus werden in diesem Modell individuelle und externe Rahmenbedingungen berücksichtigt, die Einfluss auf Wirkung und Erfolg der externen Evaluationsmaßnahme nehmen.

Des Weiteren stellen Bonsen & Gathen (2004) ein Rahmenmodell für die Rückmeldungsnutzung vor, das sie nach Coe & Visscher (2002) als SPFS (School Performance Feedback System)-Rahmenmodell bezeichnen (vgl. Bonsen & Gathen 2004, S. 247ff.). Hier sind außer- und innerschulische Faktoren und Bedingungen enthalten, die zentral für die innerschulische Nutzung sind. Es werden Gruppen von Faktoren (A: Design der Rückmeldung; B: Eigenschaften der Rückmeldungen; C: Implementationsprozess; D: Schulmerkmale) benannt, die Einfluss auf die unterschiedlichen Nutzungsmöglichkeiten (E) der Rückmeldungen (direkte, konzeptuelle, symbolische, strategische Nutzung) und die beabsichtigten und unbeabsichtigten Effekte der Datennutzung (F) nehmen (s. Abb. 2):

Abbildung 2:   Rezeptionsmodell nach Bonsen & Gathen (2004)

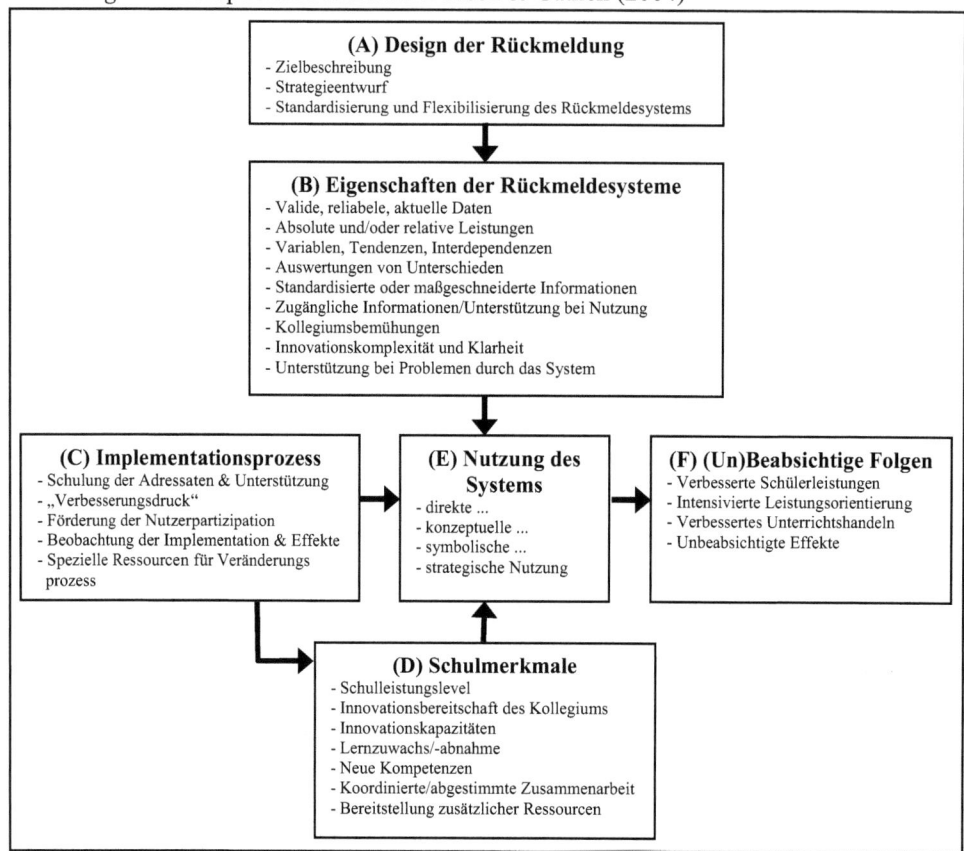

Ackeren (2003) verwendet zur Analyse der Länder England, Frankreich und Niederlande ein Strukturmodell zur möglichen Wirkung zentraler kontextueller Einflussgrößen auf die Nutzung von Daten. Dieses Modell setzt sich aus den drei Bereichen Anlage und Ziele der externen Evaluationen, Rückmeldeverfahren und Datenqualität sowie (Analyse des) Datenempfänger(s) zusammen, die Einfluss auf die Effekte des Feedbacks nehmen (vgl. ebd. 2003b, S. 27). Sie stellt aus Literaturrecherchen und Experteninterviews heraus, dass die Effekte des Datenfeedbacks und die Nutzungsstrategien in den verschiedenen Ländern anhand von vier Nutzungstypen beschrieben werden können, die aus der angloamerikanischen evaluation utilization-Forschung entstanden sind: (1) Die instrumentelle Nutzungsform, bei der die Evaluationsergebnisse in direkter Konsequenz als Ausgangspunkt für Handlungen angesehen werden können. (2) Die konzeptuelle Nutzungsform (enlightment), bei der die Denkprozesse von Entscheidungen über einen großen Zeitraum bzw. einem großen zeitlichen Abstand die Handlungen beeinflussen. (3) Die symbolische Nutzungs-form, bei der der individuelle Informationsgebrauch einem politischen bzw. praktischen Interesse entspringt und dient. (4) Die prozesshafte Nutzungsform, bei der nicht das Ergeb-nis der Evaluation, sondern die mit der Evaluation verbundenen Prozesse im Vordergrund stehen (vgl. ebd. 2003b, S. 34f.). Die aus diesem Modell entstandenen Ergebnisse zeigen, dass auch bei unterschiedlich umgesetzten Steuerungsstrategien (pressure-, support- und pressure and support-Ansatz) Schwierigkeiten und Probleme in Bezug auf die Datennut-zung für die Schulentwicklung auftreten, und dass immer die Schule darüber entscheidet, wie das externe Intervenieren beantwortet wird. Ackeren konnte aus diesen Untersuchun-gen allgemeingültige Indikatoren, d.h. personale und organisationale Einflussgrößen, für die innerschulische Datennutzung identifizieren. Unter personalen Indikatoren hält sie „mo-tivationale Aspekte und empfundene Anreize, mit Daten umzugehen, Wissen und Kompe-tenzen im Arbeitsfeld ‚Evaluation' und die darauf bezogene eigene Einschätzung und die Bereitschaft sich selbst zu reflektieren und Defizite wahrzunehmen" (ebd. 2003, S. 191) fest. Unter organisationale Indikatoren fallen „klare Zielstellungen, Schulklima der Koope-ration und Innovation (organisatorischer vs. mechanischer Organisationstyp), das Professi-onswissen der Schule insgesamt, das durch Fortbildungen auf diesem Gebiet beeinflusst wird, sowie die Thematisierung von Evaluationsergebnissen auf Fach- und Schulkonferen-zen oder in Steuerungsgruppen" (ebd., S. 191f.). Insgesamt hält sie fest, dass mehr Erkennt-nisse zum intendierten Nutzen als zu den tatsächlichen Effekten der Datennutzung vorlie-gen (vgl. ebd. 2004, S. 44; 2003, S. 205f.). Sie macht für den Bereich der Effekte und Nut-zungsstrategien durch Rückmeldungen innerhalb der Schule besonders individuelle und organisatorische Unterschiede dafür verantwortlich, wie mit den Ergebnissen umgegangen wird. Schulentwicklung erweist sich „auf der Basis objektivierter, rückgemeldeter Daten als ein zeitintensiver, komplexer Prozess interdependenter Komponenten (..), der durch wech-selnde menschliche Verhaltensweisen und Strukturen beeinflusst wird" (ebd. 2004, S. 40).

Eine Typologie über die Evaluationsnutzung von Stamm (2002) basierend auf einer qualitativ-quantitativen Auswertung von 18 schweizerischen Evaluationsmaßnahmen aus den Jahren 1995 bis 1998 beschreibt anhand eines clusteranalytisch gewonnenen Vier-Felder-Schemas die Rezeption, den Transfer und die Nutzung von Evaluationsergebnissen. Stamm macht deutlich, dass es zwar nicht unbedingt zu einem gradlinigen Transfer, aber durchaus zu einer direkten Nutzung der Ergebnisse kommen kann. Sie unterscheidet in ihrer Typologie zwischen zwei direkten Nutzungstypen (Innovation und Reaktion) und zwei Typen, die keine direkte Nutzung aufweisen (Blockade und Alibi). Sie zieht daraus den Schluss, dass nicht ausschließlich mit einer linearen Wissensakkumulation bzw. -assimilation zu rechnen ist, sondern dass es größtenteils zu einer vielschichtigen Umfor-mung und Umgestaltung von Evaluationsergebnissen in alltägliche Deutungen kommt, damit die Ergebnisse mit dem Sinnhorizont der Anwender kompatibel werden (vgl. ebd., S. 190). Die Evaluationsergebnisse würden nur dann anwendungsfähig, wenn die Perspekti-ven und Interessenskontexte sowie die kognitiven Kompetenzen und Vorstellungen über Wahrheit zwischen Evaluatoren und Anwendern übereinstimmen. Dabei werden die Ergeb-nisse zweifach überprüft, zum einen auf ihren Wahrheitsgehalt im Sinne ihrer wissenschaft-lichen Glaubwürdigkeit und zum anderen auf ihren Nützlichkeitsgehalt im Sinne der Prak-tikabilität und Praxisausrichtung.

1.3.1 Zentrale Ergebnisse aus dem deutschen Forschungsstand

Aus den vorangegangenen Ausführungen über die allgemeinen Zielsetzungen der Lernstandserhebungen und den damit verbundenen Problematiken bei der Ergebnisverwendung stellt sich die Frage, welche empirischen Nachweise sich durch die Ergebnisverwendung für Reformen und Veränderungen auf der System-, Schul- und Unterrichtsebene nachweisen und welche Konsequenzen sich aus ihnen ableiten lassen (vgl. Kohler & Schrader 2004). Sollen die Rückmeldungen als Instrument verstanden werden, das Schul- und Unterrichtsentwicklung anstoßen und unterstützen soll, dann ist es im Folgenden wichtig, den Stellenwert, die Verständlichkeit und die Art der Nutzung dieser Rückmeldungen in den Blickpunkt zu rücken. Es stellt sich daraus die Frage, welche Auswirkungen die Ergebnisverwendung in den Einzelschulen haben.

Eine an die Problematiken der Rückmeldungen anschließende neue Forschungsrichtung beschäftigt sich mit diesen Fragestellungen und kann nach Kohler & Schrader (2004) in zwei Richtungen differenziert werden: Zum einen handelt es sich um die *Forschung zur Rückmeldegestaltung*. Sie konzentriert sich auf die Frage, wie z.B. die Rückmeldungen gestaltet sein müssen, damit sie von den Beteiligten verstanden und genutzt werden können (vgl. ebd.). Zum anderen ist die *Forschung zur Ergebnisrezeption* zu nennen, die sich mit Fragestellungen beschäftigt, wie z.B. Lehrkräfte und Schulleitungen, aber auch Schüler, Eltern, die Schulaufsicht und die interessierte Öffentlichkeit mit den Ergebnissen schulischer Leistungsmessungen umgehen (vgl. ebd., S. 6). Diese Richtung definieren Schrader & Helmke als „Studien zu den Bedingungen und zum Verlauf der Rezeption von Evaluationsergebnissen und ihrer Transformation in Massnahmen zur Verbesserung des Lehrens und Lernens" (ebd. 2003, S. 80f.). Allgemein lässt sich festhalten, dass innerhalb der Schulen und unter den Lehrkräften relativ ausgewogene Einstellungen gegenüber externen Schulleistungsmessungen existieren. Ditton & Edelhäußer (2002) haben im Rahmen einer Befragung von 178 bayrischen Schulen mit insgesamt 1585 Lehrkräften zu deren Einstellungen herausgefunden, dass sich die Befürworter und Kritiker fast in allen abgefragten Bereichen (Nutzen, Wichtigkeit etc.) die Waage halten, wobei die Schulleitungen in der Tendenz eine positivere Einstellung gegenüber den Testuntersuchungen aufweisen als die Lehrkräfte. Beide Gruppen – Lehrkräfte und Schulleitungen – möchten aber in der überwiegenden Mehrheit über die Testleistungsergebnisse unterrichtet werden. Differenzierungen zwischen den Schularten konnten Ditton & Edelhäußer nicht feststellen; nur bei den Einstellungen der gymnasialen Schulleitungen konnten sie signifikant positivere Einstellungen belegen. Weitere Erkenntnisse waren, dass Schulleiter positiver eingestellt sind als ihre weiblichen Kolleginnen und dass beide Gruppen eine Veröffentlichung der Ergebnisse nicht begrüßen. Insgesamt ziehen sie das Resümee, dass bei der Mehrzahl der Befragten eine allgemeine Notwendigkeit für vergleichende Testuntersuchungen vorherrscht und sie über ihr Abschneiden auch informiert werden wollen (vgl. ebd. 2002, S. 30).

Rezeptionsstudien zu *Systemmonitorings* wie TIMSS, PISA oder IGLU sind in ihrer Aussagekraft für die Ergebnisnutzung in Hinblick auf Schul- und Unterrichtsentwicklung nur bedingt aussagekräftig, da sich die Konzeption und Zielsetzung der Studie nicht auf die Standortbestimmung der Einzelschule beziehen (vgl. Watermann & Stanat 2004, S. 40f.). Rückmeldungen aus Systemmonitorings erfolgen aus verschiedenen Gründen trotzdem an die Einzelschulen: Erstens wird damit die Akzeptanz der Erhebung an den Schulen erhöht und die Schulen können am gesamten Prozess teilhaben, zweitens kann ein breiter Adressatenkreis mit den Rückmeldungen erreicht werden, drittens bieten die Rückmeldungen den Schulen zumindest eine Momentaufnahme, die Anlass für Diskussionen innerhalb der Schule sein kann und viertens können sich die Schulen mit den Rückmeldungen international mit anderen Schulen vergleichen und einordnen (vgl. Watermann & Stanat 2004, Watermann & Stanat u.a. 2003). Die empirischen Untersuchungen, die sich mit der Rezeption von Rückmeldungen durch Lehrkräfte, Schulleitungen, Eltern und Mitgliedern der Bildungsverwaltung (Schulaufsichtsbehörden, Ministerien) beschäftigt haben, können einige Fragen beantworten, mit welchen Einstellungen und Effekten bei der Ergebnisnutzung von Schulmonitorings zu rechnen ist.

Eine Fragebogenuntersuchung von Lehrkräften (n=201), Eltern (n=194) und Schulaufsichtsbeamten (n=90)[18] zu den TIMSS-Ergebnissen durch Kohler (vgl. 2002, 2004, 2005) aus der Zeit von 2000-2001 liefert bspw. Erkenntnisse zum Wissen dieser drei Gruppen über die TIMS-Studie, ihren Einstellungen gegenüber externer Evaluation, ihren Begründungsmustern für die erreichten Ergebnisse und ihrer Veränderungsbereitschaft durch die wahrgenommenen TIMSS-Ergebnisse[19]. Für Kohler ergibt sich aus der Analyse und dem Vergleich der drei Gruppen, dass die Schulaufsichtsbeamten im Verhältnis zu den Lehrkräften und Eltern das größte Vorwissen aufweisen und die anderen beiden Gruppen relativ gering über die TIMS-Studie informiert sind. Die Schulaufsichtsbeamten messen auch den Ergebnissen eine größere Relevanz bei, was nach Kohler daran liegen kann, dass die Ergebnisse an die Systemebene adressiert sind. Bei allen drei Gruppen sei eine eher geringe Skepsis gegenüber externen Evaluationen zu verzeichnen und das Interesse an Rückmeldungen sehr groß, wobei die Eltern besonders an den Ergebnissen ihrer eigenen Kinder und die Lehrkräfte besonders an denen ihrer Klasse bzw. Schüler zeigten. Alle drei Gruppen wiesen Attributionsvoreingenommenheiten auf, d.h. jede Gruppe sieht die Ursache für das Abschneiden eher bei anderen Gruppen (z.B. den Schülern selbst, den jeweiligen anderen Gruppen oder der Gesellschaft). Einen Anlass für Veränderungen der eigenen Arbeit bzw. des eigenen Verhaltens durch die TIMSS-Ergebnisse sehen am stärksten die Schulaufsichtsbeamten, gefolgt von den Lehrkräften. Am schwächsten ausgeprägt ist diese Bereitschaft bei den Eltern, die eher Veränderungen seitens des Schulamts und des Ministeriums erwarten. Bei einem Extremgruppenvergleich der Lehrkräfte kommt Kohler zu dem Ergebnis, dass eine hohe Skepsis gegenüber externen Evaluationen mit einigen Variablen stärker korrelieren (hohe externale Attributionen der Ergebnisse; TIMSS-Ergebnisse werden für wenig bedeutsam, zutreffend und bedenklich gehalten; Aussagekraft der Daten wird stärker in Zweifel gezogen), wobei sich aber kein bzw. nur ein geringer Zusammenhang mit personenbezogenen Variablen nachweisen lässt. Kohler fest, dass die „mit hohem Aufwand gewonnenen Ergebnisse vergleichender Leistungsstudien (..) nur dann Veränderungen unmittelbarer Art einleiten, wenn sie von den Lehrerinnen und Lehrern tatsächlich wahrgenommen, adäquat erfasst und überdies für bedeutsam und zutreffend gehalten werden" (ebd. 2002, S. 160).

Eine Evaluationsstudie im Anschluss an die Ergebnisrückmeldungen der PISA 2000[20] Studie in Hessen durch das Projektbüro für Vergleichsuntersuchungen eruiert die Wirkung

---

[18] Die Befragung fand in allgemein bildenden Schulen in Baden-Württemberg statt, die Schulaufsichtsbeamten stammen aus zwei Oberschulamtsbezirken aus diesem Bundesland.
[19] Zu Ergebnissen und Design der TIMS-Studie vgl. Bundesministerium für Bildung und Forschung 2001 und exemplarisch Köller, Baumert & Bos 2002.
[20] Zu Ergebnissen und Design der PISA-Studie 2000 vgl. Baumert & Artelt u.a. (2002), Deutsches PISA-Konsortium & Baumert u.a. 2001.

der von ihnen eingesetzten Unterstützungssysteme bei der Rezeption der Ergebnisse durch die beteiligten Schulen (vgl. Markstahler & Schwarz u.a. 2004). Die für die PISA-Studie repräsentative Stichprobe bestand in Hessen aus 106 Schulen, aus denen die Schüler für den Test ausgewählt wurden. Die Rückmeldungen konnten von den Schulen freiwillig angefordert werden, wobei sie selbst darüber entscheiden konnten, ob sie das zur Verfügung gestellte Unterstützungssystem, d.h. eine Beratung durch ausgewiesene hessische Schulpsychologen, in Anspruch nehmen wollten. Zehn Prozent der beteiligten Schulen waren mit einer Beratung durch das eigene Schulamt einverstanden, wohingegen 63 Prozent dies ausdrücklich ablehnten. 27 Prozent der Schulen haben keine Festlegung getroffen. Von den insgesamt 104 Schulen (für zwei Schulen waren bereits im Vorfeld keine Rückmeldungen geplant) haben letztendlich 86 Schulen eine Rückmeldung angefordert und 30 Schulen eine angebotene Beratung in Anspruch genommen. Der standardisierte Fragebogen der Evaluationsstudie wurde an alle 104 Schulen verschickt, wovon 72 Fragebögen (69 Prozent) zurückgeschickt wurden und 63 Fragebögen in die Auswertung (61 Prozent) eingegangen sind. Von den 30 Schulen mit Beratung durch einen Schulpsychologen wurden alle Fragebögen (n=30) zurückgeschickt. Insgesamt wurden die Rückmeldungen von den hessischen Schulleitungen z.B. in Bezug auf Ausführlichkeit, Orientierungspunkte für die Weiterarbeit und Hinweise auf das Schulleistungsgefüge als positiv beurteilt (vgl. ebd., S. 201). Die eingesetzte Schulberatung hat nach Markstahler u.a. in den Bereichen fachliche Details, Gesprächsführung sowie Erwartungen der Schulen entsprochen gute bis sehr gute Bewertungen bekommen (vgl. ebd.). Als wesentlichen Effekt durch den Gruppenvergleich mit und ohne Beratung sehen die Autoren durch die Schulberatung positive Verstärkungstendenzen in den komplexeren Dimensionen Einordnung der schulbezogenen Ergebnisse, Nützlichkeit und Orientierungspunkte für die weitere Arbeit. Die Autoren sehen als Fazit ihrer Untersuchung besonders einen Ausbau qualifizierter Unterstützungsagenturen für die Rezeption der Ergebnisse innerhalb der Schulen.

Eine Rezeptionsstudie zum Systemmonitoring in der Grundschule (IGLU) hat sich mit der Verständlichkeit der Rückmeldungen, mit dem Wunsch nach zusätzlich gewünschten Informationen und mit der Verwendungsart der Rückmeldungen auseinandergesetzt. Aufgrund des besonderen Stichprobendesigns der Schulleistungsstudie[21], hier wurden ganze Klassen in die Stichprobe aufgenommen, konnten auf Wunsch der beteiligten Lehrkräfte detaillierte Rückmeldungen auf Klassenebene gegeben werden (vgl. Schwippert 2004). Von den beteiligten 660 Lehrkräften haben insgesamt 300 eine Rückmeldung für ihre Klasse angefordert, was auf ein hohes Interesse an der Untersuchung schließen lässt. Hierbei handelt es sich wahrscheinlich um eine positiv selektierte Gruppe. Die an die Rückmeldungen anschließende Rezeptionsstudie hat eine Rücklaufquote von knapp 20% (n=53), was lediglich eingeschränkte Aussagen über die Zielsetzungen der Studie erlaubt. Schwippert hält aus den Daten fest, dass es zu keinen bis wenigen Verständnisschwierigkeiten bei den Lehrkräften in Bezug auf die Darstellung der Rückmeldungen gekommen ist und dass weitere Informationen von den Lehrkräften gewünscht werden (z.B. Informationen zu den Rahmenbedingungen des Unterrichts, Handlungsvorschläge zum Umgang mit den Rückmeldungen, förderdiagnostisches Wissen auf Klassen-/Individualebene).

Ein weiteres Systemmonitoring mit anschließender Rückmeldestudie ist die DESI-Studie. Hier sind direkt im Anschluss an die Tests Rückmeldungen an die Schulen und Lehrkräfte gegeben worden. Diese sind in Hinblick auf gelingende und misslingende Be-

---

[21] Zu Design und Ergebnissen der IGLU-Studie vgl. Bos & Lankes u.a. 2003.

dingungen der innerschulischen Verarbeitung der externen Evaluationsdaten untersucht worden (vgl. Gathen 2006, Rolff & Gathen 2008). Das Modul 1 der Rückmeldestudie bestand aus neun qualitativen Fallstudien, die leitfadengestütze Interviews mit beteiligten Fachlehrkräften, teilnehmende Beobachtungen und Dokumentenanalysen umfassten und im Jahr 2004/2005 durchgeführt wurden. Zentrale Ergebnisse daraus sind, dass die Lehrkräfte den Tests offen gegenüber standen und das Rückmeldeformat als verständlich eingeschätzt haben. Das Modul 2 bestand aus einer quantitativen Survey-Untersuchung, die mittels eines Fragebogens in allen beteiligten Schulen durchgeführt wurde, im Sommer 2005 stattgefunden hat und eine Rücklaufquote von 37% aufwies. Zentrale Ergebnisse aus diesem Modul sind, dass die von den Lehrkräften eingeschätzte Nützlichkeit der Rückmeldungen eine strukturierende Funktion bei der Ergebnisnutzung übernimmt.

Rezeptionsstudien zu flächendeckenden *Schulmonitoring-Studien* liegen mittlerweile für einige Lernstandserhebungen vor und können bereits erste Hinweise auf den innerschulischen Gebrauch der Rückmeldungen geben. Erkenntnisse des Rezeptionsverhaltens von Schulen und Lehrkräften liegen zur ersten flächendeckenden Erhebung mit der Hamburger LAU-Studie (Aspekte der Lernausgangslage von Schülern an Hamburger Schulen) vor, die nicht nur flächendeckend, sondern auch längsschnittlich in den Schuljahrgängen 5 (1996), 7 (1998), 9 (2000), 11 (2002) und 13 (2005) durchgeführt wurde. Zu dieser Studie existiert eine Anschlussuntersuchung von Klug & Reh (2000), die mittels leitfadengestützter Interviews mit acht Hamburger Schulleitern an Gymnasien Aussagen über den schulischen Gebrauch der Rückmeldungen zu der LAU-Untersuchung 7 treffen können. Die Rückmeldungen, auf die sich die Schulen beziehen konnten, enthielten Ergebnisse der Leistungs- und Einstellungsmessungen, die den Lehrkräften auf Klassenebene zur Verfügung gestellt wurden[22]. Klug & Reh sehen für alle untersuchten Schulen, dass die Ergebnisrückmeldungen als nützlich empfunden wurden und dass eine Diskussion innerhalb des Kollegiums über Ziele, Inhalte, Methoden und Wirksamkeit von Unterricht seit langer Zeit wieder in Gang gebracht wurde (vgl. ebd. 2000, S. 17). Sie sehen als zentralen Faktor für eine intensive Beschäftigung mit den Ergebnissen das Abschneiden innerhalb der Schule an, d.h. die Auseinandersetzung wurde intensiver, wenn auffällige Unterschiede zwischen Parallelklassen oder zwischen einzelnen Leistungsbereichen vorlagen. Weiterhin konnten sie feststellen, dass die Auseinandersetzung mit und die Kommunikation über die Daten meist auf die beteiligten Lehrkräfte beschränkt blieb, während sich die Fachkonferenzen weniger mit den Ergebnissen beschäftigt haben. Konkret wurden die Rückmeldungen häufig genutzt, um bereits angestoßene schulische Projekte und pädagogische Vorhaben zu bestätigen, oder um Schullaufbahnentscheidungen zu unterstützen. Didaktische und methodische Schlussfolgerungen sind für die Schulen nicht einfach zu ziehen (vgl. ebd., S. 19f.). Neben diesen Erfahrungen liegen weitere Erkenntnisse zur LAU-Studie aus der zuständigen Schulbehörde vor, die die Rückmeldungen innerhalb der Schulen begleitet hat (vgl. Maritzen 2001, S. 50). Maritzen berichtet, dass einige innerschulische Maßnahmen durch die Datenrezeption angestoßen wurden, wie bspw. die systematische Nutzung der Daten zur Klassenbildung oder die Verstärkung der Kooperation. Weiterhin sieht er auch einige innerschulische Gelingensbedingungen, damit externe Daten in die schulische Arbeit aufgenommen werden können: z.B. müssen Strukturen der Kooperation gegeben sein, oder es muss die Bereitschaft vorliegen, die Relevanz empirischer Daten anzuerkennen (vgl. ebd.).

---

[22] Zu Design und Ergebnissen der LAU-Untersuchung vgl. Peek 1997 (Rückmeldungen zu LAU 5) oder vgl. Hillerich 2003 (Rückmeldungen zu LAU 7).

Weitere Rezeptionsergebnisse liegen für die Lernstandserhebung QuaSUM (Qualitäts-untersuchungen an Schulen zum Unterricht in Mathematik) in Brandenburg vor. Die Qua-SUM-Studie zeigt in ihrer Konzeption Ähnlichkeiten zur LAU-Studie. Die Ergebnisse wurden den Schulen für die Schul- und Unterrichtsentwicklung bereitgestellt. Die Qua-SUM-Studie wurde im Jahr 1999 in den Schuljahrgängen 5 und 9 durchgeführt und basiert auf einer repräsentativ angelegten Querschnittsuntersuchung[23], wobei einzelne Schulen nach einer Zufallsauswahl ausgewählt und dort sämtliche Schüler des jeweiligen Jahrgangs (5 oder 9) einbezogen wurden. Erkenntnisse über die Ergebnisrezeption liegen aus zwei Studien vor: zum einen aus einer Fragebogenuntersuchung QuaSUM 2 (vgl. Peek 2004b, 2004c) und zum anderen einer qualitativen Fallstudie QuaSUM 3 (vgl. Nilshon 2004).

An der Rezeptionsstudie QuaSUM 2 haben sich 74 Prozent der 180 QuaSUM-Schu-len[24] (n=134) beteiligt, wobei 71 Prozent der Schulleiter (n=128), 58 Prozent der Fachkon-ferenzleiter (n=105), 52 Prozent der Klassenlehrkräfte (n=266) und 58 Prozent der beteilig-ten Mathematiklehrkräfte (n=336) einen standardisierten Fragebogen beantwortet haben. Die Einstellungen der Personengruppen gegenüber externen Evaluationen und der Qua-SUM-Studie wies ein weites Spektrum auf. Allgemein beurteilt Peek die Einstellungen als positiv, wenn auch nicht als euphorisch (vgl. ebd. 2004a, S. 80). Die Rezeptionsstudie be-zieht sich vor allem auf schulische Rezeptionsstrategien, wobei deutlich wurde, dass die größten Auswirkungen auf der Fachkonferenzebene aufzufinden waren. Die anderen Gre-mien der Schule (wie z.B. Gesamtlehrerkonferenz) haben sich zwar intensiv mit der Qua-SUM-Studie auseinandergesetzt, hierbei ging es aber um organisatorische Fragen und um die reine Kenntnisnahme (vgl. ebd. 2004a, S. 74). In der Fachkonferenz-Mathematik fand ein breites Spektrum an Diskussionen statt, das sich auf die Standardisierung und die Unter-richtsgestaltung bezog (vgl. ebd. 2004b, S. 108). Ebenfalls wurde deutlich, dass die Gesprä-che und Auseinandersetzungen eher unter den Fachkollegen als fachübergreifend bespro-chen wurden. Insgesamt war die Auseinandersetzung mit den Ergebnissen innerhalb der Fachkonferenzen, der Fach- und Klassenlehrkräfte relativ hoch, Konsequenzen konnten diese drei Gruppen allerdings nicht unmittelbar aus den Ergebnissen ableiten (vgl. ebd. 2004a, S. 61); wenn Konsequenzen abgeleitet wurden, bezogen diese sich in der Regel auf eine Optimierung von gemeinsamen Standards und auf didaktische bzw. methodische Ab-sprachen (vgl. ebd., S. 83). Die Eltern wurden fast gar nicht in den in den Rückmeldepro-zess einbezogen. Weiterhin benennt Peek Bedingungen innerhalb der Schulen, die für eine intensive Auseinandersetzung mit den Ergebnissen förderlich sind; z.B. eine positive Be-wertung des Schulklimas und der allgemeinen und fachbezogenen Zusammenarbeit im Kollegium (vgl. ebd. 2004b, S. 109).

Die Rezeptionsstudie QuaSUM 3 beruht auf qualitativen Fallstudien, die an beteiligten Gymnasien im Sommer 2000 durchgeführt wurden. Insgesamt wurde allen 28 an QuaSUM beteiligten Gymnasien die Möglichkeit gegeben, an der Folgestudie QuaSUM 3 teilzuneh-men, wobei sechs diese Möglichkeit wahrgenommen haben. Nilshon (2004) führte inner-halb der Fallstudien Gruppengespräche mit drei bis neun Schulmitgliedern (z.B. Fach-, Klassenlehrkräften, Schulleitungsmitgliedern, Fachkonferenzleitern), die anschließend in

---

[23] Zu Design und Ergebnissen der QuaSUM-Untersuchung vgl. Lehmann & Peek u.a. 2000.

[24] In der Rezeptionsstudie QuaSUM 2 werden die Schulen aus der Grundschule und der Sekundarstufe II jeweils mit ihrer beteiligten Stufe gezählt; insgesamt sind dadurch 17 Schulen mit der 5. und 9. Jahrgangsstufe doppelt einbezogen worden (vgl. Peek 2004a, S. 29). Aus dem Grundschulbereich haben sich 70 Prozent (n=46) und aus dem Sekundarbereich 77 Prozent (n=88) der Schulen beteiligt.

Schulportraits zusammengefasst wurden und durch die beteiligten Schulmitglieder gegengelesen und mit der verstehenden Diskurs-Interpretation ausgewertet wurden (vgl. ebd., S. 6f.). Sie verfolgte bei der Erhebung und Auswertung des empirischen Materials drei übergeordnete Fragestellungen: 1. Was wird mit dem QuaSUM-Projekt an der Schule verbunden? 2. Welcher Zusammenhang besteht zwischen den rückgemeldeten Daten und einer auf die spezifischen Ziele der Schule bezogenen Schulentwicklung? 3. Welche Verfahren und Prozesse haben die Lehrkräfte für die Qualitätssicherung gewählt oder geplant, um Konsequenzen aus den Ergebnissen zu ziehen? Zur ersten Frage fand Nilshon vor allem große Enttäuschungen der Lehrkräfte in Bezug auf die vorher gehegten Erwartungen in Hinblick auf die Verwendung der Datenrückmeldungen vor, da es nicht zu eindeutigen Konsequenzen aus den Ergebnisrückmeldungen gekommen war (vgl. ebd., S. 10ff.). Bei der zweiten Frage wurde deutlich, dass sich vier der sechs Schulen in ihrer Arbeit bestätigt fanden und dass alle Schulen einen sehr großen Aufwand mit einem relativ geringen Nutzen gesehen haben. Zur dritten Frage fand Nilshon heraus, „dass die Rückmeldungen der externen Referenzdaten in keinem Fall einen klar ausgewiesenen Einfluss auf den Schulentwicklungsprozess im Bewusstsein der am Gespräch beteiligten PädagogInnen erhalten hat" (ebd., S. 15). In den meisten Fällen wurde kein bewusst geplanter Prozess eingeleitet, weil sich keine Konsequenzen ableiten ließen. Eine Schule kam über die Rückmeldungen zu einem intensiveren Gespräch über die in der QuaSUM enthaltene curriculare Anbindung der Inhalte, Konzepte und Methoden. Resümierend hält Nilshon aus diesen Ergebnissen fest, dass die gezogenen Konsequenzen weniger vom aktuellen Leistungsstand der beteiligten Klassen, sondern vielmehr vom Professionalisierungsgrad des schulischen Systems abhängig sind (vgl. ebd., S. 16). Den Professionalisierungsgrad definiert sie durch folgende Punkte: a) Kooperation des Kollegiums (Kontinuität und Intensität der Zusammenarbeit, Niveau der praktizierten kollektiven Reflexion); b) Grad der delegierten Verantwortung (Grad und Niveau der Vernetzung nach innen und außen). Nilshon charakterisiert die von ihr untersuchten Schulsysteme anhand der beiden Pole intensive innerschulische Kooperation und individuelle Problembewältigung (vgl. ebd. 2004). Sie geht davon aus, dass Prozesse der Qualitätssicherung und -entwicklung abhängig davon sind, welche steuernden Funktionen die Lehrkräfte im Kollegium einnehmen dürfen, was wiederum stark von der Schul- und Lernkultur der Schule abhängig ist, d.h. a) ob Kollegien gewöhnt sind, über pädagogisches Vorgehen und Konzepte zu diskutieren; b) ob es einen Konsens über Entwicklungsaufgaben an der Schule gibt; c) ob Konsensbildung im Kollegium prinzipiell und ohne fremde Hilfe möglich ist; d) ob Kollegien jahrgangs- und fächerübergreifende Kooperationsstrukturen routinemäßig nutzen (vgl. ebd., S. 19).

Die Rezeptionsstudie WALZER (Wirkungsanalyse der Leistungsvorausevaluation: Zielerreichung, Ertrag für die Bildungsqualität der Schule und die Rückmeldung von Evaluationsergebnissen) fand von 2001 bis 2002 statt und bezog sich auf die MARKUS-Studie (Mathematik-Gesamterhebung Rheinland-Pfalz: Kompetenzen, Unterricht, Schulkontext) aus dem Jahr 2000[25]. Ziel des Projekts war die Untersuchung der Ergebnisnutzung für die Verbesserung von Schule und Unterricht, d.h. es wurde geprüft, ob die Ergebnisse verstanden und für den Unterricht umgesetzt worden sind. Bei dieser Untersuchung wurde auf das Rahmenmodell zur Rezeption von Helmke & Schrader zurückgegriffen[26]. Insgesamt ist sowohl bei der Schulleiterbefragung (n=52 von insgesamt 625 beteiligten Schulen) und bei

---

[25] Zum Design und Ergebnissen der MARKUS-Studie vgl. Helmke & Jäger 2002
[26] Das Rahmenmodell ist in Kapitel 1.3 (Modelle zur Erfassung der Ergebnisnutzung) näher beschrieben.

der Lehrerbefragung (n=81 von 1.876 beteiligten Lehrkräften) eine sehr geringe Rücklaufquote bei den standardisierten Fragebögen zu verzeichnen, was repräsentative Aussagen
ausschließt, aber erste Anhaltspunkte für die Datennutzung liefern kann. Als zentrales Ergebnis der Schulleiterbefragung gilt, dass eine Einleitung von Veränderungen weniger vom
Ergebnis der Schule als von der aktuellen Motivation zur Veränderung, der Einstellung zu
externen Evaluationen und vom pädagogischen Interesse der Schulleiter abhängt (vgl.
Schrader & Helmke 2003, S. 98), und dass die Rückmeldungen von den meisten Schulen
als Hinweis auf notwendige Veränderungen aufgefasst werden, was auch unterschiedliche
Maßnahmen zur Folge hatte (vgl. Schrader & Helmke 2004, S. 143). Zentrales Ergebnis der
Lehrerbefragung war, dass die Bereitschaft zur Veränderung des eigenen Unterrichts und
die Einschätzung des Fortbildungsbedarfs steigen, je positiver Lehrkräfte der Evaluation
gegenüberstehen und je höher sie ihre Selbstwirksamkeit einschätzen (vgl. ebd., S. 156).
Weiterhin fanden sie heraus, dass individuelle Maßnahmen eher erwogen oder realisiert
werden, je größer die Unterstützung durch den schulischen Kontext ist (vgl. ebd.). Die
Schulleiter sehen ein größeres Ausmaß an qualitätssichernden Maßnahmen als die Lehrkräfte. Es muss aber beachtet werden, dass hier Einschätzungen über und nicht tatsächlich
eingetretene Veränderungen erfasst wurden.

Eine der Rezeptionsstudien zur VERA-Studie (Vergleichsarbeit) in der Grundschule
schloss im Frühjahr 2005 an die Leistungsmessung im Jahr 2004 an. Aus den sieben beteiligten Ländern (Berlin, Brandenburg, Bremen, Mecklenburg-Vorpommern, Nordrhein-
Westfalen, Rheinland-Pfalz und Schleswig-Holstein) waren an der Erhebung selbst ca.
6.100 Schulen mit rund 13.500 Klassen, ungefähr 300.000 Schülern und ungefähr 20.000
Lehrkräfte beteiligt[27]. Die Fragebögen waren an alle teilnehmenden Lehrkräfte gerichtet,
davon lagen nach der Befragung von 1.199 Schulen und von 1.510 Lehrkräften Antworten
vor; dabei handelt es sich um eine Rücklaufquote von 19,6 Prozent aller an VERA teilnehmenden Schulen (vgl. Groß Ophoff & Koch u.a. 2006, Koch & Groß Ophoff u.a. 2006).
Ziel der Rezeptionsstudie war es herauszufinden, ob eine Auseinandersetzung mit den Ergebnissen stattgefunden hat, Maßnahmen zur Schul- und Unterrichtsentwicklung ergriffen
wurden und wie der Umgang mit den Ergebnissen aussah (Nutzung von Unterstützungsan-
geboten; Konsequenzen für die eigene Professionalisierung). Innerhalb der Rezeptionsstudie wird ebenfalls auf das Rahmenmodell zur Rezeption von Helmke & Schrader zurückgegriffen. Die Ergebnisse können aufgrund der geringen Rücklaufquote nicht verallgemei-
nert werden, da es sich wahrscheinlich um eine positiv selektierte Gruppe handelt. Insgesamt halten Koch & Groß Ophoff u.a. fest, dass Verständlichkeit, Intensität der Auseinandersetzung und Nützlichkeit der Ergebnisse positiv durch die Lehrkräfte beurteilt wurden
(vgl. ebd. 2006, S. 9). Sie konnten feststellen, dass Auseinandersetzungen weniger mit den
internen Vergleichsmöglichkeiten und den Kontextgruppen stattfanden, sondern dass eher
die Fähigkeitsniveaus diskutiert wurden. Weiterhin wurden die Konsequenzen für den Unterricht und die Schule stark thematisiert, der Fokus der Auseinandersetzung lag auf der
kriterialen Bezugsnorm. Insgesamt berichten Koch u.a. von einer intensiven Diskussion
innerhalb der Kollegien: Nicht nur mit den beteiligten Lehrkräften und der Schulleitung
werde diskutiert, sondern auch innerhalb der Fachkonferenzen. Inhaltlich hätten sich die
Lehrkräfte mit bestimmten Themengebieten auseinandergesetzt (z.B. Bildungsstandards
oder die aktuellen Kern- und Rahmenlehrpläne). Bei der Unterrichtsentwicklung sehen

---

[27] Design und Ergebnisse der VERA-Studie vgl. http://www.uni-landau.de/vera/ und http://www.learn-line.
nrw.de/angebote/vergleichsarbeiten3/index.html.

Koch u.a. die Veränderungsbereitschaft der Lehrkräfte für ihren Unterricht als sehr hoch an; es gebe fast keine Lehrkräfte, die gar keine Veränderungen vorgenommen hätten. Die größten Veränderungen hätten in den Bereichen Unterrichtsinhalte (Wiederholung bzw. Vertiefung; Übung bestimmter Aufgabentypen) und Unterrichtsgestaltung (Überdenken der eigenen Unterrichtsmethoden; leistungshomogene Differenzierung) stattgefunden. Sie sehen einen Ausbau der schulinternen Kooperation, wie z.B. die Durchführung von schulinternen Vergleichen durch Parallelarbeiten, den Austausch von Material, die Diskussionen des Lehr-Lernmaterials und die parallele Durchführung von Unterrichtseinheiten.

Neben dieser Rezeptionsstudie aus dem Frühjahr 2005 fand auch eine Befragung der Zentralstichprobe[28] aus der VERA-Studie 2004 statt, bei der 1.248 Lehrkräfte zu ihrem Umgang mit den rückgemeldeten Ergebnissen befragt wurden (vgl. Groß Ophoff & Koch u.a. 2005, 2006). Zentrale Ergebnisse der standardisierten Fragebogenuntersuchung sind, dass eine geringere Kooperation bei der Auswertung als bei der Auswahl der Aufgaben stattfand; dass eine externe Unterstützung und Entlastung seitens der Lehrkräfte gewünscht wurde und dass weniger die Reflexion des eigenen Unterrichts im Vordergrund der Auseinandersetzung stand. Des Weiteren wurde versucht, Rezeptionstypen aus diesem Datensatz zu identifizieren, für die Intensität, Verständlichkeit und Nützlichkeit der rückgemeldeten Ergebnisse einbezogen wurden (vgl. Groß Ophoff & Koch u.a. 2005). Insgesamt konnten Groß Ophoff u.a. sieben Typen mittels einer Mixed-Rasch-Analyse identifizieren, von denen sie auf vier Typen näher eingehen. Der erste Typ (n=595) wird als *Aktiver* bezeichnet und weist eine kontinuierliche, intensivere und verstehende Beschäftigung mit den Ergebnissen auf, wobei er die Nützlichkeit der Ergebnisse anerkennt. Seine Aktivitäten beziehen sich vorwiegend auf die Unterrichtsinhalte und Unterrichtsgestaltung, dabei zeichnen sich häufiger Wiederholungen im Unterricht ab. Typ 2 (n=294) wird als *Kritischer* bezeichnet und weist, wie auch Typ 1, eine intensive Beschäftigung mit den Ergebnissen auf, wobei allerdings kaum eine Nützlichkeit in den Rückmeldungen gesehen wird. Dieser Typ weist die geringsten Aktivitäten als Folge der Rezeption auf. Typ 3 (n= 240) wird als *Pragmatiker* benannt und zeichnet sich in seiner Rezeption durch seinen Fokus auf seine Schüler und die Klasse aus. Die aus den Ergebnissen abgeleiteten Aktivitäten beziehen sich meist auf eine Individualförderung, es wird häufig ein Vergleich mit Parallelklassen gezogen; sonst sind die Aktivitäten ähnlich wie beim ersten Typus. Der vierte Typ (n=211) wird als *Aufgaben-Fan* bezeichnet und weist eine ähnliches Rezeptionsverhalten wie Typ 1 auf, wobei eine hohe Verständlichkeit der Ergebnisse angegeben wird. Die Ableitung von Aktivitäten aus den rückgemeldeten Ergebnissen zeichnet sich durch den Einsatz von VERA-Aufgabenformaten aus und der Fokus wird auf die Erarbeitung und Entwicklung neuer Unterrichtsmaterialien gelegt (vgl. ebd., Folie 27).

Zu diesen beiden Untersuchungen zum Umgang mit den Ergebnissen aus der VERA-Studie wurde auch vom Landesinstitut für Schule Nordrhein-Westfalen eine Studie mit Testbeobachtungen und einer schriftlichen Befragung in Grundschulen durchgeführt. Diese Daten wurden direkt während und unmittelbar nach der Testdurchführung erhoben, Ziel war eine fachbezogene Rückmeldung (vgl. Müller 2005). In den beteiligten Grundschulen wurden insgesamt 47 Testbeobachtungen gemacht, 42 Schulleiter, 45 Lehrkräfte und 1.083 Schüler schriftlich befragt. Aus diesen Einblicken gewinnt Müller einige Erkenntnisse, z.B. dass die Tests größtenteils positiv aufgefasst wurden, dass die Testzeiten teilweise als zu

---

[28] Die Zentralstichprobe dient in erster Linie dem Zweck eine geeignete Datenbasis für den fairen Vergleich zu gewinnen. Details zur VERA-Studie sind z.B. zu finden unter www.uni-landau.de/vera.

lang angesehen wurden und dass vielen Fachlehrkräften die verwendeten Aufgabenformate bekannt waren. Die Aufgaben wurden größtenteils von den Schülern verstanden und sie zeigten eine positive Anstrengungsbereitschaft, außerdem empfanden die Schüler den Test überwiegend als wichtig.

In Berlin wurde von 2002 bis 2005 eine Rezeptionsstudie zu einer Längsschnittuntersuchung – BeLesen (Berliner Längsschnittstudie zur Kompetenzentwicklung) – mit ausgewählten Grundschulen zur Individualdiagnostik in den Bereichen Schreib- und Leseleistung, mathematische Fähigkeiten und schlussfolgerndes Denken durchgeführt (vgl. Schneewind 2006b, Schneewind & Merkens u.a. 2005). Die Stichprobe der Längsschnittuntersuchung bestand aus 57 Lehrerinnen von 26 Grundschulen mit insgesamt 57 beteiligten Klassen und 1.250 Schülern. Die Rezeptionsstudie bestand aus einer quantitativen Fragebogenstudie und einer qualitativen Studie mit zehn leitfadengestützten Interviews. Der Fokus der Rezeptionsstudien lag auf persönlichen Einstellungen der Lehrerinnen, wie bedeutsam sie die Rückmeldungen empfinden und ob sich bei ihnen ein Einstellungswandel im Laufe der Zeit eingestellt hat. Insgesamt ist bei den Ergebnissen zu beachten, dass sie nicht repräsentativ für Berliner Lehrkräfte sind: Die Ergebnisse zur Bedeutsamkeit der Rückmeldungen ergeben ein diffuses Bild. Zum einen existiert eine Gruppe von Lehrerinnen, die sowohl 2004 die Ergebnisrückmeldungen als bedeutsam und 2005 die Teilnahme an der Studie als persönlich bedeutsam beurteilten (n=24), als auch eine Gruppe, die zu beiden Zeitpunkten eine Bedeutsamkeit beider Aspekte ablehnt (n=3). Des Weiteren existieren zwei Gruppen, die einmal die Teilnahme an der Studie als bedeutsam bzw. unbedeutsam und die zurückgemeldeten Ergebnisse als bedeutsam/unbedeutsam betrachten: Ergebnisrückmeldungen bedeutsam/persönliche Teilnahme unbedeutsam (n=2) und Ergebnisrückmeldungen unbedeutsam/persönliche Teilnahme bedeutsam (n=13). Die Ergebnisrückmeldungen wurden insgesamt von 33 Lehrerinnen als Motivator für die Teilnahme an der Leistungsstudie überhaupt angesehen, was zu einem zweiten Erhebungszeitpunkt noch durch ein Drittel der Lehrerinnen bestätigt wurde (vgl. Schneewind 2006b, S. 119). Schneewind sieht in den Ergebnissen eine Bestätigung der Rückmeldungen als Motivator zur Teilnahme an einer solchen Studie, wobei die Übertragung der Ergebnisse auf die Schülerinnen und Schüler die größte Herausforderung für die Lehrerinnen darstellte (vgl. Schneewind 2006c).

Forschungsdesiderata aus dem deutschsprachigen Forschungsstand

Für beide Forschungsrichtungen, d.h. Rückmeldungsgestaltung und Rezeptionsforschung, kann festgehalten werden, dass eine systematische Erfassung und Evaluation von Rückmeldungen noch am Anfang steht (vgl. Kohler & Schrader 2004, S. 7). Innerhalb der Rezeptionsstudien findet kaum ein Rückbezug auf die Diskussion um die verwendeten Methoden innerhalb der Schulleistungsstudien – z.B. in Bezug auf das Design der Untersuchung oder die Rückmeldegestaltung – statt, d.h. in welchem Zusammenhang diese zu den Verwendungsmustern innerhalb der Schulen stehen. Die Möglichkeiten von und Folgen für die Schulen, analytisches und deskriptives Wissen über sich selbst einzubringen, wird von Terhart (2002) ebenfalls als ein noch zu erforschendes Problem dargestellt: „Das Wissen über Leistungsergebnisse und Leistungsvoraussetzungen von Schulsystemen und Schulen wächst schneller als das Wissen darüber, was man mit den Ergebnissen anfangen kann und soll" (ebd., S. 108). Es ist noch nicht geklärt, wie der Rückmeldeprozess gestaltet sein muss, wie Lehrkräfte mit den Rückmeldungen umgehen, sie aufnehmen oder verarbeiten und welche internen Prozesse entstehen, wenn extern erzeugte Informationen eingebracht werden (vgl. z.B. Kohler & Schrader 2004, Schrader & Helmke 2002, Terhart 2002). Nach Ackeren muss es unter anderem zu einer gezielten Forschung zu den Wirkungsmöglichkeiten von Evaluationen als externe Auslöser für schulinterne Reflexion und anschließende Handlungsstrategien kommen (vgl. ebd. 2003b, 2004, 2005). Prenzel & Drechsel sehen als aufschlussreiche zu untersuchende Einflussfaktoren für die Rezeption besonders die systematische Berücksichtigung von Berufsbiographien und professionellen Entwicklungen an (vgl. ebd. 2003, S. 33).

Weiterhin bleibt zu beachten, dass die Ergebnisse der Studien weitestgehend auf Fragebogendaten basierten und dabei häufig unklar bleibt, wie belastbar die Aussagen der Teilnehmenden sind. Die Hauptzahl der Rezeptionsstudien gibt Auskünfte über den quantitativen Umfang der Ergebnisverwendung und liefert wenige Erkenntnisse über schulinterne Prozesse. Dabei sind die Rücklaufquoten teilweise sehr gering, so dass verallgemeinerte Aussagen nur eingeschränkt zu treffen sind und dass auch nur eine geringe Bereitschaft zur Teilnahme gegeben ist. Kohler & Schrader (2004) sehen bei der geringen Teilnahmebereitschaft an einer Rezeptionsstudie einen engen Zusammenhang zur allgemeinen Einschätzung der Lernstandserhebung durch die Lehrkräfte. Sie kommen zu der Konsequenz, dass es für die Zukunft sinnvoll sein wird, längsschnittlich angelegte Rezeptionsstudien zu verfolgen, die Aufschluss über Veränderungen bei der Ergebniswahrnehmung bei Lehrkräften geben können; und auch qualitative Methoden einzusetzen, die mehr Wissen über die subjektiven Handlungsmuster der Lehrkräfte bei der Ergebnisnutzung aufdecken können (vgl. ebd. und Kohler 2005). Helmke & Schrader verlangen für zukünftige Studien, dass sie an möglichen Bruchstellen der Informationsaufnahme zur Verhaltensänderung ansetzen, dass quasi-experimentelle Designs genutzt werden und dass für die Überwindung der Kluft zwischen Wissen und Handeln auf der Individualebene angesetzt und als Organisationsebene die Einzelschule betrachtet wird. Sie gehen davon aus, dass Konsequenzen auf Schulebene wesentlich davon abhängen, ob und wie sich Schulleitungen und Fachkonferenzen den Rückmeldungen annehmen, z.B. in Form kooperativer Unterrichtsplanung oder -durchführung, klassenübergreifender Vergleichsarbeiten etc. (vgl. ebd. 2001, S. 602). Sie empfehlen auch den Einsatz von qualitativen Methoden (Interviews und Fallstudien), um Rezeption und Rückmeldungsnutzung im Detail zu rekonstruieren (vgl. ebd. 2003, S. 102).

Nach Terhart (2002) sollen bei der Rezeptionsforschung auch die Transfer- und Verwendungsforschung zum sozialwissenschaftlichen Wissen beachtet werden, um sich den offenen Fragestellungen zu nähern. Ferner hat in den bisherigen Rezeptionsstudien keine Anbindung an organisations- und professionstheoretische Modelle stattgefunden, die einen analytischen Blick auf die Adressaten der Lernstandserhebungen – professionelle Lehrkräfte in Schulen – ermöglichen können. Hiermit könnten Rezeptionsprozesse sowohl auf der makroanalytischen Ebene der Schule als auch auf der mikroanalytischen Ebene der Lehrkraft systematisch in einen Zusammenhang gesetzt werden, der es erlaubt, andere Forschungsrichtungen und -ergebnisse wie z.B. aus der sozial- bzw. erziehungswissenschaftlichen Wissensverwendungsforschung sowie der Transfer- und Innovationsforschung zu berücksichtigen. Im Folgenden wird zunächst geprüft, wie der internationale Forschungsstand zur Datenrezeption Lücken im bisher vorliegenden Forschungsstand auffüllen kann.

1.3.2   Zentrale Ergebnisse aus dem angloamerikanischen Forschungsstand

Research on Evaluation Utilization

Ein Blick über die Grenzen Deutschlands hinaus lässt erkennen, dass sowohl in Europa, hier besonders in Großbritannien, Frankreich und den Niederlanden (ein Überblick ist zu finden bei Ackeren 2003a, 2003b), als auch in den Vereinigten Staaten eine große Zahl von Leistungserhebungen für die schulinterne Qualitätsentwicklung und -sicherung existieren. Hier bieten insbesondere Studien der angloamerikanischen Tradition der *research on evaluation utilization* (vgl. Patton 1988, Shulha & Cousins 1997, Weiss 1988) Anknüpfungs-punkte. Zu beachten ist, dass die Studien in diesen Ländern in einem anderen Verwen-dungszusammenhang als in Deutschland stehen, was durch den bildungspolitischen Hinter-grund begründet ist. Besonders in Großbritannien und den Vereinigten Staaten werden die Leistungsstudien vor allem zum Zweck der öffentlichen Rechenschaftslegung (*accountabil-ity*) eingesetzt[29], was für die Übertragung auf die Situation in Deutschland einige Ein-schränkungen mit sich bringt. Werden die Daten nicht nur für die schulinterne Qualitätssi-cherung, sondern gleichzeitig auch für eine öffentliche Rechenschaftslegung verwendet, gewinnt die Frage, ob und wie die Schülerleistungen gemessen und verglichen werden können, beträchtlich an Bedeutung. Dabei spielt besonders die Debatte um die Verwendung von Rohwerten vs. adjustierter Werte eine entscheidende Rolle, da aufgrund der Veröffent-lichung von Rankings die jeweilige Schulposition entscheidende Konsequenzen bei der Mittelverteilung und der Reputation der jeweiligen Schule mit sich bringt. Es stellt sich vor allem die Frage nach dem Unterschied in der öffentlichen und der schulinternen Verwen-dung solcher Daten (vgl. Goldstein 2001), die bislang in Deutschland eine eher untergeord-nete Rolle spielt. An diese Problematik schließt sich auch die angloamerikanische Debatte über die Tragfähigkeit der Testergebnisse für die Rechenschaftslegung an. Kane & Staiger (2002) sehen für die Vereinigten Staaten unterschiedliche Gründe, warum die Verwendung von Schülerleistungsmessungen nur bedingt zur momentanen Rechenschaftslegungspraxis geeignet ist. Sie heben vor allem die Unbeständigkeit der Stichproben heraus, die für die Rechenschaftslegung herangezogen werden. Weiterhin betonen sie, dass Schülerleistungen unterschiedliche Ursachen haben, die durch die Tests nicht mit erfasst werden und auf die Schulen teilweise auch gar keinen Einfluss haben (wie z.B. der familiäre Hintergrund). Sie betonen allerdings, dass nicht die Tests an sich schlecht sind, sondern die Nutzungsart als Rechenschaftslegungsinstrument. Weiterhin stellen sie auch die Effektivität dieser Tests auf den Schülerleistungszuwachs zur Debatte, der ihrer Ansicht nach nicht in einem produkti-ven Verhältnis zu den Einsatzkosten der Tests steht. „*That does not mean that test score measures are of no value. It simply means that accountability systems must be carefully designed to reflect the noise and distortion inherent in test score measures*" (ebd., S. 110). Crundwell (2005) benennt ebenfalls die Schwächen der Large-Scale-Assessments und sieht die Lösung besonders in der Beachtung des fairen Vergleichs, d.h. der Einführung von *value-added assessments*. Für Crundwell ist wichtig, dass Kontextfaktoren berücksichtigt werden, wenn auf Resultate solcher Tests eine Rechenschaftslegung der Einzelschule er-folgt[30]. Für Großbritannien benennen Thomas & Smees u.a. (2000) auch das *value-added feedback* als eine aufschlussreichere Möglichkeit für Schulen sich selbst einzuschätzen als

---

[29] Vgl. Kapitel 1.1 (Wettbewerbsmodell).
[30] Diese Debatte wird in Deutschland ebenfalls geführt; s. Kapitel 1.1.

die Verwendung von Rohwerten für den Vergleich mit anderen Schulen, um die Effekte ihrer Arbeit adäquat beurteilen zu können. „*The objective is that this evidence, alongside other measures of school's quality and process, can be used by teachers to inform, reflect on and learn about their professional and educational practice*" (ebd., S. 145).

School Effectiveness and School Improvement Research

Weitere Studien der *research on evaluation utilization* zur schulinternen Ergebnisverwendung im Rahmen der Rechenschaftslegungspraxis finden sich innerhalb der Debatte um die Relation zwischen *school effectiveness* und *school improvement research* (vgl. Harris & Bennett 2001 und Gray & Reynolds u.a. 1996)[31]. Hier wird vor allem die organisationstheoretische Anbindung beider Forschungsgebiete in den Fokus genommen. Fidler (2001) stellt heraus, dass besonders die mangelnde theoretische Anbindung der aus diesen Ansätzen resultierenden Forschungsergebnisse dazu geführt hat, dass kaum Bedingungen für effektive Schulen abgeleitet werden konnten. Detaillierte Untersuchungen finden sich in diesem Kontext zur Effektivität der praktizierten Rechenschaftslegungspraxis in den jeweiligen Ländern. Die Urteile über die Effektivität fallen dabei unterschiedlich aus. Volante (2005) sieht besonders dann negative Effekte der Rechenschaftslegung, wenn diese als einziges Instrument verwendet werden und die Lehrkräfte innerhalb der Schulen nicht in der Lage sind, die Informationen zur Unterrichtsverbesserung zu nutzen. Jacob & Lefgren (2004) untersuchen eine Maßnahme der innerschulischen Lehrerfortbildung zur Verbesserung der Schülerleistungen in Schulen, die bei einem Rechenschaftslegungstest im Bezirk Chicago schlecht ausfielen. Sie kommen zu dem Schluss, dass die eingesetzte Maßnahme unter den gegebenen Rahmenbedingungen, d.h. sehr geringer Einsatz finanzieller Ressourcen, keine Effekte auf die Verbesserung der Schülerleistungen genommen hat. Carnoy (2005) kommt bei einer Untersuchung der Effekte auf die Schülerleistungsverbesserung von der High School bis zum Schulabschluss durch den Einsatz zentraler Tests innerhalb verschiedener Staaten der USA zu einem negativen Ergebnis. „*Whereas the results are weak, they do provide evidence that strong state accountability does not systematically raise graduation and progression rates, an important measure of the success of an education policy initiative*" (ebd., S. 29).

Zu einer positiven Bilanz der Rechenschaftslegungspraxis kommen Hanushek & Raymond (vgl. ebd. 2004, Raymond & Hanushek 2003). In einer Untersuchung zu den Effekten der Rechenschaftslegungssysteme mithilfe eines Vergleichs der Schülerleistungen aus der 4. und 8. Klasse aus verschiedenen amerikanischen Bundesstaaten und derer, die kein solches System eingesetzt haben, kamen sie unter anderem zu dem Ergebnis: „*States with high-stakes and even low-stakes systems for school performed significantly better on NEAP than states with no stakes at all*" (Raymond & Hanushek 2003, S. 54). In einer Anschlussstudie unter Hinzuziehung der Schülerleistungen aus der 12. Klasse konnten Hanushek & Raymond (2004) diese Ergebnisse bestätigen und sahen die Effekte als verstärkt an, auch wenn andere Einflussgrößen kontrolliert wurden. „*Both report card states and consequence states show greater gains on average than nonaccountability states, even after better control for other influences*" (ebd., S. 408). Für Großbritannien stellen Ashby & Sainsbury (2001) positive Effekte des Rechenschaftslegungssystems dar, indem sie den Daten-

---

[31] Eine Übersicht über zentrale Befunde der beiden Forschungsrichtungen ist zu finden bei Kuper 2005.

gebrauch innerhalb von 415 Grundschulen (von 781 angeschriebenen Schulen) anhand eines standardisierten Fragebogens untersuchen. Sie sehen in den Schulen einen strategischen Umgang mit den Daten, um die Qualitätssicherung zu stärken.

In der angloamerikanischen Forschungsliteratur liegen auch Studien zur mikrostrukturellen Analyse des Datengebrauchs vor. Ingram & Seashore Louis u.a. (2004) haben eine Längsschnittstudie an neun High Schools mit insgesamt 385 befragten Personen mittels qualitativer Interviews und Fokusgruppen durchgeführt, bei der die Entscheidungs- und Organisationskultur aufgrund der datenbasierten Entscheidungen analysiert wurde. Sie fanden zum einen heraus, dass nur die Hälfte der Lehrkräfte, Schulleitungen etc. die Daten überhaupt in ihre Entscheidungsfindung eingebunden haben und dies auch eher, wenn die Daten einen direkten Bezug zu ihrer Situation aufwiesen (vgl. ebd., S. 1273). Zum anderen haben sie aus ihrer Analyse Barrieren abgeleitet, die eine datenbasierte Entscheidungsfindung verhindern können, und die sie in drei unterschiedliche Gruppierungen einteilen: (1) *Kulturelle Barrieren*, die in Bezug auf tief greifende Werthaltungen überwunden werden müssen: a) Beurteilungsmaßstäbe der Lehrkräfte weichen von den Maßstäben in den Tests ab; b) Entscheidungen werden aufgrund von Erfahrungen und nicht aufgrund systematisch erhobener Informationen getroffen; c) Die gemessenen Leistungen weichen in ihrer Wichtigkeit von den Interessen der Lehrkräfte ab; d) Lehrkräfte finden ihre Leistungen und die ihrer Schüler nicht in den Daten wieder. (2) *Technische Barrieren*: e) Die von den Lehrkräften gewünschten Daten sind selten erhältlich und schwer zu messen; f) Schulen nehmen sich selten Zeit die Daten anzugucken und zu analysieren. (3) *Politische Barrieren*: g) Die politische Verwendung der Daten führt in der Schule häufig zu Misstrauen und Ablehnung (vgl. ebd., S. 1282).

Eine weitere Untersuchung, die sich mit organisatorischen Hindernissen bei der Einführung von Rechenschaftslegungssystemen beschäftigt, wurde von Newman & King u.a. (1997) durchgeführt. Sie haben anhand 24 amerikanischer Schulen herausgefunden, dass eine stark ausgeprägte externe Rechenschaftslegung nicht automatisch eine Verbesserung der Schülerleistungen mit sich bringt und dass bei jenen Schulen häufig eine niedrige Organisationskapazität anzutreffen war. Eine stark ausgeprägte interne Rechenschaftslegung und Schulautonomie hingegen hatten die Tendenz, die Organisationskapazität der Schule zu verstärken (vgl. ebd., S. 9ff.). Organisationskapazität wird von Newman, King & Rigdon gemessen an den Indikatoren (1) Lehrerwissen und Fähigkeiten, (2) Handlungsautonomie der Schule und (3) geteilte Übereinstimmung und Zusammenarbeit in Bezug auf das Schülerlernen (vgl. ebd., S. 7). Insgesamt plädieren sie für eine Stärkung der internen Rechenschaftslegung. Darling-Hammond (2004) geht davon aus, dass eine Erweiterung der externen Rechenschaftslegungssysteme Schülerleistungen langfristig verbessern helfen kann: (1) Aufbau professioneller Fähigkeiten bei Lehrkräften, um Standards zu vermitteln. (2) Schulstrukturen fördern, die Qualität in Lehr- und Lernprozessen unterstützen. (3) Evaluationsinstrumente entwickeln, die es ermöglichen Lernmöglichkeiten zu beurteilen.

Andere Studien zur Mikroebene des Bildungssystems beschäftigen sich mit der Interpretation der Steuerungsinstrumente durch die Lehrkräfte selbst. Zum einen können Studien identifiziert werden, die sich mit der Interpretation von verschiedenen Reforminstrumenten durch beteiligte Lehrkräfte und weiterer beteiligter Personengruppen beschäftigen. Für diesen Typus sind beispielhaft die Studien von Spillane (2000), die sich mit einer mathematischen Reform in Michigan beschäftigen und die Studie von Coburn (2005) zu nennen, die sich mit einer Leseförderungsmaßnahme in Kalifornien beschäftigt. Die Wichtigkeit der

Interpretation in der alltäglichen schulinternen Kommunikation wird durch beide Studien für eine gelungene Implementation der Maßnahmen bestätigt. Mit der Interpretation outputorientierter Steuerungsinstrumente im Sinne der Rechenschaftslegung (accountability) beschäftigen sich eine Reihe von Studien, die für die deutsche Debatte von Interesse sind. Hier ist u.a. eine Studie von Seashore Louis & Febey u.a. (2005) zu nennen, die sich mit der Interpretation der Rechenschaftslegungspraxis durch 57 Lehrkräfte an drei High Schools in Hinblick auf *collective sensemaking*-Prozesse (vgl. ebd., S. 179) beschäftigt, d.h. wie die Lehrkräfte kollektive Bedeutungszuweisungen bzw. Interpretationen für aktuelle Rechenschaftslegungspolitiken an ihren Schulen vornehmen. „*We define sensemaking as a process by which teachers' and administrators' interpretations of external demands culminate in formal and informal decisions about how they collectively respond to externally initiated policies*" (ebd.). Sie benennen drei verantwortliche Hauptdimensionen für die Bereitschaft innerhalb der Schulen, Veränderungen aufgrund von rückgemeldeten Daten vorzunehmen: (1) Die ideologische Bereitschaft bzw. der Bereitschaftsgrad der Gruppe muss mit den vorgegebenen Normen und Bedingungen übereinstimmen. (2) Die Organisationskapazität muss sich mit den Vorgaben beschäftigen. (3) Der wahrgenommene Einfluss muss sich den Vorgaben erwehren. Aus ihren Analysen, die auf der Grounded Theory basieren (vgl. ebd., S. 181), schlussfolgern Seashore Louis, Febey & Schroeder, dass die kollektiven Sensemaking-Prozesse der Lehrkräfte innerhalb eines komplexen Gefüges abhängig sind von der politischen Rechenschaftslegungspraxis. Sie benennen als beeinflussende Faktoren z.B. die professionelle Erfahrung der Lehrkräfte, makro-kulturelle Vorstellungen über Lehren und Lernen, kollektive Normen und Werte innerhalb der Schulen und vermittelndes Verhalten von Schulleitern und Schuladministratoren (vgl. ebd., S. 197). Sie haben weiterhin abgeleitet, dass kollektive Sensemaking-Prozesse nicht unbedingt immer direkt, sondern vielmehr durch informelle Kontakte und Gespräche stattfinden. Abhängig sind diese Prozesse vor allem von den Erfahrungen, die die Lehrkräfte mit der Politik und der Gemeinde gemacht haben und ihren Einstellungen über die vorherrschenden Kräfteverhältnisse. Eine stärker personenbezogene Perspektive wählen Achinstein & Ogawa u.a. (2004) in ihrer Untersuchung mit 20 Lehrkräften, in der sie den Zusammenhang des persönlichen und professionellen Hintergrunds der Lehrkräfte anhand der Einführung einer Rechenschaftslegungspolitik untersuchen. Sie gehen davon aus, dass die aktuelle Politik (lokaler Kontext, staatlicher Kontext) zwei verschiedene Gruppen von Lehrkräften hervorbringen, die sich aufgrund ihres persönlichen und professionellen Hintergrunds unterscheiden (vgl. ebd., S. 557), was sie anhand ihrer empirischen Auswertungen zu belegen versuchen. Auf der Ebene der Lehrkraft finden sie heraus, dass der soziokulturelle Hintergrund Einfluss auf die Auswahl des eigenen Bildungsgangs hatte, wobei der Ausbildungshintergrund wiederum Einfluss auf die gewählten politisch angebotenen Förderungsmaßnahmen hatte und bei den beiden Typen von Lehrkräften jeweils ein hohes und ein niedriges Professionsverständnis anzufinden war (vgl. ebd., S. 591).

Forschungsdesiderata des angloamerikanischen Forschungsstandes

Besonders die mikroanalytischen Studien zur Ergebnisrezeption (*Prozesse des sensemaking*) machen deutlich, dass es sinnvoll sein kann, mit qualitativen Methoden schulinterne Prozesse der Ergebnisverwendung zu untersuchen. Qualitative Fallstudien können sowohl

die lokalen Bedingungen der Schulen berücksichtigen, unter denen die Ergebnisse aufgenommen werden, als auch die interne Interpretation der Ergebnisse für weitere Handlungen
und Konsequenzen. Des Weiteren wird hier auf die Bedeutung von längsschnittlich angelegten Untersuchungen verwiesen, die es erst ermöglichen können, Veränderungen durch
die Ergebnisrezeption zu erfassen. Allerdings bleibt bei den angloamerikanischen Forschungsstudien zu beachten, dass es sich auf der Bildungssystemebene um eine Rechenschaftslegungspraxis handelt, die in diesem Verwendungszusammenhang in Deutschland
nicht anzutreffen ist. Die Ergebnisse der angloamerikanischen Studien sind auf diese Situation ausgelegt und nicht direkt auf die deutsche Situation übertragbar; solche qualitativen
Fallstudien stellen für deutsche Untersuchungen ein Desiderat dar. Ferner wird auch bei der
Durchsicht des angloamerikanischen Forschungsstandes deutlich, dass bei Studien zum
Verwendungszusammenhang von Evaluationsergebnissen bisher keine Anbindung an orga-
nisations- und professionstheoretische Modelle erfolgt ist. Zusammenfassend gilt für den
deutschen und den internationalen Forschungsstand, dass die vorliegenden Rezeptionsstudien in erster Linie Auskunft über die Einstellungen gegenüber Evaluation geben und sehr
wenig bzw. nicht darüber, wie das durch Evaluation gewonnene Wissen in den Schulen in
Handlungswissen transformiert wird.

1.4 Ausgangslage und Fragestellungen der Untersuchung

Wie in den vorangegangenen Abschnitten beschrieben wurde, befindet sich das Bildungssystem in einer Phase des Wandels von einer input- zu einer outputorientierten Steuerung.
Unterschiedliche Maßnahmen wie der Einsatz von Bildungsstandards und Kernlehrplänen
sowie Large-Scale-Assessments und Lernstandserhebungen sollen zur Verbesserung von
Schulqualität und Schülerleistungen beitragen. Dabei spielen Schlagwörter wie die Stärkung der Autonomie der Einzelschule im Sinne einer „pädagogischen Handlungseinheit"
(Fend 1986) bzw. der *Dezentralisierung* von Entscheidungen im Bildungssystem, sowie die
Outputsteuerung durch die Rückmeldung von Schülerleistungen aus zentralen Lernstandserhebungen eine entscheidende Rolle. Der Fokus dieser Arbeit richtet sich auf die regio-
nal, flächendeckend eingesetzten Lernstandserhebungen, die als Standortbestimmung der
Einzelschule über die Verwendung von rückgemeldeten Daten Qualitäts- und Professionali-
sierungprozesse innerhalb der Schulen anstoßen sollen. Der Blick auf den Forschungsstand
macht deutlich, dass die Umstellung der Steuerungsstrategien von input- auf outputorientierte Modelle verschiedene Forschungsfelder – wie professions- und organisationstheoretische Modelle – berührt, die in bisherigen Arbeiten kaum theoretisch integriert bzw.
in empirische Forschungsarbeiten umgesetzt wurden. Die Potentiale der Outputsteuerung
und der mit ihr sehr eng verbundenen Lernstandserhebungen sind bisher in Hinblick auf das
Professionsverständnis, das schulinterne Kooperation und Schulentwicklung mit ein-
schließt, nicht empirisch untersucht worden. Der Einsatz von Lernstandserhebungen ist als
eine Herausforderung an die Schulentwicklung und Professionalisierung von Lehrern zu
verstehen, deren schulinterne Prozesse einer empirischen Analyse bedürfen. Dabei ist von
Interesse, wie die Lehrkräfte und Schulen mit den Herausforderungen umgehen, mit denen
sie durch die Aufforderung zur Verwendung von empirischen Daten gestellt werden. Den
Schulen und Lehrkräften kommt dabei die Aufgabe zu, durch schulinterne Entscheidungen

die Ergebnisse für die Qualitätssicherung nutzbar zu machen und förderliche Bedingungen für die Professionalisierung der Lehrkräfte einzurichten.

Wie dargelegt wurde, stellt besonders die Rückmeldung und Rezeption der Ergebnisse die ausschlaggebende Bedeutung für das Gelingen der outputorientierten Steuerung innerhalb der Einzelschule dar. Lehrkräfte werden in diesem Prozess als Professionelle adressiert, die die empirischen Informationen bei der Gestaltung des Unterrichts berücksichtigen sollen, und die Schulen als organisatorische Einheiten, in denen interne und externe Vergleiche der Schülerleistungen stattfinden und damit Hinweise für Schulentwicklungsmaßnahmen abgeleitet werden sollen. Hiermit werden sowohl an die professionelle Expertise von Lehrern als auch an die interne Koordination von Schulen hohe Anforderungen gestellt, zu denen – aufgrund der Neuartigkeit der Steuerungsinstrumente – wie im Vorangegangen dargelegt, wenige Forschungsergebnisse vorliegen. Bezüglich der Lehrerprofessionalität liegt die Anforderung in der Verkopplung einer standardisierten, Vergleiche ermöglichenden Information über Schülerleistungen mit dem individuellen Handlungswissen. Auf der Schulebene ist eine kollegiale Verständigung über die Deutung der Ergebnisse erforderlich, die in verbindliche Modelle für anschließendes Handeln münden sollen. Die Entwicklung von Professions- bzw. Evaluationskulturen innerhalb der Schulen und Lehrerkollegien ist für den Rezeptionsprozess ausschlaggebend. Die (pädagogischen) Gestaltungsaufgaben werden an die einzelne Schule abgegeben und deren Bewältigung in Schulkollegien und Fachteams sind damit als zukünftige Anforderungen an die professionelle Ausübung des Lehrerberufs zu betrachten.

Fragestellungen der Untersuchung

Ziel der vorliegenden Studie ist es, schulinterne Prozesse zu untersuchen, die auf die Ergebnisrückmeldung aus Lernstandserhebungen folgen. Das Erkenntnisinteresse liegt in der Betrachtung der Prozesse, d.h. <u>wie</u> die Rückmeldungen der Leistungsdaten in den Einzelschulen aufgenommen und genutzt werden. Es liegt eine mikro-analytische Betrachtungsweise vor, wie Lehrkräfte den Umgang mit Lernstandserhebungen innerhalb der Schulen realisieren, wie sie die Daten für die Gestaltung ihrer professionellen Arbeit bzw. zur Integration in ihren Korpus professionellen Wissens nutzen und wie die Verkopplung der Ergebnisse mit Schulentwicklungsprozessen mit Hilfe einer organisationstheoretischen Analyse erklärt werden kann. Dabei spielen schulintern vor allem auch *kollektive Sensemaking-Prozesse* (vgl. Weick 1995, Seashore Louis & Febey u.a. 2005) eine entscheidende Rolle, die organisationsinterne Sinnzusammenhänge deutlich machen können. Aus dieser Betrachtungsweise und aus dem Forschungsstand können Fragestellungen formuliert werden.

<u>Erstens</u> wurde deutlich, dass die Einführung outputorientierter Steuerungsinstrumente und insbesondere die Bereitstellung standardisierter Informationen für schulinterne Entscheidungsprozesse erst am Beginn eines Prozesses innerhalb der Einzelschule stehen. In Bezug auf die Datennutzung ist es wichtig festzuhalten, dass schulinterne Kapazitäten notwendig sind, um die Daten überhaupt interpretieren und nutzen zu können. D.h. die Ergebnisnutzung ist abhängig von den Schulkapazitäten, die verfügbaren Daten in internen Entscheidungen zu verarbeiten, um darüber begünstigende Kontextbedingungen für die Professionalisierung von Lehrkräften zu fördern. Fragen wie – „*Stehen genügend Kapazitäten zur Verfügung, um mit der Vielfalt der Ergebnisse produktiv umzugehen?*" oder „*Welche Hilfe-*

stellungen und Strukturierungshinweise stehen den Lehrern für die Interpretation der Ergebnisse aus den Vergleichsarbeiten zur Verfügung bzw. welche werden überhaupt benötigt?" – müssen innerhalb dieser Studie geklärt werden. Es existiert ein enger Zusammenhang zwischen der schulinternen Ergebnisrezeption, der Professionalisierung der Lehrkräfte und der Schulentwicklung. Anders gesagt, die Verarbeitung der in den Daten enthaltenen Informationen im Sinne der Zielsetzungen der Vergleichsarbeiten können nur dann erfolgreich sein, wenn diese Prozesse bereits auf Professionalität und Schulentwicklungsprozesse treffen. Es wird davon ausgegangen, dass die aus Vergleichsarbeiten gewonnenen Informationen in die Entscheidungsstrukturen von Schulen integriert werden können, wenn Professionalität und Schulentwicklung nicht nur als Folge, sondern auch als Voraussetzung betrachtet werden. Die Auswahl der zu untersuchenden Schulen muss diese Prämisse berücksichtigen. Daran schließen sich im Erkenntnisinteresse der vorliegenden Arbeit weiter zu verfolgenden Fragestellungen an, wie bspw. *„Wie verläuft der Wissensverwendungsprozess in der Schule, der momentan nur durch Nutzungsvermutungen geprägt ist, und welche Verarbeitungsformen (Adaptionsleistungen) ergeben sich daraus?"*.

Zweitens wird der Frage nachgegangen, welche Folgewirkungen für die Professionalisierung und Schulentwicklung durch die Datennutzung abgeleitet werden können und in welchem Zusammenhang diese Folgewirkungen mit dem jeweiligen organisatorischen Zustand der Schulen stehen. Besonders durch den Rückgriff auf den internationalen Forschungsstand kann davon ausgegangen werden, dass eine generelle Qualitätsverbesserung durch die Verwendung empirischer Daten nicht zu erwarten ist. Es kann vielmehr damit gerechnet werden, dass unterschiedliche Verarbeitungsmodi der Ergebnisse auftreten werden. Damit kann für die schulischen Organisationsebenen davon ausgegangen werden, dass die Entscheidungsstrukturen der Schulen, d.h. Entscheidungsfindung und Entscheidungsumsetzung, nicht sofort die veränderten Bedingungen aufnehmen und umsetzen können. Hieran schließt sich die Frage an, wie sich die Aufnahme der Lernstandserhebung in die schulischen Entscheidungsgremien wie Fachgruppen, Fachkonferenzen und Schulkonferenzen innerhalb der Schulen gestaltet und wie die Vermittlung zwischen den standardisierten Daten und der individuellen sowie kollektiven Nutzung durch die Lehrkräfte im schulischen Kontext gelingt. Allgemein formuliert lautet eine solche Fragestellung: *„Wie etablieren sich die Lernstandserhebungen als Medium der Organisation bzw. als organisatorische Ressource?"*

Drittens soll untersucht werden, wie die professionellen Strukturen der Schule – d.h. sowohl auf der Ebene der professionellen Handlungsstrategien der Lehrkräfte als auch auf der Ebene der professionellen Strukturen des Kollegiums bzw. der Schule – gestaltet sind und wie sie mit der Ergebnisrezeption im Zusammenhang stehen. Es ist unter Berücksichtigung der Forschungsergebnisse von Nilshon (2004) davon auszugehen, dass es eine stärker ausgeprägte professionelle Struktur den Schulen ermöglicht, Handlungen und Entscheidungen in Bezug auf Veränderungen für Unterrichts- und Schulqualität vorzunehmen. Daran knüpft sich allgemein formuliert folgende Frage an: *„Wie strukturieren die professionellen (epistemologischen) Überzeugungen der Lehrkräfte die Datennutzung?"*.

2 Organisations- und professionstheoretischer Kontext

Ausgehend von der Forderung, dass Lernstandserhebungen durch die Rückmeldungen empirischer Daten Informationen bereitstellen, die Schulen und Lehrkräfte zur Unterrichts- und Schulentwicklung, pauschalisiert gesagt, zur Steigerung schulinterner Qualität und professioneller Strukturen nutzen sollen, lassen sich theoretische Modelle ableiten, die für die Übersetzung in ein empirisches Forschungsdesign für diese Arbeit genutzt werden sollen (Kapitel 2.4). Bisher wurde dargestellt, dass es wenige Anhaltspunkte gibt, wie solche Nutzungsprozesse tatsächlich gestaltet sind. Im deutschsprachigen Forschungsraum dominierten Studien, die sich mit der Quantität der Nutzung und den (geplanten) Nutzungsbereichen beschäftigen (vgl. exemplarisch Koch u.a. 2006, Kohler 2005, Peek 2004b, Schrader & Helmke 2003, 2004). Mit der Ergänzung um qualitative Studien (vgl. exemplarisch Klug & Reh 2000, Nilshon 2004) wurde herausgestellt, dass die Herausbildung bzw. Existenz professioneller Strukturen innerhalb der Schulen, d.h. deren Professionalisierungsgrad sowie die Schul- und Lernkultur verantwortlich für Nutzungsprozesse sind. Dazu gehören Elemente der Kooperation, der übernommenen Verantwortung durch einzelne Akteure und der Problembewältigung im Kollegium. In angloamerikanischen Studien wurde herausgearbeitet, dass schulinterne *Sensemaking-Prozesse* für die Herausbildung professioneller Handlungsschemata anleitend sind: Hier werden kollektive Bedeutungszuweisungen auf der Grundlage bisheriger professioneller Überzeugungen vorgenommen, die es ermöglichen aus den abstrakten Annahmen konkrete Handlungen für den Schulalltag abzuleiten (vgl. Ingram, Seashore Louis & Schroeder 2004).

Hiermit wird deutlich, dass die Datennutzung eine schulintern zu erbringende organisatorische Leistung darstellt, die durch individuelle, besonders aber kollektive Interpretationsleistungen Handlungen hervorbringt. Ziel der schulischen Etablierung von Lernstandserhebungen als professionelle und organisatorische Ressource ist, Wissen zu generieren, das durch seine wissenschaftliche Fundierung in Form empirischer Erkenntnisse zu einer rationalen Erweiterung der Entscheidungs- und Handlungsmöglichkeiten führt. Die Verwertung dieses Wissens innerhalb des Bildungssystems wird als unbedingte Voraussetzung für eine Qualitätsentwicklung durch die unterschiedlichen in ihm tätigen Akteure (Bildungsadministration, Lehrer etc.) angesehen (vgl. Jäger & Prenzel 2005). Aus dieser Perspektive kann erst durch die Verwendung von technologischem Wissen eine Umsetzung der notwendigen Erkenntnisse im Bildungssystem gelingen. Technologisches Wissen dabei wird als Erkenntnis über die effektiven, d.h. auf die Ziele einer Reform abgestimmten Maßnahmen definiert (vgl. ebd., S. 167). Wie die Kluft zwischen theoretischer Forschung und praktischer Anwendung für die Qualitätsentwicklung überwunden werden kann, bleibt allerdings offen. Neben den bisherigen Erkenntnissen dieser Arbeit konnte auch mit der Wissensverwendungsforschung (s. Kapitel 1.3) belegt werden, dass es nicht zu einer direkten Ergebnisnutzung im Sinne kausaler Zuschreibungen kommen kann (vgl. Beck & Bonß 1989, 1991). Es werden vielmehr Reinterpretationen durch die Adressaten von rückgemeldeten empirischen Daten vorgenommen, die nicht mit der intendierten Reformabsicht über-einstimmen müssen.

Dieses Problem ist indes nicht neu. Innerhalb der Erziehungswissenschaften wurde diese Problematik besonders durch Luhmann & Schorr (1979) hervorgehoben, die die Er-ziehungswissenschaften und insbesondere den Unterricht strukturell durch ein Technolo-giedefizit gekennzeichnet sehen. Diese Beurteilung basiert auf Erkenntnissen organisations-soziologischer und professionstheoretischer Forschung, aus der deutlich wird, dass Organi-sationen, die in ihrem Auftrag Personenveränderungen enthalten, durch einen Mangel an zur Verfügung stehender Technologie gekennzeichnet sind. Es stellt sich daraus die Frage, wie mit diesem Defizit umgegangen wird. Hierfür sehen Luhmann & Schorr besonders Professionen, für die ein solches Technologiedefizit charakteristisch ist, verantwortlich diesen Mangel auszugleichen. Für Schulen ist aufgrund der geringen Technologie kaum möglich, Entscheidungsprozesse durch Setzung von Entscheidungsprämissen zu steuern oder auf zweckrationale Begründungsmuster zurückzugreifen, was das Kausalitätsproblem erzieherischen Handelns berührt und bedeute, dass keine isolierbaren Kausalfaktoren und kontrollierbaren Zweck-Mittel-Relationen hervorgebracht werden können. Hiermit wird ein zentraler Bereich beschrieben: Zwar wird deutlich, dass professionelles Handeln unter Un-bestimmtheit und Unsicherheit stattfindet, aber gleichzeitig im Kontext sozialer Organisa-tionen vollzogen wird. Unterricht ist demnach Bestandteil der Schule und dieser Teil insti-tutioneller und staatlicher Strukturierung und damit ist die Berufsaufgabe von Lehrkräften weder normativ noch operativ eindeutig vorgegeben (vgl. Baumert & Kunter 2006).

Für diese Studie kann auf ein Themenfeld rekurriert werden, das neben professions-auch organisationstheoretische Modelle berührt. Schulen bilden dafür den organisatorischen Kontext, indem die Rückmeldungen thematisiert und durch professionelle Auseinanderset-zungen, d.h. durch Entscheidungen in Handlungen überführt werden. Schulen sollen im Rahmen der aktuellen outputorientierten Steuerungsreform im Sinne des „New Public Ma-nagement" zu lernenden Organisationen werden, was die Frage nach dem Zusammenhang der professionellen Arbeit der Lehrkräfte und der organisatorischen Struktur der Schule[32] aufwirft (vgl. Tacke 2005). Diese Annahmen lassen sich theoretisch an soziologische und erziehungswissenschaftliche Organisations- (s. Kapitel 2.1) und Professionstheorien (s. Kapitel 2.2) anbinden. Für die Skizze einer schulischen Organisationstheorie wird hier auf Ansätze zurückgegriffen, die sich unter einem systemtheoretischen Rahmen vereinen las-sen, um zentrale Aspekte der Kommunikation und Entscheidungen innerhalb der Schulen erfassen zu können. Es wird auf Aspekte der Bürokratietheorie (s. Kapitel 2.1.1), des Neo-Institutionalismus (s. Kapitel 2.1.2) und des Konzepts der Entscheidungsprämissen (s. Ka-pitel 2.1.3) zurückgegriffen, um einen Theorieentwurf schulischer Organisationen darzu-stellen. Für die Identifizierung relevanter Aspekte professioneller Arbeiten bieten sich be-sonders Ansätze an, die sowohl strukturfunktionalistische (s. Kapitel 2.2.1) als auch sys-temtheoretische (s. Kapitel 2.2.3) Momente aufdecken. Mit allen theoretischen Bezügen zur Organisation und Profession werden soziale Konstruktions- und Interpretationsleistungen sozialer Akteure bzw. Systeme herausgearbeitet, die Aufschluss über relevante Aspekte der Datennutzung für eine empirische Untersuchung geben.

---

[32] Der These der Unvereinbarkeit von Erziehung und Organisation wird keine weitere Beachtung geschenkt (einen Überblick gibt Terhart 1986), auch wenn es aufgrund der aktuellen Reformen Überlegungen gibt, ob es durch die Stärkung der schulischen Organisation zu einer Professionalisierung oder Deprofessionalisierung der Lehrkräfte kommt (vgl. Tacke 2005). Diese sind momentan allerdings kaum empirisch belegt.

Das Verhältnis zwischen Organisation Schule und in ihr handelnder Professioneller kann als ein entscheidender Aspekt herausgestellt werden, um die Auswirkungen auf die Qualität von Schule und Unterricht zu erfassen. Hierfür ist es allerdings notwendig, eine Schnittstelle zwischen den Modellen der Organisation und der Profession zu identifizieren, die innerhalb eines empirischen Forschungsdesigns erfasst werden kann. Hierfür bieten sich Konzepte sozialer Praktiken, auch Kulturtheorien genannt, an (s. Kapitel 2.3). Insbesondere ist dabei das Modell der Sensemaking-Prozesse, wie es Weick (1995) beschreibt, geeignet. Hiermit werden kognitive und soziale Erzeugungsprozesse deutlich, mit denen die Akteure vor Ort Sinn und Bedeutung innerhalb schulischer Organisationsstrukturen produzieren (s. Kapitel 2.3.1). Weiterhin wird auf Aspekte des organisationalen Lernens zurückgegriffen, die einen weiteren Aufschluss über die Datennutzung geben (s. Kapitel 2.3.2).

Die hiermit beschriebene Verbindung zwischen kulturtheoretischen und konstruktivistischen Ansätzen liegt nahe. Denn Lernstandserhebungen werden durch die administrative Ebene des Bildungssystems als ein Beobachtungsinstrument in den Schulen installiert, dessen vorwiegender Informationswert sich aus den Bewertungen der Lehrkräfte über die Ergebnisse auf den Handlungsebenen Unterricht und Schule konstituiert. Hiermit werden sowohl Organisations- als auch Unterrichtsentwicklungsprozesse intendiert, folglich ein System- und Professionsbezug hergestellt. Die Verbindung dieser eher konträren theoretischen Ausrichtungen begründet sich aus der innerhalb dieser Arbeit angestrebten Verbindung zwischen schulischer Organisationsstruktur und professioneller Arbeit von Lehrkräften. Da beide Ebenen durch die Aufforderung der Datennutzung angesprochen werden. Möglich ist diese Verbindung, da sowohl dem systemtheoretischen Konstruktivismus als auch den Kulturtheorien gemein ist, Sinnzusammenhänge von Systemen oder sozialen Akteuren zu rekonstruieren. Sie unterscheiden sich hauptsächlich in ihrer konträren Behandlung der Innen-Außen-Differenz. „Bei Luhmann sind die sozialen und psychischen Systeme Sinnsysteme: ihre Kommunikation und Gedanken operieren auf der Grundlage von spezifischen Beobachtungsschemata. Für die Kulturtheorien werden soziale Praktiken durch die kollektiven Sinnschemata der Akteure (...) begrenzt und ermöglicht" (Reckwitz 1997, S. 318). Ziel der Verbindung ist, ein Spannungsfeld zu eröffnen, das für die Datennutzung relevante Schnittstellen aufzeigt. Versäumnisse der jeweiligen theoretischen Modelle werden innerhalb dieser Arbeit durch andere Modelle gefüllt, die Unterschiede in der Datennutzung von Lehrkräften und Schulen erklären können. Der Rückgriff auf diese verschiedenen theoretischen Zugriffe begründet sich nicht allein auf die Erfassung der unterschiedlichen Ebenen (Organisation, Profession, Sensemaking), die durch die Nutzung angesprochen werden, sondern auch auf die benötigte Offenheit gegenüber dem Forschungsgegenstand. Diese verlangt Freiräume für die empirische Erfassung der bearbeiteten Problematik und braucht gleichzeitig eine theoretische Strukturierung, um nicht einem positivistischen Zugang zu verfallen. Mit der Verbindung sowohl konstruktivistischer als auch kulturtheoretischer Ansätze wird ein hermeneutischer Analyserahmen erstellt (s. Kapitel 2.4), der eine theoriegeleitete, im methodischen Sinne deduktive, Möglichkeit schafft, um einen Wechselspiel zwischen induktiven und deduktiven Vorgehen zu erreichen.

2.1 Organisatorischer Kontext Schule

Durch die Einführung outputorientierter Steuerungsmodelle, wie z.B. Lernstandserhebungen, zur Qualitätssicherung und -entwicklung, wird innerhalb der Schulen die organisationale Struktur durch die Erweiterung des zur Verfügung stehenden Wissens berührt, weshalb zuerst eine Klärung der schulischen Organisationsstrukturen erfolgt. Hier wird der Frage nachgegangen, welche theoretischen Erklärungen auf der Ebene der Organisation existieren, um Kontrolle bzw. Steuerung auszuüben. Organisationen werden im Allgemeinen als Adressaten gehandelt, an die eine über das alltägliche Maß hinaus gesteigerte Erwartung an die Kontrollierbarkeit und Steuerbarkeit von Prozessen gestellt wird (vgl. Kuper 2001, S. 86). Für diese Studie stellt die Integration der Lernstandserhebungen in die organisationale Schulstruktur einen Anschlusspunkt dar, denn in Hinblick auf die schulische Funktion als Gestaltungseinheit werden durch die Nutzungsaufforderung von empirischen Ergebnissen Steuerungserwartungen formuliert, die sich auf eine Verbesserung der schulinternen Qualität und somit des gesamten Bildungssystems beziehen. Um diese Steuerungserwartungen zu spezifizieren, ist eine Darstellung einer Theorie pädagogischer Organisationen notwendig, die nach Kuper eine Integration verschiedener organisationstheoretischer Modelle notwendig macht, deren Elemente in einen wechselseitigen Bezug zueinander gestellt werden (vgl. Kuper 2001, S. 101). Für diese Theorie bieten sich aus der Organisationssoziologie besonders die Bürokratietheorie von Organisationen (vgl. exemplarisch Weber 1922/2006, Mayntz 1963, 1971a) – die eine Steuerung über Hierarchien und rationale Begründbarkeit vermittelt über Technologie (Rationalitätsprämissen) thematisiert[33] – und der Ansatz des Neo-Institutionalismus (vgl. exemplarisch Meyer & Scott 1992, Türk 1997) an, der den Umwelteinfluss innerhalb der Organisation für die Kontrolle bzw. Steuerungsprozesse reflektiert und die Differenz von Organisation und Umwelt einbezieht. Hiermit werden zwei konkurrierende Ansätze beschrieben, die unterschiedliche Modelle zur organisationalen Struktur von Schulen beitragen.

2.1.1 Analyserahmen: Bürokratietheorie

Die Bürokratietheorie geht auf die Theorie bürokratischer Herrschaft von Max Weber (vgl. Weber 2006/1922) zurück. Weber wies bürokratischen Organisationen eine starke *formale Rationalität ihres Handelns* zu, dabei stand die Analyse des Idealtypus bürokratischer Organisationen in engem Zusammenhang mit der Analyse der Formen gesellschaftlicher Herrschaft. Weber machte auf ein spezielles Verhältnis zwischen Technologie und sozialen Strukturen innerhalb der Organisation aufmerksam. Aus verschiedenen empirischen Studien innerhalb dieses Kontextes wurde deutlich, dass bestimmte Merkmale der in einer Organisation benutzten Technologie (besonders deren Standardisierungsgrad) darüber bestimmten, wie stark die Formalisierung der organisatorischen Vorgänge aussehen könne. Dabei stelle die Bürokratie nicht immer die am besten geeignete Organisationsform dar, insbesondere bei wenig standardisierten Technologien seien flexiblere Organisationsfor-

---

[33] Des Weiteren wird kurz auf situative Ansätze (auch kontingenztheoretischer Ansatz genannt) eingegangen, deren Weiterentwicklungen die Möglichkeit beinhalten, sowohl Organisationstypen als auch ihren strategischen Wandeln zu beschreiben. Dieser Ansatz wird hier als Weiterentwicklung der Bürokratietheorie behandelt und kein eigener Platz eingeräumt, da daraus nur einzelne Aspekte für diese Arbeit übernommen werden.

men, die höhere Anforderungen an das Organisationspersonal stellten, erforderlich (für einen Überblick vgl. Schimank 1994, S. 247).

Bei der Weiterentwicklung dieses Ansatzes für die Organisationssoziologie ist besonders zu beachten, dass Webers Begriff der Bürokratie nicht mit Organisationen gleichgesetzt werden kann, dass es sich vielmehr um einen Idealtypus der Bürokratie für die Ausübung legaler Herrschaft handelt (vgl. Mayntz 1971b). Außerdem stand die Formulierung eines maximal zweckmäßigen Sollschemas und nicht die Berücksichtigung informeller Elemente im Fokus von Webers Überlegungen, weshalb auch keine Berücksichtigung von Zielsetzungsprozessen und Umweltbeziehungen vorgenommen wurde. Insgesamt wurde für die Weiterentwicklung der organisationssoziologischen Bürokratietheorie von Weber mit seinem Idealtypus bürokratischer Herrschaft eine gesamtgesellschaftliche Betrachtungsebene formuliert, die sich durch einen erheblichen Einfluss von Struktur- und Funktionseigenschaften auf die Organisation auszeichnet (vgl. ebd.). Die Bürokratietheorie beschreibt Organisationen als *zweckorientiert*, wobei sie nicht immer eine bürokratische Struktur besitzen müssen, aber durch eine *allgemeine Bürokratisierungstendenz* ausgezeichnet sind (vgl. Mayntz 1963, S. 19). Schulen sind aus dieser Perspektive nur in ihrem hauptberuflichen Personal bürokratisiert. Weiterhin zeichnen sich Organisationen durch ihre Orientierung an spezifischen Zwecken und Zielen aus, zu deren Verwirklichung sie zumindest in ihrer Intention *rational* ausgestaltet sind (vgl. ebd., S. 36). Schulen werden hier als Organisationen typisiert, deren Ziel es ist, auf eine bestimmte Weise auf Personengruppen einzuwirken, die zumindest vorübergehend in die Organisation aufgenommen werden (vgl. ebd., S. 59). Organisationsziele müssen sich außerdem nicht unbedingt mit den Vorstellungen der einzelnen Mitglieder decken und können sich auch je nach (demokratischem) Organisationsaufbau den wechselnden Vorstellungen der Akteure anpassen. Je allgemeiner die Organisationsziele definiert sind, desto größer ist auch der Einfluss der entscheidungsbefugten Akteure auf das eigene Verhalten und die Organisationsziele (vgl. ebd. S. 70). Zwei weitere analytische Merkmale einer bürokratischen Organisation bilden der *Formalisierungsgrad* und die *Kommunikationsstruktur*: Der Formalisierungsgrad einer Organisation richtet sich aus dieser Perspektive nach dem Ausmaß der zweckgerichteten Tätigkeiten durch Dauerregelungen; die Kommunikationsstruktur kann entweder horizontal zwischen Gleichberechtigten oder vertikal zwischen verschiedenen Rängen verlaufen. Für Schulen werden von Mayntz eine vertikale zwischen Schulleitung und Lehrkräften und eine horizontale Kommunikationsstruktur innerhalb der Gruppe der Lehrkräfte konstatiert.

Aus einer systemtheoretischen Perspektive wird mit der Bürokratietheorie von Organisationen für pädagogische Organisationen ein Ansatz formuliert, der die Aufmerksamkeit auf *formale Verfahren der Kommunikation* und *zentrale Regulierungen* legt; hier wird die organisatorische Abhängigkeit der Einzelschule von der staatlichen Administration betont (vgl. Kuper 2001). Innerhalb dieses Ansatzes wird als Antwort auf das Technologiedefizit eine indifferente Formalisierung von Entscheidungen benannt. Die bürokratische Organisation stelle aus dieser Perspektive ein zweckrationales, geschlossenes System dar, dessen rationale Steuerung über deren Technologie erfolge. Aufgrund des bereits benannten strukturellen Technologiedefizits der Erziehungswissenschaften sei damit innerhalb von Schule eine solche Steuerung nur eingeschränkt möglich. Kuper betont allerdings, dass sich die bürokratische Steuerung von Schulen nicht auf die Ebene der Interaktion im Unterricht bezieht, sondern auf der Ebene der Organisation angesiedelt werden muss (vgl. ebd.).

Hieraus ergibt sich für die Erklärung der schulischen Organisationsstruktur ein Defizit, das der bürokratietheoretische Ansatz nicht weiter aufklären kann. In Hinblick auf die Organisationsstruktur der Schule stellt der situative Ansatz eine Weiterentwicklung dar, die auch als Kontingenztheorie bezeichnet wird. Innerhalb dieses Ansatzes wird von der Existenz allgemeingültiger Organisationsprinzipien zugunsten unterschiedlicher Organisationsstrukturen, die sich auf Unterschiede der Situationen in denen Organisationen agieren, verzichtet. Eine spezifische Weiterentwicklung stellt dabei der Konfigurationsansatz von Mintzberg (1979, 1983) dar, der fünf[34] unterschiedliche Strukturtypen identifiziert hat. Unter Konfiguration wird hier eine spezifische Kombination von Organisationsmerkmalen für eine effektive Organisationsstruktur verstanden, wobei eine Beziehung zwischen situativen (Alter & Größe, Basistechnologie, Stabilität der Umwelt, Machtverteilung & Kontrolle) und strukturellen Faktoren (Gestaltungsparameter der Organisation) beschrieben wird. Aus seinen umfangreichen Analysen entwickelt Mintzberg fünf Organisationstypen: einfache Struktur (The Simple Structure, vgl. Mintzberg 1983, S. 157ff.), die Maschinen-Bürokratie (The Machine Bureaucracy, vgl. ebd., S. 163ff.), die Organisation der Professionellen (The Professional Bureaucracy, vgl. ebd., S. 189ff.), die Sparten-Struktur (The Divisionalized Form, vgl. ebd., S. 215ff.) und die Adhocratie (The Adhocracy, vgl. ebd., S. 253ff.). Für die Schule kommt der Typus der Organisation der Professionellen zur Anwendung, der sich durch *komplexe situative Faktoren*, einen *starken betrieblichen Kern* (Mitarbeiter), eine *geringe ausgeprägte technologische Struktur* (nonsophisticated technical system, vgl. ebd. S. 189) und einem *hohen Standardisierungsgrad der Qualifikation und Ausbildung der Mitarbeiter* auszeichnet. Weiterhin findet bei dieser Organisationsform eine starke *vertikale und horizontale Dezentralisierung* statt, d.h. die ausgeprägtesten Einflussgrößen finden sich im betrieblichen Kern, also bei den professionellen Mitarbeitern an. Dies hat zur Folge, dass die Mitarbeiter nur sehr schwer durch Führungskräfte kontrollierbar sind und ihre eigene Autonomie relativ groß ist. Der Administration kommt hier nur noch die Aufgabe des Kontakts zur Außenwelt und der Behebung von Störungen zu. Hier ist folglich auf der operativen Ebene kaum eine technische, hierarchische prüfbare Koordination der Prozesse möglich, vielmehr findet eine horizontale Integration auf der Basis geteilter Deutungen der Akteure über die operativen Aufgaben statt. Greenwood & Hinings (1988) weisen darauf hin, dass Organisationen dynamisch auf Veränderungen reagieren und der Wandel innerhalb von Organisationen durch den Zusammenhang des externen Kontextes und interner Prozesse vollzogen wird. Hierbei ist von Bedeutung, dass der Wandel nicht vorhersehbar ist und dass Veränderungen vor allem auch auf den Handlungen der Akteure basieren. Hierbei kommen interpretative Schemata zur Anwendung, die der Organisation Kohärenz und Sinn verleihen, und die Motive, Überzeugungen und Handlungsgründe der Akteure werden in den Vordergrund der Überlegungen gestellt.

2.1.2   *Analyserahmen: Neo-Institutionalismus*

Der Neo-Institutionalismus stellt innerhalb der Organisationssoziologie eine Weiterentwicklung der Überlegungen zum Zusammenhang von verwendeter Technologie innerhalb einer Organisation und ihrer Struktur dar, wobei allerdings nicht von einem einheitlichen Ansatz gesprochen werden kann. Allgemein wurde in den neo-institutionalistischen Vor-

---

[34] In späteren Schriften fügt Mintzberg zwei weitere Typen hinzu.

stellungen eine Veränderung innerhalb der Wirkungsrichtung der zur Verfügung stehenden Technologie eingeführt, d.h. technologische Strukturen prägen nicht allein die Organisationsstruktur, sondern auch Einflüsse der Organisation und ihrer Umwelt werden berücksichtigt. Es wird zwischen der *formalen Struktur* und der *operativen Ebene* von Organisationen unterschieden. Auch ist in diesem Ansatz der Technologiebegriff stärker abstrahiert worden, d.h. nicht nur technologische Artefakte, sondern auch intellektuelle Techniken wie professionelle Muster der Problembewältigung werden unter dem Terminus der Technik zusammengefasst (für einen Überblick vgl. Schimank 1994). Besondere Bedeutung erfahren Organisationen, die einen großen Aufgabenanteil an nicht-routinisierbaren Aufgaben haben. Bei diesen Organisationen konnte eine *begrenzte Rationalität* des Entscheidens nachgewiesen werden, womit auch die Frage nach ihrer Steuerbarkeit aufgekommen ist. Organisationsstrukturen werden als abhängig von gesellschaftsinternen Umwelten betrachtet und nicht nur in Relation zu den innerhalb der Organisation stattfindenden operativen Abläufen gesehen, d.h. Umwelten stellen neben der Technologie eine strukturierende Variable dar (vgl. Scott 1992). Organisationen differenzierten sich demnach nicht allein über die ihr zur Verfügung stehende Technologie und die daraus ableitbare Rationalität, sondern auch über *Selektionsprozesse zwischen Organisation und institutionalisierten Umwelten* (vgl. Meyer & Rowan 1977). Damit haben die Umwelten Einfluss auf das Entstehen von Strukturmustern. Meyer & Rowan beschreiben innerhalb der neo-institutionalistischen Ansätze eine makrosoziologische Perspektive: Organisationen entwickelten eine Vorstellung davon, auf welche Weise rationale Dienstleistungen, Produkte etc. herzustellen sind. Organisationen produzierten *Mythen*, wie Produkte, Dienste, Techniken, Strategien und Programme funktionieren sollten, damit sie als rationale Konzepte anerkennt werden. Hiermit steigerte die Organisation ihre Legitimität und Überlebenschancen, ohne dabei Rücksicht auf langfristige Erfolgsaussichten wie z.B. die Effektivität nehmen zu müssen. Organisationen erzeugten aus dieser Perspektive eine *zeremonielle Konformität*, die allein nach außen sichtbar wird und innerhalb keine Relevanz erfahren muss. Türk definiert Organisationen als historisch gesellschaftliche Formen, die nicht als jeweils optimale Produktionsstätten gelten, sondern im gesamtgesellschaftlichen Kontext eingebettet sind und deren Strukturen daraus verstanden werden müssen, dies allerdings nicht auf der Basis der vermeintlichen Effizienz oder ihrer vorgeblichen Ziele. Die Effizienz- und Zielunterstellung sei vielmehr Bestandteil der Ideologie der Institutionen (vgl. ebd. 1997, S. 146).

Das Verhältnis zwischen Organisation und Umwelten wird innerhalb des Neo-Institutionalismus als Entkopplung bzw. *lose Kopplung* von Formal- und Aktivitätsstruktur identifiziert (vgl. Meyer & Rowan 1977). Für die Schule wird das Verhältnis zwischen Organisation und Umwelten von Weick (1976) nach der Theorie der *loosely coupled systems* beschrieben. Das Handeln in Organisationen richte sich nicht nach linearen Prinzipien, sondern nach der relativen Autonomie einzelner Elemente der Organisation. Hiermit wird herausgestellt, dass Organisationen Freiheitsgrade aufweisen, die besonders in Hinblick auf die bürokratische Koordination der Handlungen zum Tragen kommen. Koppelnde Mechanismen wie eine Kerntechnologie (technical core, vgl. ebd., S. 4) oder eine starke Autoritätsstruktur (authority of office, vgl. ebd.) sind nicht anzufinden. Lose Koppelung tritt dann auf, wenn wenig verbindende Variablen innerhalb einer Organisation existieren oder aber die verbindenden Variablen schwach sind. Der Grad der Kopplung richte sich nach der Anzahl und Bedeutung der gemeinsamen Variablen. Vorteil dieser Kopplung ist für eine Organisation die Möglichkeit sich an Veränderungen anpassen zu können, andererseits ist es schwieriger Entscheidungen durchzusetzen. Lose gekoppelte Organisationen wie Schulen sind nur schwer spezifizier- und veränderbar (vgl. ebd., S. 6ff.). Meyer & Rowan (vgl. ebd. 1977) gehen bei der losen Kopplung zwischen operativer und administrativer Ebene davon aus, dass allein die administrative Ebene formale Rationalität aufweist bzw. eine zeremonielle Konformität nach den aufgeführten Prinzipien erzeugt und ihre Aufgabe darin besteht Rationalitätserwartungen zu erfüllen, die durch die Umwelt institutionalisiert sind. Die administrative Ebene stelle den Bestandteil einer zeremoniellen Fassade dar, mit denen Organisationen sich ihrer Umwelten zuwenden (vgl. ebd., S. 346f.; vgl. auch Scott 1992: sets of rational myths, S. 14). Dies bedeutet, dass sich die operativen Handlungen hinter der zeremoniellen Fassade befinden, wo sie ihre Freiräume entfalten können, die nicht durch die administrative Ebene reguliert werden und ein Vertrauen in die Angemessenheit des Handelns erzeugt wird (vgl. ebd., S. 357f.). Sie erzeugten folglich Rationalitätsmythen. Türk weist für Schulen darauf hin, dass diese für ihr Überleben den zeremoniellen Anforderungen der hochgradig institutionalisierten Umwelten Genüge leisten müssen, woraus sich die von Meyer & Rowan beschriebene typische kontextuelle Doppelstruktur und eine strukturelle Inkonsistenz ergibt (vgl. Türk 1997, S. 133).

Brüsemeister 2005 weist im Kontext der Einführung der neuen Steuerungsinstrumente, wie Lernstandserhebungen, darauf hin, dass es sich bei diesen um Mythen auf der Ebene der Gesellschaft und der Profession handelt. In Schulen sollen sich organisatorische Strukturen etablieren, die ein „Mehr an Vorhersagbarkeit und Effizienz" (ebd., S. 322) und rationaler Problemlösungen versprechen. Brüsemeister stellt als Mythos den Glauben an die Effizienzorientierung heraus, der durch wechselseitige Beobachtung der beteiligten Ebenen entsteht und innerhalb der Schulen Modernisierung hervorbringen soll. Er stellt die Hypothese auf, dass in Schulen für die Einführung eines Qualitätsmanagements Mythen der Effizienz als weiche Steuerungsmedien parallel auf allen Ebenen von Gesellschaft, Organisation und Interaktion relevant sind (vgl. ebd., S. 336). Schaefers (2002) weist ebenfalls darauf hin, dass Schulen seit den Reformbemühungen der 1990er Jahren unter verstärktem öffentlichem Legitimitätsdruck stehen. Die schulischen Umwelten könnten als Politik, Normen der Profession sowie sozio-kulturelle Überzeugungen und Vorstellungen beschrieben werden. Hieraus entwickelt Schaefers die Fragestellung, wie Schulen mit diesen verschiedenen Umwelten umgehen, sie wahrnehmen und interpretieren, d.h. ob Schulen die Veränderungen nur symbolisch in ihre formale Struktur aufnehmen, oder ob sich Auswirkungen auf die Kernaktivitäten der Schule (z.B. Unterricht und Schulentwicklung) zeigen. Mit dieser Frage auf der mikro-institutionalistischen Perspektive rückt Schaefers die schulinternen Prozesse in den Vordergrund, die sich auf etablierte Deutungs-, Problemlösungs- und Handlungsmuster beziehen (vgl. ebd., S. 846). Schaefers formuliert aus dieser Perspektive Skepsis gegenüber den jüngsten Reformbemühungen, da mit der Betonung symbolischer und legitimatorischer Aspekte ersichtlich wird, dass durch die teilweise widersprüchlichen Umwelterwartungen den Schulen die Notwendigkeit der Imitation erfolgreicher Organisationsmodelle auferlegt werde. Dabei spiele es keine Rolle, ob sich auf der operativen Ebene die versprochenen Effektivitäts- und Effizienzsteigerungen nachweisen ließen (vgl. ebd., S. 848).

Aus systemtheoretischer Perspektive stellt sich der Ansatz des Neo-Institutionalismus besonders in Rückgriff auf die von Luhmann & Schorr postulierte mangelnde Technologiemenge innerhalb der Schulen als aufschlussreich dar, da *Entscheidungsprämissen* getroffen werden müssen, um steuernd auf schulische Prozesse einzugreifen. Weiterhin wird besonders der Moment einer professionellen Kontrolle der Arbeit betont und die Schule als relativ autonome Einheit in der dezentralen Struktur des Bildungssystems angesehen. Als Antwort auf das Technologiedefizit werden gegenüber der Formalisierung die (autonomen) Entscheidungen von Professionellen hervorgehoben (vgl. Kuper 2001). Die neo-institutionalistische Perspektive nimmt allerdings wenig Bezug auf die Systemtheorie (vgl. Hasse & Krücken 2000). Hasse & Krücken sehen den Einbezug der systemtheoretischen Perspektive aber als fruchtbar an, da sich beide Ansätze durch eine grundlegende Differenz zu Sozialtheorien auszeichnen. Allerdings dürfe nicht vom grundlegenden Unterschied beider Ansätze in Hinblick auf ihren Umweltbezug abgesehen werden: Der Neo-Institutionalismus stelle die gesellschaftliche Einbettung von Systemen in den Vordergrund, wohingegen die Systemtheorie die Herauslösung sozialer Systeme aus ihren Umwelten fokussiere (vgl. ebd., S. 18). Hasse & Krücken sehen aber besonders für empirische Untersuchungen von Organisationen Anknüpfungspunkte in beiden Positionen. Innerhalb der neo-institutionalistischen Perspektive gerieten Diffusionsprozesse ins Blickfeld, wobei gerade die Berücksichtigung der Prämisse der losen Kopplung für die systemtheoretische Perspektive neue Aufschlüsse bieten könne: Organisationen könnten demnach als soziale Systeme aufgefasst werden, „die nur selektiv und nach Maßgabe intern generierter Programme auf ihre gesellschaftliche Umwelt reagierten" (ebd.).

2.1.3 Systemtheoretischer Analyserahmen

Für diese Arbeit wird keine neue oder vollständige Theorie schulischer Organisationen angestrebt, vielmehr wird auf bereits diskutierte Vorschläge zurückgegriffen. Eine Möglichkeit findet sich bei Kuper, der eine systemtheoretische Sichtweise auf die schulische Organisation vorschlägt. Dieser Ansatz biete einen analytischen Rahmen, unter dem die Einheit und Komplementarität der Ansätze der Bürokratietheorie und des Neo-Institutionalismus Berücksichtigung finden könnten, da beide die Prämisse des Technologiedefizits pädagogischen Handelns enthalten (vgl. Kuper 2001, S. 101f.). Besonders für das Erziehungssystem gelte, dass nicht die Technologie das bestimmende Element für die Konstitution der Organisation Schule darstellen kann (vgl. Kuper 2004a). Als konstituierendes Element bietet sich nach Kuper vielmehr der zentrale systemtheoretische Terminus der *Entscheidung* (vgl. Luhmann 2000) an, um die kommunikative Einheit von Schule als Organisation darzulegen. Dieser Zusammenhang wird über die Erkenntnis des systemtheoretischen Ansatzes hergestellt, dass Organisationen an die Kommunikation der Mitglieder über formale Verhaltensregeln gebunden sind. *Kommunikation* wird hier zu einem Medium der Sinnbildung (vgl. Kuper 2004a). Die Verwendung des Begriffs der Entscheidung verlege die Begründbarkeit der Handlungen und deren Folgen innerhalb einer schulischen Organisation sowohl in die Strukturen selbst als auch in die Umwelten, d.h. es wird weder von einer Einheitlichkeit der Organisationsstrukturen im Vergleich zwischen Schulen oder aber von einer Einheitlichkeit der Darstellung von individuellen Akteuren einer Schule ausgegangen (vgl. Kuper 2002b, S. 857). „Der theoretische Leitbegriff ‚Entscheidung' legt die Aufmerksamkeit auf die organisationsinternen Konstruktionen ihrer eigenen Realität. Er fragt danach, welche operationalen und strategischen Aspekte überhaupt als entscheidbar behandelt werden und deshalb gesteigerter Aufmerksamkeit bedürfen. Darüber hinaus lenkt er den Blick auf die organisationsintern für gestaltbar gehaltenen Vorgänge und somit auf die Prozesse der Steuerung" (Kuper 2001, S. 102). Nachfolgend werden die zentralen Begriffe der Entscheidungsprämissen und der Theorie schulischer Organisationen spezifiziert.

Das Konzept der Entscheidungsprämissen

Das systemtheoretische Konzept der Entscheidung innerhalb von Organisationen (vgl. Luhmann 1981, 1992, 2000) setzt sich aus mehreren Aspekten zusammen. Zunächst definiert Luhmann Entscheidungen als alle kommunikativen Ereignisse, die die Organisation selbst als Entscheidung auffasst. (vgl. ebd. 1992). Entscheidungen können nicht mit Handlungen gleichgesetzt werden, vielmehr unterscheiden sie sich von Handlungen, indem sie ihre Identität in der Wahl zwischen mehreren Möglichkeiten (Alternativen[35]) gewinnen und sich in der Wahl einer Alternative ausdrücken. Jede Entscheidung hat damit eine doppelte Einheit: a) die Relation der Differenz der Alternativen und b) die ausgewählte Alternative. Die Wahl gestaltet sich nicht nach rationalen Gesichtspunkten, sondern als Aushandlungsprozess. Entscheidungen zeichnen sich durch die Markierung bestimmter Kulminationspunkte des Verhaltens aus und symbolisieren den Bezug des Verhaltens auf Alternativen. Sie sind gleichzusetzen mit Kommunikation und diese mit einem sozialen Ereignis und nicht mit einem psychischen Vorgang (vgl. ebd. 1992, S. 168). Ferner bestimmt Luhmann drei weitere Merkmale von Entscheidungen: Entscheidungen müssen 1) eine Einheit darstellen, 2) ihre Selektivität in Bezug zu anderen Entscheidungen mit thematisieren und 3) eine zeitbindende Funktion übernehmen und reflektieren (vgl. ebd. 1981, S. 341). Entscheidungen müssen Anhaltspunkte für nachfolgende Entscheidungen bieten, ohne aber von ihnen determiniert zu werden. Sie werden damit als kontingent bezeichnet, indem eine Differenz von vorher und nachher beschrieben wird: Vor der Entscheidung gibt es mehrere mögliche, nach der Entscheidung gibt es dieselbe Kontingenz in fixierter Form („Transformation von Kontingenz"; vgl. ebd., 1992, S. 170). Aufgrund ihrer Komplexität werden Entscheidungen zu Entscheidungsprämissen, da sich mehr *Entscheidungsmöglichkeiten* als Zweck/ Mittel-Relationen bieten. Organisationen strukturierten ihre Entscheidungen nach drei Formen der Entscheidungsprämissen, die gleichzeitig als Strukturierung von Entscheidungszusammenhängen fungieren: sie 1) stellten Entscheidungsprogramme (Zweck- oder Konditionalprogramme) auf, 2) legten Kommunikationswege fest (Arbeitsteilung) und 3) bestimmten Personen, die für die Entscheidungen stehen und über sie verfügen.

Theorie schulischer Organisationen

Zusammenfassend kann formuliert werden, dass eine einheitliche, spezifische Struktur von Schulen aus mehreren Gründen nicht möglich ist: Die diffuse Sozialtechnologie verhindert den Aufbau von schulischen Organisationen nach dem Muster zweckrationalen Handelns im Sinne der Bürokratietheorie, d.h. es ergeben sich aus den unterrichtlichen Konzepten keine Anforderungen, die eine Struktur aus sachlichen Gründen zwingend erforderlich erscheinen lassen; außerdem lassen sich die Aktivitäten der Lehrkräfte nicht soweit miteinander verbinden, dass sich spezifische Muster für die Optimierung schulischer Organisationsstrukturen ergeben (vgl. Kuper 2002b, S. 857). Des Weiteren weist die Schule eine hoch-

---

[35] Alternativen sind alles, was zu einer Entscheidung hätte werden können (vgl. Luhmann 1981, S. 337).

gradig kontingente Relation zu den operativen Prozessen im Unterricht auf, womit eine relative Autonomie der Lehrkräfte beschrieben wird (vgl. Kuper 2002b, S. 857). Luhmann beschreibt das Verhältnis zwischen Organisation und Unterricht als wenig beeinflussbar: „Die Interaktion Unterricht findet selbstverständlich in der Organisation statt, aber zugleich wäre es völlig unrealistisch zu glauben, die Organisation könne die Eigendynamik des Unterrichts programmieren – sei es im Sinne eines Zweckprogramms als Auswahl von Mitteln für bestimmte Zwecke, sei es im Sinne eines Konditionalprogramms im Sinne eines Schemas wenn/dann" (ebd. 2002, S. 161).

Die Schule steht demnach zwischen dem Organisationsmuster der Bürokratie und dem Ziel eine entscheidungsmächtige Organisation zu werden. Das Muster der Bürokratie kann nicht eindeutig greifen, da die Schule von zwei Seiten mit Unsicherheit konfrontiert wird: Auf der einen Seite steht die operative Ebene (Unterricht), die durch Technologiemangel und Unsicherheit gekennzeichnet ist; auf der anderen Seite stehen die diffusen Erwartungen der Gesellschaft, die kaum spezifizierte Erwartungen an das Bildungssystem richtet (vgl. Kuper 2004b, S. 3)[36]. Bürokratisch bzw. rational handelt die Schule an der Stelle, indem sie Leitprogramme umsetze wie z.B. Curricula, Stundentafeln, Lehrpläne etc. Hiermit werde besonders der gesellschaftlichen Umwelt Rechnung getragen und nicht der inneren Logik, sich soweit es möglich ist von der Umwelt abzuschotten, wie es in bürokratischen Organisationen üblich sei. „Nicht so in Schulen: Hier spezifiziert die Bürokratie die Anschlusspunkte für die Kommunikation mit der sozialen Umwelt, belässt das Innen aber einer weitgehenden Unbestimmtheit" (ebd., S. 4). Hiermit werden Spielräume auf der operativen Ebene für autonome Entscheidungen und individuelle Verantwortung geschaffen und nur die Schulleitung stelle unter dem bürokratischen Muster das Bindeglied zur sozialen Umwelt her und gewährleiste einen ungestörten Ablauf des Unterrichts, auf den sie wiederum keinen Einfluss ausüben könne. „Der bürokratischen Schule sind Entscheidungen entweder entzogen oder sie sind unauflösbar mit operativen Entscheidungen über den Verlauf von Unterricht konfundiert" (ebd., S. 5).

Das zweite Muster der schulischen Organisation, eine entscheidungsmächtige Organisation zu werden, wird durch die aktuellen Reformen (wie mehr Managementfunktionen für die Schulleitung, Partizipation des Lehrerkollegiums an Schulentwicklungsprozessen) eingefordert. Nach Kuper muss die Schule zu einer Organisation werden, die besondere Kompetenzen von ihren Professionellen erfordere: Die strategische und die operative Seite der professionellen Arbeit müssten hier voneinander getrennt werden, damit Entscheidungen für den Unterricht selbst getroffen werden und Kommunikation über diese Entscheidungen stattfinden kann. „Um eine Verkopplung dieser beiden Ebenen zu erreichen, wird es erforderlich sein, in Schulen nicht nur Entscheidungen zu kommunizieren, die etwa die Unterrichtsgestaltung oder die Bewertung von Schülerleistungen betreffen können, sondern auch *über* Entscheidungen zu kommunizieren. D.h. es müssen in den Schulen die Prämissen geprüft werden, unter denen professionell gearbeitet wird" (ebd., S. 6). Eine Einbindung des Kollegiums in diese Entscheidungsprozesse erfordert eine Struktur, die ihre Funktion in der Aufstellung von Verfahrensregeln sieht, die ihre Beteiligung an diesem Prozess sichert, und in der Installation von Schutzmechanismen, die einen fairen Umgang gewährleistet (vgl. ebd., S. 8). Die Autonomie der Lehrkräfte stellt folglich eine bedeutsame Dimension bei der Beschreibung schulischer Organisationsstrukturen dar. Die Autonomie der Lehr-

---

[36] An diesen Schnittstellen kommt nach Kuper die Bedeutung der Profession zum Tragen, auf die aber innerhalb an späterer Stelle detailliert eingegangen wird.

kräfte wird durch die relativ geringe Kohäsion verstärkt, die durch die Schulleitung selbst ausgeht. Nach Kuper entsteht hieraus die Idee der kollektiven Verantwortung, die eine Idealisierung unter den Voraussetzungen formal organisierten pädagogischen Handelns darstellt. Hiermit werden zwei weitere Dimensionen zur Beschreibung schulischer Organisationsstrukturen entwickelt, die sich aus den Bereichen *kollegiale Abstimmung* und *individuelle Verantwortung* zusammensetzen (vgl. ebd.). Kuper stellt die Relation zwischen diesen Dimensionen heraus, da das Verhältnis zwischen der kollegialen Unterstützung des individuellen Engagements und der Koordination in zentralen Fragen der Unterrichtsgestaltung eine entscheidende Rolle spielt.

In Bezug auf die vorgestellten organisationssoziologischen Ansätze bedeuteten die Reformbemühungen für eine einzelschulische Autonomieerweiterung und für den Aufbau eines innerschulischen Qualitätsmanagements, dass das hierarchische Modell der Organisation abgelöst wird von einer horizontalen Integration der verschiedenen Mitglieder, die eine Abstimmung des Verhaltens auf der Grundlage geteilter Deutungen über die operativen Aufgaben zulässt. Die Schulleitung stellt dabei weiterhin die hierarchische Dimension dar, die allerdings durch einen strukturellen Machtmangel gekennzeichnet ist. D.h. es kann seitens der Schulleitung nur auf diffuse Mechanismen der Steuerung zurückgegriffen werden, folgernd müssen alle schulischen Akteure fortwährend an den zu steuernden Elementen beteiligt werden. Hiermit wird zum einen eine Stärkung der Profession innerhalb der organisationalen Schulstruktur beschrieben, um eine Partizipation an Schul- und Unterrichtsentwicklungsprozessen zu erreichen. Zum anderen wird aber auch eine Einschränkung professioneller Autonomie aufgrund des externen Kontrollmechanismus der Lernstandserhebungen herbeigeführt, auf die in Kapitel 2.2. näher eingegangen wird. Für eine Beschreibung der organisationalen Struktur der Schule kommt weiterhin das Konzept der Entscheidungsprämissen zur Anwendung, das bereits aufgegriffen wurde. Kuper identifiziert insgesamt vier Dimensionen zur Differenzierung schulischer Organisationsstrukturen: a) Leitung, b) Kollegialität, c) individuelle Verantwortung, d) Entscheidungsprämissen, die auch für die in dieser Arbeit erfolgende Analyse genutzt werden können.

2.2 Professionstheoretischer Kontext Lehrkräfte

Die Profession der Lehrkräfte spielt aufgrund ihrer gering verfügbaren Technologiemenge und ihrer stark ausgeprägten Autonomie auf der operativen Ebene für unterrichtliche Prozesse eine entscheidende Rolle für die Struktur und Funktion der Schule; damit auch für ihre Steuerung und Kontrolle. Um der Frage der Datennutzung weiter nachzugehen, ist es hier notwendig, einen detaillierten Blick auf die Profession der Lehrkräfte zu werfen. Aufgrund der Reformbemühungen, wie der Einführung von Lernstandserhebungen, werden für die Profession der Lehrkräfte unausweichlich Veränderungen beschrieben. Denn die operative Ebene, d.h. der Unterricht, stellt nicht mehr die alleinige Aufgabe dar, sondern die Lehrkräfte sollen auch Entscheidungen auf der strategisch-administrativen Ebene der Schule, d.h. über Schulentwicklungsprozesse treffen. Hieraus werden kooperative Strukturen und Absprachen im Kollegium in den Fokus gestellt, die bisher nicht im Mittelpunkt der Aufmerksamkeit standen. Hiermit werden zwei Aspekte besonders berührt: Zum einen das Verhältnis zwischen Organisation und Profession, da von einem Bedeutungszuwachs der Organisation im Gegensatz zur Profession ausgegangen werden kann (vgl. Klatetzki &

Tacke 2005, S. 27). Und zum anderen das Verhältnis zwischen professionellem und organisationalem Wissen, das in diesem Kontext eine Unterscheidung erfahren muss (vgl. Tacke
2005)[37]. Nicht Gegenstand der hier geführten Analyse ist die Debatte um die Professionali-
sierbarkeit des Lehrerberufs, die für diese Arbeit nicht zielführend ist. Eine Erörterung der
verschiedenen Argumente ist nachzulesen bei Tenorth (2006).

Um diesen Veränderungen auf der Ebene von Professionstheorien nachzugehen, wurden vor allem strukturfunktionalistische Ansätze (vgl. Parsons 1964, Parsons & Platt 1990,
Rüschemeyer 1972, 1980) soziologischer Professionstheorien und deren Weiterentwicklung
in strukturtheoretische (vgl. Oevermann 1997, Dewe 1998, Dewe, Ferchhoff & Radtke
1992a, 1992b) und systemtheoretische (vgl. Luhmann 2002, Stichweh 1997) ausgewählt.
Diese ermöglichen eine Anbindung an die bürokratischen und neo-institutionalistischen
sowie systemtheoretischen Organisationskonzepte. Bei der Darstellung dieser Professions-
konzepte soll es vor allem um die Herausarbeitung der Struktur professionellen Handelns
und Wissens gehen; nicht behandelt wird die Entwicklung und der Status der Profession
(vgl. exemplarisch Pollak 1998, Reh 2004). Auf die gesellschaftliche Ausgestaltung bzw.
die (funktionale) Differenzierung der Profession in machttheoretischen Ansätzen (zum
Überblick vgl. Kurtz 2002, S. 53ff.) und auf die Diskussion um die Entwicklung von Wis-
sensberufen bzw. einer Wissensgesellschaft (zum Überblick vgl. ebd., S. 63ff.) wird ebenfalls nicht eingegangen. Hier soll vielmehr herausgearbeitet werden, wie die Perspektiven
der struktur- und systemtheoretischen Überlegungen für eine Analyse professionellen Handelns und Wissens aufgrund der Datennutzung hilfreich sind, um Einblicke in die angestrebten Qualitätssicherungs- und Qualitätsentwicklungsprozesse zu liefern. Insgesamt sollen weitere Aspekte für das heuristische Instrument zur Erhebung und Auswertung des
empirischen Materials identifiziert werden (s. Kapitel 2.4), wobei keine Vollständigkeit
innerhalb des (erziehungswissenschaftlichen) Diskurses um Professionalität bzw. Professionalisierung des Lehrerberufs angestrebt wird. Einen detaillierten Einblick in diese Thematik bietet Terhart (2001)[38] und auch Gehrmann (2003).

Bevor man sich allerdings der Frage nach der Struktur professionellen Handelns und
Wissens zuwenden kann, drängt sich im Allgemeinen zu allererst die Frage nach einer
Definition von Profession auf. Diese Frage lässt sich allerdings nicht pauschal beantworten,
da die Merkmale zur Erfassung bzw. Bestimmung von Professionalität von einfachen De-
skriptionen bis hin zu hierarchischen Bestimmungen von Reihenfolgen reichen (vgl. Kurtz
2002, S. 48f.). Die am häufigsten genannten Merkmale und Kriterien zur Bestimmung
professioneller Berufsgruppen verschiedenster Professionsansätze lassen sich wie folgt
zusammenfassen: Professionen verfügen über selbst verwaltete Berufsverbände; Professionelle berufen sich auf eine gemeinsame Berufsethik; Sie besitzen eine besondere Wissensbasis; Professionelle Arbeit ist Dienst an der Allgemeinheit und Professionelle bearbeiten
einen Zentralwert der Gesellschaft; Es besteht eine asymmetrische Beziehung zwischen
Professionellen und Klienten; Professionelle besitzen in ihrem Bereich ein Handlungskom-
petenzmonopol; Öffentliche Werbung durch die Professionellen ist untersagt. Hieraus ergibt sich allerdings keine Professionstheorie, sondern allein eine Aufzählung deskriptiver
Merkmale. Es muss folglich eine Bestimmung darüber getroffen werden, was unter profes-

---

[37] Professionen lassen sich durch eigene Wissenskomplexe vom Wissen der Organisation abgrenzen. Das Organisationswissen ist nicht im universitären kognitiven Komplex verankert (vgl. Tacke 2005, S. 173).
[38] Eine Übersicht über den berufsbiographischen Ansatz ist ebenfalls zu finden, auf den nicht Bezug genommen
wird. Vgl. auch Terhart (1994, 1998) oder Fabel & Tiefel 2004.

sionellem Handeln und Wissen von Lehrkräften verstanden wird. Leider kann auf kein fundiertes Rahmenmodell professionellen Handelns und Wissens im Lehrerberuf zurückgegriffen werden. Einen Vorschlag für ein solches Rahmenmodell machen Baumert & Kunter (2006), die aufgrund einer umfassenden (internationalen) Analyse folgende Bereiche festhalten: Wissensbereiche (Pädagogisches Wissen, Fachwissen, Fachdidaktisches Wissen, Organisationswissen, Beratungswissen), Überzeugungen und Werthaltungen, motivationale Orientierungen, selbstregulative Fähigkeiten und Professionswissen (vgl. ebd. S. 482). Die hier vorliegende Arbeit beschäftigt sich mit dem Wissensbereich des Organisationswissens und den Überzeugungen und Werthaltungen, die in Bezug auf die Datennutzung vorliegen. Damit gemeint sind Wertbindungen und epistemologische Überzeugungen, die weder den Kriterien der Widerspruchsfreiheit noch den Anforderungen der argumentativen Rechtfertigung unterliegen (vgl. ebd., S. 497).

2.2.1 Strukturfunktionalistische Ansätze

Der strukturfunktionalistische Ansatz nach Parsons (1939/1964, 1968, Parsons & Platt 1990) bezieht sich vor allem auf die gesellschaftlichen Zentralwerte (z.B. Erziehung, Gerechtigkeit, Gesundheit, Wahrheit etc.), die durch die Profession behandelt werden. Parsons geht davon aus, dass sich Professionen nur dann entwickeln, wenn deren Problembearbeitung mit Klienten zu einer Lösung von Problemen führt, die eine hohe gesellschaftliche Wertschätzung genießen und besondere kollektive Fähigkeiten erfordern (vgl. Parsons & Platt 1990, S. 330ff.). Danach ist die Beziehung zwischen Professionellen und Klienten charakterisiert durch den Austausch von Expertiseleistungen gegen das Vertrauen des von ihm betreuten Klienten. „Bei den Angehörigen praktischer akademischer Berufe gilt die treuhänderische Verantwortung der Nutzung kognitiver Ressourcen für praktische Ziele. Sie konzentrieren sich damit auf die Ausübung von Kompetenz und auf intellektuelle Integrität sowie auf die Integrität der treuhänderischen Tätigkeit für das Wohl der auf ihre Dienste angewiesenen Klienten" (ebd., S. 305). Das Handeln professioneller Berufsgruppen zeichnet sich bei der Verfolgung ihrer Ziele durch kritische Rationalität aus (vgl. ebd., S. 163f.). Des Weiteren sind die Professionellen aufgrund ihrer hohen fachlichen Kompetenz gegenüber ihren Klienten überlegen[39] und können von der Person als Ganzes Abstand nehmen, d.h. es existieren keine Beziehungen zwischen Professionellen und Klienten[40]. Parsons Professionstheorie kann in drei Punkten zusammengefasst werden: 1. Es findet eine Verankerung der beruflichen Tätigkeit im Wissenssystem statt (kognitive Rationalität bzw. *kognitiver Komplex*[41]), d.h. es handelt sich um eine enge Anbindung des Wissens an die Universitäten; 2. Es existiert ein Bezug auf kulturelle Werte außerhalb der Wissenschaft

---

[39] Ausgedrückt in den *pattern variables* handelt es sich dabei um eine funktional spezifische fachliche Kompetenz, d.h. eine funktionale Bestimmtheit (vgl. Parsons 1939/1964, S. 165).
[40] Ausgedrückt in den *pattern variables* handelt es sich dabei um eine universalistische Beziehung, bei der nicht wichtig ist, wer die Person ist, sondern was ihr fehlt (vgl. ebd., S. 170).
[41] Parsons & Platt (1990) beschreiben den kognitiven Komplex als eine Interpenetrationszone, an der sowohl das kulturelle und soziale System als auch Persönlichkeiten und das organische System beteiligt sind (vgl. ebd., S. 55). Der kognitive Komplex beruht auf gemeinsamen kulturellen Wertmuster („pattern variables") und umfasst die Wertkomponente der kognitiven Rationalität. Hiermit moderiert der kognitive Komplex Überzeugungen zur Beurteilung und zum Umgang mit Wissen. Der kognitive Komplex wird unterteilt in a) Wissen (Kultursystem), b) rationales Handeln (Sozialsystem), c) Kompetenz/Performanz (Persönlichkeit) und d) Intelligenz (Verhaltensorganismus) (vgl. ebd., S. 80).

(z.B. Gerechtigkeit, Gesundheit etc.) und dessen treuhänderische Verwaltung; und 3. die Profession benötigt eine institutionelle Verankerung, um sicher zu stellen, dass ihre bearbeiteten Probleme gesellschaftlichen Wert haben (vgl. Parsons 1968, S. 536). Parsons unterscheidet zwei Gruppen von Professionellen: 1. Professionelle wie z.B. Universitätslehrer, Ingenieure, Mediziner und Juristen, „sie sind Hüter der zentralen kognitiven Ressourcen der Gesellschaft und ihrer Nutzung in Bezug auf die materielle Umwelt, die Bedürfnisse des Einzelnen sowie die normative Ordnung der Gesellschaft" (Parsons & Platt 1990, S. 338). 2. Professionelle wie z.B. Berufstätige im Bildungswesen, der Fürsorge, Verwaltung und des Bankwesens übernehmen Funktionen innerhalb des Sozialsystems (vgl. ebd. 1968, S. 537). Diese Gruppe arbeitet mit operativen Problemen innerhalb der Gesellschaft und nicht wie die erste Gruppe mit der Bestimmung der Voraussetzungen und Rahmenbedingungen gesellschaftlichen Lebens, weshalb die zweite Gruppe stärker eingeschränkt ist, Veränderungen herbeizuführen.

Innerhalb des kognitiven Komplexes, der eng mit den jeweiligen Wissensbeständen verknüpft ist, unterscheidet Parsons zwischen der Beschäftigung mit Wissen im Interesse seiner Erweiterung und seiner praktischen Anwendung. Die Profession der Lehrkräfte rechnet er zur Zweit genannten, deren Wissen wissenschaftlich verankert ist und in der Praxis seine Relevanz erhält. Damit fällt die Begründbarkeit ihrer Entscheidungen unter wissenschaftlich methodische Erkenntnisse, womit eine Überwindung individueller Meinungen beschrieben wird. Kompetenz, die ebenfalls im kognitiven Komplex enthalten ist, beschreibt Erfahrungen der Professionsangehörigen, die notwendig für die praktische Anwendung des Wissens sind. Die Problematik der Profession der Lehrkräfte sieht Parsons vor allem darin begründet, dass sich der kognitive Inhalt ihrer Tätigkeit auf Prozesse der Vermittlung elementaren Wissens bezieht. Hierin liegt eine relative Schwäche ihrer kognitiven Grundlagen beruflicher Kompetenz, da diese Grundlagen jenseits des elementaren Wissensbereichs liegen, den die Lehrkräfte vermitteln sollen (vgl. Parsons & Platt 1990, S. 326). Lehrkräfte könnten somit nur auf eine begrenzte Rationalität zurückgreifen. Außerdem sei die Profession der Lehrkräfte stärker in die dialektische Beziehung zwischen Klientenbelangen und öffentlichen Interessen eingebunden (vgl. ebd., S. 336).

Weiteren Aufschluss über die Überzeugungen der Lehrkräfte in Bezug auf das in den Lernstandserhebungen enthaltene Wissen liefern die strukturfunktionalistischen Überlegungen von Rüschemeyer (1972; 1980), die einen analytischen Zugriff auf das professionelle Wissen von Lehrkräften in Hinblick auf eine Unterscheidung in strukturelle Muster ermöglichen. Rüschemeyer sieht in den bisherigen Modellen eine idealtypische Konstruktion, die nicht hinreichend zwischen unterschiedlichen Professionen unterscheidet (vgl. ebd. 1980, S. 316). Eine Differenzierung der *Komponenten professioneller Arbeit* wird anhand der Professionen Medizin und Jura vorgenommen, diese kann aber auf die Situation der Lehrkräfte übertragen werden. Zwei Komponenten professioneller Arbeit sind hierfür aufschlussreich: 1) Die Anwendung eines und den Bezug auf einen systematischen, theoretisch begründeten *Wissenskorpus* („systematic body of knowledge": ebd. 1972, S. 27) und 2) die Deutung des relevanten *Zentralwerts* der Profession.

In Bezug auf die zweite Komponente professioneller Arbeit – die Deutung des *Zentralwerts* der Profession – stellt Rüschemeyer heraus, dass Zentralwerte nicht in jeder Profession (gleich) feststehend sind. Beispielsweise bestünde gerade in der Profession der Juristen die Möglichkeit den Zentralwert, hier Gerechtigkeit, zu verändern und zu interpretieren, wohingegen die Profession der Mediziner kaum Spielraum in der Auslegung des

Zentralwerts der Gesundheit hätte. Hiernach zeichnet sich der Zentralwert im Sinne von konflikthaften Werteorientierungen und Interessen nach folgenden Charakteristika aus: ihrer substanziellen Definition, ihrer relativen Position, der Intensität der enthaltenen moralischen Aspekte und die Bedeutung der Umsetzung. Für die erste Komponente professioneller Arbeit – dem *Wissenskorpus* – kritisiert Rüschemeyer an bisherigen Professionstheorien, dass sie die Rolle des wissenschaftlichen Wissens und den daraus resultierenden Konsequenzen, wie etwa die Rationalität und Änderungsbereitschaft, überbewertet haben. Er plädiert dafür, zwischen unterschiedlichen Wissenstypen zu unterscheiden, und zwar in eine eher wissenschaftliche, d.h. technologische Verwendung des Wissens, die sich auf empirische Erkenntnisse stützt, und in eine eher normativ geprägte Wissensverwendung, die sich auf soziale Normen und Regeln der Wissensanwendung stützt. Rüschemeyer geht davon aus, dass gerade in der Profession der Juristen die nicht-rationale, d.h. nicht technologische Wissensverwendung eine größere Rolle spielt (vgl. ebd., S. 31).

In Bezug auf die Profession der Lehrkräfte kann festgehalten werden, dass sie sich in der ersten Komponente – der Anwendung eines und den Bezug auf einen systematischen, theoretisch begründeten *Wissenskorpus* – durch den bereits skizzierten Technologiemangel auszeichnet und in diesem Aspekt der Profession der Juristen nahe steht. Hier kann also auch für die Lehrkräfte davon ausgegangen werden, dass es sich beim verwendeten Wissen meist um eher normatives, d.h. auf Verständigungsprozessen beruhendes Wissen handelt, wobei mit der Rückmeldung von wissenschaftlich abgesicherten Daten über Schülerleistungen eine technologische Komponente innerhalb des zur Verfügung stehenden Wissens ergänzt wird. Es findet folglich mit der Einführung der Rückmeldungen aus Lernstandserhebungen eine Veränderung der Wissensbasis bzw. des Wissenskorpus innerhalb der Profession der Lehrkräfte statt. Die zweite von Rüschemeyer identifizierte Komponente – die Deutung eines relevanten *Zentralwerts* der Profession – stellt sich für die Profession der Lehrkräfte wieder ähnlich zur Situationsanalyse der Juristen dar. Die Lehrkräfte bekommen nur eine diffuse Definition darüber gespiegelt, wie unterschiedliche gesellschaftliche Akteure Bildung und Erziehung definieren. Die Auslegung des Zentralwerts der Profession zeichnet sich also ebenfalls durch konflikthafte Wertorientierungen und Interessen aus und ist in ihrer Umsetzung stark normativ(-moralisch) geprägt.

Eine Interpretation erfährt der strukturfunktionalistische, d.h. Parsonssche Ansatz durch Wenzel (2005), der den Gebrauch rationalen Wissens in den Blickpunkt der Aufmerksamkeit rückt. Er sieht in der Anwendung, Übertragung und Erzeugung von rationalem Wissen die Hauptaufgabe professionellen Handelns und moderner Organisationen. D.h. die Vermittlung, Anwendung, Erweiterung und Verbesserung von Wissen sind ein fester Bestandteil der Profession (vgl. ebd., S. 52). Wenzel fasst Parsons Professionstheorie unter folgenden Aspekten zusammen: 1. Es existiert eine Kollektivorientierung; 2. Es handelt sich um eine Ausdifferenzierung eines Bereichs rationalen Wissens (Syndrom aus Autonomie und Verantwortung); 3. Es entsteht eine Kommunikation von Vertrauen aufgrund der asymmetrischen Beziehung zwischen Professionellem und Klienten. Professionelle sind aus dieser Perspektive Treuhänder kognitiver Rationalität (vgl. ebd., S. 52). Kognitive Rationalität wird von Wenzel als normatives Muster interpretiert, das einen Wert darstellt, veränderbar ist und durch die Profession selbst im Sinne sozialer Integration zu denken ist. Professionelles Handeln basiere aus dieser Perspektive auf Kompetenz und Wertorientierung. Kompetenz hier definiert als allgemeines Vermögen Probleme, die keine kausalen/technischen Lösungsmöglichkeiten bieten, erfolgreich zu bearbeiten. Hieraus ergeben sich Deutungsspielräume für die Profession in Prozessen der Situationsanpassung (vgl. ebd., S. 63). Die Modernisierung von Professionen in Informationsgesellschaften stellten sich unter diesem Blickwinkel unter den folgenden Aspekten dar: Werte werden nicht mehr von allen Gesellschaftsmitgliedern gleichermaßen geteilt, was bei der Profession zu a) höheren Freiheitsgraden professionellen Handelns und b) höherer Komplexität des Handelns führt. Insgesamt muss unter mehr Unsicherheit die Ethik der Profession in Abhängigkeit von der kognitiven Rationalität eine „kluge Wissensanwendung" (ebd., S. 66) erzeugt werden. „Die moralische Bindung an Normen und Werte ist nicht mehr unmittelbar handlungsgenerierend; Normen und Werte können dennoch Kontingenz absorbieren, indem sie in der Konstruktion einer gemeinsamen Realität, in der Fingierung und erfolgreichen Realisierung eines gemeinsamen Kooperationsprojektes Orientierung und Unterstützung bieten" (ebd.). Dieser Bereich entspräche der aktuellen Situation an Schulen, die sowohl alten Normen und Werten verpflichtet sind, aber auch durch die aktuellen Reformen und Veränderungen innerhalb der Profession stark in Bezug auf ihr professionelles Handeln differieren.

2.2.2 Strukturtheoretische Ansätze

Oevermann (1997) knüpft an die strukturfunktionalistischen Betrachtungsweisen der Profession an und erweitert diesen Ansatz, indem er das Defizit an technologischen oder rationalen Handlungsmöglichkeiten als Erweiterung der Spielräume von Professionellen auslegt. Er orientiert sich an der Entschlüsselung der ambivalenten Binnenstruktur und internen Logiken professionellen Handelns, wobei er die Handlungsstruktur als Vermittlung zwischen Theorie und Praxis in Hinblick auf die Lösung manifester Probleme von Klienten bestimmt und als Modus der Deutung benennt. Die Professionellen müssten in ihrer Berufspraxis über eine Verknüpfung von generalisiertem Regelwissen und hermeneutischem Fallverstehen die Probleme ihrer Klienten stellvertretend deuten. Hierbei kommt zum Tragen, dass Professionelle zwischen krisenhaften Entscheidungssituationen und eingelebten Routinen in Standardsituationen stehen, die sie im Sinne der „Einheit von Entscheidungszwang und Begründungsverpflichtung" (ebd., S. 77) zu lösen haben. Insgesamt legt Oevermann den Fokus seiner Überlegungen auf den therapeutischen Aspekt der Arbeit von Professionellen, d.h. auf die therapeutische Anwendung des wissenschaftlichen Wissens in Hinblick auf die Klienten. Dies steht im Gegensatz zur ingenieuralen Anwendung von Wissen, die sich nur auf die rein technische Anwendung des wissenschaftlichen Wissens bezieht (vgl. ebd., S. 138). Hiermit kann nach Oevermann nur dann Anspruch auf professionelles Handelns erhoben werden, wenn das wissenschaftliche Wissen seine Umsetzung nicht in einer deduktiven Lösung, sondern vielmehr in einer Neuinterpretation in Zusammenspiel mit der praktischen Kompetenz des Handelnden erfährt[42]. Kritikpunkt dieses Ansatzes ist vor allem, die Hervorhebung des therapeutischen Aspekts des professionellen Handelns, da es zwar strukturbedingt nicht technisch-instrumenteller Natur sein kann; sich daraus aber auch nicht der Schluss ergibt, dass es kein technisches Repertoire der Lehrkräfte gibt, auf das sie

---

[42] Im Sinne der Zielstellung dieser Arbeit wird hier nicht auf die Erörterungen Oevermann (1997) zur spezifischen Professionalisierungsproblematik der pädagogischen Berufe eingegangen. Insgesamt bewegt sich seine Analyse zu weit vom Ziel der Erstellung eines heuristischen Erhebungs- und Auswertungsinstruments für diese Arbeit fort. Auch Wernet (2003, 2005) wendet sich dieser Problematik zu und kommt zu ähnlichen Konsequenzen wie Oevermann.

zurückgreifen können (vgl. Baumert & Kunter 2006, S. 477). Außerdem vollziehe sich
Unterricht im Kontext sozialer Organisationen, die aus der Beziehung zwischen Lehrkräften und Schülern eine spezifische, sachliche und universalistisch orientierte mache und
nicht eine therapeutische hervorbringe (vgl. ebd.).

Dewe, Ferchhoff & Radtke (1992b) betonen aus einer strukturtheoretischen Perspektive die Wichtigkeit, nicht allein Indikatoren für eine Profession zusammenzustellen, sondern
vielmehr nach der Herausbildung einer spezifischen Handlungskompetenz zu fragen, die
von der Struktur der professionellen Handlung erfordert wird (vgl. ebd., S. 7). Auch sie
verstehen wie Oevermann Professionalisierung als das Hervorbringen einer Handlungsstruktur, die es ermöglicht, in der Praxis auftretende Probleme aus der Distanz stellvertretend wissenschaftlich reflektiert zu bearbeiten (vgl. ebd., S. 14). Insgesamt plädieren Dewe,
Ferchhoff & Radtke für eine aufgabenspezifische Professionstheorie, die nach der Differenz
in der pädagogischen Handlung fragt und das Besondere im pädagogischen Handlungsmo-
dus analysiert (vgl. ebd., S. 16). Aus dieser Betrachtungsweise wird deutlich, dass das *Verhältnis zwischen professionellem Handeln und professionellem Wissen* von besonderer Bedeutung für die hier benötigte Analyse der professionellen Handlungsstruktur ist. Aus den
bisher geführten theoretischen Überlegungen kann abgeleitet werden, dass professionelles
Handeln aufgrund seiner Interaktionsabhängigkeit besonders komplex ist und nicht einfach
technologisch gelöst werden kann. Professionelles Handeln kann keine Kausalableitungen,
sondern muss vielmehr Deutungen für die Klientenprobleme anbieten. Nach Dewe (1998)
benötigen professionelle Lehrkräfte nicht nur Techniken, sondern vor allem auch Sinn- und
Bedeutungsverstehen, d.h. situatives Urteilsvermögen, das sich aus dem ambivalenten Nebeneinander der grundlegenden Komponenten von Regelwissen und den dazugehörigen
Befähigungen im Umgang mit den Theorien und dem hermeneutischen Verstehen des Ein-
zelfalls ergibt (vgl. ebd., S. 71). Hieraus ergibt sich die Frage nach der Wissensbasis professionellen Arbeitens, wie es auch schon von Parsons verfolgt wird. Dewe betont dabei allerdings, dass Lehrkräfte sich nicht sosehr über ein bestimmtes Fachwissen, sondern vielmehr
über ein Wissen über die von ihnen gesteuerten Prozesse auszeichnen. Die Organisation
Schule gebe einen Rahmen für die außeralltägliche Problembewältigung, wobei die Lehrkräfte die außeralltägliche Situation anerkennen müssten.

Dewe, Ferchhoff & Radtke (1992a) analysieren auf der Grundlage strukturtheoreti-
scher Professionstheorien das Wissen von Pädagogen und gehen aufgrund einer Trennung
von systematischen Wissenschaftswissen und praktischem Handlungswissen davon aus,
dass eine dritte Wissensform – das professionelle Wissen – entsteht, indem sich die beiden
ersten Wissensformen übereinander schreiben[43]. „Wissenschaftliches Wissen und Handlungswissen stehen im Verhältnis der Komplementarität. Als Ergebnis der ‚Kontrastierung'
oder ‚wechselseitiger Beobachtung' von Wissenschaft als einer bestimmten Sichtweise auf
die Praxis, und der Praxis als einer anderen, entsteht eine Relativierung der Perspektive, die
nicht mehr versöhnt bzw. auf die eine oder andere Wissensform reduziert werden kann. An
die Stelle von Problemdeutungen treten Strukturdeutungen pädagogischer Handlungen,
deren Verarbeitung dem (...) Professionellen in eigener Autonomie überlassen bleibt, seinem Können jedoch Reflexivität hinzufügt" (ebd., S. 80). In der Profession berühre sich das
handlungspraktische und wissenschaftliche Wissen, d.h. die Logik professionellen Handelns bestehe in der Relativität zwischen Wissenschaft, gekennzeichnet durch Wahrheit und
Begründungsnotwendigkeit, und Praxis, gekennzeichnet durch Angemessenheit und Ent-

---

[43] Dieser Befund beruht auf den Erkenntnissen der Wissenstransfer- und Wissenstransformationsforschung.

scheidungsnotwendigkeit. Hiermit wird die Differenz zwischen Wissen und Können markiert, die die Dialektik von Begründung und Entscheidung beschreibt. Professionelles Wissen könne erst durch die berufliche Tätigkeit erworben werden, wobei aber zu beachten bleibe, dass es sich bei diesem Wissen nicht um eine individuelle Selbstschöpfung, sondern um einen berufsspezifisch bereitgestellten Fundus handelt, der auf der geteilten Berufskultur beruht (vgl. ebd., S. 88). Außerdem betonen die Autoren, dass das professionelle Wissen nicht von außen beobachtet, sondern erst durch Selbstreflektion der Lehrkräfte zur Sprache gebracht werden kann.

Einen weiteren Zugang zum professionellen Wissen bieten kognitionspsychologische Ansätze, auf die an dieser Stelle nur kurz in Hinblick auf relevante Aspekte eingegangen werden soll. Professionelles Wissen wird hier unter dem Aspekt der Entstehung von Lehrerhandlungen und -entscheidungen behandelt (vgl. exemplarisch Alisch 1981, Hofer & Dobrick 1981). Kognitive Theorien verfolgen die Entstehung, den Vollzug und die Folgen der Handlungen und Entscheidungen sowie der Suche nach Erklärungen für Ursachenzuschreibungen (Attributionstheorien). Professionelles Lehrerwissen wird innerhalb dieser Ansätze anhand von Kognitionen und Handlungsentscheidungen untersucht und als Wissensbestände definiert, die sich sowohl aus Inhalten der formalen Ausbildung, des Erfahrungswissen als auch aus überindividuellen, gesellschaftlichen Wissensbeständen zusammensetzt (vgl. Dann 2000). Professionelles Wissen wird unterschieden in Wissensorganisation, -anwendung und -erwerb, wobei es sich bei subjektiven Theorien[44] um eine komplexe Form der individuellen Wissensorganisation handelt. Aus der Expertise bzw. Expertenforschung lässt sich Bromme (1992) hinzuziehen, der sich der Frage nach dem professionellen Lehrerwissen unter kognitionspsychologischen Aspekten nähert. Bromme kommt wie auch die strukturtheoretischen Überlegungen zum professionellen Wissen zu dem Schluss, dass die Integration der Kenntnisse aus verschiedenen Wissensbereichen ein wesentliches Merkmal professionellen Wissens ist. Besonders hervorgehoben wird von Bromme allerdings, dass das professionelle Wissen von Lehrkräften auch Wertvorstellungen enthält und dass ihr Handeln normativen Prinzipien folgt (vgl. ebd., S. 10 & S. 106)[45]. Forschungsstudien zur Bedeutung der Handlungsentscheidungen (vgl. exemplarisch Hofer 1986, S. 252-303) stellen heraus, dass Handlungen das Produkt von Entscheidungen sind und Entscheidungen die Wahl einer Handlungsalternative darstellen, wobei nicht jede Handlung als Produkt einer rationalen Entscheidung aufgefasst werden kann.

Aus der Vielzahl der hier aufgezeigten Möglichkeiten professionelles Handeln und Wissen zu kategorisieren wird deutlich, dass ein einheitlicher theoretischer Rahmen nicht existiert. Wie bereits zu Beginn deutlich gemacht wurde, wird innerhalb dieser Arbeit vor allem dem Organisationswissen und den epistemologischen Überzeugungen der Lehrkräfte Beachtung geschenkt. Hierbei wird auf das heuristische Rahmenmodell professioneller Handlungskompetenz nach Baumert & Kunter (2006) zurückgegriffen (vgl. ebd., S. 482).

---

[44] Bei subjektiven Theorien handelt es sich um ein Konzept über individuelle Theorien von Personen, die dazu beitragen, dass sich der Einzelne Bereiche seines Lebens erklären kann. Das Konzept geht auf Scheele & Groeben (1998) zurück. Subjektive Theorien seien für das professionelle Handeln von Lehrkräften wichtig, da sie die Erklärungen bzw. Interpretation von Alltagsphänomenen erfüllen und zukünftige Handlungen bestimmen (vgl. Gräsel, Fußangel & Pröbstel 2006, S. 213).

[45] Zur Identifikation von professionellen Aufgaben der Lehrkräfte s. Giesecke (1986), Feiks (2004), Hornstein & Lüders (1989).

2.2.3 *Systemtheoretische Analyse: Verhältnis Organisation und Profession*

Luhmann hat in seinen Arbeiten zum Erziehungssystem (vgl. ebd. 2002) ein Professions-
modell entwickelt, dass sich auf die strukturfunktionalistischen Ansätze nach Parsons bezieht. Professionen seien demnach das funktionale Äquivalent zur Organisation. Luhmann
definiert wie Stichweh Professionen als Berufe, deren Wissen über eine Anbindung an
Universitäten hinausreicht und das des Weiteren nicht „direkt, logisch, problemlos angewandt werden kann, sondern jede Anwendung mit dem Risiko des Scheiterns belastet ist"
(ebd., S. 148). Formuliert wird ein Professionsverständnis, das sich durch eine Wissens-
grundlage auszeichnet und in seiner Anwendung allein nicht ausreichend ist. Außerdem
beziehe sich die Arbeit der Professionellen auf einen Bereich mit hoher gesellschaftlicher
Wertschätzung und ihr Wissen bestünde zu großen Teilen in Wissen über Routinen (Prinzipien und Regeln), die in unklar definierten Situationen eingesetzt werden könnten. Eine
Besonderheit pädagogischer Arbeit betrifft nach Luhmann die Beziehung zwischen Klienten und Professionellen, da hier nicht Person und Rolle voneinander getrennt werden können. Den stärksten Einfluss auf die Ebene des Unterrichts übt nach Luhmann der Professionelle und nicht die Organisation Schule aus, die eigentlich keine Durchgriffsmöglichkeit
auf diese Ebene hat (vgl. ebd., S. 160f.).

Einen weiteren Zugang zum Verhältnis von Profession und Organisation ist in den
machttheoretischen[46] Arbeiten von Freidson (2001) zu finden. Hier wird die Profession
idealtypisch als dritte Organisationslogik jenseits des Wettbewerbsmodells (Markt) und
bürokratischer Leistungskoordinierung aufgefasst. Insgesamt stellt auch Freidson die Autonomie von professionellem Wissen und Handeln heraus, wobei das Ausmaß der Autonomie
die Richtung und Weiterentwicklung des professionellen Wissens und Handelns bestimmt.
Das Recht auf selbstbestimmtes Handeln der Professionellen leite sich aus ihrem Wissens-
bestand und Individualismus ab; eine Fremdkontrolle durch andere Berufsgruppen oder
durch ranghöhere Organisationsmitglieder sei undenkbar, wenn sie nicht ebenfalls professionelles Wissen besitzen oder sich auf administrative, formale Vorgaben beziehen. Kontrolle unter Kollegen basiere auf Vertrauen, professioneller Selbstregulation und professioneller Etikette, die sich durch den Status der Profession rechtfertigt.

Kuper sieht Professionalität in einem engen Zusammenhang zur schulischen Organisationsform. Eine bürokratische Organisationsstruktur beschränke die professionelle Aufgabe
der Lehrkräfte auf die operative Ebene, den Unterricht, indem die Schulleitung die Funktion der bürokratischen Steuerung übernimmt und dem Unterricht weitestgehende Autonomie garantiert. „Professionalität, als eine auf der Interaktionsebene verdichtete Form der
Arbeit, die im Bezug zwischen Klienten und Professionellen ihre situative Ausgestaltung
findet und daher ein hohes Maß an Autonomie, Steuerungs- und Entscheidungskompetenz
in der Ausführung ihrer Arbeit selbst verlangt, findet daher in der Bürokratie ein ihr zuwi-
derlaufendes Prinzip der Organisation von Arbeit" (Kuper 2004b). Eine Abkehr von dieser
Organisationsform zu einer Stärkung der Autonomie der Einzelschule und der Einbindung
der Lehrkräfte in Schulentwicklungsprozesse bedeute andere Anforderungen an Kompetenzen professionellen Handelns. Eine Zusammenführung von strategischen und operativen
Aufgaben erlaube es, eine auf Unterricht und Schule bezogene Professionalität aufeinander

---

[46] Auf den machttheoretischen Aspekt dieser Theorien wird an dieser Stelle nicht weiter eingegangen, da er besonders die Perspektive der sozialen Position betont; d.h. wie dieser durch die Angehörigen der Profession in der
Gesellschaft hergestellt, gesichert und ausgebaut werden kann.

zu beziehen und im Sinne einer Handlungseinheit zu verstehen (vgl. ebd., S. 6). Des Weiteren sei es notwendig, die professionelle Arbeit in eine professionelle Gruppe einzubetten, die Entscheidungen aufgrund gemeinsamer, demokratischer Verständigungsprozesse treffe, welche die Gründe des Entscheidens nicht in der sachlichen Strukturierung von Alternativen suche, sondern in der Berücksichtigung divergierender Interessen beteiligter Personen (vgl. ebd., S. 7). Der Nachteil dieser kollektiven Entscheidungsfindung liege im Zurückgang der individuellen Verantwortung für das Unterrichtshandeln. Zunächst liege aber die Herausforderung an die Professionalität durch Partizipation in der Entwicklung eines Entscheidungsbewusstseins auf Seiten der Lehrkräfte. Die professionelle Rolle der Schulleitung liege darin, Schulen zu Organisationen werden zu lassen, in der kollektiv bindende Entscheidungen getroffen werden könnten (vgl. ebd., S. 9).

Eine Analyse, die stärker auf die Mikroebene professioneller Handlungen gerichtet ist, nimmt Fried (2002) vor. Fried postuliert, dass die Binnenstruktur des Professionswissens im Verlauf der beruflichen Erfahrungen komplexer wird und die Qualität dieses Wissens die Qualität des pädagogischen Handelns moderiert (vgl. ebd., S. 14). Des Weiteren bestehe ein enger Zusammenhang des Professionswissens zu Schulentwicklungsprozessen, der allerdings ungeklärt ist. Unter Professionswissen fasst Fried keine Tatbestandsaufnahmen, sondern nur Selbstimplifizierungen des Reflexionssystems (Pädagogik), des Bildungssystems (Organisation Schule) und des Unterrichtssystems (unterrichtliche Interaktion) auf die sich am pädagogischen Theoriewissen ausrichten; was dazu führt, dass Reflexionsdefizite übernommen werden (vgl. ebd., S. 127). Besonders in Hinblick auf Schulentwicklungsprozesse kämen diese Reflektionsdefizite zum Tragen, indem sie dazu führen, sich nicht mit der gesamten Komplexität eines vorliegenden Sachverhalts aus diesem Kontext auseinanderzusetzen (vgl. ebd., S. 172). Dieses Reflexionsdefizit liege darin begründet, dass die eigentliche Aufgabe der Erziehung durch die Lehrkräfte und Schulen aus ihrer Eigensicht nur sehr begrenzt wahrgenommen und reflektiert werden könnten (vgl. ebd., S. 174). Bestehende Möglichkeiten zur Veränderung bestehender Praxen würden durch die Reflexionsdefizite nicht wahrgenommen, da Erklärungsmuster nicht die tatsächlichen Gegebenheiten berücksichtigten. Auch andere Referenzsysteme der schulischen Umwelt wiesen Reflexionsdefizite auf, die aber auch für Schulentwicklungsprozesse Potentiale beinhalteten, die für erfolgreiche Schulentwicklung genutzt werden müssten (vgl. ebd., S. 182).

2.3 Analyserahmen für angewandte Organisations- und Professionstheorien

Innerhalb dieses Teilabschnitts werden die organisationsinternen Prozesse behandelt, die für eine Verarbeitung der rückgemeldeten Daten aus Lernstandserhebungen durch die Profession der Lehrkräfte eine Rolle spielen. Es werden solche Prozesse in den Blick genommen, die einen Einfluss auf die Kontrolle und die Entscheidungsfindung innerhalb der schulischen Organisationsstruktur nehmen. Aus Ergebnissen angloamerikanischer Forschungsstudien zum Rezeptionsverhalten wurde ersichtlich, dass sowohl der kognitive als auch der organisatorische Umgang mit empirischen Daten interne *Sensemaking-Prozesse* hervorbringt, die Einfluss auf die Art des Umgangs mit den Daten haben (vgl. Seashore Louis, Febey & Schroeder 2005). Das Modell des Sensemaking, wie es Weick (1995) beschreibt, dient dieser Arbeit als analytische Verbindung zwischen dem organisatorischen Kontext der Schule und der Profession der Lehrkräfte (s. Kapitel 2.3.1). Denn die Verantwortung über die Interpretation der empirischen Daten und die Entscheidungen über weiterführende Konsequenzen liegt bei den Lehrkräften und Schulen vor Ort, damit Schlussfolgerungen für Schule und Unterricht gezogen werden können. Die mit dem Sensemaking-Modell in den Blick genommenen Prozesse beziehen sich nicht auf psychische Systeme oder auf Transformationsprozesse innerhalb einer Organisation, sondern vielmehr auf die von den Lehrkräften und Schulleitungen wahrgenommenen Veränderungen durch die Einführung von outputorientierten Steuerungsinstrumenten, d.h. ihren Überzeugungen zu den Veränderungen. Es geht um die Wahrnehmungen, Deutungen und Praktiken der Sensemaking-Prozesse der Beteiligten, also auch um die sozialen Bedingungen von Wahrnehmungen und Deutungen. Anders gesagt: Es geht um eine kognitive und soziale Erzeugung von Sinn und Bedeutung innerhalb schulischer Organisationsstrukturen (vgl. Hiller 2005, S. 10). Hieraus können im Idealfall Ableitungen für die Organisationsebene getroffen werden, d.h. welche Veränderungen in schulischen Organisationsstrukturen vorzufinden sind und wie diese beschrieben werden können.

Ferner wird es innerhalb dieses Teilkapitels um die Fragestellung gehen, wie das Verhältnis zwischen der individuellen Ebene der Lehrkraft und der organisatorischen Ebene der Schule in Bezug auf die Verwendung von empirischen Ergebnissen beschrieben werden kann (s. Kapitel 2.3.2). Diese Problematik berührt das schwierige Verhältnis der Wissensverarbeitung und -generierung zwischen Individuum und Organisation. Innerhalb der (empirischen) Organisationssoziologie ist dieses Verhältnis allerdings noch nicht vollständig beschrieben worden, es gibt aber einige Ansätze, die eine erste Klärung für diese Arbeit geben, wobei es sich beim Organisationalen Lernen (OL) um eine weitläufige Metapher für Veränderungsprozesse an der Schnittstelle Organisation und Profession handelt. Organisationales Lernen stellt eine Möglichkeit dar, sich dieser Differenz innerhalb einer Organisation zu nähern und eine Erklärung für die Ergebnisnutzung zu geben. Organisationales Lernen beschreibt u.a. die Fähigkeit einer Organisation sich an verändernde Umwelten anzupassen oder sich mit technologischem Wandeln auseinanderzusetzen (vgl. Wiegand 1996). Insgesamt umfasst der Bereich viele unterschiedliche Aspekte (für eine Übersicht vgl. ebd.), wobei diese Arbeit nur den Teilaspekt der Interaktion der lernenden Individuen, Gruppen und Organisationen aufgreift. Relevant erscheinen einige Aspekte klassischer Modelle in Bezug auf das Verhältnis Individuum und Organisation (vgl. Kopp-Malek 2004), deren Weiterentwicklungen (vgl. Wiegand 1996, Willke 2001 und Hiller 2005) und ein Modell in Bezug auf die Einbettung in die soziale Praxis (vgl. Florian & Fley 2004).

2.3.1 Steuerungs- und Sensemaking-Prozesse

Ingersoll (1994, 2003) beschreibt den Einfluss der organisatorischen Kontrolle auf die Arbeit der Lehrkräfte und Schulleiter als durchaus sehr unterschiedlich. Er gewinnt seine Ergebnisse aufgrund einer empirischen Analyse schulstatistischer Daten aus dem Jahr 1988 in Amerika mit weiterführenden Schulen (junior und senior high school). Ingersoll untersucht Dimensionen, die Einfluss auf die Kontrolle der sozialen, selektierenden und verhaltensspezifischen Aktivitäten und Entscheidungen innerhalb der Schulen haben, und analysiert den Grad des Einflusses, den sich Lehrkräfte und Schulleiter innerhalb der benannten Dimensionen überhaupt zuschreiben. Ingersoll kommt zu dem Ergebnis, dass die Lehrkräfte weniger Einfluss auf die Ebene der Kontrolle des Unterrichts haben, als bisher angenommen wurde; weitere Einflussgrößen durch die administrative Ebene der Schule (Schulleitung, Bildungsadministration) nehmen auch Einfluss auf die Unterrichtsgestaltung. Der Einfluss der Schulleiter auf die organisatorische Kontrolle wird von Ingersoll relativ hoch eingeschätzt und damit der Schluss nahe gelegt, dass Lehrkräfte sehr viel weniger autonom handeln können, als bis dato angenommen, und die administrative Ebene einen zentralen Einfluss auf die Kontrolle der Entscheidungen innerhalb der Schulen hat. Mit Ingersoll wird deutlich, dass es wichtig ist, die interne Beziehung zwischen Schulleitung und Lehrkräften in der Entscheidungsfindung und Kontrolle durch die Datennutzung aus Lernstanderhebungen zu betrachten und nicht pauschal von einer stark ausgeprägten Autonomie der Lehrkräfte in Bezug auf die operative Ebene des Unterrichts und einem starken Einfluss der Schulleitung allein auf der administrativen Ebene der Schule auszugehen. Anknüpfend an den Ausgangspunkt der Sensemaking-Prozesse wird hiermit hervorgehoben, welche Entscheidungsfindungen bei der Rezeption der empirischen Daten innerhalb der Schulen zum Tragen kommen. In den Blick kommen sollten dabei die Sensemaking-Prozesse, die sowohl die operativen als auch administrative Ebene berühren.

Zunächst bedarf es einer theoretischen Fundierung der Sensemaking-Prozesse, um sie weitergehend für die Erstellung eines heuristischen Erhebungs- und Auswertungsinstruments nutzbar zu machen. Eine exakte Bestimmung des Begriffs des *Sensemaking* scheint hierfür notwendig. Weick (1995) definiert Sensemaking als Prozess, in dem Bedeutungen und Artefakte in komplexen Netzen kollektiver Handlungen produziert und reproduziert werden. Das Sensemaking geht aber über eine reine Interpretation hinaus. Eine Übersetzung des Begriffs ins Deutsche erscheint schwer und umständlich. Willke (2001) schlägt eine Übersetzung mit den deutschen Begriffen „Sinnbildung" bzw. „Bedeutungsgenerierung" vor (vgl. ebd., S. 55); wohingegen Hiller (2005) aufgrund der von Weick hervorgehoben Prozesshaftigkeit des Sensemaking eher den Begriff „Sinnerzeugung" vorzieht. Aufgrund dieser Schwierigkeiten wird in dieser Arbeit der Begriff des Sensemaking beibehalten. Weick definiert Sensemaking mit der „dissonance theory" (ebd. 1995, S. 12) vor allem in Abgrenzung zum Begriff der Interpretation, indem er die Eigenschaften das Sensemaking hervorhebt, die im Gegensatz zur Interpretation stehen. Hierbei wird der Fokus vorwiegend auf den Prozess gelegt und nicht auf das Produkt, wie es die Interpretation vorsieht. „The key distinction is that Sensemaking is about the ways people generate what they interpret. (…) The concept of Sensemaking highlights the action, activity, and creating that lays down the traces that are interpreted and then reinterpreted" (vgl. ebd., S. 13). Hiermit wird auch die Interpretation als ein Teil des Sensemaking verstanden und der Vorgang selbst als eine aktive Generierung von Sinn beschrieben. Das Sensemaking beinhaltet außerdem, dass es keine zutreffenden oder wahren Interpretationen gibt, sondern bestenfalls angemessene oder anschlussfähige (vgl. Hiller 2005, S. 17). Die Natur des organisationalen Sensemaking liegt darin, dass deutlich wird, was überhaupt als Ereignis von den Organisationsmitgliedern erkannt wird und welche Bedeutung dies hat (vgl. Weick, Sutcliffe & Obstfeld 2005, S. 410).

Weick beschreibt sieben charakteristische Eigenschaften des Sensemaking in Organisationen, unter denen Entscheidungsprozesse ablaufen:

| 1. | Grounded in identity construction: Sensemaking ist begründet in der *Konstruktion des Selbst* und die Selbstwahrnehmung wird stets neu erzeugt. |
| 2. | Retrospective: Sensemaking ist ein Prozess der Vergangenheitsbewältigung. |

3. Enactive of sensible environments: Die *Herstellung einer rationalen Umgebung* wird über Kommunikation und Handlung erschaffen.
4. Social: Sensemaking wird beeinflusst durch die *Interaktion der Mitglieder einer Organisation*, die durch Sozialisation und Vorannahmen bestimmt wird.
5. Ongoing: Es liegt *Kontinuität* beim Sensemaking vor – es hört nicht auf.
6. Focused on and by extracted cues: Sensemaking hängt von der *Erzeugung von Referenzpunkten* ab.
7. Driven by plausibility rather than accuracy: Sensemaking richtet sich eher nach *Plausibilität* als an Detailgenauigkeit. (vgl. Weick 1995, S. 61f.).

Besonders die Aspekte vier und sechs bilden in Weicks Modell des Sensemaking einen Rahmen, der über Schemata den materialen Gehalt von Sinngebungsprozessen bestimmen, d.h. „die Selektivität von Sinngebungsprozessen ist daher alles andere als beliebig. Sinnerzeugungsprozesse sind darauf ausgerichtet, bestehende Selbstbeschreibungen aufrechtzuerhalten und zu bestätigen" (Hiller 2005, S. 21). Weicks Vorstellungen der Sensemaking-Prozesse gestalten sich für diese Arbeit als anschlussfähig, da sie sowohl von einer kommunikativen Konstruktion der Organisation als auch von einer aktiv mitgestaltenden organisationalen Umwelt ausgehen. Organisationen sind in diesem Kontext sinnerzeugende Systeme, in denen die Mitglieder ihre eigenen Wahrheiten und entsprechendes Verhalten erzeugen sowie sich in ihrem Sinne auf ihre Umwelten beziehen. Ungeklärt ist an dieser Stelle noch das Verhältnis zwischen Sensemaking-Prozessen, die durch die unmittelbare Arbeit der Lehrkräfte vor Ort durch die Beschäftigung mit den rückgemeldeten Daten entstehen, und den Sensemaking-Prozessen, die durch die organisationale Struktur erzeugt werden, um die Inhalte der Auseinandersetzung mit den rückgemeldeten Daten in ihr organisationales bzw. kollektives Wissen aufzunehmen.

2.3.2 *Organisationales Lernen*

Ein kurzer Blick auf die Thematik des organisationalen Lernens[47] (OL) soll Aufschluss über das Verhältnis von Individuum und Organisation geben[48]. Im Mittelpunkt des OL steht die Frage, wer das zentrale Lernsubjekt darstellt, das Individuum oder die Organisation? Grundlegend ist die Unterscheidung zwischen Lernen und Adaption[49] der Organisation. Der Adaptionsbegriff beschreibt einen Prozess der Anpassung einer Organisation an Umweltveränderungen, der ohne Lernen ablaufen kann; d.h. einen Prozess ohne tiefer greifendes Wissen oder Verständnis über den Grund der Änderung (vgl. Florian & Hillebrandt 2004, S. 7). Im OL werden im Allgemeinen zwei traditionelle kognitivistisch orientierte Grundpositionen ausgemacht, die seit den 1990er Jahren weiter ausgebaut wurden[50]: 1) Es gibt einen metaphorischer Lernbegriff, bei dem von Ähnlichkeiten zwischen individuellem und organisatorischem Lernen ausgegangen wird; 2) Es gibt eine besondere Form individuellen

---

[47] Das organisationale Lernen ist ein Forschungsfeld der Organisationssoziologie, das sich seit den 1970er Jahren sehr differenziert entwickelt hat. Florian & Fley (2004) und Wiegand (1996) betonen, dass kaum Einigkeit über die Definitionen des Begriffs Lernen besteht. Die hier verwendeten Definitionen beziehen sich folglich immer auf die genannten Autoren und beanspruchen keine Allgemeingültigkeit.
[48] Für Überblick s. Kopp-Malek (2004). Vollständigkeit dieser aktuellen Debatte wird hier nicht angestrebt.
[49] Einen Überblick über das Modell organisationaler Veränderungsprozesse gibt Wiegand (1996, S. 77-162).
[50] Eine detaillierte Übersicht über die wichtigsten Ansätze des OL ist nachzulesen bei Wiegand (1996).

Lernens. Neuere Ansätze gehen davon aus, dass nicht allein die Mitglieder einer Organisation lernen, wobei die Suche nach Transfermechanismen in den Vordergrund gerückt. Insgesamt kann für alle Ansätze festgehalten werden, dass Individuen als Agenten des organisationalen Lernens verstanden werden (vgl. Wiegand 1996, S. 313). Empirisch konnte das Verhältnis zwischen Individuum und Organisation nicht endgültig geklärt werden.

Innerhalb des OL rücken die Aspekte *wie wird gelernt, was wird gelernt* und die *Effizienz von Lernergebnissen* in die Aufmerksamkeit. Auf der Ebene der Lernauslöser wird davon ausgegangen, dass organisationale Veränderung durch sich verändernde Umwelten eintreten. Auf der Ebene der Lerngegenstände wird zwischen kognitiven Veränderungen und Verhaltensänderungen unterschieden, wobei gerade die kognitiven Veränderungen schwer empirisch zu erfassen sind. Die Ebene der Lernergebnisse wird über Inhalte, Reichweite und Tiefe der Veränderungen beschrieben. Besonders bekannt sind hier die Arbeiten von Argyris & Schön (1978), die von drei Lerntypen ausgehen: a) single loop learning (einfaches Lernen über Arbeitsanweisungen und alltägliche Kommunikation etc.), double loop learning (komplexes Lernen über Alternativen zu Bisherigem und Umweltbeobachtungen) und deutero learning (aus den beiden vorherigen Lernformen eine neue Fähigkeit des Lernens zu entwickeln).

Im Folgenden werden vier unterschiedliche Zugriffe auf das organisationale Lernen kurz skizziert: Die Bedeutung von 1) Gruppen und Wissensgemeinschaften, 2) Wissensarbeit und Wissensmanagement, 3) strukturellen Koppelungen und 4) alltagspraktischer Wissensanwendung in Wissensgemeinschaften:

Gruppen und Wissensgemeinschaften im organisationalen Lernen

Hier wird neben dem individuellen und organisationalen Lernen noch Gruppen- und Wissensgemeinschaftslernen voneinander unterschieden (vgl. Wiegand 1996). Gruppenwissen wird durch mehr oder weniger gleichzeitige individuelle Lernprozesse konstituiert und existiert in drei Formen: 1) Gemeinsame bzw. miteinander verkoppelte und aufeinander bezogene individuelle Lernprozesse führen zur Entstehung eines gemeinsam geteilten Wissens. 2) Individuelle Lernprozesse werden durch bereits bestehende Gruppen durch Arbeitsleitung genutzt. 3) Individuelle Lernprozesse bleiben bestehen, die sich nicht auf die Gruppe beziehen. Entscheidend für diese Lernprozesse sind Wissensformen bzw. -inhalte, die nicht vom Individuum auf die Gruppe oder andersherum transferiert werden können. Insgesamt stellt Wiegand heraus, dass alle Organisationen unterschiedlich sind und damit unterschiedlich lernen. Es findet sich aber ein spezifisches Spektrum von Prozessen organisationalen Lernens an: a) balanciertes organisationales Lernen, b) konsistentes organisationales Lernen und c) differentielles organisationales Lernen. Bei der ersten Form wird versucht inhärente Widersprüche verschiedener Lernprozesse und Lernformen auszugleichen, bei der zweiten Form wird vielmehr versucht die Widersprüche aufeinander abzustimmen und bei der dritten Form findet eine Kombination aus den beiden vorherigen Formen statt.

Wissensarbeit und Wissensmanagement im organisationalen Lernen

Dieser Ansatz geht davon aus, dass organisationales Wissen an Personen gebunden ist, dass es für organisationales Lernen aber zu einer Veränderung der Wissensbasis kommen muss (vgl. Willke 2001). Damit stellt sich vor allem die Frage, wie eine Organisation eine eigene Wissensbasis entwickeln kann. Die Lösung sieht Willke im Wissensmanagement einer Organisation. Von den klassischen professionellen Tätigkeiten der Ärzte, Juristen, Lehrer und Wissenschaftler grenzt Willke seine Form der Wissensarbeit bzw. Wissensmanagement allerdings ab. Wissensarbeit wird in dieser Auslegung zu einer Tätigkeit, deren Wissensbasis nicht einmal, sondern kontinuierlich revidiert, permanent als verbesserungsfähig angesehen wird, prinzipiell nicht als Wahrheit, sondern als Ressource betrachtet wird und untrennbar mit Nichtwissen gekoppelt ist (vgl. Willke 2001, S. 4). „Organisierte Wissensarbeit nutzt den Prozess des Organisierens, um Wissen zu einer Produktivkraft zu entfalten" (ebd., S. 4f.). Von Wissensarbeit könne gesprochen werden, wenn beide Seiten (Individuen und Organisation) im komplementärer Weise wissen generieren, nutzen und sich gegenseitig zur Verfügung stellen. Sie könne nur dann erfolgen, wenn ein hohes Maß an organisationaler Intelligenz vorliegt, d.h. nicht nur die Mitglieder der Organisation arbeiten wissensbasiert und intelligent, sondern auch die Organisation selbst. Willke sieht für eine intelligente Organisation drei Kriterien bestimmt: 1. Verfügung über Beobachtungsinstrumente, um Daten zu generieren; 2. Bestimmung eigenständiger, systemisch übergreifender Beobachtungsregeln und Relevanzkriterien für die Analyse der Daten, um Informationen zu erstellen; 3. Schaffung eines zusammenhängenden Erfahrungskontext, der über individuelles organisationales Wissen erzeugt (vgl. ebd., S. 34f.).

Interessant für die Nutzung von Daten aus Lernstandserhebungen ist Willkes Unterscheidung von Daten und Wissen. Daten definiert er als Rohstoff für Informationen, die in irgendeiner Form codiert sein müssen. Daten können zu Informationen werden, indem sie in bestimmte Kontexte von Relevanzen eingebunden werden und damit einen bedeutsamen Unterschied markieren. Informationsaustausch ist aus dieser Perspektive nur unter Systemen möglich, die von den gleichen Relevanzen der Informationen ausgehen. „Damit liegt das Grundproblem jedes ‚Informationsaustausches' auf der Hand. Wir meinen in der üblichen naiven Betrachtung, es hätte tatsächlich eine Übertragung von (identischen) Informationen stattgefunden und beide Systeme verfügten deshalb über dieselben Informationen. In Wirklichkeit ist nur ein Anlass für Missverständnis und versteckten Dissens geschaffen worden, weil jeder fälschlicherweise glaubt, der andere befände sich auf der ‚gleichen Wellenlänge'" (ebd., S. 10). Damit wird eine Information erst dann zum Wissen, wenn die Information in einen zweiten Kontext von Relevanzen eingebunden wird; dieser Kontext bestehe nicht aus Relevanzkriterien, sondern aus bedeutsamen Erfahrungsmustern[51]. Gelöst wird die Problematik in der Systemtheorie durch die Einführung des kollektiven Lernens innerhalb einer intelligenten Organisation, d.h. es müssen Infrastrukturen des Informationsaustausches und Wissenstransfers geschaffen werden (vgl. ebd., S. 19).

---

[51] An dieser Stelle wird nicht auf das im Wissenskonzept enthaltene Verhältnis zwischen implizitem und explizitem Wissen eingegangen. Für einen Überblick s.. Wiegand (1996).

Strukturelle Koppelungen im systemtheoretischen Zugang

Aus systemtheoretischer Perspektive beschreibt Hiller (2005) den Zusammenhang von individuellem und organisationalem Lernen als Problem, da soziale und psychische Lernprozesse nicht konsequent voneinander getrennt werden können. Organisationen im Sinne sozialer Systeme könnten nicht *wahrnehmen*, was allein den psychischen Systemen vorbehalten ist, sondern nur über Wahrnehmungen *kommunizieren*. Diese Kommunikation sei außerdem stark selektiv und von den Organisationsweisen unterworfen. Die Verbindung zwischen individuellen Bewusstseinssystemen und organisatorischen Kommunikationssystemen beschreibt Hiller unter dem Stichwort der *„strukturellen Koppelungen"* (ebd., S. 26f.) nach Luhmann. Strukturelle Koppelungen stellten den Außenkontakt zwischen dem Bewusstseinssystem und Kommunikationssystem her, die durch Sprache und durch kognitive Schemata deutlich werden. Beide Systeme stünden nicht in einem kausalen Verhältnis zueinander, sondern beschrieben vielmehr eine Gleichzeitigkeit in ihrer Reproduktion. Die Koppelungen, die für die Selektion in beiden Umwelten verantwortlich sind, beschreibt Hiller als „kulturelle kognitive Schemata, die diese Scharnierstelle der Außenkontakte besetzen" (ebd., S. 29), welche wiederum in Entscheidungsprämissen der Organisation ausgedrückt und empirisch erforscht werden können (vgl. ebd., S. 40).

Alltagspraktische Wissensanwendung in Wissensgemeinschaften

Innerhalb dieses Ansatzes wird organisationales Lernen als besondere Form sozialer Praxis verstanden, d.h. als ein soziokultureller und zugleich höchst politischer Prozess der Generierung, Reproduktion und Modifikation organisationalen Wissens (vgl. Florian & Fley 2004, S. 70). Hierbei stünden nicht mehr die rationale Verarbeitung von Wissen im Vordergrund, sondern die alltagspraktische Anwendung des Wissens in seiner Handlungspraxis und seine Einbettung in Wissensgemeinschaften. Lernen wird hier zu einem Prozess der Akkulturation, d.h. wie sich die zu erlernende Expertise in praktischen Aktivitäten erfahrener Akteure manifestiert. Lernen wird somit nicht nur zu einem kognitiven, sondern auch zu einem soziokulturellen Prozess der Partizipation an informellen Praxis- bzw. Wissensgemeinschaften (vgl. ebd., S. 76). Eine Übertragung auf den Kontext der Organisation sei aber schwierig, da eine Organisation eine eigenständige Form eines sozialen Gebildes darstellt. Die Lösung, eine Berücksichtigung der Besonderheiten und relativen Autonomie organisationaler Lernprozesse gegenüber der Absicht und den Einflüssen einzelner Akteure und Gemeinschaften im Sinne des organisationalen Lernens zu finden, sehen Florian & Fley in der Praxistheorie Bourdieus (vgl. 1997a; 1997b). Daraus ließen sich vier Aspekte ableiten, die grundlegend für die Beschreibung organisationalen Lernens seien:

1) Organisationales Lernen ist eine besondere Form sozialer Praxis. Wissen wird entweder durch die Generierung neuer Kenntnisse, Fertigkeiten oder Fähigkeiten oder durch die Aneignung bereits bestehenden Wissens kollektiv erzeugt und im Einzelnen inkorporiert (vgl. ebd., S. 82). Es ist weder ein von den Akteuren angeeignetes rein individuelles noch ein von den Individuen völlig unabhängiges objektives Wissen. 2) Die Wissensgenese obliegt der wechselseitigen Konstitution individueller Lernpraktiken und sozialer Wissensstrukturen. 3) Für die Aufdeckung der Mechanismen der Wissenstransformation ist eine Unterscheidung von *partizipativen* und *reflexiven Lernformen* (mikrosoziale Ebene) sowie

von *korporativen Lernformen* (Ebene der organisierten Institutionalisierung) notwendig. *Partizipatives Lernen*: Teilhabe an der sozialen Praxis in einem Feld durch körperliche und mentale Wahrnehmung-, Denk- und Handlungsschemata. *Reflexives Lernen*: reflektierter Lernprozess, der sich auf die Dispositionen, Praktiken und Strukturen bezieht. *Korporative Lernprozesse*: Das von individuellen Akteuren erworbene oder generierte Wissen wird in der Organisationspraxis relevant und außerhalb der individuellen Form generalisiert, um seinen weiteren Gebrauch zu objektivieren und als verbindliches Regelsystem zu institutionalisieren (vgl. ebd., S. 92). Es entsteht ein organisationaler Wissensspeicher. 4) Für organisationales Lernen muss eine Integration des individuellen Lernens auf der *mikro-, meso-* und *makrosozialen* Ebene gesichert werden, um eine Veränderung des Verhaltens einer Organisation aufgrund neuer Erfahrungen und Wissen zu erreichen. Dabei entstehen korporative Lernformen, die auf den Ergebnissen von Lernprozessen beruhen und die in Form neuen Wissens zu einer Veränderung der sozialen Strukturen und Operationsweisen der Organisation als korporativem Akteur führen. Organisationales Lernen liege dann vor, wenn sich der Wandel auf veränderte inkorporierte Handlungsdispositionen, auf neue soziale Praktiken sowie auf veränderte objektivierte Strukturen zurückführen lässt.

2.4   Entwicklung eines heuristischen Analyserahmens

Ziel der Darlegung organisations- und professionstheoretischer Ansätze sowie deren Verbindungsmöglichkeiten ist die Erstellung eines heuristischen Rahmenkonzepts, das die Erhebung und Auswertung des empirischen Materials strukturieren kann. In den vorangegangenen Abschnitten konnte dargelegt werden, welche organisationsspezifischen Strukturen Schulen auszeichnen, welche Rolle und Funktion die Profession der Lehrkräfte innerhalb der Organisation übernimmt und wie die Strukturspezifika des professionellen Handelns und Wissens geformt sind. Des Weiteren wurden analytische Rahmenkonzepte dargestellt: Sensemaking-Prozesse, die Einblicke in Sinn- und Bedeutungszuweisungen durch Lehrkräfte innerhalb einer schulischen Organisation geben konnten, und Prozesse des organisationalen Lernens, die das Verhältnis zwischen individueller und kollektiver Ebene der Organisation Schule differenzierter betrachten. Im Folgenden werden diese unterschiedlichen Bezugsrahmen zusammengefasst, um einen Überblick über die zentralen Aspekte der einzelnen Ansätze zu geben (s. Kapitel 2.4.1-2.4.3) und diese in einem Analyserahmen zu subsumieren. Dieser heuristische Analyserahmen wird im weiteren Verlauf der Studie Anwendung finden und sowohl der Erhebung der Daten einen Rahmen geben als auch der Auswertung des empirischen Materials eine Struktur geben.

2.4.1   *Dimensionen der organisationssoziologischen Analyse*

Die Beschreibung der Organisationsstruktur der Schule hat sich durch unterschiedliche theoretische Zugänge genährt. Zum einen wurde das bürokratietheoretische Modell (Weber, Mayntz) vorgestellt, das den Fokus der Organisationsstruktur von Schulen vor allem auf die formalen Verfahren der Kommunikation und der zentralen Regulierung der schulinternen Prozesse legt. Hiermit konnte gezeigt werden, dass für die schulische Organisationsstruktur eine Abhängigkeit von staatlichen Administrationen und eine schulinterne Formalisierung von Entscheidungen vorliegen, und dass eine vertikale Kommunikationsstruktur zwischen Schulleitung und Lehrkräften bzw. eine horizontale zwischen den Lehrkräften charakteristisch sind. Mit diesem Ansatz konnte allerdings nicht geklärt werden, wie die in der Schule tätigen Professionellen mit der Einschränkung des strukturell bedingten Technologiedefizits umgehen. Hierfür wurden kontingenztheoretische Ansätze (Mintzberg) herangezogen, die für die schulische Organisationsstruktur eine „Organisation der Professionellen" nahe legen. Diese Organisationsstruktur ist charakterisiert durch a) komplexe situative Faktoren, b) einen starken betrieblichen Kern, c) eine gering ausgeprägte technologische Struktur, d) einen hohen Standardisierungsgrad der Qualifikation und Ausbildung der Organisationsmitglieder, e) einen ausgeprägten Einfluss durch den betrieblichen Kern, d.h. den professionellen Mitarbeitern mit einhergehender schwacher Kontrolle durch die Schulleitung und f) einer administrativen Ebene (Schulleitung), die den Kontakt zur Umwelt aufrecht hält.

Weiterhin wurden neo-institutionalistische Ansätze (Meyer & Rowan) hinzugezogen, die durch die Erweiterung des klassischen Technologiebegriffs durch intellektuelle Techniken auch die schulischen Organisationsstrukturen mit in den Blick nehmen können. Hier wird die Umwelt als strukturbildende Variable miteinbezogen und eine Trennung von formal-administrativer und operativer Ebene der Organisation vorgenommen. Für die schulische Organisationsstruktur konnte das Modell der „loosely coupled systems" (Weick) vorgestellt werden, das eine relative Autonomie einzelner Elemente der Organisation nachweist. Die administrative Ebene weist hier allein formale Rationalität auf, da diese von der Umwelt erwartet wird. Die operativen Handlungen befinden sich hinter der zeremoniellen Fassade, womit Vertrauen in das Handeln der Organisationsmitglieder geschaffen wird. In Bezug auf die Schule wird hiermit die relative Autonomie professionellen Lehrkräfte auf die schulinternen Prozesse, insbesondere auf die Prozesse im Unterricht deutlich. Andererseits wird deutlich, dass die administrative Ebene, die Schulleitung, hinter der Fassade nach dem Bürokratie-Modell agieren kann und aus der schulinternen Interaktion mit der Umwelt Rationalitätsmythen erzeugt wie das formale Erstellen von Programmen und Curricula. Das Technologiedefizit der Erziehung wird innerhalb der neo-institutionalistischen Ansätze durch Entscheidungen der Professionellen kompensiert.

Unter Einbezug des systemtheoretischen Ansatzes (Luhmann) konnte die Bedeutung der Kommunikation und Entscheidungsprozesse innerhalb der schulischen Organisationsstruktur herausgearbeitet werden. Innerhalb dieses Ansatzes wird die Organisation über Kommunikation strukturiert und formale Verhaltensregeln und Entscheidungen der Organisationsmitglieder werden zu einem konstituierenden Element. Des Weiteren ermöglicht dieser Ansatz eine Integration sowohl der bürokratietheoretischen als auch neo-institutionalistischen Ansätze der Organisationstheorien. Die Schule steht demnach zwischen dem Organisationsmuster der Bürokratie und dem Ziel eine moderne Organisation mit mehr Entscheidungsraum, d.h. mehr Autonomie für die Einzelschule, zu werden. Der systemtheoretische Ansatz lenkte die Analyse der Organisationsstruktur auf die Frage nach den operationalen und strategischen Aspekten, die innerhalb der Schule als entscheidbar für Steuerungsprozesse angesehen werden. Besonders durch die aktuellen Reformen im Bildungssystem, wie die Einführung von zentralen Lernstandserhebungen, wird die Einbindung der Professionellen, d.h. der Lehrerkollegien in den Schulen, auch in strategische Prozesse, die vorher nur der administrativen Ebene der Schulleitung oder Bildungsadministration vorbehalten waren, erforderlich. Lehrkräfte und Kollegien sollen in Entscheidungsprozesse integriert werden, womit sich Fragen nach dem Verhältnis zwischen der

Verantwortung für Entscheidungsprozesse auf Seiten der Schulleitung, der Kollegien und der individuellen Verantwortung eröffnen.

Für die Bearbeitung der Frage nach den schulinternen Rezeptionsprozessen ergeben sich aus der organisationssoziologischen Analyse der Schulstruktur drei Dimensionen, die für die Erhebung und Auswertung des empirischen Materials Beachtung erfahren sollen.

1.   Dimension der Kommunikationsstrukturen und Entscheidungsprämissen: ▪ Welche Bedeutung nehmen Lernstandserhebungen innerhalb dieser Strukturen ein? ▪ Wie wird über Lernstandserhebungen kommuniziert und wie sehen durch Lernstandserhebungen angeregte Entscheidungsprozesse aus?
2.   Dimension des *Verhältnisses zwischen Schule* (administrativer Ebene, d.h. Schulleitung) und *organisationaler Umwelt* (Administration, Eltern, Öffentlichkeit etc.): ▪ Welche Bedeutung hat die Umwelt für den Umgang mit Lernstandserhebungen? ▪ Wie wird mit der Umwelt auf der administrativen Ebene umgegangen?
3.   Dimension der *Verantwortung* zwischen Leitung, Kollegium und Lehrkraft: ▪ Welche Bedeutung haben Lernstandserhebungen bei Schulleitung, Kollegium und individueller Lehrkraft? ▪ Wie gehen diese Gruppen mit den Lernstandserhebungen um?

2.4.2   *Dimensionen der professionstheoretischen Analyse*

Der Analyse der Profession der Lehrkräfte hat sich diese Arbeit aus unterschiedlichen Perspektiven genährt. Mit strukturfunktionalistischen Ansätzen (Parsons) konnte zunächst gezeigt werden, dass Professionen einen gesellschaftlichen Zentralwert mit treuhändischer Verantwortung bearbeiten. Des Weiteren wurde deutlich, dass das professionelle Wissen im kognitiven Komplex bzw. in der kognitiven Rationalität verankert ist und dass Lehrkräfte mit operativen Problemen innerhalb der Gesellschaft beschäftigt sind. Hieraus ergab sich der professionelle Komplex, bei dem die Wissensverankerung auf der Seite der praktischen Anwendung liegt und gleichzeitig die Begründbarkeit der Wissensanwendung wissenschaftlich methodischen Erkenntnissen unterliegt. Professionelle Kompetenz wird hier als Fähigkeit verstanden, wissenschaftliches Wissen in der Praxis anzuwenden. Innerhalb dieses Ansatzes wird der Profession der Lehrkräfte eine relative Schwäche ihrer kognitiven Grundlagen aufgrund ihrer Vermittlungsaufgabe von elementarem Wissen zugewiesen. Es besteht eine dialektische Beziehung bei der Wissensvermittlung zwischen Schülerbelangen und öffentlichen Interessen, was die Arbeit und Freiheitsgrade der Lehrkräfte einschränkt.

Die Strukturanalyse professioneller Arbeit und Wissens ergab aus der Perspektive der strukturfunktionalistischen Ansätze, zwei Bereiche, die für diese Arbeit relevant erscheinen: 1) Die Anwendung eines und den Bezug auf einen systematisch begründeten Wissenskorpus, der sich in die Pole einer wissenschaftlichen bzw. technologischen Wissensanwendung, die sich auf empirische Erkenntnisse stützt, und einer normativen Wissensanwendung, die sich auf soziale Normen stützt, unterteilen lässt. 2) Es liegen Auslegungsspielräume bei der Deutung des Zentralwerts einer Profession vor. Insgesamt konnte deutlich gemacht werden, dass die Anwendung rationalen Wissens die Hauptaufgabe moderner Organisationen darstellt und im professionellen Handeln verkörpert ist. Dabei stellt die kognitive Rationalität ein normatives Muster dar, das einen Wert verkörpert und veränderbar ist. Professionelles Handeln zeigt dies durch soziale Integration innerhalb ihrer Kompetenz und Wertorientierung.

Strukturtheoretische Überlegungen wurden als weiterer Ansatz vorgestellt (Oevermann, Dewe, Ferchhoff & Radtke), der die Handlungsstruktur der Professionellen als Vermittlung zwischen Theorie und Praxis in den Fokus der Aufmerksamkeit rückt. Professionelles Handeln besteht hier in der Lösung von Problemen, die in der Praxis bestehen. Kontrolliert wird das professionelle Handeln durch eine kollektive Praxis von Recht und Gerechtigkeit, die auf einer verbindlichen Professionsethik beruht. Dabei wird vor allem die therapeutische Wissensanwendung im Gegensatz zu einer ingenieuralen Anwendung betont. Professionelles Handeln ist demnach komplex und kann nicht einfach technologisch gelöst werden; D.h. Kausalableitungen sind nicht möglich, es können nur Problemdeutungen durch die Professionellen angeboten werden. Insgesamt gewinnt damit das Verhältnis zwischen professionellem Handeln und professionellem Wissen an Bedeutung. Professionelles Wissen wird als Verbindung zwischen wissenschaftlichem und praktischem Wissen definiert. Zu den Strukturdeutungen pädagogischer Handlungen kommt ein Reflexivitätsaspekt hinzu, der sich auf die Begründungsnotwendigkeit zwischen Wissenschaft (Wahrheit) und Praxis (Angemessenheit) bezieht und damit die Differenz zwischen Wissen und Können markiert. Hiermit wird die Dialektik von Begründung und Entscheidung innerhalb des professionellen Handelns beschrieben.

Als letzter Bezugsrahmen wurden für die Analyse professionellen Handelns systemtheoretische Ansätze (Luhmann) hinzugezogen. Diese Perspektive konnte besonders das Verhältnis zwischen Organisation und Profession in den Fokus rücken. Professionen werden hier als funktionales Äquivalent zur Organisation angesehen. Professionen benötigen Organisationen, um ihre gesellschaftliche Position zu halten und zu verfestigen. Allerdings bedingt die Einbindung der Professionellen in die Organisation eine langsame Organisationsbildung, d.h. Veränderungen in der Organisationsstruktur können nur zögernd eintreten. Eine bürokratische Organisationsstruktur beschränkt dabei die Aufgabe der Professionellen auf die operative Ebene des Unterrichts, wenn die Schulleitung die alleinige Funktion der bürokratischen Steuerung übernimmt und damit für den Unterricht weitestgehende Autonomie gewährt. Die aktuellen Reformen im Bildungssystem bergen allerdings neue Anforderungen an die Kompetenzen und Aufgaben von Lehrkräften: Es wird eine Zusammenführung operativer und strategischer Handlungsebenen von den Lehrkräften verlangt. Diese Veränderungen fordern gemeinsame (kollegiale) Entscheidungen nach dem Prinzip demokratischer Verständigungsprozesse.

Insgesamt können aus der professionstheoretischen Analyse für die Bearbeitung der Frage nach den Rezeptionsprozessen drei Dimensionen professioneller Arbeit und professionellen Wissens festgehalten werden, die für die Erhebung und Auswertung des empirischen Materials Beachtung erfahren sollen.

1.	Dimension des kognitiven Komplexes:
▪	Welche Form der Wissensanwendung aus Lernstandserhebungen wird von den Professionellen verfolgt: eine technologische oder normative?
▪	Welches Verhältnis von Theorie und Praxis kommt innerhalb des professionellen Wissens bei der Wissensanwendung aus Lernstandserhebungen zum Tragen?
2.	Dimension der *Deutung des Zentralwerts* der Profession:
▪	Welche Auslegungsspielräume bestehen innerhalb der Profession?

▪	Wie werden die Auslegungsspielräume genutzt und wie werden sie gedeutet?
3.	Dimension der *Selbstkontrolle* innerhalb der Profession, die einen Anschluss an Organisationstheorien (s. Kapitel 2.2) ermöglicht:
▪	Welches Verhältnis von Organisation und Profession liegt durch die Verwendung der Ergebnisse aus Lernstandserhebungen vor?
▪	Wie sehen u.U. die Veränderungen auf Seiten der Organisationsstruktur und auf Seiten der professionellen Handlungs- und Wissensstruktur aus?

2.4.3 Analyseaspekte: Sensemaking-Prozesse und organisationales Lernen

Aus der Analyse der <u>Sensemaking-Prozesse</u> und den unterschiedlichen Modellen des <u>organisationalen Lernens</u> konnte für die Fragestellung der Arbeit zum einen ein Einblick in individuelle und organisationsinterne Prozesse der Nutzung von Ergebnissen aus Lernstandserhebungen gegeben werden und zum anderen konnte dem Verhältnis von individuellem und organisationalem Lernen, d.h. dem Zusammenhang von Profession und Organisation mehr Kontur gegeben werden. Insgesamt ist deutlich geworden, dass Entscheidungsprozesse innerhalb der Schule eine bestimmende Rolle einnehmen und dass besonders die Beziehung zwischen Schulleitung und Lehrkräften besonderer Beachtung bedarf. Des Weiteren konnte durch Rückbezug auf das Modell der Sensemaking-Prozesse (Weick) gezeigt werden, dass Bedeutungen in komplexen Netzen kollektiver Handlungen produziert und reproduziert werden, und dass diese Prozesse über eine reine Interpretation hinausreichen. Sensemaking beschreibt dabei Prozesse und nicht das Produkt der Zuschreibungen durch die Mitglieder der Organisation. Es handelt sich demnach um eine aktive Generierung von Sinn, womit keine absolut wahren Zuschreibungen, sondern anschlussfähige oder angemessene Deutungen gemeint sind. Sensemaking wird in dieser Perspektive über (individuelle und kollektive) Schemata bestimmt, weshalb die Selektivität dieses Prozesses alles andere als beliebig ist und Selbstzuschreibungen erhalten bleiben. Organisationen werden durch die Sensemaking-Prozesse zu sinnerzeugenden Systemen, deren Mitglieder eigene Wahrheiten und entsprechendes Verhalten produzieren und sich auf ihre Art auf ihre Umwelt beziehen. Offen bleibt innerhalb dieser Perspektive allerdings, wie das Verhältnis zwischen individuellen und kollektiven Sensemaking-Prozessen näher bestimmt werden kann. Dieser Beziehung hat sich die vorliegende Arbeit anhand von organisationalen Lernprozessen genähert. Diese Ansätze konnten in vier Perspektiven festgehalten werden, die für diese Arbeit eine Rolle spielen. Die Aspekte geben auf einer beschreibenden Ebene Aufschluss über den individuellen und kollektiven Umgang mit Wissen, wie es z.B. in Lernstandserhebungen enthalten ist. Es können hieraus allerdings keine Dimensionen für das heuristische Rahmenmodell abgeleitet werden. Vielmehr unterliegen die bisherigen Dimensionen zur Organisation (s. Kapitel 2.4.1) und Profession (s. Kapitel 2.4.2) den hier vorgestellten Prozessen des Sensemaking und des organisationalen Lernens. Innerhalb der jeweiligen Dimensionen werden diese Prozesse Berücksichtigung erfahren.

1.	Individuelle und kollektive Sensemaking-Prozesse bestimmen die Datennutzung.
2.	Individuen sind die Agenten des organisationalen Lernens: Kollektive Lernprozesse, wie das Gruppenlernen oder das Wissensgemeinschaftslernen, werden durch mehr oder weniger gleichzeitige individuelle Lernprozesse konstituiert bzw. Grup-

penwissen kann durch Arbeitsteilung nutzbar gemacht.

3. Organisationale Lernprozesse werden sehr unterschiedlich definiert, d.h. wie eine Organisation lernt kann eigentlich nur aus der (empirischen) Erfassung des spezifischen Spektrums der Lernprozesse aufgedeckt werden.

4. Informationen werden nur dann zum Wissen, wenn der Informationsaustausch unter gleichen Relevanzvorstellungen abläuft, sonst kommt es zu Missverständnissen. Um dies zu vermeiden, muss die Organisation Infrastrukturen des Austausches und des Wissenstransfers aufbauen.

5. Soziale und psychische Prozesse des OL laufen getrennt voneinander ab; es bestehen aber strukturelle Koppelungen: kulturelle, kognitive Schemata bilden die Scharnierstelle.

6. OL ist eine besondere Form sozialer Praxis, d.h. es handelt sich um einen soziokulturellen und politischen Prozess sowie um einen Wechselprozess zwischen individuellen Lernpraktiken und sozialen Wissensstrukturen.

2.4.4 Heuristik zur Datenerhebung und -auswertung

Mit dem heuristischen Analyserahmen wird der Versuch unternommen, ein Rahmenmodell zu erstellen, das einen systematischen Überblick auf die herausgearbeiteten Komponenten der theoretischen Modelle und gleichzeitig einen Orientierungspunkt für die empirische Erhebung und Auswertung gibt. In der Abbildung 3 werden die wichtigsten Komponenten und Dimensionen der vorangegangen Analyse systematisch dargestellt.

Innerhalb der ersten Spalte finden sich aus der organisationstheoretischen Analyse, aus der Analyse der Sensemaking-Prozesse und des organisationalen Lernens zentrale Begriffe wieder. Für die Erhebung des empirischen Materials sollen die verschiedenen Ebenen (Lehrkräfte, informelle und formelle Kollegialität, Schulleitung, Schule) in Hinblick auf die Entscheidungs- und Kommunikationsprozesse als auch die Sensemaking-Prozesse und Prozesse des organisationalen Lernens berücksichtigt werden.

Die zweite Spalte beschreibt die Kategorie I: *Komponenten professioneller Arbeit*, die sich auf die professionstheoretischen Darstellungen innerhalb dieses Kapitels beziehen. Hier werden mit der Dimension A: *Struktur des Wissenskorpus* und der Dimension B: *Deutung des Zentralwerts* die beiden wichtigsten Komponenten der theoretischen Erörterung dargestellt[52]. Für die Erhebung des empirischen Materials im Umgang mit den rückgemeldeten Daten aus Lernstandserhebungen soll speziell der Struktur des in den Daten enthaltenen Wissens und der Deutung des Zentralwerts Beachtung geschenkt werden. Für die Auswertung des empirischen Materials liegen für diese Dimensionen (A: Struktur des Wissenskorpus und B: Deutung des Zentralwerts) bereits theoretisch ableitbare Ausprägungen (1-2) wie bspw. einer technologischen und einer normativen Auslegung der Wissensstruktur der rückgemeldeten Daten nahe. Diesen Vermutungen wird im Auswertungsprozess detailliert nachgegangen, bevor endgültige Ausprägungszuweisungen vorgenommen werden.

---

[52] Die dritte aus den Professionstheorien analysierte Dimension (Verantwortung/Selbstkontrolle) ist innerhalb dieser Darstellung in der Dimension C *Kontrolle* und D *Koordination* integriert worden und geht vollständig in der Kategorie II *Komponenten der Organisationsstruktur* auf. Diese Einbindung einer professionellen Analysedimension in den Organisationskontext ist dem Umstand geschuldet, dass eine Organisation Professioneller untersucht wird und speziell die Dimension der Verantwortung organisational geregelt wird.

Die dritte Spalte beschreibt die Kategorie II: *Komponenten der Organisationsstruktur*, die sich neben den bereits erwähnten professionstheoretischen Überlegungen vorwiegend auf die organisationstheoretischen Erörterungen beziehen. Hier werden mit der Dimension C: *Kontrolle* und der Dimension D: *Koordination* die beiden wichtigsten Komponenten der theoretischen Überlegungen dargestellt; die Dimension der Kommunikationsstrukturen und Entscheidungsprämissen ist, wie bereits beschrieben, in der ersten Spalte integriert worden. Die Dimension C: *Kontrolle* bezieht sich auf das theoretisch herausgearbeitete Verhältnis zwischen Schule und Umwelt und integriert gleichzeitig den professionellen Aspekt der individuellen Selbstkontrolle. Die Dimension D: *Koordination* beschreibt den organisationstheoretischen Aspekt der Verantwortung und integriert ebenfalls Teile der individuellen professionellen Selbstkontrolle. Für die Erhebung des empirischen Materials sollen auch diese beiden Dimensionen Beachtung erhalten und für die Auswertung liegen auch hier bereits theoretisch ableitbare Ausprägungen (5-8) nahe, die aber wie auch in der ersten Kategorie zunächst anhand des empirischen Materials entwickelt und überprüft werden.

Abbildung 3:   Heuristisches Rahmenmodell

Entscheidung & Kommunikation (Sensemaking & organisationales Lernen)	**Professionsanalyse**		**Organisationsanalyse**	
	Kategorie I: Komponenten professioneller Arbeit/ Korpus professionellen Wissens und Handelns		**Kategorie II: Komponenten der Organisationsstruktur**	
	Dimension A **Struktur des Wissenskorpus**	Dimension B **Deutung des Zentralwerts**	Dimension C **Kontrolle** (intern & extern)	Dimension D **Koordination** (schulintern)
Einzelne Aussagen				
LEHRER Personenbezogene Prozesse				
KOLLEGIUM informelle kollegiale Prozesse				
KOLLEGIAL-ORGANE formelle kollegiale Prozesse				
LEITUNG Prozesse auf administrativer Ebene				
SCHULE als Lernende Organisation				

3 Design: Erhebungs- und Auswertungsmethode

Ein Forschungsdesign, das sowohl die in Kapitel 1 formulierten Fragestellungen und das Forschungsdesiderat integriert, als auch die in Kapitel 2 vorgestellten theoretischen Modelle berücksichtigt, hat sich vielfältigen Anforderungen zu stellen. Die professions- und organisationstheoretischen Modelle wurden gewählt, um Aspekte herauszuarbeiten, die für die Ergebnisnutzung eine Rolle spielen. Diese wurden in einem heuristischen Rahmenmodell zusammengefasst und vorgestellt. Es wurde herausgearbeitet, dass die Rezeption empirischer Daten nicht gradlinig verläuft, oder dass es zu kurzfristigen Veränderungen innerhalb der schulischen Organisationsstruktur kommt. Vielmehr wurden interne Sensemaking-Prozesse herausgestellt, die die Verarbeitung der Daten anleiten und Verarbeitungsstrukturen bestimmen. Mit dem Ziel der Arbeit, eine modell- und typenbildende Untersuchung schulinterner Kommunikations-, Professions- und Organisationsstrukturen vorzunehmen und die Einflussmöglichkeiten auf den Umgang mit Rückmeldungen aus Lernstandserhebungen in Bezug auf schulinterne Entscheidungen aufzeigen können, werden für die Aufstellung eines Forschungsdesigns zwei Prämissen deutlich: Einerseits erfordert die Zielstellung der Arbeit Offenheit gegenüber dem Forschungsdesign, andererseits eine Einbindung der theoretischen Vorüberlegungen in Form des heuristischen Analyserahmens (s. Kapitel 2.4). Die bisherige Lücke einer theoretischen Fundierung des Themenbereichs der Datennutzung aus Lernstandserhebungen macht es erforderlich, zunächst einen theoretisch-deduktiven Zugang zu wählen, der es ermöglicht diese Prozesse in einem professions- und organisationstheoretischen Rahmen zu deuten. Außerdem wird aber auch eine große Offenheit gegenüber den Inhalten dieses Rahmens deutlich, da bis kaum dato Erkenntnisse über Nutzungsprozesse und -strategien vorliegen. Ein qualitatives Forschungsdesign kann diesen Anforderungen, deduktiv sowie induktiv vorzugehen, angemessen nachkommen.

Schwierig bei der Erstellung des Forschungsdesigns ist zunächst die Berücksichtigung der unterschiedlichen Ansprüche, die mit der Studie verbunden sind. Diese beziehen sich nicht nur auf die anzuwendenden Erhebungs- und Auswertungsmethoden, sondern auch auf die unterschiedlichen theoretischen Perspektiven, die dieser Arbeit zugrunde liegen: Zu beachten ist hierbei insbesondere, wie die unterschiedlichen theoretischen wie methodischen Perspektiven miteinander zu vereinbaren sind. Insgesamt ist daraus ein Forschungsdesign entstanden, das in seinen Erhebungsmethoden auf die Fallstudie als Forschungsansatz mit problemzentrierten Interviews, Beobachtungen und Dokumentenanalyse zurückgreift. Darüber hinaus werden mittels der strukturgebenden qualitativen Inhaltsanalyse als Auswertungsmethode in Kombination mit einem eher induktiv orientierten Verfahren des Kodierens das Ziel verfolgt, eine modell- und typenbildende Gesamtinterpretation im Sinne einer verstehenden *und* erklärenden Perspektive zu erreichen und Ergebniseinengungen aufgrund einer Theorien- und Perspektiven-Triangulation zu minimieren (vgl. Flick 2004a).

Einordnung des Forschungsvorhabens in seinen methodischen Kontext

Die Studie lässt sich methodisch mehrfach verorten: Zum einen innerhalb der Bildungs-, Schul- und Evaluationsforschung und zum anderen im Umfeld der Professions- und Organisationsforschung. Die Bildungsforschung nimmt eine organisatorische Einbettung von Bildungs- und Erziehungsprozessen in Staat und Gesellschaft (vgl. Weishaupt & Steinert u.a. 1991) vor, wohingegen sich die Schulforschung als Teilgebiet der Bildungsforschung mit unterschiedlichen Teilgebieten und Dimensionen der Schule sowie deren Zusammenhängen mit anderen sozialen Handlungsfeldern beschäftigt (vgl. Helsper & Böhme 2004). Die Evaluationsforschung als methodischer Kontext liegt nahe, da es sich hier um die Frage von Auswirkungen von Rückmeldungen aus Lernstandserhebungen auf organisationale und unterrichtliche Aspekte handelt. Diese Zuordnung ist allerdings problematisch, da sich die Evaluationsforschung durch eine Anwendungs- und Nutzenorientierung für die Praxis auszeichnet (vgl. Flick 2006a, Kraus 1991, Kuper 2005). Innerhalb dieser Studie wird vielmehr eine Untersuchung grundlegender Fragestellungen verfolgt.

Auf der Seite der Professions- und Organisationsforschung kann weder auf ein einheitliches theoretisches Verständnis des Gegenstandes noch auf eine einheitliche methodische Herangehensweise zurückgegriffen werden. Hier werden aber seit den 1990er Jahren zunehmend auch qualitative Methoden eingesetzt und weiterentwickelt (für die soziologische Organisationsforschung vgl. Kühl & Strodtholz 2002 und für die pädagogische vgl. Göhlich & Hopf u.a. 2005). Die Perspektive innerhalb der Professions- und Organisationsforschung kommt dieser Studie wiederum am nächsten, da eine theoretische Fundierung beider Forschungsrichtungen unabdingbar ist und die Anwendung und Konzeption der Methoden immer im Hintergrund der verwendeten theoretischen Modelle stattfindet (s. Kapitel 2). Die geringe Strukturierung des Forschungsgegenstands und die Schwierigkeit, das Vorhaben einer eindeutigen Forschungsperspektive zuzuordnen, verweist darauf, dass ein flexibles und offenes Vorgehen beim Design angebracht ist, um den unterschiedlichen Anforderungen des Vorhabens nachzukommen.

Perspektiven der qualitativen Forschung

Der Begriff qualitative Forschung bedarf einer kurzen Erläuterung, da es sich um einen Sammelbegriff für sehr unterschiedliche theoretische, methodische und methodologische Zugänge zur sozialen Wirklichkeit handelt (vgl. Kardorff 1991). So ist auch die Entwicklung qualitativer Methoden in besonderer Weise mit Forschungsperspektiven wie dem symbolischen Interaktionismus/der Phänomenologie, der Ethnomethodologie/dem Konstruktivismus oder dem Strukturalismus/der Psychoanalyse verbunden. Innerhalb dieser Studie wird auf kulturtheoretische und konstruktivistische Konzeptionen zurückgegriffen, denen soziale Konstruktions- und Interpretationsleistungen sozialer Akteure oder Systeme gemein sind. Die Schnittmenge aller qualitativen Forschungsperspektiven kann darüberhinaus im *Verstehen* gesehen werden, mit dem ein Anspruch formuliert wird, Untersuchungsgegenstände von innen heraus zu verstehen und (Einzel-)Fälle zu rekonstruieren, um eine Konstruktion von Wirklichkeit vorzunehmen. Differenzen der jeweiligen Forschungsperspektiven ergeben sich aus der jeweils beanspruchten Interpretationstiefe: Während einige Perspektiven um Deskription sozialen Handelns bemüht sind, versuchen andere stärker deutungs- und handlungsgenerierende Tiefenstrukturen zu rekonstruieren (vgl. Bonß 1991, S. 38). Eine weitere Differenzierung wird von Barton & Lazarsfeld (1955/ 1979) vorgenommen, die fünf Untersuchungsebenen nach ihrer jeweiligen Erkenntnistiefe unterscheiden: a) Analyse von Einzelbeobachtungen, um Sachverhalte zu problematisieren und Indikatoren zu liefern; b) Konstruktion deskriptiver Systeme, d.h. Beobachtungen werden in einem deskriptiven System organisiert, das gegeben ist oder durch ein eigenes Klassifikationssystem mittels vorläufiger Klassifikation, systematischen Typologien oder partiellen Systematisierungen erstellt wird; c) Darlegung von Beziehungen, Ursachen, Wirkungen und Dynamiken von sozialen Prozessen durch das Aufdecken z.B. handlungsbeeinflussender oder intervenierender Faktoren; d) integrierende Konstrukte werden erstellt, indem auf einer höheren Ebene eine große Anzahl von Einzelbeobachtungen unter einer Formel zusammengefasst werden und e) Bestätigung von Theorien. Diese Ebenen werden innerhalb dieser Studie aufgegriffen und durch verschiedene Auswertungsmethoden erreicht.

Mit den Kriterien qualitativer Forschung wie Offenheit, Reflexivität von Gegenstand und Analyse, Flexibilität, Prozessverständnis der gegenstandsbezogenen Theoriebildung und Kommunikation im Forschungsprozess wird ein Anspruch formuliert, den Forschungsprozess dem Untersuchungsgegenstand gegenüber offen zu halten und Neufassungen, Ergänzungen und Revisionen der theoretischen Strukturierung und der Methoden zu ermöglichen. Es können (kollektive) Deutungs- und Handlungsmuster untersucht werden, die soziale Wirklichkeit, wie z.B. durch die Datenrezeption aus Lernstandserhebungen, konstruieren. Aber auch Abläufe und Strukturmerkmale können erfasst werden, die im Rahmen der hier relevanten professions- und organisationstheoretischen Modelle eine Rolle spielen. Die Kommunikationssituationen der unterschiedlichen Erhebungsverfahren können an die Alltagskommunikation relativ angepasst werden, um Deutungsmuster zu untersuchen. Insgesamt kann soziales Handeln und Kommunikation mit Hilfe qualitativer Methoden anwendungsnah erfasst werden (vgl. Flick & Kardorff u.a. 2005), die im Fall der Rezeption rückgemeldeter Daten eine entscheidende Rolle spielen. Alles in allem versucht qualitative Sozialforschung vorrangig, einen deutenden und sinnverstehenden Zugang zur sozialen Wirklichkeit zu geben, ohne durch starke Vorstrukturierungen des Forschungsfeldes die möglichen Erfahrungen einzuschränken (vgl. Flick 1995). Bohnsack (2007) bezeichnet dieses Vorgehen als rekonstruktives (interpretatives) Verfahren, bei dem denjenigen Gelegenheit gegeben wird, ihre Alltagspraxis darzulegen, die Gegenstand der Forschung sind.

Neben diesen Kriterien qualitativer Forschung spielt auch die Debatte über ihre Gütekriterien eine Rolle, die meist in Abgrenzung zu quantitativen Verfahren geführt wird, die teilweise als objektiver, sicherer und glaubwürdiger eingeschätzt werden. Eine eindeutige oder allgemeingültige Aussage über qualitative Gütekriterien ist daraus indes nicht erfolgt (vgl. Flick 2004b, Steinke 2000). In einer Variante werden Kriterien direkt bzw. in Anlehnung an die quantitativen Gütekriterien Objektivität, Validität und Reliabilität[53] formuliert (vgl. Kelle 1999, Bortz & Döring 2002). Hier wird betont, dass eine eindeutige Übertragbarkeit nicht möglich ist, obgleich bei der Übertragung der erkenntnistheoretische Kern der Validierungskonzepte erhalten bleiben soll (vgl. Kelle 1999). In der zweiten Variante werden spezifisch qualitative Kriterien vorgeschlagen (vgl. expl. Steinke 1999, 2000, Reichertz

---

[53] Das qualitative Gütekriterium der Objektivität beschreibt einen interpersonalen Konsens, der durch ein transparentes Vorgehen erreicht wird. Reliabilität wird angestrebt, allerdings als nicht messbar abgelehnt. Wichtigstes Gütekriterium ist die Validität: Hierbei handelt es sich um interpersonale Konsensbildung, d.h. konsensuelle Validierung (vgl. Bortz & Döring 2002, S. 326-329 oder Flick 1995, S. 243).

2000): Möglichkeiten sind z.B. die Triangulation (vgl. Flick 2004a) oder die analytische Induktion (vgl. Bühler-Niederberger 1985, 1995); neuere Kriterien sind z.B. intersubjektive Nachvollziehbarkeit, Indikation, empirische Verankerung oder auch reflektierte Subjektivität und Relevanz (vgl. Steinke 1999, S. 252ff.). In einer dritten Variante werden alle Arten von Kriterien zurückgewiesen. Die Frage, wie ein Forschungsdesign aussehen kann, das sowohl die Fragestellungen der vorliegenden Arbeit, Erkenntnisse aus vorherigen Studien und zugrunde liegenden theoretischen Modellen als auch die Ansprüche qualitativer Methoden und deren Gütekriterien integriert, wird im Folgenden weiter erläutert.

3.1 Die Fallstudie als Untersuchungsstrategie

Die Ergebnisse aus Lernstandserhebungen werden in vielen Fällen an Schulen und Lehrkräfte mit relativ klar formulierten Zielstellungen zurückgemeldet. Für diese Studie ergibt sich daraus die Möglichkeit, Schulen im Sinne sozialer und organisatorischer Einheiten als Untersuchungsfälle bzw. *Einzelfälle* zu definieren. Die Einzelfallstudie – auch *Fallstudie* oder *case study* genannt – muss nicht ausschließlich Einzelne in den Blickpunkt nehmen, sondern kann auch mehrere Individuen umfassen, die gemeinsam eine Analyseeinheit bilden. „Einzelfallstudien können (..) in der Auswahlebene und der Analyseebene auf ein Individuum als Gegenstand zurückgreifen oder auf der Auswahlebene mehrere oder gar sehr viele Individuen umfassen, die jedoch im Hinblick auf das Untersuchungsziel als Einheit aufgefasst werden. (...) Auch wenn die Aussagen solcher Studien im Allgemeinen überindividuelle Sachverhalte betreffen, wird bei der Datenerhebung auf Individuen als Merkmalsträger zurückgegriffen" (Schnell & Hill u.a. 2005, S. 249f.). Kommunikation in Organisationen wird dezidiert als Gegenstandsbereich von Fallstudien aufgenommen, mit denen sich beobachten lässt, wie Akteure und Organisation kommunizieren (vgl. Brüsemeister 2000, S. 77, Rosenstiel 2005 S. 231). Durch die Begrenzung auf wenige Fälle kann eine differenzierte Datenerhebung und -analyse erreicht werden, die die hier gestellten Ansprüche erfüllt. Der Fallstudienansatz kann außerdem die Zielstellung einer modell- und typenbildenden Gesamtinterpretation in Hinblick auf die hinzugezogenen theoretischen Modelle[54] realisieren: Die Konzentration auf den Fall und auf dessen charakteristische Verwobenheit in übergreifende Sinnzusammenhänge gewährleistet eine angemessene Modell- und Typenbildung, wenn es zu einer klaren Bestimmung kommt, wie der Fall definiert, kontrolliert, erhoben und analysiert wird (vgl. Kraimer 2002, S. 213).

Es muss allerdings beachtet werden, dass die Fallstudie keine eigenständige Untersuchungsmethode darstellt, sondern lediglich einen Approach, d.h. einen Forschungsansatz bzw. Untersuchungsplan formuliert (vgl. Aleman & Ortlieb 1974). „The case study as a research strategy comprises an all-encompassing method – covering the logic of design, data collection techniques, and specific approaches to data analysis" (Yin 2003, 14). Generell wird die Fallstudie eingesetzt, wenn sich die Untersuchungsfragen auf das *Wie* bzw. das *Warum* beziehen (vgl. ebd., S. 1). Insgesamt ergeben sich für das Fallstudiendesign und die dazugehörigen Erhebungsmethoden viele Möglichkeiten, die sich nach dem jeweiligen Forschungsgegenstand und der Forschungsfrage richten. Fallstudien haben hier den Vorteil,

---

[54] Eisenhardt (1989) betont für die Fallstudie im Zusammenhang mit Theoriebildung, dass die einzelnen Schritte von der Auswahl der Forschungsfrage über die der Fälle bis hin zu den Auswertungen entscheidend für die Ergebnisse der späteren Theoriebildung sind.

dass sie Entwicklungen, Prozessabläufe und Ursache-Wirkungszusammenhänge nachvollziehbar machen können und ein theoriegeleitetes Vorgehen unter Berücksichtigung relevanter Literatur bevorzugen (vgl. Borchardt & Göthlich 2006, S. 40f.). Weiterhin können die Fallauswahl und die eingesetzten Erhebungs- und Auswertungsmethoden sehr flexibel an die Erfordernisse des Forschungsprozesses angepasst werden, was aufgrund der geringen Vorstrukturierung des Forschungsfeldes der hier bearbeiteten Fragestellung notwendig ist. Beim Design stehen verschiedene Möglichkeiten zur Wahl: Zum einen kann auf ein single-case oder multiple-case Design zurückgegriffen werden (vgl. Yin 2003, S. 39ff.), die beide eine begründete Fallauswahl nahe legen. Für die vorliegende Arbeit bietet sich ein multiple-case Design an, das durch den Vergleich zwischen zwei oder mehr Schulen die Möglichkeit eröffnet, unterschiedliche organisationale Kontextvariablen bei der Auswertung schulinterner Prozesse zu berücksichtigen. Zum anderen kann bei der Auswahl der Erhebungs- und Auswertungsmethoden im Sinne des Methodenpluralismus die Fragestellung der Studie angemessen berücksichtigt werden, wobei als wesentliche Methoden der Fallstudie die Befragung, die Beobachtung und die Inhaltsanalyse genannt werden (vgl. Borchardt & Göthlich 2006, S. 42). Im weiteren Verlauf werden entsprechende Verfahren vorgestellt.

Als Auswertungsansatz wird für das multiple-case Design eine fallübergreifende Datenanalyse (Cross-Case Analysis) vorgeschlagen, der eine beschreibende Fallanalyse (Within-in-Case Analysis) vorausgeht (vgl. Borchardt & Göthlich 2006, S. 48). Für die einfache Fallanalyse wird die Erstellung einer Fallstrukturhypothese vorgeschlagen, die aufgrund des Vergleichs der im Fall enthaltenen Einzelfälle erstellt werden soll (vgl. Brüsemeister 2000, S. 63). Als Gütekriterium wird für die Konstruktvalidität auf die kommunikative Validierung und für die interne Validität auf die argumentative Validierung (Explikation) verwiesen; problematisch bleiben hier die Kriterien der externen Validität, Reliabilität und Objektivität. Letztlich kann das Kriterium der Güte erst anhand der konkret verwendeten Methoden und nicht an der Wahl der Einzelfallstudie als Forschungsansatz erörtert werden. Insgesamt kann der Forschungsansatz der Einzelfallstudie in folgenden fünf Schritten zusammengefasst werden (s. Abb. 4):

Abbildung 4: Schritte zur Fallstudie

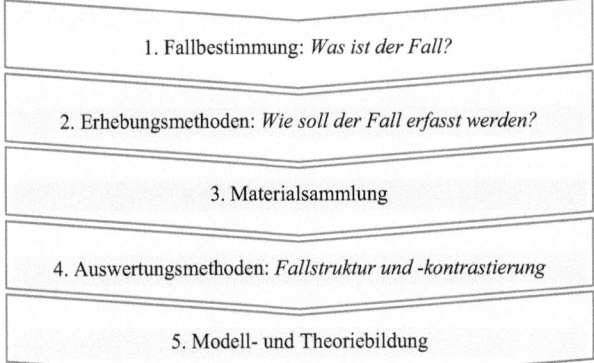

Eine andere Frage bezieht sich auf die Auswahl eines Quer- oder Längsschnittdesigns. Wie bereits dargelegt, kann nicht davon ausgegangen werden, dass sich Veränderungen durch die Nutzung bzw. Rezeption der Ergebnisse aus Lernstandserhebungen direkt und unmittelbar innerhalb der Schulen ergeben. Aus diesem Grund ist es sinnvoll ein Design zu wählen, das die Entwicklungen und Prozesse innerhalb einer Schule über einen längeren Zeitraum verfolgt, wie es in Längsschnittdesigns gewährleistet ist (vgl. Diekmann 2002). Sinnvoll erscheint es, die Schulen über zwei Jahre hinweg, d.h. über zwei Erhebungszeiträume einer Lernstandserhebung zu begleiten, um auch Veränderungen zu berücksichtigen, die zeitlich bedingt sein können, wie z.B. Erfahrungen bzw. Routinen in Umgang, Durchführung und Auswertung einer Lernstandserhebung. Beim Längsschnittdesign wird zwischen einem Trenddesign, das unterschiedliche Stichproben enthält, und einem Paneldesign, das identische Stichproben enthält, unterschieden; bei beiden handelt es sich um Erhebungen der gleichen Variablen zu unterschiedlichen Zeitpunkten (vgl. ebd., S. 267). Innerhalb dieser Studie müssen beide in Betracht gezogen werden, da nicht davon ausgegangen werden kann, dass in den Schulen immer die gleichen Lehrkräfte befragt werden können; die Schulen als Erhebungseinheit bleiben aber konstant. Das Paneldesign ermöglicht Aussagen über individuelle Entwicklungen und das Trenddesign erlaubt in Hinblick auf zeitlich bedingte Entwicklungen auf Aggregatebene der Stichprobe Aussagen. Nachfolgend wird eine kurze Systematisierung des Forschungsdesigns vorgestellt (s. Abb. 5):

Abbildung 5:   Erhebungsdesign

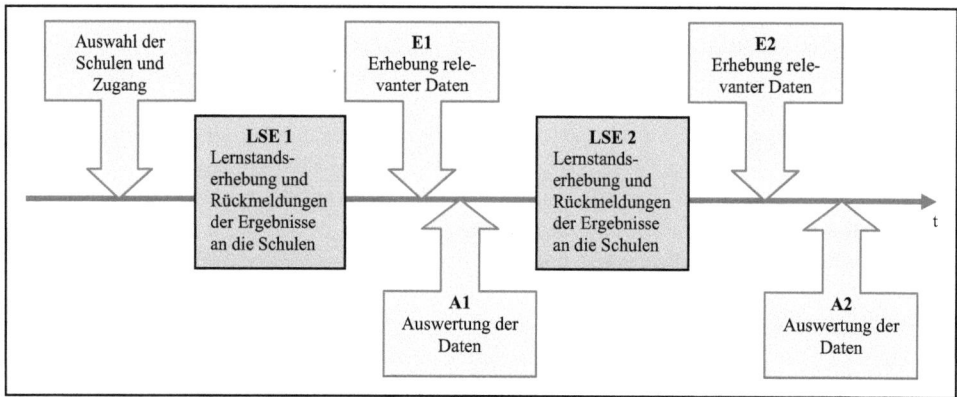

3.1.1   Was ist der Fall und wie soll der Fall erfasst werden?

Die Auswahl der Schulen richtet sich nach dem Prinzip der Vorab-Festlegung der Samplestruktur (vgl. Flick 2006b, S. 98ff.) und ergibt sich aus der Zusammenfassung des bisherigen Forschungsstandes und den theoretischen Überlegungen. Ein grundlegendes Auswahlkriterium stellt dabei die erwartbare Auseinandersetzung mit rückgemeldeten Ergebnissen aus Lernstandserhebungen dar. Ein Mindestmaß an Auseinandersetzung mit den Rückmeldungen muss an den Schulen vorhanden sein, damit überhaupt Prozesse der Ergebnisrezeption untersucht werden können. Es sollte deshalb bereits im Vorfeld ausgeschlossen werden, dass in den Schulen kaum eine Auseinandersetzung mit den Ergebnissen stattfindet. Ein weiteres Kriterium für die Schulauswahl bezieht sich auf die Kommunikationsstrukturen innerhalb der Schulen. Aufgrund der vorgestellten organisationstheoretischen Modelle ist es wichtig, dass (formelle) Kommunikationsstrukturen vorhanden sind, in denen eine kollegiale Auseinandersetzung mit den Ergebnissen stattfinden kann. Dafür bieten sich eher große Schulen an, die aufgrund der großen Anzahl der in ihr tätigen Lehrkräfte auf formale Kommunikationswege (wie z.B. Fachkonferenzen (FK), Jahrgangsteams) zurückgreifen müssen, damit Entscheidungen bzw. Konsequenzen aus der Ergebnisrezeption getroffen und (schriftlich) festgehalten werden können. Für eine Auswertung der Fallstudien im Sinne der Cross-Case Analysis ist es hilfreich, kontrastierende Fälle zu gewinnen. Dabei kommt es darauf an, ein differenzierendes Kriterium zu wählen, das sich auf die Organisationsstruktur bezieht, wie es etwa durch eine Unterscheidung zwischen dezentralen und zentralen Führungsstilen innerhalb der Schulleitung gegeben ist. Mit diesem Kriterium kann ein unterschiedlicher Ergebnisumgang innerhalb des Kollegiums erwartet werden. Die drei Kriterien für die Auswahl der Schulen lauten:

1.	Mindestmaß an Auseinandersetzung mit den Ergebnissen
2.	Große Schulen für eine ausgeprägte Kommunikationsstruktur
3.	Zentrale vs. dezentrale Führungsstruktur innerhalb der Einzelschule

Für diese Untersuchung konnten zwei Gesamtschulen in Nordrhein-Westfalen gewonnen werden, die diesen Kriterien entsprechen und die zudem an einer landesweiten Lernstandserhebung, Lernstand 9, beteiligt sind. Auf die Beschreibung der Schulen und die zu Grunde liegende Lernstandserhebung wird detailliert in Abschnitt 3.2 eingegangen.

Auswahl der Methoden

Eine grundlegende Überlegung dieser Studie bezieht sich auf die Organisationsstruktur der Schule, der darin stattfindenden Kommunikation und der entsprechend getroffenen Entscheidungen. Um den theoretischen Vorüberlegungen nachzukommen, ist es notwendig, einen Zugang zu diesen Strukturen zu erhalten. Hierfür bieten sich problemzentrierte Interviews als relativ strukturiertes Erhebungsverfahren, Verfahren der Beobachtung bzw. informeller Gespräche mit Schulleitungsmitgliedern und eine Dokumentenanalyse, z.B. von Fachkonferenzprotokollen, an. Die benötigten Daten von Schulleitungsmitgliedern und Fachkonferenzvorsitzenden können z.T. nach dem Verfahren des problemzentrierten Interviews, wie nachfolgend beschrieben, erhoben werden, aber auch über weniger strukturierte Verfahren wie Beobachtungen bzw. informelle Gespräche, die nicht den Charakter eines Interviews besitzen; hierfür bieten sich Vor- und Nachbesprechungen mit Schulleitungsmitgliedern, Fachkonferenzvorsitzenden oder Jahrgangsteammitgliedern an. Um dem informellen Charakter der Gespräche Rechnung zu tragen, können nicht wie bei den problemzentrierten Interviews Tonbandaufzeichnungen genutzt werden, sondern es müssen direkt währenddessen oder im Anschluss Protokolle angefertigt werden, die die wichtigsten Aspekte des Gesprächs beinhalten[55]. Des Weiteren besteht die Möglichkeit auf Protokolle

---

[55] Protokollierungen werden als Teil der Beobachtung gewertet, um eine intersubjektive Überprüfbarkeit der Verfahrenswege und Ergebnisse herzustellen (vgl. Brüsemeister 2000, S. 81f.). Im vorliegenden Fall kann die Beobachtung klassifiziert werden als offene, teilnehmende, unsystematische Beobachtung in einer künstlichen Situation (vgl. Flick 2006b S. 200). Es handelt sich um eine fokussierte und selektive Beobachtung, die u.a. die Dokumentenanalyse beinhaltet.

über Konsequenzen aus den rückgemeldeten Ergebnissen zuzugreifen und ggf. in die Untersuchung einzubeziehen. Die Dokumentenanalyse wird innerhalb der qualitativen Organisationsforschung erfolgsversprechend für die Analyse von Strukturen und Prozessen genutzt (vgl. Strodtholz & Kühl 2002).

Das problemzentrierte Interview (PZI) als leitfadengestütztes Verfahren gewährleistet einerseits einen offenen Zugang zum Forschungsgegenstand und andererseits wird gleichzeitig ein themenzentriertes Vorgehen realisiert. Im Vergleich mit halbstandardisierten oder Experteninterviews (vgl. Flick 2006b, S. 117ff., Lamnek 2002, S. 173ff.) bietet es den Vorteil, dass die Problemzentrierung, wie bspw. die Einführung von Lernstandserhebungen und deren Ergebnisrezeption, hervorgehoben wird. Weiterhin wird mit der Theoriebezogenheit ein entscheidender Unterschied zu anderen Interviewformen beschrieben, wie etwa dem narrativen Interview bzw. fokussiertem Interview (vgl. Merton & Kendall 1945/46/1979). Beim problemzentrierten Interview können im Gegensatz zu anderen Verfahren durch die Kombination von Induktion und Deduktion theoretische Konzepte in die Interviews eingebracht werden; weiterhin wird die Nichtbeeinflussung des Interviewpartners zugunsten der Interviewstrukturierung aufgegeben (vgl. Lamnek 1989, S. 74).

Auswahl der schulinternen Stichprobe

Für die Auswahl der schulinternen Stichprobe kann berücksichtigt werden, dass nicht die Schule als gesamte Organisation untersucht werden muss, da sich die hier verfolgte Fragestellung nur auf einen Teilaspekt der organisatorischen und professionellen Struktur bezieht, d.h. auf das Rezeptionsverhalten von Lehrkräften. Hieraus begründet sich eine theoretische Auswahl der zu untersuchenden Fälle bzw. Lehrkräfte (theoretisches sampling; vgl. Strauss & Corbin 1996, S. 148ff., Flick 2006b, S. 102ff.) bzw. eine Auswahl der Fälle im Sinne der analytischen Induktion (vgl. Bühler-Niederberger 1985, 1995), um der explorativen Ausrichtung der Studie und der modell- und typenbildenden Gesamtinterpretation gerecht zu werden. Mit dem theoretischen Sampling wird eine schrittweise Fallauswahl im Prozess der Datenerhebung und -auswertung beschrieben, die sich am bisherigen Stand der Theorieentwicklung ausrichtet, d.h. welche Personen können als nächstes hinzugezogen werden, um einen Erkenntnisfortschritt zu erreichen. Bei der analytischen Induktion handelt es sich um eine Methode der Ergebnisinterpretation, die sowohl den Prozess der Datengenese als auch der Hypothesenprüfung umfasst. Das Instrument für die Auswahl der Fälle ist die *Analyse der Ausnahme* (vgl. Bühler-Niederberger 1985, S. 476) und eignet sich für einen schnellen Fortschritt der Modellbildung und -validierung durch die Analyse *einiger* unterschiedlicher Fälle (vgl. ebd., S. 479). Die Stärke dieser Samplingstrategie liegt in der Erarbeitung prozessualer Merkmale und der Möglichkeit zur Erstellung einer am Erkenntnisziel orientierten Typologie (vgl. ebd., S. 482). Beide vorgestellten Strategien eignen sich für diese Studie nicht zuletzt aus ihrem Wechselspiel zwischen induktivem und deduktivem Vorgehen, wobei die analytische Induktion einen systematischeren Zugang zu den jeweiligen Einzelfällen, d.h. Schulen ermöglichen kann. Die Auswahl der Schulleitungsmitglieder und der Fachkonferenzvorsitzenden ist allerdings durch ihre Funktion bereits vorgegeben; die Auswahl der beteiligten Fachlehrkräfte dagegen richtet sich nach den vorgestellten Samplingstrategien. Dieses Vorgehen bedeutet, dass die Auswahl entsprechender Lehrkräfte im Laufe der Auswertungen des bereits vorliegenden Materials getroffen wurde und die endgültige Samplingstruktur erst nach Beendigung der Untersuchung feststand.

3.1.2 Zentrales Erhebungsinstrument: Problemzentrierte Interviews

Zentrales Erhebungsinstrument stellt das problemzentrierte Interview (PZI) dar, das auf Witzel (vgl. 1982, 1985, 2000) zurückgeht. Es wird als theoriegenerierendes Verfahren beschrieben, das den Gegensatz zwischen Offenheit und Theoriegeleitetheit aufhebt, indem der Erkenntnisgewinn als induktiv-deduktives Wechselspiel geregelt wird (vgl. ebd. 2000, S. 1). Das problemzentrierte Interview zeichnet sich durch drei zentrale Kriterien aus: 1.) *Problemzentrierung*, 2.) *Gegenstandsorientierung* und 3.) *Prozessorientierung* (vgl. ebd, S. 2). Das erste Kriterium der *Problemzentrierung* beschreibt eine Orientierung an einer gesellschaftlich relevanten Problemstellung, die hier in der Beschäftigung mit outputorientierten Steuerungsinstrumenten besteht. Das theoretisch-wissenschaftliche Wissen des Forschungsfeldes kann einbezogen werden, d.h. es soll ein Rückbezug auf theoretische Modelle erfolgen, die die Forschungsfrage bereits berühren, wobei dieses Vorwissen innerhalb der Erhebungsphase offen gehalten werden soll (vgl. ebd. 1985). Das Kriterium der *Gegenstandsorientierung* betont die Flexibilität der eingesetzten Methoden gegenüber den Anforderungen des Untersuchungsgegenstands und verweist auf die Möglichkeit der Methodenkombination (vgl. ebd. 2000, S. 2), wie sie auch durch den Untersuchungsansatz der Fallstudien angestrebt wird und die mit der geringen Strukturierung des Forschungsstandes korrespondiert. Das dritte Kriterium der *Prozessorientierung* umfasst den gesamten Forschungsablauf von der Planung und Durchführung bis zur Auswertung der Interviews (vgl. ebd., S. 3). Innerhalb dieser Phasen kann offen und flexibel auf die Erkenntnisse des Forschungsprozesses reagiert werden, was in dieser Studie u.a. mit den Auswahlstrategien (theoretisches Sampling und analytische Induktion) zusammenfällt.

Teileelemente bzw. Instrumente sind nach Witzel der Kurzfragebogen, die Gesprächsaufzeichnung des Interviews und der Interviewleitfaden. Der Kurzfragebogen dient z.B. der Ermittlung relevanter Sozialdaten. In Witzels Auffassung wird er dem Interview vorangestellt. Der Fragebogen kann allerdings auch weggelassen (vgl. Lamnek 1989, S. 76) oder ans Interviewende gestellt werden (vgl. Flick 2006b, S. 137), um den narrativen Erzählfluss nicht zu unterbrechen. Der Interviewleitfaden dient als Gedächtnisstütze und Orientierungsrahmen und nicht als Skelett für eine strukturierte Befragungssituation. Gesprächsverlauf und Fragetechniken sollten sowohl narrative Erzählanteile und Aufforderungen beinhalten[56], bei denen der Gesprächspartner seine eigene Gesprächsstruktur entwickeln kann, als auch die Gesprächsrückbindung an die Fragestellung der Untersuchung, die bspw. über die spezifische Sondierung (Zurückspiegelung, Verständnisfragen, Konfrontation etc.) und ad-hoc-Fragen (verständnisgenerierende Funktion: es soll durch geeignete Unterbrechungen mehr Erkenntnisgewinn erreicht werden), sowie Suggestivfragen[57] (vgl. Witzel 1985, S.

---

[56] Hierbei handelt es sich um die erzählungsgenerierende Funktion, d.h. es soll nach Erfahrungsbeispielen gefragt werden (vgl. Witzel, 1982 S. 92ff.). Witzel verweist eingeschränkt auf die biographische Methode, die von alltäglicher Kommunikation unterschieden wird, aber Interventionen nur begrenzt zulässt (vgl. Fuchs-Heinritz 2000).

[57] Die Auswirkungen von Suggestivfragen werden von Richardson & Snell Dohrenwend u.a. (1965/1979) als eher positiv beschrieben, wenn sie unter bestimmten Vorbehalten gestellt werden. Sie leiten ihre Erkenntnisse aus empirischen Untersuchungen ab: Suggestivfragen vermeiden z.B. das Abschweifen von der Interviewthematik, stellen z.T. auch die Aufmerksamkeit des Interviewers heraus und können die Validität der Antworten erhöhen.

246ff.) erreicht werden kann. Witzel schlägt für den Gesprächsbeginn eine Aufklärung des Gesprächspartners über die Erzählweise des Interviews und eine vorformulierte Einstiegsfrage vor (vgl. ebd. 2000, S. 5).

Interviewleitfäden & Kurzfragebogen

Der Interviewleitfaden stellt nach Witzel eine Strukturierungshilfe für die Interviewsituation dar, weshalb die hier vorgestellten Themenbereiche, Problemstellungen und operationalisieren Fragestellungen zwar das gesamte Spektrum an Forschungsaspekten beinhalten, allerdings während des Interviews flexibel eingesetzt werden können, d.h. die im Leitfaden erstellte Reihenfolge muss nicht eingehalten werden und nicht alle Aspekte werden mit der gleichen Intensität besprochen. Als Orientierungs- und Strukturierungshilfe für die Leitfadenerstellung dienen das Rezeptionsrahmenmodell nach Helmke & Schrader (2001), der heuristische Analyserahmen basierend auf professions- und organisationstheoretischen Modellen und die Grundlagen der Lernstandserhebung Lernstand 9. Eine Besonderheit der Interviewleitfadenerstellung stellt die Konzeption der Studie als Längsschnitt dar, die es erforderlich macht, den zum ersten Erhebungszeitpunkt eingesetzten Leitfaden für den zweiten Zeitpunkt zu modifizieren und an die entsprechende Situation anzupassen. Des Weiteren bleibt zu beachten, dass sich während des Forschungsprozesses Fragen entwickeln, die im Verlauf der Untersuchung integriert werden können. Der hier vorgestellte Interviewleitfaden stellt das Rahmenkonzept dar. Die Länge der Interviews variiert innerhalb dieser Studie je nach Gesprächspartner, kann aber aufgrund der abzufragenden Themenbereiche mit maximal einer Stunde bestimmt werden. Jedem Interview wurde ein kurzes Gespräch über die Rahmenbedingungen der Untersuchung und der Gesprächssituation selbst vorangestellt, um eventuelle Fragen im Vorfeld zu klären. Die Einstiegsfrage während des ersten Erhebungszeitpunkts enthält eine Erzählaufforderung; hierfür wurde folgende Formulierung gewählt:

- *Inwieweit sind Sie selbst an den Lernstandserhebungen beteiligt?*

Für den Interviewverlauf wurde folgende Rahmenstruktur der Leitfäden entwickelt:

- *Soziale Dimensionen* schulinterner Entscheidungsstrukturen: Individuelle Entscheidungen, informelle Kollegialität, Kollegialorgane (Fach- und Schulkonferenz), Leitung (Schul- und didaktische Leitung), Administration
- *Prozessuale Dimensionen* von Entscheidungen: Rezeption (Daten), Reflexion (Information), Handlung (Wissen), Evaluation (Daten, Information, Wissen)
- *Vier-Felder-Schema* der professions- und organisationstheoretischen Analyse: Struktur des Wissenskorpus, Deutung des Zentralwerts, Kontrolle und Koordination

Bei diesem Schema handelt es sich um eine analytische Unterscheidung, die für die Formulierung von Fragen während des Interviews einen strukturierenden Aspekt darstellt. Einerseits handelt es sich um den Einbezug der theoretischen Grundlagen (Profession und Organisation), andererseits bietet die Unterscheidung zwischen sozialen und prozessualen Dimensionen die Möglichkeit das Konzept der Entscheidungsprämissen (Luhmann) und die

Sensemaking-Prozesse (Weick) zu berücksichtigen. Die Rahmenstruktur des Interviews, die sich anhand der Punkte *soziale Dimensionen* und *prozessuale Dimensionen* von Entscheidungen sowie dem *Vier-Felder-Schema* orientiert, kann für eine weiterführende Systematisierung in Tabelle 2 verdeutlicht werden.

Tabelle 2: Systematisierung der Interviewleitfäden

		Individuelle Entscheidungen der Lehrkräfte	Entscheidungen aufgrund informeller Kollegialität	Entscheidungen der schulischen Organisationsebenen (z.B. FK)	Entscheidungen der Schulleitung; did. Leitung)	Entscheidungen administrative Ebene (z.B. Schulaufsicht)
Rezeption	*Beispielfrage: Wie werden die Daten wahrgenommen?*					
Reflexion	*Beispielfrage: Welche Begründungen werden für die Ergebnisse gegeben? (z.B. in Bezug auf Unterrichtskonzepte, Schulprogramm, schulspezifische Bedingungen)*					
Handlung	*Beispielfrage: Welche Handlungen resultieren aus den Überlegungen? (z.B. in Bezug auf die Unterrichtsebene, Praxisformen, Weiterbildung)*					
Evaluation	*Beispielfrage: Werden die eingeleiteten Maßnahmen evaluiert?*					
Profession	*Beispielfrage: Wie hat sich die (professionelle) Arbeit durch die Ergebnisnutzung verändert?*					
Organisation	*Beispielfrage: Welche Veränderungen haben sich durch die Ergebnisrezeption auf den schulischen Organisationsebenen ergeben?*					

Mit dieser Tabelle werden die relevanten Aspekte in einer Systematik zusammengeführt, die es ermöglicht für jeweils ein Feld entsprechende Fragestellungen zu formulieren, die innerhalb der Tabelle als Beispiele angedeutet sind. Ein weiterer Aspekt betrifft die Berücksichtigung des Untersuchungsgegenstandes der Lernstanderhebung Lernstand 9 in Nordrhein-Westfalen. Hiermit kann eine weitere Systematisierung des Leitfadens getroffen werden, die sich auf die Phasen der Durchführung der Lernstandserhebung und Ergebnisrückmeldung bezieht. Eine Einteilung der Lernstandserhebung in vier Phasen erscheint in Bezug auf den schulinternen Kontakt mit dieser Maßnahme sinnvoll:

Phase 1:	Einführung und Information zur allgemeinen Thematik von Lernstand 9
Phase 2:	Durchführung und Dateneingabe von Lernstand 9
Phase 3:	Rückmeldung der Ergebnisse auf verschiedenen Aggregatebenen: Individual-, Klassen-/Kurs-, Jahrgangs- und Schulform- bzw. Schultypenebene
Phase 4:	Prozesse und Entscheidungen auf der Grundlage der Rückmeldungen

Dieses Phasenmodell kann für die Strukturierung der Aussagen der Gesprächspartner eine unterstützende Funktion einnehmen, um möglichst vollständige Informationen über die Rezeption der Ergebnisse zu bekommen. Der zweite Interviewleitfaden hat die Besonderheit, dass er aufgrund des Längsschnitt-Designs den vorangegangen Interviews aus dem ersten Erhebungszeitpunkt angepasst, d.h. für jede Gesprächsperson ein individueller Interviewleitfaden erstellt werden kann, soweit es sich innerhalb der Schulen um ein Panel- und nicht um ein Trenddesign handelt. Das Paneldesign konnte allerdings nur innerhalb einer der beiden Schulen realisiert werden, weshalb in der zweiten Schule das Trenddesign verwirklicht wurde. Bei dieser Schule kam deshalb ein Leitfaden zum Einsatz, der eine Verbindung der beiden hier vorgestellten Interviewleitfäden darstellt[58].

Der Kurzfragebogen wird hier an das Ende der problemzentrierten Interviews gestellt, um den Erzählfluss des Gesprächs nicht durch vorangegangene Fragen zu beeinflussen. Die Angaben, die innerhalb des Fragebogens abgefragt werden sollen, stellen allein eine Ergänzung zur beruflichen Tätigkeit der Lehrkräfte dar, um ggf. Rückschlüsse auf ihre professionelle Expertise ziehen zu können. Der Kurzfragebogen enthält deshalb Fragen über die berufliche Tätigkeit der zu befragenden Lehrkräfte, insbesondere Fragen zu unterrichteten Fächern, Arbeitszeiten, Ausübungen von Funktionen an der Schule und darüber seit wann die Gesprächsperson im Schuldienst tätig ist. Des Weiteren enthält er Angaben zum schulischen und beruflichen Werdegang der Lehrkraft, hier insbesondere Fragen zum Studium der Unterrichtsfächer. Als letzter Aspekt wurden sozialstatistische Angaben in den Fragebogen aufgenommen, die sich auf Alter, Geschlecht und Geburtsland der Gesprächsperson beziehen. Insgesamt beinhaltet der Kurzfragebogen zehn Fragen über die Person und ihre berufliche Tätigkeit.

Die Interviews wurden zur Auswertung protokolliert. Dieser Schritt trägt bereits zur Konstruktion des Falls bei und die Abschrift oder Transkription des Interviews stellt einen ersten Schritt der Interpretation dar. Bei der Erstellung des Transkriptes sollte nach Kowal & O'Connell (2005) darauf geachtet werden, welche Merkmale aufgenommen werden. Bei der Abschrift der hier geführten Interviews wurde weitestgehend die Standardorthographie verwendet und auf prosodische Merkmale (Sprechpausen, Betonungen, Intonationen, Dehnungen, Lautstärken) und parasprachliche Ausdrücke (Lachen, Seufzen, Atmen etc.) verzichtet, da diese nicht analysiert werden sollten.

Auf der folgenden Seite wird eine tabellarische Darstellung des gesamten Untersuchungsdesign vorgestellt, die bereits die Auswertungsphasen beinhaltet, deren inhaltliche Ausgestaltung erst im Anschluss an diese Darstellung folgt (s. Tabelle 3).

---

[58] Die Leitfäden zum Erhebungszeitpunkt 1 und 2 befinden sich im Anhang.

Tabelle 3:   Schematisches Untersuchungsdesign und Zeitplan

		Lernstand 9	Datenerhebungen ←→	Auswertung
Schuljahr 2004/2005	Nov. 04	LSE	Vorgespräche zur Schulauswahl	Auswahl der Schulen
	Dez. 04			
	Jan. 05	Rückmeldungen		
	Feb. 05		Vorgespräche zur Fallauswahl	Auswahl der Gesprächspersonen
	Mär. 05			
	Apr. 05	Schulinterne Auswertungen & Berichterstattung		
	Mai 05		E1: Problemzentrierte Interviews mit Fachlehrkräften, Beobachtungen, informelle Gespräche (Beobachtungen)	Transkription der Interviews & Auswertung
	Jun. 05			
	Jul 05			
	Aug. 05			
Schuljahr 2005/2006	Sep. 05			
	Okt. 05	LSE	Nach- und Vorbesprechungen mit den Schulen (insbesondere Fachkonferenzen)	Erste Schritte der typen- und modellbildenden Gesamtinterpretation
	Nov. 05			
	Dez.05			
	Jan. 06			
	Feb. 06		Ggf. Nacherhebungen an den Schulen	
	Mär. 06			Ggf. Auswahl weiterer Gesprächspartner
	Apr. 06	Rückmeldungen		
	Mai 06		E2: Problemzentrierte Interviews mit Fachlehrkräften, Beobachtungen, informelle Gespräche (Beobachtungen)	Transkription der Interviews & Auswertung
	Jun. 06			
	Jul. 06	Schulinterne Auswertungen & Berichterstattung		
	Aug. 06			
	Sep. 06			
	Okt. 06		Nachbesprechungen mit den Schulen (insb. FK)	
	Nov. 06			Typen- und Modellbildung
	Dez. 06			

3.2 Beschreibung der Schulen und der Lernstandserhebung Lernstand 9

Die Auswahl der Schulen für die Fallstudien erfolgte unter den in Kapitel 3.1.1 genannten Kriterien. Ausgewählt wurden zwei Gesamtschulen in Nordrhein-Westfalen, die Ähnlichkeiten in Bezug auf die erwartbare Auseinandersetzung mit den Ergebnissen und ihrer Größe mitbringen, sowie Unterschiede im Führungsstil (zentral vs. dezentral) und bei den erwartbaren Ergebnisse aus der Lernstanderhebung aufweisen. Für die Auseinandersetzung mit den Ergebnissen wurde angenommen, dass breite Aktivitäten der Schule in Bezug auf die Förderung ihrer Schüler und den besonderen Ausgangslagen der Gesamtschulen in ihrem städtischen und sozialen Umfeld eine Auseinandersetzung mit den Rückmeldungen fördern. Aus den Außendarstellungen der Schulen und den Vorgesprächen mit den Schulleitungen konnten die Schlussfolgerungen gezogen werden, dass eine relativ große Bereitschaft vorlag, sich mit den Ergebnissen auseinanderzusetzen, und dass ebenfalls relativ hohe Erwartungen an die Rezeption der Ergebnisse in Bezug auf die Schul- und Unterrichtsentwicklung gestellt wurden. Beide Schulen ähneln sich in der Anzahl der Schüler und Kollegiumsgröße und auch für die Führungsstile konnten aufgrund der Vorbesprechungen Aussagen getroffen werden. Zunächst wird aber kurz auf die Beschreibung der Lernstandserhebung eingegangen, an der diese beiden Gesamtschulen beteiligt waren: Lernstand 9 in Nordrhein-Westfalen.

3.2.1   Lernstand 9 in Nordrhein-Westfalen

Als Grundlage für die Untersuchung von Nutzungsprozessen von Rückmeldungen wurde die Lernstandserhebung Lernstand 9 (LSE) in Nordrhein-Westfalen ausgewählt, da es sich um eine flächendeckende Vollerhebung eines Jahrgangs handelt, deren Ergebnisse an Schulen mit dem Ziel der Unterrichts- und Schulentwicklung zurückgemeldet werden, d.h. die hauptsächlichen Adressaten sind die Fachlehrkräfte, Fachgruppen und Fachkonferenzen. Lernstand 9 wird seit dem Schuljahr 2004/2005 in allen 9. Klassen bzw. seit dem Schuljahr 2006/2007 in allen 8. Klassen durchgeführt. Der Untersuchungszeitraum der vorliegenden Studie betrifft vor allem die Zeit seit der ersten Durchführung der Lernstandserhebung im Jahr 2004 bis zur zweiten und gleichzeitig letzten Durchführung in der 9. Jahrgangsstufe im Jahr 2005. Die Lernstandserhebungen, die seit dem Schuljahr 2006/2007 in Jahrgang 8 geschrieben werden, sind nicht Grundlage der empirischen Fallstudien. Lernstand 9 bietet sich auch als Grundlage an, da die Untersuchung gut innerhalb der einschlägigen Literatur (vgl. Arnhold & Bellenberg 2005, Büchter & Leuders 2005, Burkard & Orth 2005, Dobbelstein & Peek u.a. 2004, Landesinstitut für Schule 2005a, 2005b, 2005c, Orth 2005a, Peek 2004a, Peek & Dobbelstein 2003, 2006, Peek & Pallack u.a. 2006) und auf zwei Internetpräsenzen (vgl. http://www.learn-line.nrw.de und http://www.schulministerium.nrw.de) dokumentiert ist.

Die Projektleitung der Lernstand (9/8) Erhebungen unterliegt dem Ministerium für Schule, Jugend und Kinder des Landes Nordrhein-Westfalen bzw. seit dem Regierungswechsel im Mai 2005 dem Ministerium für Schule und Weiterbildung des Landes Nordrhein-Westfalen, Referat Koordination Qualitätssicherung (525). Die Ausführung, Planung und Durchführung oblag bis zum Mai 2005 dem Landesinstitut für Schule, Projektbüro Lernstandserhebungen, und seit dem Regierungswechsel dem Ministerium für Schule und Weiterbildung des Landes Nordrhein-Westfalen, Referat Entwicklungsarbeiten, Standardüberprüfungen und schulische Standards (72). Alle folgenden Beschreibungen beziehen sich auf die Lernstandserhebung im Jahrgang 9, deren Durchführungen im November 2004 und Oktober/November 2005 stattfanden. Die Lernstandserhebungen werden verbindlich in allen neunten Klassen geschrieben: beteiligt sind alle Hauptschulen, Realschulen, Gesamtschulen und Gymnasien[59]. Mit den Tests werden *fachbezogene Kompetenzen in Mathematik, Deutsch und Englisch* erfasst. Sie finden an drei Vormittagen und jeweils drei Unterrichtsstunden in Deutsch und Englisch bzw. zwei Schulstunden in Mathematik statt; Kernlehrpläne und Bildungsstandards werden innerhalb der Testaufgaben berücksichtigt. Inner-

---

[59] Im Ermessen der Lehrkräfte liegt die Beteiligung von Schüler/innen mit sonderpädagogischem Förderbedarf und jenen, die die deutsche Sprache nicht ausreichend beherrschen.

halb der Erhebungen werden abwechselnd unterschiedliche Schwerpunkte, d.h. Bereiche der Kernlehrpläne[60] abgefragt, sodass jedes Schuljahr unter einem bestimmten Schwerpunkt steht. Im Schuljahr 2004/2005 waren die Schwerpunkte in Mathematik: inhaltsbezogene Kompetenzen in den Bereichen Arithmetik/Algebra, Funktionen, Geometrie und Statistik und die prozessbezogene Kompetenz des Modellierens; in Deutsch: Lesen – Umgang mit Texten und Medien, Reflexion über Sprache und Schreiben und in Englisch: Leseverstehen und Schreiben (kommunikative Kompetenzen). Im Schuljahr 2005/2006 behandelten die Schwerpunkte in den Fächern Mathematik: inhaltsbezogene Kompetenzen in den Bereichen Arithmetik/Algebra, Funktionen, Geometrie, Stochastik und die prozessbezogene Kompetenz des Problemlösens, in Deutsch: Schreiben, Zuhören und Verarbeiten und Umgang mit Texten und in Englisch: Hörverstehen und Schreiben.

Durchführung und Ziele

Die Durchführung der Lernstandserhebung liegt in der Verantwortung der Schulleitung, die einen Koordinator für die schulinterne Durchführung bestimmt; in der Regel handelt es sich innerhalb der Gesamtschulen um die didaktische Leitung, die als schulinterner und externer Ansprechpartner dient. Die Schulen werden weiterhin durch Schulmails und Runderlasse des Ministeriums über die Maßnahme informiert und unterrichtet. Die Schulen erhalten die Testhefte sowie die Durchführungs- und Auswertungsanleitungen in gedruckter Form. Eine Berücksichtigung einer breiten Heterogenität der Schülerleistungen zwischen den Schulformen wird mit unterschiedlichen Aufgabenheften für die unterschiedlichen Schulformen nachgekommen, d.h. ein Aufgabenheft richtet sich an Schüler/innen in Hauptschulen und G-Kursen der Gesamtschulen und ein weiteres Aufgabenheft an Schüler/innen der Gymnasien, Realschulen und E-Kurse der Gesamtschulen. Des Weiteren dienen die Lernstandserhebungen als Vorbereitung auf die ab Schuljahr 2006/2007 eingeführten teilzentralen Prüfungen in der Sekundarstufe I und als Vorbereitung auf die Kernlehrpläne bzw. Bildungsstandards. Die Zielstellung kann in folgenden Blöcken (s. Abb. 6) festgehalten werden und liegt hauptsächlich in der Unterrichtsentwicklung und Förderung einzelner Klassen:

---

[60] Die Kernlehrpläne greifen die KMK-Bildungsstandards für den mittleren Schulabschluss auf und zeigen durch die Formulierung von Kompetenzen in den Kernfächern Mathematik, Deutsch und Englisch, wie diese erreicht werden können. Damit werden die Bildungsstandards auf curricularer Ebene umgesetzt.

Abbildung 6:   Zielstellungen der Lernstandserhebungen

Diagnostik	Schulevaluation
– Stärken & Schwächen von Lerngruppen erkennen.	– Stärken & Schwächen der Schule.
– Pädagogische & didaktische Weiterentwicklung des Unterrichts.	– Pädagogische & didaktische Weiterentwicklung der Schulen.
– Feststellung des Förderbedarfs.	– Wirksamkeit des Unterrichts.
– Verknüpfung zwischen Beobachtung und Lernentwicklung.	– Wahrnehmung von Schülerleistungen aus vergleichender Perspektive.
– Neuen Blickwinkel auf die Arbeit entwickeln.	– Professionalisierung des fachlichen Diskurses.
Konkrete Ziele für die Schule	**Bildungs- und Systemmonitoring**
– Standardüberprüfung, Qualitätssicherung & Unterstützung in der Umsetzung der Kernlehrpläne.	– Zusammenhang von schulischen & außerschulischen Faktoren.
– Feststellung des Lern- & Förderbedarfs in den überprüften Fächern.	– Beschreibung und Analyse systemischer Bedingungen.
– Stärkung der diagnostischen Kompetenz & Orientierungshilfe bei der Leistungsbewertung.	– Bereitstellung valider Daten für Planung- und Steuerungsprozesse im Bildungssystem.
– Weiterentwicklung des Unterrichts.	– Bewertung von Effektivität und Effizienz des Bildungssystems.

Aufgaben, Korrektur und Dateneingabe

Die Aufgabenentwicklung orientiert sich an Kompetenz(niveau)modellen, d.h. es werden Aufgaben entwickelt, die den Ansprüchen der Raschskalierung bzw. des Partial-Credit-Modells entsprechen. Hiermit wird sich von der Zufälligkeit in der Zusammensetzung eines Aufgabenpools abgegrenzt und es kann kriteriell bestimmt werden, ob das Ergebnis vorher definierten Kriterien von grundlegenden bis hin zu exzellenten Ansprüchen genügt. Die Testaufgaben der Lernstandserhebungen können auf dem nordrhein-westfälischen Bildungsserver eingesehen werden; Beispielaufgaben sind ebenfalls dort zu finden. Die Auswertung erfolgt nach zentralen Bewertungskriterien und Auswertungshilfen durch die Schulen selbst[61]. Die Eingabe der Ergebnisse erfolgt internetbasiert über vorbereitete Datenmasken, auch die Ergebnisrückmeldungen finden computergestützt und die Aufarbeitung der Ergebnisse in den Schulen selbst statt. Die Schulen erhalten einen individuellen Zugangsschlüssel und können darüber entscheiden, wer einen Zugang erhält.

---

[61] Bereits kurz nach der ersten Durchführung der Lernstandserhebung im Schuljahr 2004/2005 wurde deutlich, dass die kriteriell gestuften Bewertungsskalen besonders für die Bereiche Schreiben für die Lehrkräfte sehr schwierig zu handhaben sind, da hier eine sehr geringe Intercoderreliabilität erreicht wurde, weshalb einige Aufgaben aus diesem Bereich im Nachhinein aus der Auswertung ausgeschlossen wurden.

Umgang mit den rückgemeldeten Ergebnissen

Die Rückmeldungen richten sich sowohl an Schulen und Lehrkräfte als auch an Schüler und Eltern, die durch die Schulen unterrichtet werden sollen. Der Ergebnisumgang innerhalb der Schule soll auf vier Ebenen erfolgen: auf der Ebene der a) Fachlehrkräfte, b) Fachgruppen, c) Fachkonferenzen (FK) und c) schulischen Gremien und Schulaufsicht. Um eine oberflächliche Auseinandersetzung mit den Ergebnissen zu vermeiden, besteht eine schriftliche Berichtspflicht gegenüber den schulischen Gremien und der Schulaufsicht. Anleitungen zur Auseinandersetzung und der Berichtsform finden die Lehrkräfte unter http://www.learn-line.nrw.de/angebote/lernstand8/umgang.html (Zugriff am 07.06.2007) und http://www.learn-line.nrw.de/angebote/lernstand8/download/else_hilfen_zum_umgang. pdf (Zugriff am 07.06.2007).

Neben einem Normierungsverfahren werden Referenzwerte eingesetzt, um die Auswertung und Ergebnissicherung für die Lehrkräfte zu erleichtern. Eine Zentralstichprobe, d.h. repräsentative Stichprobe aus der Gesamterhebung, liefert im Sinne des System- und Schulmonitorings Vergleichsdaten, welche Informationen zu Lösungs- und Fehlerhäufigkeiten bezogen auf die Schulform und in Hinblick auf die Standards geben. Als Vergleich können unterschiedliche Kontextgruppen, die besondere Standortfaktoren wie soziale Herkunft der Schülerinnen und Schüler, Migrantenanteil, Charakter des Schulumfelds im Sinne des fairen Vergleichs berücksichtigen, herangezogen werden. Die Zuordnung zu den Standorttypen wird von den Schulen vorgenommen, dabei können sich Gesamt- und Hauptschulen drei und Gymnasien und Realschulen zwei Typen zuordnen (s. Beschreibung der Gesamtschulen in Kapitel 3.2.2). Die Ergebnisse werden auf zwei Ebenen zurückgemeldet: Auf der *Aufgabenebene*, d.h. fachlich-inhaltliche Anforderungen werden über Lösungshäufigkeiten und die jeweils erreichten Lösungsstufen für die Klasse bzw. den Kurs, die Jahrgangsstufe und die Parallelklassen dargestellt. Diese Ergebnisrückmeldungen enthalten Angaben über Mittelwerte der richtig gelösten Aufgaben und werden mit der Angabe des binomial berechneten Konfidenzintervalls versehen, womit die wahre Schwierigkeit der Aufgaben angezeigt wird. Auf der *Kompetenzebene* werden die Kompetenzergebnisse für die Klassen bzw. Kurse, Jahrgangsstufen, Standorttypen auf Schulformebene, die jeweilige Schulform sowie die individuellen Kompetenzen für Schülerinnen und Schüler dargestellt. Die Rückmeldungen werden mit Lesehinweisen versehen: Es werden u.a. Angaben darüber getroffen, ob es sich bei den Abweichungen um signifikante Unterscheidungen handelt.

Durch die Erfahrungen mit den Rückmeldungen aus dem Schuljahr 2004/2005 wurde das Rückmeldeverfahren für die zweite Lernstandserhebung im Schuljahr 2005/2006 modifiziert (vgl. Orth 2005b). Seit diesem Schuljahr werden die vergleichenden Rückmeldungsformate nicht mehr in zwei Wellen zurückgemeldet, sondern es werden die zusammengefassten vergleichenden Rückmeldungen über alle Daten nach der kompletten Auswertung der Ergebnisse in einem Bericht gesammelt. Die erste Rückmeldewelle beinhaltete bis dahin die Rückmeldungen auf der Aufgabenebene im Vergleich mit Parallelklassen der jeweiligen Schule, die direkt nach der internetbasierten Eingabe der Ergebnisse abgefragt werden konnten. Und die zweite Welle beinhaltete die Rückmeldungen mit den jeweils möglichen Referenzwerten und Kompetenzstufen, die im Verlauf der ersten Durchführung von Lernstand 9 auf einen späteren Zeitpunkt (vom Januar/Februar auf einen Zeitpunkt nach den Osterferien) verschoben wurde. Das überarbeitete Rückmeldeverfahren, das seit dem Schuljahr 2005/2006 eingesetzt wird, enthält noch die Möglichkeit, die Ergebnisse der eigenen Klasse/des eigenen Kurses direkt im Anschluss an die Ergebniseingabe einzusehen, allerdings werden keine Parallelklassen- bzw. -kursergebnisse mehr zurückgemeldet. Die eigentliche Rückmeldung fand bei der zweiten Durchführung der Lernstandserhebung Ende Februar 2006 statt und beinhaltete die Vergleichs- und Referenzwerte sowohl auf Aufgaben- als auch auf Kompetenzebene.

Die nachfolgenden Abbildungen zeigen drei unterschiedliche Rückmeldungsformate: Zum einen handelt es sich dabei auf der Aufgabenebene um zwei Beispiele, die einmal den Referenzwert (Standorttyp) und einmal nur das Klassenergebnis ohne Referenzwert anzeigen (s. Abbildung 7), und zum anderen handelt es sich auf der Kompetenzebene um ein Beispiel, das Klassen- bzw. Kursergebnisse im Vergleich zur Schulform und den Standorttypen darstellt (s. Abbildung 8).

Abbildung 7:   Rückmeldungen auf Aufgabenebene

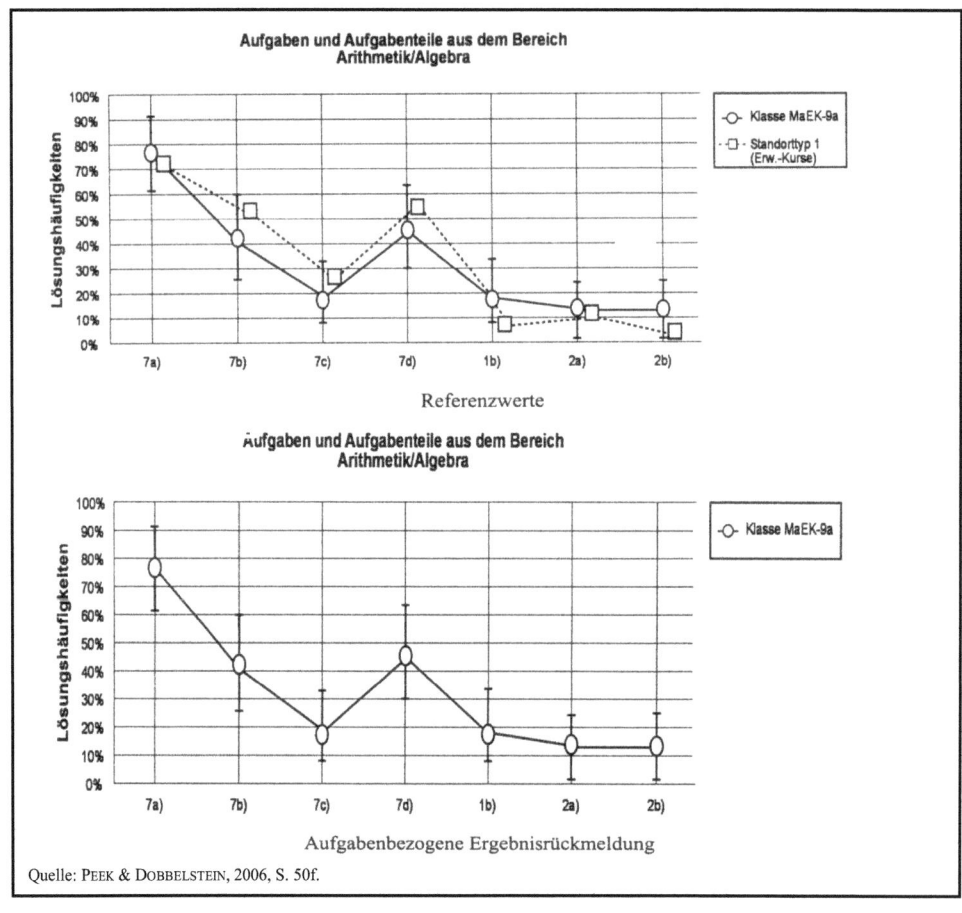

Abbildung 8:   Rückmeldungen auf Kompetenzebene

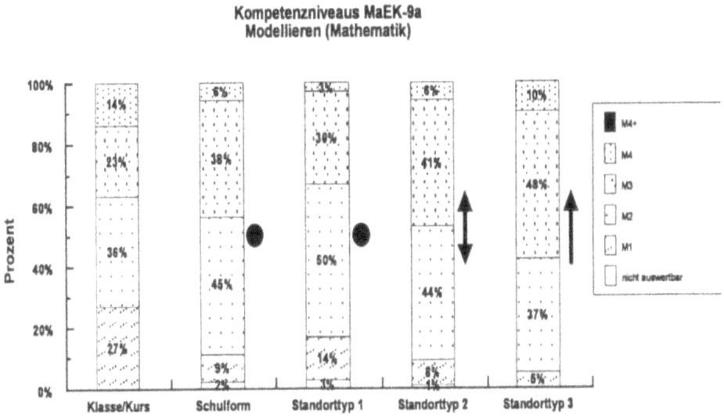

Kompetenzbezogene Ergebnisrückmeldung: Modellieren (Mathematik)

Quelle: PEEK & DOBBELSTEIN 2006, S. 48

Neben den Ergebnisrückmeldungen sind keine öffentlichen Rankings geplant, ebenfalls sollen die Tests nicht als Klassenarbeiten innerhalb der Schulen gewertet werden und nicht zum Bestandteil der Leistungsbewertung der Schüler/innen beitragen. Allerdings haben die Lernstandserhebungen seit ihrer Einführung auch in diesen Punkten leichte Veränderungen erfahren. Zum einen werden seit dem Schuljahr 2005/2006 Schulen in einem angemessenen Maß für ihre Leistungen ausgezeichnet und zum anderen können die Ergebnisse als Ergänzung zu den üblichen schulischen Leistungen in Bezug auf die Leistungsbewertung der Schüler/innen berücksichtigt werden. Veröffentlichungen der Ergebnisse finden vor allem auf der Ebene der Schulformen, Bildungsgänge und Standorttypen statt (vgl. bspw. Leutner & Wirth u.a. 2005) und lassen keine Rückschlüsse auf Einzelschulen zu.

3.2.2 Die Fallstudienschulen

Die **Gesamtschule A** zeigt einen dezentralen Führungsstil, bei dem den einzelnen Fachgruppen und Fachlehrkräften Freiraum für den Umgang mit den Ergebnissen der Lernstandsmaßnahme gelassen wird und auch weitere Maßnahmen in der Verantwortung entsprechender Gremien bleiben. Die Schulleitung steht zwar in Rücksprache mit den jeweiligen Gremien, überlässt die Durchführung und Auswertung aber weitestgehend der didaktischen Leitung und den beteiligten Fachgruppen und Fachlehrkräften. Innerhalb der **Gesamtschule B** liegt ein zentraler Führungsstil vor, bei dem der Schulleiter die Verantwortung für die Ergebnisrezeption behält und den anderen Beteiligten wie der didaktischen Leiterin, den Fachgruppen und den einzelnen Fachlehrkräften nur jeweils die Verantwortung und Autonomie überträgt, die für die Rezeption der Ergebnisse notwendig ist. Es findet hier eine sehr viel stärkere Rückbindung der Durchführung und Rezeption der Ergebnisse an die Schulleitungsebene statt, als es in der Gesamtschule A der Fall ist. Innerhalb der nachfolgenden Tabellen werden beide Schulen anhand ihrer geographischen Lage und ihrem sozialen Umfeld vorgestellt.

Tabelle 4: Kurzbeschreibung der *Gesamtschulen A und B*

Schule	Gesamtschule A	Gesamtschule B
Geographische Lage	▪ Zentrale Lage in einer Stadt mit ca. 360.000 Einwohnern: Jugendquote von ca. 18%, Ausländeranteil von ca. 14%, ALG II-Quote von ca. 9% ▪ Stadtteil: ca. 65.000 Einwohner, Jugendquote ca. 15%, Ausländeranteil ca. 20%, ALG II-Quote ca. 12%	▪ Außenrandlage einer Stadt mit ca. 360.000 Einwohnern: Jugendquote von ca. 18%, Ausländeranteil von ca. 14%, ALG II-Quote von ca. 9% ▪ Stadtteil: ca. 22.000 Einwohner; Jugendquote ca. 18%, Ausländeranteil ca. 5%, ALG II-Quote ca. 4%
Soziales Umfeld	▪ Sehr heterogene Schülerschaft (Schultyp nach LSE 9: Standorttyp 1)	▪ Heterogene Schülerschaft (Schultyp nach LSE 9: Standorttyp 2)
	▪ Ganztagsangebot mit ca. 1500 Schülern	▪ Ganztagsangebot mit ca. 1300 Schülern

Beide Gesamtschulen gehören zur selben Stadt, wobei die **Gesamtschule A** sich im zentralen Stadtkern und die **Gesamtschule B** in einem Randbezirk befindet. Aufgrund dieser geographischen Lage stellt sich auch das soziale Umfeld der Schulen anders dar. Die **Schule A** ordnet sich deshalb innerhalb der Lernstandserhebung dem Standorttyp 1 zu, wohingegen sich die Schule B dem Standorttyp 2 zurechnet (s. Beschreibung der Lernstandserhebung in Kapitel 3.2.1).

Standorttyp 1:
- über 40% der Schüler/innen haben einen Migrationshintergrund und offensichtliche Schwierigkeiten, sich in der Unterrichtssprache Deutsch zu artikulieren;
- über 10 % der Schüler/innen kommen aus Familien, die den gesetzlich geregelten Eigenanteil im Rahmen der Lernmittelfreiheit nicht aufbringen können und auf Hilfe des Sozialamtes angewiesen sind;
- unter 10 % der Schülerinnen kommen aus Akademikerfamilien;
- die Mehrzahl der Schüler/innen kommen aus einem großstädtischen Wohngebiet;
- für die Mehrzahl der Schüler/innen gilt, dass sie aus einem Wohnumfeld mit einem eher geringen Wohnwert kommen.

Standorttyp 2:
- zwischen 20 und 40 % der Schüler/innen haben einen Migrationshintergrund und offensichtliche Schwierigkeiten, sich in der Unterrichtssprache Deutsch zu artikulieren;
- zwischen 5 und 10 % der Schüler/innen kommen aus Familien, die den gesetzlich geregelten Eigenanteil im Rahmen der Lernmittelfreiheit nicht aufbringen können und auf Hilfe des Sozialamtes angewiesen sind;
- zwischen 10 und 20 % der Schüler/innen kommen aus Akademikerfamilien;
- die Mehrzahl der Schüler/innen kommen aus einem kleinstädtischen Wohngebiet;
- für die Mehrzahl dcr Schüler/innen gilt, dass sie aus einem Wohnumfeld mit einem

> eher mittleren bis hohen Wohnwert stammt.
> (Quelle: www.schulministerium.nrw.de; Zugriff am 30.01.2008)

Die jeweiligen Angebote der beiden Schulen sind auf ihre jeweilige Schülerschaft abgestimmt und weisen keine relevanten Unterschiede auf. Die Schüleranzahl in **Gesamtschule A** beträgt ca. 1500 und in **Schule B** ca. 1300 Schüler/innen.

Die schulinterne Interviewfallauswahl wurde im Untersuchungsverlauf immer wieder neu festgelegt. Die Auswahlgespräche über die Gesprächspersonen fanden in beiden Schulen mit der didaktischen Leitung statt und orientierten sich jeweils am Stand bisheriger Auswertungserkenntnisse oder theoretischen Vorüberlegungen, die mit den didaktischen Leitern abgeglichen werden konnten. In den folgenden Tabellen wird die jeweilige Fallauswahl für die Interviews aus beiden Gesamtschulen dargestellt.

Tabelle 5:   Gesprächspersonen aus der *Gesamtschule A*

Name	Fach bei LSE	Beteiligt i. Schuljahr		Alter	Dienst-jahre	Funktion	Anzahl Interviews
Herr Becker	Keines	-	-	59	35	Did. Leiter	1
Herr Müller	Mathe	04/05	05/06	45	15	-	2
Frau Fischer	Mathe	04/05	05/06	45	10	Keine	2
Frau Weber	Deutsch	04/05	05/06	51	1	-	2
Herr Schulz	Deutsch	04/05	-	55	26	FK-Vors. Deu.	1
Frau Dann	Englisch	04/05	-	50	-	k.A.	1
Frau Koch	Englisch	04/05	05/06	38	6	Keine	2
Frau Klein	Deutsch	-	05/06	45	-	k.A.	1
Herr Wolf	Englisch	-	05/06	31	1	Keine	1

Innerhalb der **Gesamtschule A** ist bei der Fallauswahl aufgrund des Ziels, einen Längsschnitt zu realisieren, darauf geachtet worden, dass die Lehrkräfte sowohl an der Lernstandserhebung im Schuljahr 2004/2005 als auch im Schuljahr 2005/2006 beteiligt sind. Dies konnte bei vier der acht befragten Fachlehrkräfte erreicht werden: Zwei Lehrkräfte (*Weber*, *Dann*) hatten nur zum ersten Erhebungszeitpunkt von Lernstand 9 einen eigenen Kurs und wurden für die zweite Befragung nach der zweiten Durchführung der Lernstand 9 Erhebung durch zwei andere Lehrkräfte (*Klein*, *Wolf*) ergänzt. Insgesamt sind neun Lehrkräfte befragt und 13 Interviews geführt worden: Ein Interview konzentrierte sich auf die schulorganisatorische Planung, Durchführung und Auswertung der Ergebnisse (*Becker*; didaktischer Leiter); vier Personen (*Müller*, *Fischer*, *Weber*, *Koch*) wurden nach der ersten Durchführung und ein zweites Mal nach der zweiten Durchführung der Lernstandserhebung und deren Rückmeldungen geführt. Weiterhin wurde versucht auch Gespräche mit den Fachkonferenzvorsitzenden der Fächer Mathematik, Deutsch und Englisch zu führen. Aufgrund zeitlicher Belastungen dieser Lehrkräfte konnte direkt nur der Fachkonferenzvorsitzende im Fach Deutsch befragt werden, der selbst an der Lernstandserhebung beteiligt war. Für das Fach Englisch kann nicht auf Informationen auf der Ebene der Fachkonferenz zurückgegriffen werden, wohingegen im Fach Mathematik auf das Interview mit dem didaktischen Leiter zurückgegriffen werden kann, der zwar nicht den Vorsitz innehat, aber aufgrund seiner Tätigkeit als didaktischer Leiter und Mathematikfachlehrer auch Auskunft über diese Ebene geben konnte.

Tabelle 6: Gesprächspersonen aus der *Gesamtschule B*

Name	Fach bei LSE	Beteiligt i. Schuljahr	Alter	Dienst jahre	Funktion	Anz. Int.
Herr Mann	Keins	-	50	23	Schulleiter	1
Frau Krüger	Keins	-	58	27	Didaktisch Leiterin	1
Herr Hahn	Mathe	-	37	6	-	1
Frau Huber	Mathe	-	47	12	Keine	1
Herr Stein	Keins	-	40	8	FK-Vors. Mathe	1
Herr Weiß	Deutsch	04/05	52	28	-	1
Herr Krause	Deutsch	04/05	45	14	-	1
Frau Roth	Keins	-	60	30	FK-Vors. Deutsch	1
Frau Peters	Deutsch Englisch	04/05	56	32	FK-Vors. Engl.	1
Frau Beyer	Englisch	-	(48)	k.A.	Keine	1

An der **Schule B** sollte ebenfalls ein Längsschnitt realisiert werden. Es konnte allerdings nicht auf genügend Lehrkräfte zurückgegriffen werden, die an beiden Durchführungen beteiligt waren. Außerdem wurde die Arbeitsbelastung durch die Lernstandserhebung sehr viel stärker eingeschätzt, sodass es Vorbehalte gab, sich an Interviews zu beteiligen. Insgesamt konnten bis auf die beiden Mitglieder der Schulleitung nur Lehrkräfte nach der zweiten Durchführung der Lernstandserhebung interviewt werden. Um trotzdem eine Vergleichbarkeit zwischen den beiden Schulen für die Längsschnittperspektive zu erreichen, konnten drei Lehrkräfte (*Weiß*, *Peters*, *Krause*) gewonnen werden, die an beiden Durchführungen der Lernstandserhebung in den Schuljahren 04/05 und 06/06 beteiligt waren. Mit diesem Vorgehen können zwar nicht in dem Umfang Aussagen über zeitliche Veränderungen im Rezeptionsverhalten getroffen werden, wie es in der Gesamtschule A der Fall ist. Aber die retrospektiven Aussagen der Lehrkräfte über die Veränderungen von der ersten zur zweiten Durchführung können herangezogen werden, um Vermutungen zu liefern. Auf der schulorganisatorischen Ebene konnten der Schulleiter (*Mann*), die didaktische Leiterin (*Krüger*) und die Fachkonferenzvorsitzenden der Fächer Deutsch (*Roth*), Englisch (*Peters*) und Mathematik (*Stein*) befragt werden. Insgesamt zeichnet sich durch die besondere Situation eine kompliziertere Stichprobenzusammensetzung ab. Es wurden zehn Interviews geführt, von denen sich fünf auf die schulorganisatorische Ebene beziehen, von denen aber vier keine direkte Beteiligung an der Lernstandserhebung aufweisen. Drei der Interviewpartner können durch eigene Kursbeteiligung Informationen über zwei Durchführungen in den Schuljahren 2004/2005 und 2005/2006 geben. Drei Lehrkräfte waren nur an der zweiten Durchführung im Schuljahr 2005/2006 beteiligt und können aber aufgrund des Austausches auf Fachkonferenzebene Eindrücke über die erste Durchführung geben.

Bisher wurde die Stichprobenzusammensetzung lediglich in Hinblick auf die Anzahl der Interviews und deren zeitlicher Durchführung dargestellt. Angedeutet wurde ebenfalls, dass der Zeitpunkt der Befragung Einfluss auf den Informationsgehalt der Interviews hat. Es wurde allerdings nicht berücksichtigt, dass der Informationsgehalt der Interviews unterschiedliche Perspektiven der Lehrkräfte auf die Rezeption beinhaltet. Diese unterschiedlichen Perspektiven resultieren aus Personalunionen, die beabsichtigt waren und angestrebt wurden, um zeitliche Belastungen möglichst gering zu halten. Diese Personalunionen beinhalten bspw. den Fachkonferenzvorsitz mit gleichzeitiger Beteiligung als Kurslehrkraft in einem der drei Fächer Mathematik, Deutsch und Englisch. Dies bedeutet, dass ein Interview mehrere Perspektiven sowohl auf die Arbeit als Fachlehrkraft als auch auf die Arbeit als Fachkonferenzvorsitzende beinhaltet, oder auch, dass über unterschiedliche Zeitpunkte der Testdurchführungen berichtet wird. Innerhalb beider Schulen wurde versucht eine gleichmäßige Verteilung der Gesprächspersonen auf die Fächer Mathematik, Deutsch und Englisch zu gewährleisten, um ggf. fachliche Einflüsse auf die Ergebnisrezeption berücksichtigen zu können. Die Tabelle 7 gibt einen Einblick in diese Perspektiven.

Tabelle 7:   Übersicht über die Interviewperspektiven der *Schulen A und B*

Lehrkraft	Fach	E1: 04/05	E2: 05/06	Funktion	Anz. Interv.	Schule
Herr Becker	Mathematik	-	-	Did. Leiter	1	A
Herr Müller	Mathematik	X (EK)[62]	X (EK)	-	2	A
Frau Fischer	Mathematik	X (GK)	X (EK)	-	2	A
Frau Weber	Deutsch	X (GK/EK)	X (Klasse[63])	-	2	A
Herr Schulz	Deutsch	X (GK)	-	FK-Vorsitz	1	A
Frau Klein	Deutsch	-	X (EK)	-	1	A
Frau Koch	Englisch	X[64] (EK)	X (EK)	-	2	A
Frau Dann	Englisch	X (EK/GK)	-	-	1	A
Herr Wolf	Englisch	-	X (GK)	-	1	A
Perspektiven Schule A	**3**	**6**	**6**	**2**	**13**	**1**
Herr Mann	Deutsch	-	-	Schulleiter	1	B
Frau Krüger	-	-	-	Did. Leiterin	1	B
Herr Hahn	Mathematik	-	X (GK)		1	B
Frau Huber	Mathematik	-	X (GK)		1	B
Herr Stein	Mathematik	-	-	FK-Vorsitz	1	B
Herr Weiß	Deutsch	X (EK)	(X)[65]		1	B
Herr Krause	Deutsch	X (EK)	X (GK)		1	B
Frau Roth	Deutsch	-	-	FK-Vorsitz	1	B
Frau Peters	Deutsch	X (GK)	X (EK)	-	1	B
	Englisch	X (GK/EK)	-	FK-Vorsitz		
Frau Beyer	Englisch	-	X (EK)	-	1	B
Perspektiven Schule B	**3**	**4**	**6**	**5**	**10**	**1**
Perspektiven insgesamt	**3**	**10**	**12**	**7**	**23**	**2**

Es wird deutlich, dass neben den zwei Schulen, den 23 geführten Interviews zu den Fächern Mathematik, Deutsch und Englisch insgesamt 10 Interviews (Schule A: 6; Schule B: 4) zur ersten Durchführung im Schuljahr 2004/2005 Informationen liefern können, zwölf Inter-

---

[62] E-Kurs oder EK bedeutet Erweiterungskurs; G-Kurs oder GK bedeutet Grundkurs.

[63] Keine Differenzierung in E- und G-Kurse, sodass die gesamte Klasse den EK-Test geschrieben hat.

[64] Frau Koch war im Schuljahr 2004/2005 nur an Durchführung und Korrektur eines EK ohne eigenen Kurs beteiligt, um sich auf die bevorstehende Lernstandserhebung im Schuljahr 2005/2006 vorzubereiten.

[65] Nicht mit eigenem Kurs beteiligt, aber Hilfe bei Auswertung und der Pilotierungsphase der Aufgaben.

views (Schule A: 6; Schule B 6) zur zweiten Durchführung im Schuljahr 2005/2006 Aussagen enthalten und insgesamt sieben Personen (Schule A: 2; Schule B: 5) die organisatorischen Ebenen der Schule durch Funktionsstellen vertreten. Neben diesen Interviews und den in ihnen enthaltenen Perspektiven kann für die beiden Fallstudien der Gesamtschulen auf weiteres Material zurückgegriffen werden, das in Form von Protokollen oder von Ergebnispapieren vorliegt. Innerhalb der **Gesamtschule A** liegen vier Protokolle über Gespräche mit der Schulleitungsebene vor, ein Protokoll eines Treffens mit einer Fachlehrkraft Deutsch (*Weber*) und ein Protokoll bzw. Email mit Ergebnissen der Fachkonferenz Deutsch zu den Ergebnissen im Schuljahr 2004/2005 und den Aufgabenformaten im Schuljahr 2005/2006. Insgesamt kann auf sechs Dokumente zurückgegriffen werden. Innerhalb der **Gesamtschule B** liegen zwei Protokolle über Gespräche mit der Schulleitungsebene vor, ein Protokoll eines Gesprächs mit den Fachkonferenzvorsitzenden der Fächer Mathematik, Deutsch und Englisch, ein Ergebnispapier der Fachkonferenz Mathematik (Resultate der Ergebnisrezeption im Schuljahr 2005/2006) und ein Ergebnispapier der Fachkonferenz Deutsch (Resultate der Ergebnisrezeption im Schuljahr 2005/2006). Insgesamt kann auf fünf Dokumente zurückgegriffen werden.

3.3 Auswertungsverfahren

Die Auswertung qualitativen Materials stellt neben seiner Erhebung einen sehr anspruchsvollen und auch angreifbaren Aspekt in Bezug auf dessen Gütekriterien dar. An beiden Scharnierstellen kann entscheidend beeinflusst werden, welche Erkenntnisse aus dem Material für das Untersuchungsziel resultieren und welche Aussagekraft den Ergebnissen zugesprochen werden kann. Qualitative Methoden unterscheiden sich besonders durch die eingenommene Forschungsperspektive und der Interpretationstiefe, mit der die Ergebnisse gewonnen wurden. Wie in Kapitel 2 beschrieben, wird innerhalb dieser Arbeit eine Verbindung zwischen kulturtheoretischen und konstruktivistischen Ansätzen angestrebt, um sich der Frage nach Rezeptionsprozessen und deren professions- und organisationsspezifischen Auswirkungen zu nähern, die letztlich im heuristischen Analyserahmen zusammenfassend formuliert wurden (s. Kapitel 2.4.4). Das Ziel dieser Studie besteht darin, sowohl (Sensemaking-)Prozesse darzustellen, die auf die Rückmeldungen der Ergebnisse aus Lernstandserhebungen folgen, als auch eine typen- und modellbildende Gesamtinterpretation im Sinne einer verstehenden *und* erklärenden Perspektive vorzunehmen, die sich auf organisations- und professionstheoretische Aspekte bezieht. Diese Untersuchungsziele bergen Auswertungsansprüche auf zwei Ebenen, die vor allem mit der Interpretationstiefe der zu verwendenden Methoden in Zusammenhang stehen.

Für die Zielstellung einer typen- und modellbildenden Gesamtinterpretation ist eine Interpretationstiefe notwendig, die über ein rein deskriptives Vorgehen hinausgeht und stärker die Basis des *Verstehens* und *Erklärens* verfolgt (*Rekonstruktion von Sinn*). Ein bekanntes Verfahren stellt dabei die Fallrekonstruktion (vgl. Hildenbrand 1991) dar, das sich von der deskriptiven Fallbeschreibung abgrenzt und im Dienst der Theorieentwicklung steht. Vorgeschlagen werden hier u.a. Verfahren der Sequenzanalyse und der gegenstandsbezogenen Theoriebildung (*theoretisches Kodieren*). Ein der Sequenzanalyse nahe stehendes Verfahren stellt die objektive Hermeneutik nach Oevermann dar, die in diesem Zusammenhang häufig Anwendung findet (vgl. Kraimer 2000). Kritisiert wird dieser Ansatz

aufgrund einiger methodologischer Mängel besonders von Flick (2000), der diesem Auswertungsverfahren ein konstruktivistisches Verständnis der Fallrekonstruktion entgegen-
setzt. Hier wird davon ausgegangen, dass es sich bei der Rekonstruktion des Falls um eine
spezifische Version handelt, die nicht nur das Spezifische des Falls aufdeckt, sondern auch
berücksichtigt, wie der Forscher im Analyseprozess den Fall konstruiert (vgl. ebd., S. 198).
Für eine verstehende Sichtweise des Forschers muss der eigene Standpunkt durch ständige
Kontrolle vorliegen: „Der Soziologe muß wissen, daß das Besondere seines Standpunktes
darin besteht, ein Standpunkt im Hinblick auf einen Standpunkt zu sein" (Bourdieu 1997c
ebd., S. 802). Für die Auswertung der vorliegenden problemzentrierten Interviews wird
deshalb das zweite genannte, das rekonstruktive Verfahren, zum Einsatz kommen[66].

Unter der konstruktivistischen Perspektive dieser Arbeit erscheint es erforderlich ein
Auswertungsverfahren zu wählen, das es ermöglicht, die theoretischen Professions- und
Organisationsmodelle aus den Vorüberlegungen (s. Kapitel 2) einzubeziehen. Dies wird mit
einem empirisch begründeten Verfahren der Typenbildung nach Kluge (2000) gewährleistet, das es ermöglicht Nutzungstypen auf der Basis professioneller bzw. organisationaler
Überzeugungen (kurz genannt Professions- bzw. Organisationstypen) auf Grundlage aller
erhobenen Fälle zu erstellen. Hiermit wird ein deduktives Schema, die Heuristik (s. Kapitel
2.4.4), zur Auswertung des Materials herangezogen, das einen engen Rahmen vorgibt. Zur
Ausweitung dieses Rahmens und für eine Perspektiven-Triangulation werden anschließend
schulspezifische Auswertungen auf der Basis inhaltsanalytischer Auswertung vorgenommen, die einen induktiven Zugang ermöglichen. Durch die Einzelschule als Einheit der
Fallstudie können damit weiterhin Aussagen über professionelle und organisationale Strukturen getroffen werden, die einen Einfluss auf die Datenverwendung ausüben.

Für die damit eröffnete Analyse struktureller und personenbezogener Variablen bei der
Datennutzung sind kulturtheoretische Ansätze hinzugezogen worden, wie sie bspw. in den
Sensemaking-Prozessen deutlich werden. Hiermit wird auf der Einzelschulebene ein erklä-
render Anspruch verfolgt, wie personell-professionelle und organisationale Aspekte Rezeptionsprozesse strukturieren und Lernstandserhebungen in der organisatorischen Struktur
eingebunden werden. Im Anschluss an die Erstellung der Professions- und Organisationstypen ist damit ein Auswertungsverfahren erforderlich, das es ermöglicht, zu einer deskriptiven Fallbeschreibung der Einzelschule (*Within-Case Analysis*) und einer Fallkontrastie-
rung (*Cross-Case Analysis*) zwischen beiden Gesamtschulen zu gelangen. Eine Auswertung
der Gemeinsamkeiten und Unterschiede kann Hinweise auf Strukturen geben, die Einfluss
auf die Datenverwendung haben und in Zusammenhang mit den Professions- und Organisationstypen sowie deren Nutzungsmustern stehen. Basis dieser Auswertungen stellt das
Transkriptmaterial aus den problemzentrierten Interviews dar, die anderen Materialen werden ergänzend zu den Auswertungen hinzugezogen und als Kontextmaterial verwendet (s.
Kapitel 3.2.2) sowie mit der *qualitativen Inhaltsanalyse* nach Mayring (vgl. 1991, 1995,
2005) ausgewertet, da diese Methode ein stark strukturiertes Vorgehen für eine abgesicherte deskriptive Ergebnisdarstellung ermöglicht.

---

[66] Neben dem Ansatz der Fallstudien wird zur Datenerhebung auf problemzentrierte Interviews zurückgegriffen,
wobei diese Methode wenig Auswertungsanleitung vorgibt. Das von Witzel (1982, 1996) für das problemzentrierte Interview vorgeschlagene Auswertungsverfahren erscheint für diese Arbeit wenig geeignet, da es zwar eine
grobe, aber keine konkrete Auswertungsmethode darstellt und aufgrund seiner starken biographischen Ausrichtung
nicht auf den vorliegenden Untersuchungsgegenstand abgestimmt werden kann.

Im Folgenden sollen die einzelnen Verfahren mit ihren Möglichkeiten und Grenzen vorgestellt werden, um sie auf ihre Brauchbarkeit für diese Untersuchung zu überprüfen. Zu beachten bleibt, dass die meisten Verfahren für einen bestimmten Gegenstandsbereich entwickelt wurden und somit nur begrenzt bzw. in modifizierter Form auf ein neues Untersuchungsdesign übertragen werden können (vgl. Flick 2006b, S. 314). Aus diesem Grund ist bei der Verwendung qualitativer Verfahren die Gegenstandsangemessenheit der verwendeten Verfahren stets zu überprüfen und an den Untersuchungsgegenstand anzupassen. Zudem wird eine zusammenfassende Darstellung des Auswertungsdesigns vorgenommen.

3.3.1 Typen - und erste modellbildende Gesamtinterpretationen

Die später beschriebene qualitative Inhaltsanalyse eignet sich für den ersten Auswertungsschritt der Typen- und Modellbildung nur bedingt, da durch seine starke Formalisierung des Vorgehens eine schematische Auslegung der Daten favorisiert wird. Diese Einschränkung entspricht in Teilen den Anmerkungen von Groeben & Rustemeyer (1995) zur Differenz der qualitativen und quantitativen Inhaltsanalyse, wobei sich hier, wie auch im Artikel selbst, der Auffassung angeschlossen wird, dass es sich bei der (qualitativen) Inhaltsanalyse um ein Verbindungsglied zwischen hermeneutischen und empirischen Wissenschaftsperspektiven handelt (vgl. ebd., S. 527). Insgesamt muss für das Vorgehen der modell- und typenbildenden Gesamtinterpretation des Datenmaterials ein Verfahren angestrebt werden, das stärker in der Lage ist, einerseits die methodische Semantik (Sicherheit der Erkenntnis) und andererseits die adäquate Passung zum Forschungsgegenstand (inhaltliche Substantialität der Erkenntnis) zu gewährleisten (vgl. ebd. S. 539). Dafür sollen die Vorüberlegungen über professions- und organisationstheoretische Modelle und die dafür benötigten unterschiedlichen methodischen Vorgehensweisen miteinander vereint werden. Hierfür bietet sich das Verfahren der empirisch begründeten Typenbildung in der qualitativen Sozialforschung an (vgl. Kluge 2000), womit die Bildung von Nutzungstypen auf der Basis professioneller bzw. organisationaler Überzeugungen (kurz genannt Professions- und Organisationstypen) angestrebt wird. Abschließend sollen diese beiden Typologien im Sinne der modellbildenden Gesamtinterpretation in Zusammenhang gesetzt werden, um komplexe Wirkungszusammenhänge zwischen Profession und Organisation in Hinblick auf den Umgang mit Rückmeldungen aus Lernstandserhebungen aufzudecken. An dieser Stelle kommt wiederum die qualitative Inhaltsanalyse zum Einsatz, die einen deskriptiven Zugang für die Erklärung möglicher Wirkungszusammenhänge ermöglicht.

Empirisch begründetes Verfahren der Typenbildung

Das empirisch begründete Verfahren der Typenbildung steht im Gegensatz zu eher am Idealtypus orientierten Verfahren wie etwa dem Verfahren von Gerhardt (1991). Mit diesem Verfahren können unterschiedliche Auswertungsmethoden und -techniken realisiert werden, um damit eine Überwindung ihrer eigentlichen Trennung zu erreichen. Mit der empirisch begründeten Typenbildung wird für diese Untersuchung ein methodologisches Rahmenmodell geliefert, das eine systematische Zusammenführung nachfolgend beschriebener methodischer Verfahren ermöglicht. Ziel dieser Zusammenführung ist eine systematische und nachvollziehbare Typenbildung, die innerhalb der Forschungspraxis und der Bewertung der Ergebnisse bestand hat und zur Theoriebildung beiträgt.

Zunächst muss allerdings kurz erläutert werden, was unter Typologie und Typus überhaupt verstanden wird, bevor auf die einzelnen Stufen der Typenbildung eingegangen werden kann. Innerhalb der methodischen Diskussion werden sehr unterschiedliche Typenbegriffe verwendet, wie etwa die Idealtypen nach Weber, empirische Typen, Strukturtypen, Prototypen, etc., die z.T. nicht immer explizit definiert sind. Der hier verwendete Typologiebegriff beschreibt einen Gruppierungsprozess, „bei dem ein Objektbereich anhand eines oder mehrerer Merkmale in eine Gruppe bzw. Typus eingeteilt wird (...), so daß sich die Elemente innerhalb eines Typus möglichst ähnlich sind (*interne Homogenität* auf der ‚Ebene des Typus') und sich die Typen voneinander möglichst stark unterscheiden (*externe Heterogenität* auf der ‚Ebene der Typologie' (...)“ (Kluge 2000, Abs. 2). Innerhalb dieser Arbeit leitet der theoretisch erstellte heuristische Analyserahmen diesen Gruppierungsprozess an. Ein Typus beschreibt dabei die Teilgruppen, die ähnliche Eigenschaften aufweisen, an denen sie anhand einer spezifischen Konstellation beschrieben werden können (Kombination von Merkmalen (Kausaladäquanz) und inhaltlichen Sinnzusammenhängen (Sinnadäquanz)). Hiermit liegt diesen Typologien ein professions- bzw. organisationsspezifischer Merkmalsraum zugrunde, der sich als Mehrfeldertafel darstellt, der alle theoretisch denkbaren Kombinationsmöglichkeiten enthält. Hier betont Kluge (2000), dass nur dann empirisch begründete Typen gebildet werden können, wenn die empirischen Analysen mit theoretischem (Vor-) Wissen verbunden werden (vgl. ebd., Abs. 6), wie es in dieser Arbeit vorgenommen wurde. Die Konstruktion der Typen bzw. Typologien kann in vier Auswertungsstufen unterschieden werden:

- Erarbeitung relevanter Vergleichsdimensionen: Die Formulierung der Forschungsfrage (s. Kapitel 1.4), der Rückgriff auf theoretisches (Vor-)Wissen – wie im *heuristischen Analyserahmen* (s. Kapitel 2.4.4) zusammengefasst – mittels Auswertungsmethoden wie dem *theoretischen Kodieren* (nachfolgend beschrieben).
- Gruppierung der Fälle und Analyse der empirischen Regelmäßigkeiten: Die oben erarbeiteten Vergleichsdimensionen und ihre Ausprägungen (Merkmalsraum wie im heuristischen Analyserahmen dargestellt) werden innerhalb dieser Studie zur Gruppierung der Einzelfälle herangezogen und eine Analyse der empirischen Regelmäßigkeit anhand des Vergleichs der Einzelfälle erreicht. Interne Homogenität kann durch den Vergleich aller Interviewaussagen hergestellt werden und externe Heterogenität durch den Vergleich der schulbasierten Fallstudien.
- Analyse der inhaltlichen Sinnzusammenhänge und Typenbildung: Hier sollen soziale Phänomene nicht nur beschrieben, sondern auch verstanden und erklärt werden, wobei es häufig zu einer Reduktion oder Ergänzung des Merkmalsraums kommt: Innerhalb dieser Arbeit findet eine *interpretativ-rekonstruierenden Auswertungsmethode* Anwendung (nachfolgend beschrieben).
- Charakterisierung der gebildeten Typen anhand ihrer Merkmalskombinationen und inhaltlichen Sinnzusammenhänge: Innerhalb dieser Arbeit werden empirisch begründete Professions- und Organisationstypen gebildet (s. Kapitel 4.1 und 4.2), die anhand des oben beschriebenen Merkmalsraum beschrieben und durch ihre Sinnzusammenhänge charakterisiert werden.

Theoretisches Kodieren

Um die geforderte Transparenz in den Erkenntnisprozess zu bringen, wird ein Verfahren vorgestellt, dass eine methodische Anleitung für die Auswertung des empirischen Materials bereitstellt, gleichzeitig aber die Möglichkeit enthält, die theoretischen Vorüberlegungen einzubeziehen. Die Kodierung empirischen Materials stellt neben der Zielstellung der Theorie- und Modellentwicklung auch ein rein methodisch-technisches Vorgehen dar, das für die Erarbeitung einer rekonstruktiven, sinnverstehenden modell- und typenbildenden Gesamtinterpretation des empirischen Materials angestrebt wird. Der Prozess des theoretischen Kodierens (vgl. Glaser & Strauss 1965/1979, 1998, Strauss & Corbin 1996) beschreibt eine Vorgehensweise, die die Daten aufbrechen, konzeptualisieren und auf neue Art zusammensetzen kann (vgl. Strauss & Corbin 1996 S. 39). Es dient der gegenstandsbezogenen Theoriebildung[67] und kann unterschieden werden in *offenes, axiales* und *selektives Kodieren* und wird wieder in Beziehung gesetzt innerhalb der so genannten *Bedingungsmatrix*. Die Grenzen zwischen den drei verschiedenen Kodiertypen sind künstliche und werden während des Kodierprozesses häufig gleichzeitig angewandt.

Beim *offenen Kodieren* werden Daten und Phänomene in Begriffe gefasst, wobei dies nicht für den gesamten Text, sondern allein für aufschlussreiche Passagen vorgenommen wird. Die Begriffe sind entweder aus der Literatur entlehnt (konstruierte Kodes) oder aus den Aussagen übernommen (in-vivo-Kodes) und die Kodelänge ist variabel (Zeile-für-Zeile, abschnittsweise, ganze Texte); dies soll als Ergebnis zu einer Liste der entwickelten Kodes und Kategorien[68] mit inhaltlichen Erläuterungen und inhaltlichen Definitionen führen. Die entwickelten Kategorien beschreiben dabei Eigenschaften, die anschließend dimensionalisiert[69] werden können, was anschließend zur Bildung von Subkategorien führt. Das *axiale Kodieren* soll die durch offenes Kodieren entstandenen Kategorien verfeinern und differenzieren, dabei sollen die Beziehungen zwischen den Kategorien und ihren Subkategorien verdeutlicht bzw. hergestellt werden. Dieses Vorgehen findet zwischen induktivem und deduktivem Vorgehen statt. Axiales Kodieren setzt somit die Daten auf eine neue Art wieder zusammen und stellt Verbindungen zwischen einer Kategorie und ihren Subkategorien her. Das *selektive Kodieren* stellt ein höheres Abstraktionsniveau dar. Hierbei geht es um die Herausarbeitung einer Kernkategorie, unter der die anderen entwickelten Kategorien gruppiert werden können, d.h. es wird eine zentrale Kategorie für ein zentrales Phänomen entwickelt. Diese Kernkategorie soll auch zu anderen Kategorien in Beziehung gesetzt werden, was schließlich zur Ausformulierung einer Theorie führt, an der die Daten erneut überprüft werden können. Die *Bedingungsmatrix* stellt ein analytisches Hilfsmittel oder auch Rahmenkonzept dar, mit dem die unterschiedlichen Ebenen der Auswertung miteinander verknüpft werden können und mit dem Bedingungspfade unter den unterschiedlichen Kategorien und Subkategorien hergestellt werden können. Innerhalb dieser Arbeit ist die Bedingungsmatrix das Endprodukt zwischen theoretischen Vorüberlegungen (s. Kapitel 2.4.4) und den erfolgten Auswertungsschritten und wird in Kapitel 4 dieser Arbeit darges-

---

[67] Die gegenstandsbezogene Theorieentwicklung wird von Glaser & Strauss (1965/1979) definiert als „die Formulierung von Konzepten und deren Beziehungen zu einem Satz von Hypothesen für einen bestimmten Gegenstandsbereich (...), die sich auf Forschung in diesem Bereich stützt" (ebd., S. 91).

[68] Kategorien werden von Strauss & Corbin (1996) als Klassifikation von Konzepten definiert, d.h. es wird ein abstraktes Konzept entwickelt, das sich durch den Vergleich auf Phänomene bezieht.

[69] Dimensionen werden von Strauss & Corbin (1996) als die Anordnung von Eigenschaften auf einem Kontinuum beschrieben.

tellt. Insgesamt korrespondiert das theoretische Kodieren mit der bereits vorgestellten und innerhalb dieses Forschungsprojektes angewandten theoretischen Samplingstrategie, die von Glaser & Strauss zeitgleich entwickelt worden ist. Beiden gemein ist das Wechselspiel zwischen Erhebung der Daten und ihrer Auswertung, was letztlich zur Erstellung einer gegenstandsbezogenen Theorie über den untersuchten Gegenstand führt. Notwendig erscheint dieses Vorgehen, um ein transparentes und für den Leser nachvollziehbares Vorgehen in Bezug auf die Güte der qualitativen Auswertungsverfahren zu gewährleisten.

Interpretativ-rekonstruierende Auswertung – Rekonstruktion von Sinn

Die interpretativ-rekonstruierende Auswertung beschreibt eine Perspektive bei der angestrebten Typenbildung und erlaubt eine tiefer gehende Auswertung des vorliegenden empirischen Materials. Die interpretative Soziologie stellt allerdings nur einen Überbegriff für durchaus unterschiedliche Ansätze dar (vgl. Hitzler 2002), der auch die sich sehr nahe stehenden Erkenntnisansätze der sozialwissenschaftlichen Hermeneutik (vgl. Soeffner & Hitzler 1994, Soeffner 1999) und der wissenssoziologischen Hermeneutik (vgl. Hitzler, Reichertz & Schröer 1999b) beinhaltet, auf die z.T. innerhalb dieser Untersuchung zurückgegriffen wird. Diese methodologischen Perspektiven gehen über die bloße Anwendung von Methoden, d.h. rein verfahrenstechnisch kontrollierte Wegweiser, hinaus, indem sie versuchen implizite Sinngehalte, d.h. tiefer liegende Sinn- und Bedeutungsschichten zu rekonstruieren. Außerdem versuchen diese Perspektiven eine Haltung des Interpreten zu beschreiben, die aufgrund einer theoretischen Fundierung der Auslegung der Daten basiert. Innerhalb dieser Untersuchung wird nicht mit der Auffassung der Interpretation als Kunstlehre sympathisiert, sondern vielmehr versucht, durch Transparenz und einer exakten Darstellung der Auswertungsschritte und theoretischen Hintergrundüberlegungen die Nachvollziehbarkeit zu gewährleisten. Ziel der sozialwissenschaftlichen Hermeneutik ist in Rückgriff auf Max Weber das *Verstehen und Erklären* gesellschaftlicher Konstruktionen.

Grundprinzip stellt das Verstehen des Verstehens dar, wobei zwischen alltäglichem und wissenschaftlichem Verstehen durch methodisch kontrollierte Interpretation unterschieden wird. Die Lösung wird innerhalb dieser Forschungsperspektive in der sozialwissenschaftlichen Hermeneutik gesehen, die systematisch den Zweifel im Verstehen integriert. Methodologisch wird zwischen Konstruktionen erster und zweiter Ordnung unterschieden: Konstruktionen erster Ordnung beschreiben die alltäglichen, sozialhistorisch verankerten Typen, Modelle, Routinen, Plausibilitäten, Wissenschaftsformen, Wissensbestände und Schlussverfahren. „Mit ihrer je ‚eigenwilligen' Stellungnahme leisten Akteure demzufolge (zumindest) zweierlei: Sie legen das gesellschaftlich vorausgelegte Wissen entsprechend den eigenen Dispositionen aus, und sie entwerfen auf dieser Basis Handlungsziele und Handlungsabläufe" (Hitzler, Reichertz & Schröer 1999b, S. 12). Die erhobenen Daten stellen für den Forschungsprozess abgeschlossene Handlungen dar, deren Interpretationen nicht mehr die ‚real' existierenden Handlungen bzw. Konstruktionen erster Ordnung darstellen. Konstruktionen zweiter Ordnung beschreiben dahingehend die kontrollierte, methodisch überprüfte und überprüfbare, verstehende Rekonstruktion der Konstruktionen erster Ordnung (vgl. Soeffner 1999). Das wissenschaftliche Verstehen bezieht sich hiermit auf die kontrollierte Auslegung von Daten der ersten Ordnung und das Erklären setzt dagegen die Ursachenbeschreibung durch die Konstruktionen der zweiten Ordnung.

Hier werden idealtypische zweckrationale Konstruktionen als Vergleichsbasis für die Konstruktionen erster Ordnung für das dokumentierte Handeln erarbeitet, was zu kausalen Erklärungen führt. „Der konkrete Einzelfall wird also ausschließlich im Hinblick auf *seinen Abstand vom und seine Differenz zum begrifflich ,reinen' zweckrationalen Idealtypus* kausal erklärt" (ebd., S. 47). Offenlegung der Interpretationsarbeit gehört zur Kontrollverpflichtung des wissenschaftlichen Interpreten.

3.3.2 Modellbildung durch Deskription: Within- und Cross-Case Analysis

Für die Berücksichtigung kulturtheoretischer Ansätze und der deskriptiven Beschreibung der Einzelschulen (*Within-Case Analysis*) sowie deren Fallvergleich (*Cross-Case Analysis*), und um nutzungsrelevante organisationale und professionelle Variablen zu identifizieren, wird auf das Verfahren der qualitativen Inhaltsanalyse zurückgegriffen. Diese Auswertungen werden in Beziehung zur Typenbildung gesetzt, um zu einer eindeutigeren Modellbildung über Wirkungszusammenhänge zwischen Profession und Organisation zu gelangen. Positiv zu erwähnen ist bei der qualitativen Inhaltsanalyse die transparente Systematik und das flexible Kategoriensystem, die beide durch das strukturierte und vorab festgelegte Vorgehen ermöglicht werden. Diese Regelgeleitetheit ermöglicht vor allem das Anlegen (qualitativer) Kriterien für die Bestimmung der Güte der Datenauswertungen[70]. Mit diesem Verfahren kann das erhobene empirische Material (Interviews, weitere Datenquellen) ausgewertet werden[71], um anschließend auf der Fallebene der Schule zusammengefügt zu werden (s. Kapitel 5). Dabei werden die Einzelauswertungen miteinander in Beziehung gesetzt, die zu einer Beschreibung der beiden Schulen (als Einheiten) führt. D.h. es wird eine Fallbeschreibung und -strukturhypothese erstellt, die im Sinne der Cross-**Case** Analysis beide Schulen miteinander vergleichbar macht.

Die qualitative Inhaltsanalyse zeichnet sich durch a) eine systematische Bearbeitung des Materials in Bezug auf den Inhalt und die Erstellung einer Systematik, b) eine Regel- und Theoriegeleitetheit und c) das Ablaufmodell der angewandten Techniken aus (vgl. Mayring 1991, 1995, 2005). Dieses lässt sich wie folgt darlegen (vgl. Flick 2006b, S. 279).

1.	*Bestimmung des Ausgangsmaterials*: Innerhalb dieser Studie handelt es sich um alle problemzentrierten Interviews und Protokolle.
2.	Die Auswertung wird durch *Fragestellung der Analyse* geleitet und die theoriegelei-

---

[70] Objektivität fällt methodologisch mit dem Kriterium der Reliabilität zusammen und kann durch die so genannte Intracoder- (derselbe Kodierer) und Intercoder-Reliabilität (mind. zwei Kodierer) gewährleistet werden. An diesen Aspekt schließt sich gleichzeitig die Problematik der Erschöpfung und Saturierung (vgl. Groeben & Rustemeyer 1995, S. 543) an, die beschreibt, dass jede einzelne Analyseeinheit nur unter eine Kategorie und nicht unter mehrere fallen darf. Es muss folglich eine Einschränkung der Reliabilität gemacht werden, indem die notwendige Offenheit bei der Kategorienerstellung beibehalten wird, ohne die Intersubjektivität der Methode aufzulösen. Validität wird auch hier über die Explikation und Begründung der jeweiligen Schlussfolgerungen erreicht.

[71] Einen Vorteil bietet dieses Verfahren, da computergestützte Auswertungen möglich sind. Realisiert wurde dies in dieser Arbeit durch das Programm MAXqda, das eine Kodierung der Interviews und eine Kodierung durch unterschiedliche Auswerter vereinfacht. Scheibler & Pfaff (2004) beschreiben ein auf der qualitativen Inhaltsanalyse begründetes mit MAXqda gestütztes deduktiv-induktives Auswertungsverfahren, das letztlich auch für die Theorie- und Typenbildung genutzt werden konnte. Weiterhin wird von Kuckartz (2004) beschrieben, dass sich QDA-Software neben dem Datenmanagement auch besonders für eine Texterschließung mit theoretischem Kodierens und qualitativer Inhaltsanalyse eignet.

---

tete Differenzierung der Fragestellung über die Erfassung des theoretischen Hintergrunds berücksichtigt (s. Kapitel 1 & 2 dieser Arbeit).

3. *Ablaufmodell und Einheiten der Analyse* werden festgelegt: Definition der a) Kodiereinheit als kleinster Materialbestandteil ist hier das Wort), b) Kontexteinheit als größter Textbestandteil des Kodes entspricht hier dem ganzen Text und c) Auswertungseinheit, Textteile werden hier in der Reihenfolge der Interviews, Gespräche und Erhalt der Dokumente ausgewertet.

4. *Materialanalyse* anhand des Kategoriensystems nach festgelegten Grundformen des Interpretierens (innerhalb der Auswertungen dieser Arbeit finden alle Formen Anwendung):

5. Die *zusammenfassende Inhaltsanalyse* beinhaltet die induktive Kategorienbildung, d.h. es wird eine Materialreduzierung auf wesentliche Inhalte durch Auslassung, Generalisation, Konstruktion, Integration, Selektion und Bündelung vorgenommen

6. Die *explizierende Inhaltsanalyse* verdeutlicht unklare Textelemente durch das Heranziehen zusätzlichen Materials, dabei ist das systematische und kontrollierte Sammeln des Explikationsmaterials von entscheidender Bedeutung

7. Die *strukturierte Inhaltsanalyse* beschreibt das Herausfiltern bestimmter Aspekte unter vorher festgelegten Ordnungskriterien, wie etwa formalen, inhaltlichen, typisierenden oder skalierenden Kriterien, die der Erstellung eines Kodierleitfadens dienen und einen Eindruck von der inneren Struktur des Material ermöglichen

---

Die theoriegeleitet entwickelten Strukturierungsdimensionen können durch exakte Definitionsformulierungen, typische Textpassagen – Ankerbeispielen – und Kodierregeln beschrieben werden, womit ein Kodierleitfaden entsteht. Für diese Studie wird ein Kodierleitfaden (s. Tabelle 8) verwendet, der sich auf die inhaltliche Rahmenstruktur des Interviewleitfadens bezieht (s. Kapitel 3.1.2) und zunächst die inhaltsanalytische Auswertung der einzelnen Interviews in Einzelfallprofilen und im zweiten Schritt die Zusammenführung zu Schulprofilen angeleitet hat. Im ersten Durchlauf der Interviews wurden die Aussagen inhaltlichen Subkategorien zugeordnet und im zweiten Schritt wurden diese Oberkategorien zugeordnet, die sich in soziale und prozessuale unterscheiden lassen. Diese im letzten Schritt erstellten Kategorien strukturieren die Darstellung der Schulprofile, die in Kapitel 5 dieser Arbeit vorgestellt werden.

Tabelle 8: Kodierleitfaden

Prozessuale Dimensionen		Soziale Dimensionen	
Oberkategorie	Subkategorie	Oberkategorie	Subkategorie
1 Allg. Überzeugungen zu Reformen und zur LSE	1.1 Sinn/Zweck der LSE	5 (Kenntnisse über) Entscheidungen der Schulleitung	5.1 Allg. Überzeugung
	1.2 Anspruch/ Erwartung an LSE		5.2 (Kenntnisse über) Entscheidungen der Schulleitung
	1.3 Allg. Überzeugung		5.3 (Kenntnisse über) Entscheidungen der Schulleitung durch Ergebnisse bedingt
2 Prozesse vor den Ergebnisrückmeldungen	2.1 Allg. Informationen/Wissen	6 (Überzeugungen zur) Zusammenarbeit im Kollegium	6.1 Allg. Überzeugungen zur Zusammenarbeit
	2.2 Entscheidungen zur Durchführung		6.2 informelle Entscheidungen zwischen Kollegen
	2.3 Entscheidungen zur Korrektur		6.3 formelle Entscheidungen im (Fach-) Kollegium
	2.4 Entscheidungen über Aufgabenstellungen/-formate	7 Arbeit mit den Schülern (aufgrund der Ergebnisse)	7.1 Allg. Überzeugungen
3 Wahrnehmung der Rückmeldungen (Modell Helmke & Schrader)	3.1 Rezeption		7.2 Entscheidung die Schüler betreffend aufgrund Ergebnisse
	3.2 Reflexion	8 Kontakt mit Eltern (aufgrund der Ergebnisse)	8.1 Allg. Überzeugungen
	3.3 Handlung		8.2 Entscheidung die Eltern betreffend aufgrund Ergebnisse
	3.4 Evaluation		
4 Entscheidungen den (eigenen) Unterricht betreffend	4.1 Allg. Konzepte & Methoden		
	4.2 Entscheidung durch Ergebnisse		

Eine kurze Beschreibung der einzelnen Kategorien wird hier vorgestellt.

1. Allgemeine Überzeugungen zu Reformen und zur Lernstandserhebung: Aussagen zum Sinn, Zweck oder Zielen der Lernstandserhebungen oder anderen damit in Verbindung stehenden Reformen, beinhaltet auch den Anspruch, der an die Lernstandserhebungen bzw. Reformen formuliert wird.

2. LSE-Prozesse vor den Ergebnisrückmeldungen: Aufgabenstellung, Durchführung, Korrektur, allg. Informationen zur Lernstandserhebung, d.h. alle Aussagen über die LSE bis zur Ergebnisrückmeldung.

3. Wahrnehmung der LSE-Rückmeldungen (Modell Helmke & Schrader): Prozesse die Rezeption, Reflexion, Handlung und Evaluation der rückgemeldeten Ergebnisse betreffend, d.h. betrifft nur die Wahrnehmung der rückgemeldeten Ergebnisse[72].

---

[72] Das Rezeptionsmodell nach Helmke & Schrader wird hier als Möglichkeit der Systematisierung der Datennutzung gebraucht, da die einzelnen Phasen klar definiert sind (s. Kapitel 1.3). Es wird aber nur im Kontext der professions- und organisationstheoretischen Überlegungen genutzt.

4. Entscheidungen den (eigenen) Unterricht betreffen: Allgemeine (didaktisch-metho-dische) Überzeugungen und Entscheidungen, sowie direkt durch die Lernstandsergeb-nisse beeinflusste Entscheidungen den eigenen Unterricht bzw. allgemeine Unter-richtskonzepte betreffend.

5. (Kenntnisse über) Entscheidungen der Schulleitung: Durch die Schulleitung getroffene Entscheidungen allg. in Bezug auf die Lernstandserhebungen oder aufgrund konkreter Ergebnisse oder Aussagen zu den jeweiligen Kenntnisse über Schulleitungsentschei-dungen durch die Fachlehrkräfte.

6. (Überzeugungen zur) Zusammenarbeit im Kollegium: Aussagen, die eine informelle als auch formelle Ebene der Zusammenarbeit allgemein oder in Bezug auf rückgemel-dete Ergebnisse formulieren.

7. Arbeit mit den Schülern (aufgrund der LSE): Aussagen, die Entscheidungen oder Überzeugungen über die allg. Arbeit bzw. direkt durch LSE-Ergebnisse beeinflusste Arbeit mit den Schülern direkt betreffen.

8. Kontakt mit Eltern (aufgrund der LSE): Aussagen, die Entscheidungen oder Überzeu-gungen über den allg. Kontakt bzw. direkt durch Lernstandsergebnisse beeinflussten Kontakt mit den Eltern betreffen.

Mit diesem Kodierleitfaden sind für die Schule A 13 und für die Schule B 10 Einzelfallpro-file entstanden, die auf Originalzitaten und Paraphrasierungen basieren; auf Originalzitate wurde vor allem dann zurückgegriffen, wenn diese möglichst präzise eine Einstellung oder einen Prozess beschreiben. Die Einzelfallprofile stellten einen Zwischenschritt zur Erstel-lung der Schulprofile dar; die Schulprofile werden in Kapitel 5 dieser Arbeit vorgestellt.

Gesamter Auswertungsprozess des empirischen Materials

Der Zugang zum empirischen Material, d.h. der gesamte Auswertungsprozess, wird inner-halb der folgenden Abbildung 9 zusammenfassend dargestellt:

Abbildung 9:   Ablauf der gesamten Auswertungsschritte

Beschreibung der Gesamtstichprobe
bestehend aus beiden Schulen mit den jeweils beteiligten Fachlehrkräften (Kapitel 3.2.2)
➡ **Typenbildende Gesamtinterpretation aller (23[73]) 19 Einzelfälle**
▪ Erstellung der Vergleichsdimensionen (s. Kapitel 2; Heuristik s. Kapitel 2.4.4) ▪ Fallgruppengruppierung & Typenbildung ▪ Charakterisierung der „Professionstypen" und der „Organisationstypen" (s. Kapitel 4.1 und 4.2)
➡ **Modellbildung: Wirkungszusammenhänge zw. Profession und Organisation**
– Zusammenführung der „Professions- und Organisationstypen" zu Nutzungsmustern – schulspezifische Typologie der Nutzungsmuster

Erste Anhaltspunkte für Wirkungszusammenhänge durch schulspezifische Auswertungen

Spezifizierung der Anhaltspunkte durch deskriptive Fallanalysen	
Fallanalyse Schule A	**Fallanalyse Schule B**
→ *Within-Case Analysis* auf der Basis der Auswertung der Einzelfälle mit Hilfe der Inhaltsanalyse (s. Kapitel 5.1.1-5.1.8)	→ *Within-Case Analysis* auf der Basis der Auswertung der Einzelfälle mit Hilfe der Inhaltsanalyse (s. Kapitel 5.2.1-5.2.8)
► Erstellung einer Fallstrukturbeschreibung (s. Kapitel 5.1)	► Erstellung einer Fallstrukturbeschreibung (s. Kapitel 5.2)
Σ Identifizierung von Wirkungszusammenhängen durch Schulvergleich (*Cross-Case Analysis*) (s. Kapitel 5.3.1) → Fallvergleich aufgrund der Fallstrukturbeschreibungen → Unterschiede & Gemeinsamkeiten der beiden Schulen	

<u>Modell über komplexe Wirkungszusammenhänge</u>
– Fallhypothesen über mögliche Zusammenhänge zwischen Profession und Organisation

---

[73] Insgesamt wurden 19 Lehrkräfte interviewt, einige davon im Längsschnitt mehrfach, weshalb 23 Interviewtranskripte für die Auswertung vorliegen.

4 Ergebnisse der Typen- und ersten Modellbildung

Grundlage für die Typen- und Modellbildung bilden die theoretischen Vorüberlegungen aus Kapitel 2: Hier wurden sowohl die Profession als auch die Organisation als zwei Teilbereiche dargestellt, die von den Lernstandserhebungen berührt werden. Auf dieser Basis werden die empirisch rekonstruierten Nutzungstypen basierend auf professionellen (Professionstypen s. Kapitel 4.1) und organisationalen (Organisationstypen s. Kapitel 4.2) Überzeugungen beschrieben, die aus den Interviews mit den Lehrkräften beider Schulen resultieren. Die Typen stützen sich auf die in Kapitel 2.4 dargestellte Heuristik, die aufgrund der empirischen Auswertungen ihre endgültige Ausgestaltung erfahren hat. Methodisch begründen sie sich auf die empirisch begründete Typenbildung nach Kluge (2000). In Bezug auf die theoretische Grundlage der Auswertungen werden fallbezogene Plausibilitätsprüfungen der Vorüberlegungen vorgenommen, um sicher zu stellen, dass das heuristische Modell sinnvoll angewandt werden kann. In diesem Auswertungsschritt wird noch keine schulformspezifische Auswertung vorgenommen, die Fallstudie (s. Kapitel 3.1) tritt an dieser Stelle zunächst zurück, indem mehr Gewicht auf die Typenbildung über beide Schulen hinweg gelegt wird. Anschließend wird der Versuch unternommen, Wirkungszusammenhänge zwischen den Professions- und Organisationstypen herauszuarbeiten. Hierbei geht es um die Darstellung von Zusammenhängen zwischen den Dimensionen der Profession und Organisation anhand systematischer Nutzungsmuster, die sich aus der Verbindung zwischen dem Gebrauch der Rückmeldungen im Kontext professioneller Arbeit und der Organisationsstruktur entwickeln lassen (s. Kapitel 4.3). Die schulspezifische Auswertung, d.h. eine Betrachtung der befragten Lehrkräfte getrennt nach den beiden untersuchten Gesamtschulen, erfolgt in Kapitel 5 dieser Arbeit.

In Rückblick auf das Kapitel 2, in dem die theoretischen Vorüberlegungen dieser Arbeit vorgestellt wurden, kann resümierend für die Auswertung des empirischen Materials Folgendes festgehalten werden. Für die Professionstypen (vgl. Kapitel 2.2) gilt aus professionsfunktionalistischer Perspektive, dass professionelle Arbeit in besonderer Weise wissensabhängige Arbeit ist. Mit den Rückmeldungen wird den Schulen und Lehrkräften neues Wissen bereitgestellt, das es ermöglichen kann, technologische – im Sinne rational begründeter – Argumentations- und Entscheidungsmuster zu verfolgen. Entscheidungen können mit den empirischen Daten auf eine rationale Basis gestellt werden, die ihnen in dieser Form zuvor nicht zur Verfügung stand. Mit Parsons wurde argumentiert, dass der kognitive Komplex eine mit akademischen Einrichtungen verbundene Institutionalisierung kognitiver Rationalität als Wertmuster darstellt. „In dieser Eigenschaft moderiert der kognitive Komplex Überzeugungen zur Beurteilung und zum Umgang mit Wissen" (Kuper & Hartung 2007, S. 216). Die nachfolgende Ergebnispräsentation richtet sich auf Frage, wie die Überzeugungen der Lehrkräfte strukturiert sind, die die Ergebnisnutzung anleiten. In Rückbezug auf den systemtheoretischen Rahmen (Luhmann) dieser Arbeit kann mit der Verwendung dieses empirischen Wissens von einer Erhöhung der Technologiemenge ausgegangen werden, d.h. den Lehrkräften wird eine technologische Interpretation ihrer Arbeit angeboten, es werden also Kausalableitungen ermöglicht. Es schließt sich die Frage an, wie Lehrkräfte und Schulen mit diesem Angebot umgehen und wie sie es in ihre Sensemaking-Prozesse integrieren. Es ist davon auszugehen, dass diese Prozesse von (professionellen) Überzeugungen angeleitet werden, und dass diese moderieren, inwieweit Informationen für die Strukturierung ihrer Tätigkeiten (z.B. Unterrichtsentwicklung, Schulentwicklung) genutzt, oder als Kontrollinstrument bzw. als technokratische Handlungsanweisung (miss-)verstanden werden. Die für die Auswertung des empirischen Materials genutzte Heuristik stützt sich vor allem auf die professionsfunktionalistische Analyse Rüschemeyers. Hiermit wurden zwei Komponenten professioneller Arbeit identifiziert, die den Korpus professionellen Wissens und Handelns (1) bilden (s. Tabelle 9): Einerseits ist damit (1a) die *Struktur des Wissenskorpus* herausgearbeitet worden, mit der die Nutzung der Rückmeldungen beschrieben werden soll, d.h. wie die Lehrkräfte die rückgemeldeten Daten und das darin enthaltene Wissen auslegen. Andererseits wurde (1b) die *Deutung des Zentralwerts* herausgearbeitet, mit der die Problemstellungen, die durch die rückgemeldeten Ergebnisse aufgeworfen werden, interpretiert bzw. aufgelöst werden, d.h. wie die Lehrkräfte mit der Problematik umgehen, die mit der Einführung der Lernstandserhebung einhergeht: Was wird dort gemessen?

Für die Organisationstypen gilt (s. Kapitel 2.1) aus der Perspektive der hier verwendeten Organisationstheorien, dass die Etablierung von Lernstandserhebungen in Schulen nur einen mittelbaren Einfluss auf die Kommunikation zwischen Lehrkräften und Schülern hat; vielmehr wird mit den Lernstandserhebungen ein Instrument bereitgestellt, das als organisatorische Ressource der Reflexion professioneller Arbeit dienen soll. Den Lehrkräften werden durch die Rückmeldungen Daten bereitgestellt, die sie aus ihren individuellen Erfahrungen nicht gewinnen können; D.h. sie bekommen aggregierte Informationen auf den Ebenen Schüler, Klasse bzw. Kurs und einer landesweiten Vergleichsstichprobe (s. Kapitel 3.2.1). Lernstandserhebungen können auf dieser Ebene der standardisierten Informationstechnik zu einem Medium der schulischen Organisation werden. Daran schließt sich die Frage an, wie mit dem Instrument der Lernstandserhebungen innerhalb der Schulen als organisatorische Ressource umgegangen wird und wie die Rückmeldungen in die schulischen Organisationsstrukturen integriert bzw. wie diese u.U. durch die Nutzung verändert werden. Es stellt sich folglich die Frage, wie sich Lernstandserhebungen als eine organisatorische Ressource etablieren? Unter einem systemtheoretischen Rahmen wurde durch die Integration bürokratietheoretischer Ansätze die Dimension der *Koordination* der Arbeit innerhalb einer Organisation hervorgehoben und formelle Verfahren der Kommunikation wurden als zentrales Instrument der Regulierung schulinterner Arbeitsprozesse vorgestellt. Kontingenztheoretische Ansätze haben dagegen die *Kontrolle* der Arbeit innerhalb der professionellen Organisation in den Vordergrund gestellt, die die Zusammenarbeit der Schulleitung, den professionellen Mitarbeitern und der Umwelt strukturiert. Und mit neoinstitutionalistischen Modellen wurde die Bedeutung der Umwelt als einflussnehmende Größe für die Ausgestaltung der professionellen Arbeit und der lose gekoppelten Organisationselemente betrachtet, die sowohl die *Koordination* als auch die *Kontrolle* der Arbeit beeinflussen. Hiermit konnte gezeigt werden, dass Schulen zwischen dem Organisationsmuster der Bürokratie und dem Ziel, eine moderne Organisation zu werden, stehen. Für die Organisationstypen wurden für das heuristische Rahmenmodell Komponenten der Organisationsstruktur herausgearbeitet, die den organisatorischen Kontext professioneller Arbeit in Schulen (2) beschreiben (s. Tabelle 9). (2a) Hierfür wurden, wie eben bereits beschrieben, die Dimensionen der *intern und extern erfahrenen Kontrolle* der eigenen Arbeit durch die Nutzung der Rückmeldungen und (2b) die *schulintern praktizierte Koordination* der Arbeit durch den Umgang mit der Lernstandserhebung herausgearbeitet.

Dieses Heuristik (s. Tabelle 9) vereint damit die mit der Lernstandserhebung verbundene Forderung der Einbindung (technologischen) wissenschaftlichen Wissens als rationale Entscheidungsbasis für (professionelles) Lehrerhandeln und der Etablierung der Lernstandserhebung als ein Medium der Organisation (vgl. Kuper & Hartung 2007, S. 219f.). Das hier abgebildete heuristische Rahmenmodell bildet die Strukturierung der Nutzungstypen auf der Basis professioneller bzw. organisationaler Überzeugungen der Lehrkräfte (Professions- und Organisationstypen) entlang der dargestellten Dimensionen. Zunächst werden hier die Professions- und Organisationstypen getrennt voneinander betrachtet, da es sich dabei um Umgangsweisen mit den Daten auf verschiedenen Ebenen handelt.

Tabelle 9: Heuristisches Rahmenmodell

Professionstypen (Nutzungstypen auf der Basis professioneller Überzeugungen)				**Organisationstypen** (Nutzungstypen auf der Basis organisationaler Überzeugungen)			
(1) Komponenten professioneller Arbeit: Korpus professionellen Wissens und Handelns				(2) Komponenten der Organisationsstruktur: Organisatorischer Kontext professioneller Arbeit			
		(1a) Dimension: Struktur des Wissenskorpus				(2a) Dimension: Kontrolle (intern & extern)	
		Pol 1	Pol 2			Pol 5	Pol 6
(1b) Dimension: Deutung des Zentralwerts	Pol 3			(2b) Dimension: Koordination (schulintern)	Pol 7		
	Pol 4				Pol 8		

Insgesamt sind für beide Bereiche der Profession und Organisation vier Typen aufgrund der interpretativ-rekonstruierenden Herangehensweise und dem theoretischen Kodieren unter dem Rahmen der empirisch begründeten Typenbildung (s. Kapitel 3.3.1) rekonstruiert und empirisch nachgewiesen worden. Die Professions- und Organisationstypen basieren auf allen erhobenen Fällen[74] und es wurde zunächst keine schulspezifische Typologie erstellt, da davon ausgegangen werden kann, dass sich die Typen, wenn auch nicht quantitativ gleich, in beiden Schulen anfinden lassen. Für die Darstellung der Typen wird der Merkmalsraum herangezogen, indem die jeweiligen Dimensionsausprägungen der Typen beschrieben werden. Die Dimensionsausprägungen werden als sich gegenüberliegende Pole dargestellt, denen die Aussagen der Lehrkräfte zugeordnet werden. Die Zuordnung zu einem Pol erfolgt für einen Fall immer eindeutig, indem seine Aussagen schwerpunktmäßig entweder dem einen oder anderen Pol zugerechtet werden. Hier wurde mithilfe von MAXqda zunächst eine Übersicht über die Zuordnungen zu den jeweiligen Polen überprüft und durch einen inhaltlichen Abgleich die endgültige Zuordnung getroffen. Bei den hier vorgestellten Ergebnissen werden nur noch die Zusammenfassungen der Interviewaussagen genutzt und ggf. durch Originalaussagen belegt, wenn diese den Inhalt treffend wiedergeben.

---

[74] Die Typen basieren auf den 19 Lehrkräften der beiden Gesamtschulen, die in 23 Interviews befragt wurden. Dies ist bedingt durch den Längsschnitt der Untersuchung, bei der einige Lehrkräfte zu zwei Erhebungszeitpunkten interviewt wurden.

4.1 Nutzungstypen auf Basis professioneller Überzeugungen

Der Merkmalsraum der Professionstypen setzt sich aus den Dimensionen (1a) *Struktur des Wissenskorpus* und (1b) *Deutung des Zentralwerts* zusammen und beschreibt, wie die Rückmeldungen und die Lernstandserhebungen im Kontext der weiteren outputorientierten Reformen durch die Lehrkräfte interpretiert werden. Innerhalb der Dimension Struktur des Wissenskorpus (1a) werden die (individuellen) professionellen Nutzungsstrategien der Rückmeldungen beschrieben. Die Lehrkräfte geben dabei Auskunft, welche Wissensstruktur sie in den Rückmeldungen sehen, da professionelles Handlungswissen erst aus den Rückmeldungen generiert werden muss. Hiermit können unterschiedliche Anpassungen der Informationen aus Lernstandserhebungen an professionelles Wissen und Strategien der Wissensnutzung aufgezeigt werden. Innerhalb der Dimensionen der Deutung des Zentralwerts (1b) werden die Rückmeldungen aus Lernstandserhebungen von den Lehrkräften in Beziehung zu gesellschaftlichen Problemstellungen gesetzt, die mit den outputorientierten Reformstrategien in Verbindung stehen. Denn die gesellschaftlichen Problemstellungen, die durch die Profession bearbeitet werden, sind keineswegs feststehende Werte, sondern werden fortwährend durch sozialen Wandel neu bestimmt. Mit der Auslegung gesellschaftlicher Problemstellungen werden Überzeugungen über die Wirkungsmacht der Profession berührt; deutlich wird dies bei den Lehrkräften, indem sie die Legitimationsbasis ihrer Arbeit beschreiben. Insgesamt entstehen aus beiden Dimensionen unterschiedliche Adaptionen des Wissens aus Lernstandserhebungen und deren Zielstellungen an professionelles Handeln und an Strategien der Wissensnutzung, wobei mit keiner Strategie nichtprofessionelles Handeln identifiziert werden soll. Insgesamt berühren beide Dimensionen das professionelle Selbstbild der Lehrkräfte, wobei die Nutzung von Daten aus Lernstandserhebungen nur einen Bruchteil dessen hervorbringt. Aus diesem Grund werden die nachfolgend beschriebenen Typen zwar verkürzt Professionstypen genannt, es handelt sich aber eigentlich um Nutzungstypen auf der Basis professioneller Überzeugungen der befragten Lehrkräfte. In der nachfolgenden Tabelle sind die empirisch identifizierten Polausprägungen für alle Professionstypen abgebildet:

Tabelle 10: Merkmalsraum der Professionstypen

Merkmalsraum der Professionstypen		Dimension 1a: Struktur des Wissenskorpus	
		Pol 1: normativ	Pol 2: technologisch
Dimension 1b: Deutung des Zentralwerts	Pol 3: positionell		
	Pol 4: operational		

Die Ausprägungen der Überzeugungen zur Struktur des Wissenskorpus (1a) wurden dem empirischen Material entnommen und können mit den Oberbegriffen *normativ* (Pol 1) und *technologisch* (Pol 2) zusammengefasst werden. Hiermit wird deutlich, dass sich das professionelle Handeln der Lehrkräfte entweder an technologischen Gründen orientiert, indem sie im Sinne einer Pragmatik auf das empirische Wissen Bezug nehmen, das in den Rückmeldungen der Lernstandergebnisse enthalten ist, d.h. von den Lehrkräften werden Kausalinterpretationen aufgrund der Ergebnisse als möglich angesehen:

> **Beispiel technologisch**: „Durch die Lernstandserhebungen werden all diese Dinge streng logisch gruppiert und so geordnet, dass Sie eine Chance haben zur Diagnose, wenn Sie wollen." • „Die Folge, die ich für meinen Unterricht ziehe, ist konkreter."

Oder die Lehrkräfte nehmen hauptsächlich eine normative Verständigung über ihr Handeln vor, indem sie eine gemeinsame bzw. individuelle Verständigung über die Auslegung ihrer Arbeit und deren Rahmenbedingungen forcieren, um eine Interpretation der Ergebnisse vorzunehmen, d.h. es findet eine Vergewisserung über die Bedingungen ihres Handelns statt, bei der Kausalinterpretationen aufgrund der Ergebnisse, d.h. Begründungen, die sich direkt aus den Rückmeldungen ersehen lassen, als nicht möglich erachtet werden:

> **Beispiele normativ**: „Das kann schon Konsequenzen haben, da muss man jetzt eben drüber diskutieren." • „Wir haben die Möglichkeiten gesehen, wir haben alles hinzugezogen, das kann sein, das kann sein."

Die Ausprägungen der Überzeugungen zur Deutung des Zentralwerts (1b) wurden dem Material entnommen und können unter den Oberbegriffen *positionell* (Pol 3) und *operational* (Pol 4) erfasst werden. Bei der positionellen Auslegung des Zentralwerts durch die Lehrkräfte werden die Rückmeldungen als statistische Differenz zwischen Schülern und Schulen ausgelegt, bei denen die Schülerleistungen durch gesellschaftliche und schulische Rahmenbedingungen beeinflusst werden, auf die sie kaum Einfluss haben, was eine relative Statik in ihren Handlungen erzeugt, und indem sie sich an ihrem Status und ihrer Position als Lehrkraft orientieren und daran die Legitimation ihres Handelns ausrichten:

> **Beispiele positionell**: „In dem Moment, wo man selber betroffen ist, möchte man auch wissen, wo man mit seinem Kurs steht, weil man ja ein Teil dieses Kurses ist." • „Es ist ja auch ein Aushängeschild für die Schule und wenn ihr euch jetzt gar nicht anstrengt, dann wirft das (..) ein schlechtes Bild auf die Schule zurück." • „Es ist halt schon was Neues, weil es einen Vergleich untereinander gibt (...). Weil das ja schon so ein bisschen so ist, man macht seine Türe zu und man ist in seinem eigenen Königreich. Und dass halt dieses Königreich geöffnet wird und von oben reingeguckt wird und halt transparenter wird."

Oder die Lehrkräfte nehmen eine operationale Interpretation der Lernstandserhebungen und den damit verbundenen Reformen vor, indem die Rückmeldungen als Resultat messbarer (Leistungs-)Indikatoren ausgelegt werden, auf die die Schule Einflussmöglichkeiten hat, und indem sie die Berechtigung ihres Handelns am Prozess ausrichten und anhand (messbarer) Kriterien beurteilen, was zu Veränderungen ihrer Handlungen führt:

> **Beispiel operational**: „Da komme ich irgendwann aus zehn, zwölf Unterrichtseinheiten raus und kann sehen, (...), sie haben sich von A nach B bewegt. (...) Das ist dann der Vorteil von operationalisierbaren Lernzielen." • „Das Ganze ist jetzt schon sinnorientierter und eingebunden in sinnvolle Sachzusammenhänge. Und ich denke da hat ein Umdenken stattgefunden, auch durch die Lernstandserhebung."

Aufgrund der dargestellten Dimensionsausprägungen wurde der Merkmalsraum für die Nutzungstypen basierend auf professionellen Überzeugungen erläutert, aus dem sich die so genannten Professionstypen konstruieren. Insgesamt konnten nach diesem Vorgehen vier Typen erschlossen werden, die in der nachfolgenden Graphik (s. Abb. 10) über die Zuordnung der interviewten Lehrkräfte dieser Studie abgebildet werden. Hier werden die jeweiligen Lehrkräfte mit ihren Zuordnungen zur jeweiligen Polausprägung der beiden Dimensionen dargestellt und damit die Zuordnung zu den jeweiligen Typen verdeutlicht.

Abbildung 10: Die vier empirisch identifizierten Professionstypen

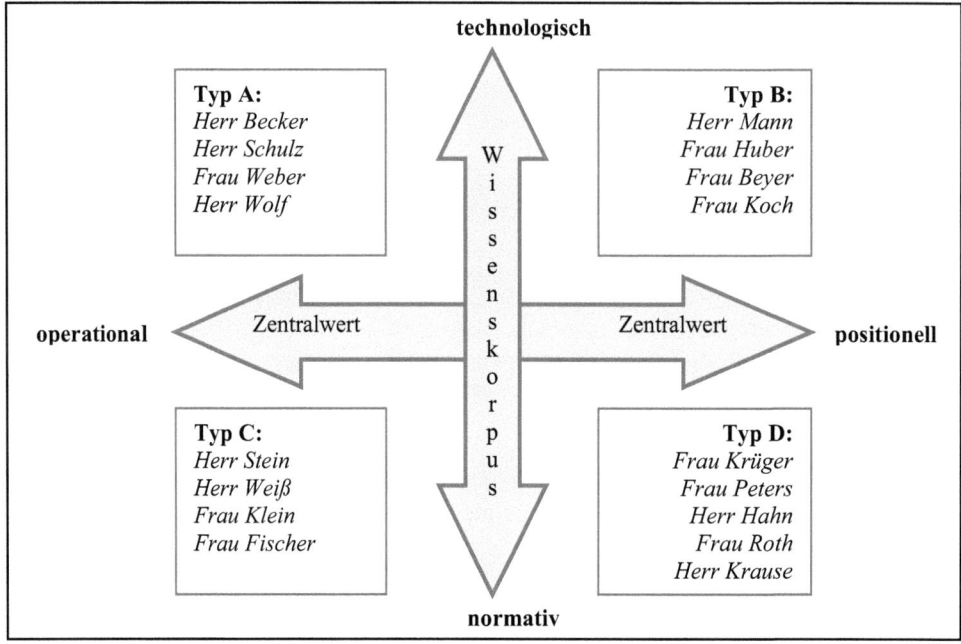

In den nächsten Abschnitten werden diese vier Typen (A-D) anhand der Zusammenfassungen aus den Interviews und den Originalzitaten als Belege vorgestellt. Die Darstellung orientiert sich am bereits beschriebenen Merkmalsraum (Dimensionen: <u>Wissensstruktur</u> und <u>Zentralwert</u>) der Auswertungen. Originalzitate werden nur dann verwendet, wenn innerhalb der Interviewaussagen möglichst typische Aussagen zu den jeweiligen Aspekten enthalten sind. Sie stehen damit exemplarisch für alle Lehrkräfte, die diesem Typus angehören. Die einzelnen Lehrkräfte treten deshalb bei den einzelnen Typenbeschreibungen in den Hintergrund, um die interne Homogenität deutlich zu machen[75]. Die Typenbezeichnungen beschreiben In-Vivo-Kodes, wobei sie eine Zusammensetzung aus verschiedenen Interviewaussagen darstellen, indem treffende Aussagenaspekte zusammengeführt wurden.

---

[75] Der Beleg von Einzelfallzuweisen ist an dieser Stelle nicht erforderlich, da hier die innere Struktur der Typen und deren heuristische Entwicklung im Vordergrund stehen. Zur Nachvollziehbarkeit der Zuweisungen werden diese Belege aber im Anhang dieser Arbeit geliefert.

4.1.1 Professionstyp A (technisch/operational)

> „Durch die Lernstandserhebungen werden all diese Dinge streng logisch gruppiert (...), [und man] kann sehen, (...) sie haben sich von A nach B bewegt."[76]

Kausal-technologische Interpretation des Wissenskorpus mit operational bestimmbarem Zentralwert der Lernstandserhebung

Zusammenfassend kann der Merkmalsraum dieses Typs anhand der *technologischen* Interpretation der in den Rückmeldungen enthaltenen Wissensstruktur und einer *operationalen* Auslegung des Zentralwerts durch die Lehrkräfte bestimmt werden. Diese Merkmalskombination zeigt sich, indem die Lehrkräfte in den Lernstandserhebungen ein Instrument sehen, mit dem objektiv ermittelt werden kann, ob messbare Lernziele erreicht wurden und an dem gelernt werden kann, wie lernzielorientierte Aufgaben konstruiert werden. Diese Lehrkräfte sehen in den Rückmeldungen keine Schuldzuweisungen, sondern eine Spiegelung, ob Inhalte vermittelt und Lernziele erreicht wurden. Die Lernstandserhebung wird in den outputorientierten Reformkontext eingeordnet und als Instrument interpretiert, mit dem die Umsetzung der Kernlehrpläne schulintern überprüft werden kann. Die Diagnosekompetenz der Lehrkräfte wird als wichtig erachtet, um Schwächen der Schüler rechtzeitig zu erkennen. Im Unterricht sollen (Lern-) Kompetenzen der Schüler (z.B. durch selbständiges Lernen mit Kontrollbögen) gefördert, ein Sprachförderunterricht großflächiger angeboten und Materialien zur Bearbeitung der diagnostizierten Schwächen entwickelt werden.

> „Das ist zumindest im Bewusstsein bei vielen Kollegen schon angekommen, die Palette muss ich weiter anlegen, es geht nicht nur um die Vermittlung von Inhalten, sondern es geht um eine breit angelegte Palette von Kompetenzen (...). Diese prozessbezogenen Kompetenzen kann ich nicht heute auf mein Unterrichtsziel schreiben und morgen sind sie da, sondern das muss sich langfristig entwickeln und insofern ist der Blick auf den Unterrichtsprozess über Jahre eigentlich gewährleistet." (1)[77]

Die Auslegung der <u>Wissensstruktur</u> der Rückmeldungen erfolgt zunächst über eine differenzierte Betrachtung der Ergebnisse (Rezeptionsphase), indem z.B. eine Übersicht über die Schülerleistungen in allen Fächern mit den jeweiligen Kompetenzstufen erstellt wird. Ziel der Rezeption ist eine differenzierte Diagnose, die den Förderbedarf in allen getesteten Fächern offen legt. Außerdem wird eine frühzeitige Diagnose des Förderbedarfs vor der Aufdeckung durch die Lernstandserhebung diskutiert. Die statistische Aufarbeitung der Leistungen stellt für diese Lehrkräfte eine (objektive) Rückspiegelung der Schülerfähigkeiten dar, die nicht durch sie selbst, sondern durch eine externe Instanz ermittelt wurden.

> „Das ganze statistisch aufgearbeitet zu haben, dass man sehen kann, (...) da ist wirklich eine Fähigkeit, die Du by the way mitkriegst. Da kannst Du Dich aus dieser positiven Distanz mit beschäftigen, (...) das hat jemand anders diagnostiziert(...). Das ist das Positive von Statistik; es

---

[76] Grundlage dieses Typus sind Herr Becker (didaktischer Leiter), Herr Schulz, Frau Weber (Deutsch) und Herr Wolf (Englisch) der Gesamtschule A.
[77] Die Nummerierung der Zitate in Klammern dient der Nachvollziehbarkeit: Die Quellenangaben sind in Anhang vermerkt.

geht nicht darum, dass ich Dich mag und eben aus der Sympathie heraus deine Fähigkeiten in sonnigem Licht sehe." (2)

Mit der Interpretation der Rückmeldungen wird eine *kausale Ursachenzuschreibung* eröffnet (Reflexion), indem aus retrospektiver Sicht Gründe für die Ergebnisse in den vorangegangenen Handlungen gesucht werden, um für zukünftiges Handeln Schlussfolgerungen zu ziehen. Es findet eine differenzierte Ursachenanalyse statt, deren Basis die Rückmeldungen bilden. Schulische (bspw. ungünstige Gruppenzusammensetzung, häufige Krankheitsfälle, Lehrerwechsel, fachfremder Unterricht) und testbasierte (bspw. Aufgabenkonstruktion, Konstruktionsfehler/-schwierigkeiten) Rahmenbedingungen werden berücksichtigt, wenn andere Gründe nicht plausibel erscheinen. Gründe werden u.a. in der Differenzierungs- und Diagnosepraxis gesehen, die Schwächen der Schüler noch nicht frühzeitig ermittelt, im Migrationshintergrund, der Einfluss auf Leistungen nehmen kann, oder in der wenig intensiven Bearbeitung von Unterrichtsinhalten bzw. in fehlenden Lernzielkontrollen:

> „Wir merken dann erst, (...) was wir nicht genug eingeschliffen haben, wenn wir erkennen, dass unsere Schüler in ganz bestimmten Lernbereichen versagen. Im ersten Durchgang waren das die journalistischen Texte, wo ganze Lerngruppen fast null Punkte erreicht haben. Das konnte man bei der Auswertung (..) schön sehen (...). Und wenn man (..) nachgefragt hat, (...) sind entweder die Lerngruppen viel zu schnell durch dieses Thema durch oder manche haben es (..) nur am Rande behandelt. Das wird dann aber auch exakt von einer solchen Lernstandserhebung abgebildet. (...) Das wird ein Vorteil dieser neuen Kompetenzanordnung des Lehrplans sein, dass man den Schülern die Chance gibt spiralisch, immer wieder an bestimmten Stellen, an die Vorstufen zu erinnern (...). Und durch die Lernstandserhebung (...) ist mir das erst aufgefallen, (...). Das konnte man vorher auch nicht sagen." (3)
>
> „Es scheint (...) zwei Möglichkeiten (...) von Migrationshintergrund oder Aufwachsen zu geben: einmal können die beide Sprachen richtig gut und die beeinflussen einander positiv in dem Sinne, dass man (...) die grammatischen Kenntnisse der einen auf die andere überträgt. Oder man (...) kann gar nichts. Solche Schüler gibt's hier auch. Und dass die nicht auch noch Englisch lernen können, ist ja klar." (4)
>
> „Um Aufgaben, gleich in welchem Fach, von hoher Komplexität erfüllen zu können, muss ich sie verstehen. D.h., ich muss ein grundlegendes Sprachverständnis haben und zwar in einer Muttersprache. Da kommen wir wieder bei Sprachförderung an - wenn ich in meiner Muttersprache, türkisch z.B., dieses Sprachverständnis nicht habe, weil ich ständig Deutsch spreche, was ich aber auch nicht richtig verstehe, dann habe ich ein Problem, was mit meiner Intelligenz und Leistungsfähigkeit, noch nicht mal mit meiner Arbeitshaltung (...) irgendwas zu tun hat, einfach nur mit meiner Lebenssituation. Und das Problem (...) machen wir uns nicht, das kriegen wir hier hin. Wir müssen es aber auffangen bzw. sogar Ansätze dazu zu finden, den Schülern dabei zu helfen, das Problem zu lösen." (5)

Bei diesem Typus wird ein hohes Vertrauen in die rückgemeldeten Daten deutlich, denn es wird eine kausale Interpretation der Rückmeldungen zu den unterrichtsbezogenen Handlungen hergestellt. Damit wird der Ursachenanalyse eine Bedeutung für zukünftige Handlungsstrategien und (unterrichtliche) Entscheidungen zugesprochen. In diesem Sensemaking-Schema werden die Rückmeldungen als geeignet eingeschätzt, um zweckprogrammierte Entscheidungen (vgl. Luhmann 2000, S. 161) zu treffen, mit denen die Frage nach der Wahl der geeigneten Mittel für neue Handlungsmodelle der Unterrichts- und Schulentwicklung in den Vordergrund gestellt wird.

Zukünftige Handlungen sollen sich z.B. auf die Einbeziehung der Sprachprobleme (Schüler mit Migrationshintergrund) beziehen, die ihre Muttersprache nicht ausreichend beherrschen und damit auch Schwierigkeiten in Deutsch haben, oder auf eine erweiterte Binnendifferenzierung im Unterricht. Interessant werden die Lernstandserhebungen für diesen Typus aufgrund der semantisch dichteren Information der Rückmeldungen, die durch die Aggregierung der statistischen Daten erreicht wird und die sie mit ihrer eigenen Arbeit nicht bekommen können.

> „Erstens Sie lernen nichts über ihre Schüler, was Sie nicht schon wussten. Es ist überhaupt nichts bei der Lernstandserhebung, können Sie despektierlich hinterher sagen, das wusste ich vorher auch schon. Dass der Demir keine Rechtschreibung kann (...). Das ist das eine, aber das andere, diese Beobachtungen sind im Alltag zunächst mal unsystematisch, die macht man rein quantitativ, die verschwinden dann auch so wieder. (...) Durch die Lernstandserhebungen werden all diese Dinge streng logisch gruppiert und so geordnet, dass Sie eine Chance haben zur Diagnose, wenn Sie wollen. Also konkret sagen können, wenn man jetzt ein Förderkonzept hätte und man hätte zum Beispiel, wie das manche Schulen machen, Teamteaching in der Neun in Deutsch und dann könnte einer der beiden Deutschkollegen (...) sagen, (...), ihr kommt jetzt mal bitte mit und (...) wir machen die Artikel noch mal." (6)

Es werden neue Handlungsmöglichkeiten für Unterrichts- und Schulentwicklung gesehen und eine Erweiterung des professionellen Wissens um aggregierte Daten findet statt. Die Deutung des Zentralwerts wird *operational* vorgenommen, indem die objektive Standortbestimmung hervorgehoben wird. Den Sinn der Lernstandserhebung sehen die Lehrkräfte in der Sicherung der Basiskompetenzen ihrer Schüler, deren Zusammensetzung sich in den letzten 15 Jahren erheblich verändert hat und auf deren Bedürfnisse sie eingehen wollen. Der mit dem professionellen Handeln verbundene Zentralwert wird als messbar und operationalisierbar bestimmt.

> „Das ist ja toll, dass man Unterricht evaluieren kann. Das ist für uns alle etwas Erleichterndes. Da komme ich nicht aus der Schule raus und denke, heute waren die so laut, die haben bestimmt gar nichts kapiert, scheiß Stunde. Sondern da komme ich irgendwann aus zehn Stunden, zwölf Stunden Unterrichtseinheiten raus und kann sehen, auch guck mal, sie haben sich von A nach B bewegt. Und das ist der Sinn von der ganzen Geschichte (...). Wir entwickeln uns fort an den Stellen, (...) wo ich das dann auch äußerlich, das ist dann der Vorteil von operationalisierbaren Lernzielen, sehen kann." (7)

Dieser Typ räumt ein, dass zwar unterrichtliche Ziele, aber nicht der erzieherische Anspruch operationalisierbar sind. Damit stellen die rückgemeldeten Daten nur den operationalisierbaren Teil ihrer Arbeit dar. Bildung entspricht aus dieser Perspektive auch der Berücksichtigung sozialer Verhaltensweisen. Ziel bleibt, die Lernstandserhebungen zu einem Bestandteil der alltäglichen Arbeit zu machen, da die Ergebnisse eine Anleitung sein können, wie Curricula verändert und Unterricht gestaltet werden muss, um auf Defizite der Schüler einzugehen.

> „Wir haben das in erster Linie im Kollegium als ein Instrument zur Evaluation von Schülerleistung angesehen (...). In zweiter Linie erst in Bezug auf unsere Arbeit. Wir haben in der Vorbereitungszeit (...) gesagt: (...) egal, was von außen erwartet wird und was von außen für Vorgaben sind, was wir machen sollen, dass wir eine Brücke schlagen (..), wie verändern wir zum einen unser Curriculum in Neun, wie antworten wir zeitnah auf die Ergebnisse (...). Und das ande-

re ist natürlich, was noch viel wichtiger ist, wie verändern wir allgemein unsere schulinternen Curricula (...). Da ist nicht nur neu, dass die Lernstandserhebungen regelmäßig kommen, da sind unheimlich viele Neuorientierungen sinnvoll und so ist letztendlich diese Arbeit mit den Lernstandserhebungen im Kollegium auch nur ein Teil der alltäglichen Arbeit." (8)

„Dass ein Kernlehrplan etwas völlig anderes ist als ein Curriculum bisher (...). Mal ganz flapsig ausgedrückt, ich mach das solange mit denen, ein bestimmtes Lernziele zu erreichen, bis das Lernziel erreicht ist. (...) Da ist ein generelles Umdenken in Kompetenzen gefragt, also dass Lernziele nicht einfach nur mehr Lernziele sind, sondern ihr Erreichen muss in der Praxis beobachtbar sein. Ich muss an einem Schüler beschreiben können, wann er das Lernziel erreicht hat. (...). Um das wirklich durchzusetzen, braucht man Vieles, was man bisher als Lehrer nicht zur Verfügung hatte. Zum Beispiel Diagnose, ich muss mir die Eigenschaft aneignen, an einem Schüler genauer beschreiben zu können, was ihm noch fehlt und wie ich dazu komme, dass er dieses Defizit abarbeitet. Zweitens Evaluation: Wir müssen uns die Fähigkeit aneignen, in bestimmten Abschnitten in der Schule zu evaluieren. (...) Ergebnisse müssen sich zentral auch messen lassen. (...) Um das überhaupt in der Praxis zu erreichen, braucht man auch die Fähigkeit Aufgaben anders zu konstruieren. Und das macht sozusagen die Lernstandserhebung uns vor. Also an ihr kann man lernen, wie man Aufgaben konstruiert, die den Kernlehrplänen entsprechen, an denen ich objektiv messen kann, welches Lernziel erreicht ist." (9)

„Wenn es gelingt über diese Kernlehrpläne, den Schüler in den Vordergrund zu rücken und zu fragen, wie kriege ich das hin, dass der diese Kompetenzen auch nachweisbar und für mich sichtbar entwickelt. (...) Wenn ich meinen Unterricht wirklich, und da bin ich dann bei den Handlungsprofits, (...) wenn ich die Handlungskompetenz als Lehrer so verstehe, dass er Handwerkszeuge besitzt, den Unterricht so zu gestalten, dass der Schüler kontinuierlich diese Kompetenzen entwickeln kann." (10)

Die Lernstandserhebungen werden in den reformspezifischen Kontext eingebunden und nicht als separate Maßnahme interpretiert, sondern vielmehr in weitere Handlungsmodelle und -strategien eingebunden, die mit aktuellen und zukünftigen Veränderungen in Verbindung stehen. Die Einführung der Bildungsstandards wird wahrgenommen, in Verbindung zu den Reformen gestellt und als nützlich für das eigene professionelle Handeln aufgrund operationalisierbarer Ziele bewertet. Bedarf sehen diese Lehrkräfte für die eigene Expertise in der Ausbildung von diagnostischen Kompetenzen, die u.a. über Fortbildungen erreicht werden sollen. Von diesem Typus werden besonders die dichteren Aggregatebenen der Daten hervorgehoben, die sie mit den Informationen aus ihrer eigenen Arbeit mit den Schülern in Verbindung setzen können. Dies ermöglicht es ihnen, Wissen über die Kurs- und Jahrgangsebene zu generieren, die für die Entwicklung des Unterrichts eines Jahrgangs herangezogen werden kann. Weiterhin soll analysiert werden, worin Ursachen für positive Ergebnisse liegen, um an diesen zu lernen. Für den Unterricht ergeben sich neue Anforderungen, auf die sie als Lehrkräfte gemeinsam reagieren müssen, um ihre Schüler auf die neuen Anforderungen vorzubereiten. Insgesamt wird die zentrale Problemstellung der Lernstandserhebungen durch die Formulierung von einheitlichen und messbaren Standards bestätigt und in ihre bisherigen Komponenten professioneller Arbeit integriert.

4.1.2 Professionstyp B (technologisch/positionell)

„Die Folge, die ich jetzt für meinen Unterricht ziehe, ist konkreter [und] wo man selber betroffen ist, möchte man auch wissen, wo man mit seinem Kurs steht [und] es ist ja auch ein Aushängeschild für die Schule."[78]

**Technologische Interpretation des Wissenskorpus mit positionell bestimmtem Zentralwert
der Lernstandserhebung**

Wie beim Typ A kann der Merkmalsraum in Bezug auf die Wissensstruktur mit *technologisch* charakterisiert werden, der Typ B unterscheidet sich vom ihm aber darin, dass eine
positionelle Auslegung des Zentralwerts, d.h. der in der Lernstandserhebung enthaltenen
Problemstellung, vorgenommen wird. Dieser Typ unterscheidet sich damit im Wesentlichen durch die Einnahme einer stärker am Vergleich orientierten Position, d.h. am Verhältnis zu anderen Kursen, Schultypen und dem Landesdurchschnitt. Bei dieser Perspektive
werden zwar kausale Ableitungen gemacht, allerdings werden die Gründe dafür stärker in
positionellen, d.h. in den nicht von ihnen beeinflussbaren Rahmenbedingungen von Schule
gesehen, die Auswirkungen auf ihre professionelle Arbeit nehmen. Diese werden aber nicht
wie im normativen Pol als verhandelbar betrachtet. Insgesamt unterscheidet sich Typ B
vorwiegend vom Typ A, indem er gegensätzlich die Interpretation des Zentralwerts in den
Vordergrund vor die Interpretation der Wissensstruktur stellt. Die Auslegung der Wissensstruktur der Rückmeldungen zeichnet sich aufgrund der starken Orientierung an den Referenzwerten durch eine geringe Rezeptionsintensität aus. Ziel ist es aber, einen Ergebnis-
überblick aller (von ihnen unterrichteten) Schüler in den abgefragten Fächern zu bekommen, um Ursachenanalysen und Handlungsstrategien abzuleiten.

„Ich hab unmittelbar nach den LSE ein Raster erstellt, wer hat wie abgeschnitten und wo liegen
die, was mich persönlich auch interessiert hat, im positiven, im mittleren und auch im negativen
Bereich Schreiben. Ich hab es nur aufs Schreiben bezogen, und hab dann relativ schnell festgestellt, viele sind halt inhaltlich super, die bringen die Inhalte (..), inhaltlichen Aspekte gut rüber,
es hapert oft bei Grammatik und Wortschatz, da sind dann mehr im negativen Bereich." (11)
„Die Zahl der Faktoren, die eine Rolle spielt, ist unglaublich groß. (...) Wir versuchen im
fünften Schuljahr die Klassen möglichst gleichstark zu bilden, aber dennoch unterscheiden die
sich. (...) Die Konstellation, das Zusammenwirken unterschiedlicher Kollegen in einer Klasse ist
ganz unterschiedlich. (...) Die Rolle der Elternhäuser, Krankheitsraten beim Kollegen können
eine Rolle spielen (...) und viele andere Dinge mehr. Dann kann ich nicht aufgrund einer Lernstandserhebung sagen, so pass auf, Du hast ein schlechtes Ergebnis, bei Dir werden die Kinder
nicht gefordert (...). Ich glaube, dass ein vertrauensvoller Umgang mit diesen Dingen der beste
Weg ist, um zu Unterrichtsentwicklung zu kommen." (12)

Bei den Ursachenanalysen werden Querverbindungen zu anderen Kompetenzen und Fächern gezogen, wie etwa die notwendige Lesekompetenz für die Bewältigung von den Ma-
thematikaufgaben oder den Schwächen bei der Übertragung von der deutschen auf die
englische Grammatik. Ursachen werden teilweise nur für begrenzte Phänomene vorgenommen, wie etwa schwacher Ausdrucksfähigkeit, Grammatiklücken in Englisch, fehlende

---

[78] Grundlage dieses Typus sind Herr Mann (Schulleiter), Frau Huber (Mathematik), Frau Beyer (Englisch) der
Gesamtschule B und Frau Koch (Englisch) der Gesamtschule A.

Lösungsstrategien in Mathe. Insgesamt ist bei diesem Typus die Reflexion weniger stark ausgeprägt als beim Typ A, die Lehrkräfte des Typs B nehmen aber ebenfalls kausale Ursachenableitungen (Kausalnexus zu unterrichtsbezogenen Handlungen) vor.

> „Wenn es heißt, Mathe Kompetenzstufe eins, Leseverständnis gerade mal zwei, Hörverstehen auch nur eins, Schreiben zwei, Englisch Hörverstehen und Schreiben auch auf den unteren Niveaus, da braucht man sich nicht zu wundern. Da wäre wirklich sinnvoll, den Schülern mehr Leseverständnis beizubringen, gerade auch für die Mathematik, das schaffen wir im Mathematikunterricht auch nicht unbedingt." (13)

> „Die können nichts konservieren, wenn das Gedächtnis nicht auf Auswendiglernen getrimmt ist, was wir Kreativen in den 60er, 70er und 80ern so gehasst haben, das ist stur, dieses Auswendiglernen. (...) Und wenn ein Kind das nicht als Basis hat, dann ist es kreativ auf einer Ebene, die nur Schrott produziert. Und in der Deutlichkeit, das ist schon bei mir durch die Ergebnisrückmeldungen." (14)

> „Oder ich hab einen Kurs (...), in dem ist das Mittelfeld zu groß und ich habe keine Spitzen (...). Das heißt, da muss man gucken, wenn sich das in einer gewissen Breite zeigt, ist der Unterricht zu sehr auf einen Mainstream ausgerichtet gewesen, (...) nach dem Motto ‚ich nehm' alle mit und lass keinen zurück'. Dabei ist aber vergessen worden, dass ich bestimmten Leuten Zusatzfutter geben muss." (15)

> „Die Folge, die ich jetzt für meinen Unterricht ziehe, ist konkreter. Ich hab mehr Druck, meine Schüler jetzt auf das, was in den LSE, (...) Konversation muss bei den Kindern nach der Schulzeit auf einem satten Wissen von Grammatik und Struktur kreativ gestaltet werden. Man kann nicht mit der Kreativität anfangen, ohne diesen mühsamen Weg gegangen zu sein. (...) Wir haben die Kreativität auf eine Basis gestellt, die wir mitgebracht haben, unsere Schüler bringen das aber nicht mit." (16)

Trotz der eher geringen Reflexion werden relativ viele (kurzfristige) Handlungsstrategien abgeleitet (bspw. in Mathematik mehr Textaufgaben im Format der Lernstandserhebung in die Klassenarbeiten aufnehmen, Stoffverteilung in den Kernlehrplänen den Lernstandserhebung Anforderungen anpassen; in Englisch: geeignete Materialien selbst anlegen, ermittelte Defizite sollen in Unterrichtsschwerpunkten Grammatik und Vokabeln ausgeglichen werden). Fehlende bzw. nicht differenzierende Rezeption und Ursachenanalysen führen bei diesem Typus dazu, dass kaum nachhaltige Konsequenzen getroffen werden. Insgesamt zeigt sich bei diesem Typus eine technologische Interpretation der rückgemeldeten Daten, da Kausalattributionen vorgenommen werden. Allerdings werden diese im Vergleich zu Typ A mit weniger Sicherheit über die abzuleitenden Konsequenzen getroffen und in eher kurzfristige als nachhaltige Handlungsmodelle überführt. Die Deutung des Zentralwerts bzw. der Problemstellungen, die mit den Lernstandserhebungen und den Reformen verbunden sind, wird von diesem Typus wichtiger aufgefasst als die Beschäftigung mit der in den Rückmeldungen enthalten Informationen. Die Schüler werden auf die Tests vorbereitet, indem sie ihnen deutlich machen, wie wichtig die Maßnahme für die Schule ist, damit sie sich anstrengen und die Schule nicht schlecht abschneidet. Es wird eine positionelle Verortung der outputorientierten Steuerungsinstrumente vorgenommen, die sich vor allem auf die Vergleichbarkeit ihrer Arbeit bzw. Schule mit anderen bezieht.

> „Wenn die Schüler die Tests schreiben, entsteht so eine Solidarität zwischen uns und unseren Schülern (...). Wir wollen ja, dass unsere Schule nicht so schlecht abschneidet und dann machen wir starke Gestiken und so. (...) Bei den LSE sind wir so eine Solidarität eingegangen miteinan-

der, wir machen mal, macht mal schön (...). Also wir reden nicht viel, aber (...) die Schüler spüren sofort." (17)

„Das ist so, dass ist so eine Grundstimmung und dann haben wir gesagt: naja, es ist ja auch ein Aushängeschild für die Schule und wenn Ihr Euch jetzt gar nicht anstrengt, dann wirft das ja auch ein schlechtes Bild auf die Schule zurück und dann haben sie sich halt auch bemüht." (18)

„In dem Moment, wo man selber betroffen ist, möchte man auch wissen, wo man mit seinem Kurs steht, weil man ja ein Teil dieses Kurses ist. Ich fand es schon sehr spannend, um mal zu gucken, wie sind die anderen so, auch im Vergleich mit anderen Schultypen und klar, es macht einen ein Stück weit stolz, wenn's dann doch nicht so dramatisch ist, wie man am Anfang vielleicht gedacht hat." (19)

„Also auf der einen Seite (...) wird die Sau nicht fetter, dadurch dass man sie immer öfter wiegt. Und das ist natürlich etwas, was mir auch Sorgen macht. (...) Auf der anderen Seite, finde ich es richtig, dass es ein Paradigmenwechsel gegeben hat dergestalt, dass auch die Lehrerleistung und die Unterrichtsleistung einer kritischen Reflexion unterzogen werden. (...) Das finde ich ganz normal, das ist in anderen Bereichen des Wirtschaftslebens so und ich finde, das muss auch im Bildungsbereich so sein." (20)

Die schulinterne und schulexterne Öffentlichkeit wird hier in den Fokus der Sensemaking-Prozesse gestellt. Diese Öffentlichkeit wird nicht nur positiv als Vergleichsmöglichkeit und der Vergewisserung der eigenen Leistungen gesehen, sondern es entstehen daraus Befürchtungen schlecht abzuschneiden, weshalb Ergebnisveröffentlichungen nicht immer befürwortet werden. Die Reformen und die Lernstandserhebungen führen bei diesen Lehrkräften dazu, dass sie sich unter Druck gesetzt fühlen, den neuen Anforderungen zu genügen, auch wenn sie die neuen Werte akzeptieren. Das schlechte Abschneiden im internationalen Vergleich stellt ein Argument dar, mit dem Veränderungen innerhalb der Unterrichts- und Schulentwicklung notwendig werden. Insgesamt werden die messbaren Ziele der Reformen anerkannt, es fällt ihnen aber schwer, sich in diesem neuen Kontext zu verorten.

„Ich denke dann eben politisch, im Zuge der Europäisierung und PISA ist ja ein Ländervergleich, sogar über Europa hinaus, müssen wir uns bemühen, dass wir die Kriterien, nach den Kriterien unterrichten, dass unsere Schüler da nicht so elend abgehängt werden. (...) Also in meinen Augen haben wir auch einen Paradigmenwechsel, also ich selber erlebe das als Paradigmenwechsel. Das man mehr hingeht auch zu diesen prüfbaren Dingen wie sie in anderen Ländern geprüft werden, dass es den Assessments ähnlicher wird, das ist fremd für uns." (21)

Die Einführung der outputorientierten Reformen, einschließlich der Lernstandserhebung, wird von diesem Typus folglich im gesellschafts-politischen Kontext verortet, wenn auch als noch fremd, aber doch als annehmbar bewertet. Es führt aber auch dazu, dass ein negativer Beigeschmack der Reformen artikuliert wird, da indirekt eine Kritik an ihrer bisherigen Arbeit vorgenommen wird. Für die Lehrkräfte dieses Typs ist es daher besonders wichtig, dass auch ihre vorherige Arbeit Wertschätzung erfährt.

4.1.3 Professionstyp C (normativ/operational)

„Das kann schon Konsequenzen haben, da muss man jetzt eben drüber diskutieren, [denn es] hat ein Umdenken stattgefunden, auch durch die Lernstandserhebung." [79]

Normative Interpretation des Wissenskorpus mit operationaler Auslegung des Zentralwerts der Lernstandserhebungen

Dieser Typ interpretiert wie Typ A die Lernstandserhebung und die damit zusammenhängenden Reformen als operationalisierbar, d.h. es wird positiv konnotiert, dass messbare bzw. operationalisierbare Kompetenzen (Standards) eingefordert werden und dass diese im Unterricht durch neue Unterrichtsformate, -inhalte und -methoden umgesetzt werden sollen. Insgesamt weist dieser Typus einen Fokus auf die normative Aushandlung der in den Rückmeldungen enthaltenen Wissensstruktur auf und die Deutung des Zentralwerts wird aufgrund der Anerkennung der outputorientierten Reformen keine große Bedeutung zugesprochen. Im Gegensatz zu Typ A werden die Rückmeldungen als problematisch angesehen, da mit ihnen von den Lehrkräften Kausalableitungen für Konsequenzen verlangt werden, die sie aber aufgrund der Ursachenvielzahl nicht treffen wollen. Bildungsprozesse werden durch die Lernstandserhebung und die mit den outputorientierten Reformen von diesem Typ als zu stark technisiert und nicht mehr der Schulwirklichkeit entsprechend gestaltbar interpretiert. Diese Lehrkräfte sind bereit sich mit den outputorientierten Instrumenten auseinanderzusetzen, wenn durch die Rückmeldungen eindeutige Unterrichtsdefizite sichtbar werden. Sie sehen die starke zeitliche Belastung kritisch, da andere (wichtigere) Arbeiten vernachlässigt werden müssen.

„Da findet eine technische Vorstellung von einem Bildungsprozess statt und da sehe ich das eigentliche Problem von der ganzen Geschichte. (...) Das entspricht eben nicht dem, was einen sonst an den Schulen beschäftigt, weil die Probleme zum Teil auch anders gelagert sind. Da kommt jetzt noch der pädagogische Bereich mit dazu. Ich glaube halt, die Realität, die Lehrer heute erleben, ist eine andere als die Verbesserung der Mathematikkompetenzen, sondern das Soziale und Pädagogische spielt ja auch eine große Rolle (...). Die wichtigen Dinge sind erst mal das soziale Zusammenleben an einer Schule, das hat Priorität (...). Und deswegen werden jetzt nicht die entscheidenden Lernprozesse für's Leben jetzt indiziert durch die Lernstandserhebung. Da werden mathematische Kompetenzen gesichert, was aber grundlegende Kompetenzen sind für den Unterricht, aber nicht für das soziale Leben und solche Dinge. Und das erleben wir halt manchmal als Widerspruch." (22)
„Zum einen können wird die soziokulturellen Rahmenbedingungen (...) hier nicht auffangen. Da find ich natürlich die PISA- Forderungen toll, wir müssen in Deutschland unbedingt die sozial-schwächeren Schichten, die bildungsfernen Schichten oder die Migranten irgendwo integrieren. Nur ich als normaler Lehrer stelle mir vor, ich habe dreißig Schüler in der Klasse sitzen, von denen sind vier/fünf verhaltensgestört, fünf/sechs sind Migranten. Ich habe vier Stunden Deutsch bei denen und ich frage mich, wieso soll ich das machen, da sagt irgendeiner ein Zauberwort: Individualisierter Unterricht." (23)

Die Interpretation der in den Rückmeldungen enthaltenen Wissensstruktur wird normativ vorgenommen, d.h. es wird sich über die Bedingungen ihres Handelns vergewissert und

---

[79] Grundlage dieses Typus sind Herr Stein (FK-Vorsitzender Mathematik) und Herr Weiß (Deutsch) der Gesamtschule B, sowie Frau Klein (Deutsch) und Frau Fischer (Mathematik) der Gesamtschule A.

dieses führt zu uneindeutigen Ursachenanalysen. Die Rezeptionsphase bleibt eher oberflächlich und auf die jeweils mit der Rezeption verbundenen Zielstellungen des eigenen
Unterrichts ausgerichtet. Die Ursachen werden von den Lehrkräften ausführlich erörtert,
wobei die Bedingungen ihres Handelns und die ihnen nicht zugänglichen Bedingungen
berücksichtigt werden. Kausale Ursachenzuschreibungen werden von diesem Typ nicht
vorgenommen, sondern vielmehr ein möglicher Zusammenhang zwischen der eigenen
Arbeit und den rückgemeldeten Ergebnissen hergestellt, der nicht allein durch ihren Unterricht beeinflusst wird.

> „Man kann zumindest etwas zufriedener sein. Nicht immer nur zu denken, dass die Schule auf-
> grund ihrer Lage so eben immer nur benachteiligt ist, sondern dass man eben auch einiges Gutes
> herausgeholt hat oder herausholen kann. Ich denke, das ist schon ganz positiv." (24)
> „Aber ich denke es hängt auch, (...) wenn man vielleicht sieht ein Schüler, der einen schlech-
> ten Tag hatte, der kann ja das ganze Niveau des Kurses nach oben oder nach unten ziehen. (...)
> Man kann Tendenzen sehen, aber man kann es nicht wer weiß wie, wir sind jetzt super toll. (...)
> Ich denke, ein Schüler ist (...), wenn man 25 Schüler im Kurs hatte, vier Prozent. Also das ist
> natürlich nicht ganz so zuverlässig, klar (..) die Vergleiche eben auch nicht. Deshalb denke ich,
> darf man das nicht überbewerten. Aber ich denke so für einen selber kann man so herausstellen,
> man kann zufrieden sein, man hat einiges aus den Schülern rausgeholt. (...) Man kann sich so
> weiterentwickeln, wie man es macht, man ist scheinbar auf dem richtigen Weg." (25)
> „Und was so allgemein empfunden wird, dass man viele Sachen leisten soll, gerade binnen-
> differenzierte Sachen, die man in großen Gruppen (..) nicht leisten kann, gerade mit den Schü-
> lern, die heutzutage an der Schule sind. Wo es halt sehr viele gibt, die individuelle Probleme ha-
> ben. Ich glaube, der Prozentsatz hat zugenommen. (...) Mit kleineren Gruppen wäre vieles besser
> machbar und mit mehr Lehrern." (26)

Es wird allerdings im Gegensatz zu den Lehrkräften des Typs D ein Zusammenhang zwischen den Ergebnissen der Lernstandserhebungen und dem eigenen Handeln gesehen. Das
Spektrum der Attribuierungen wird zwar weit aber nicht unüberschaubar gehalten und den
rückgemeldeten Daten wird bedingt Vertrauen entgegengebracht. Bei der Ursachensuche
wird der Fokus auf die Analyse des Schülerverhaltens und ihrer Eigenschaften gelegt, die
einen entscheidenden Beitrag für die erreichten Leistungen und damit für den Ertrag professioneller Arbeit liefern. Hier werden vor allem Unterschiede zwischen EK- und GK-
Schülern für mögliche Schwächen, die Überforderung einiger Schüler mit den Anforderungen der Lernstandserhebung und sprachliche Probleme aufgrund des Migrationshinter-
grunds benannt. Dieser Typus eröffnet sich mit dieser Interpretation die Möglichkeit, mit-
telbare Ableitungen für Handlungen und Konsequenzen in Bezug auf ihre Arbeit zu ziehen.
Dies betrifft z.B. das Aussetzen von bisherigen Differenzierungspraktiken (spätere Aufteilung der Schüler in EK und GK).

> „Da stellt sich natürlich schon die Frage, ist es wirklich sinnvoll, schon so früh zu differenzieren
> jetzt in Grund- und Erweiterungskurse? Kann man nicht die Schüler länger zusammen lassen,
> was ja auch durchaus fruchtbar sein kann, wenn eben so unterschiedliche Leistungsniveaus wei-
> ter unterrichtet werden. Das hat im Augenblick die Konsequenz. (...) Solche Sachen könnte ich
> mir durchaus vorstellen, dass man da überlegt, ob man nicht differenziert in Grund- und Erwei-
> terungskurse, sondern es doch gemeinsam macht. Wenn die Grundkursschüler jetzt doch nicht
> so deutlich schwächer sind. Also ich denke, das kann schon Konsequenzen haben, da muss man
> jetzt eben drüber diskutieren." (27)

> „Wenn konsequent nach diesen Kernlehrplänen unterrichtet wird, sind die Schüler auch op-
> timal vorbereitet darauf. Und da sind wir jetzt ja auch dran, eben unser Hauscurriculum dem an-
> zupassen." (28)

Konsequenzen werden allerdings nur als Möglichkeit und nicht als kausale Ableitung verstanden über die eine gemeinsame Verständigung stattfinden muss. Konsequenzen werden
außerdem im Kontext der Reformen (Umsetzung der Kernlehrpläne) und den neuen Anforderungen vorgenommen; es werden in den jeweiligen Fachgruppen Vereinbarungen darüber getroffen, wie mit den aufgedeckten Defiziten der Schüler umgegangen werden kann.
Hiermit wird ein normativer Aushandlungsprozess innerhalb des Kollegiums, aber auch bei
der einzelnen Lehrkraft selbst beschrieben. Die Auslegung des <u>Zentralwerts</u>, d.h. die in den
Lernstandserhebungen und den damit verbundenen Reformen enthaltene Problemstellung,
wird von diesem Typ *operational* vorgenommen. Dies ist zu vergleichen mit dem Typus A.
Es wird ein Zusammenhang zwischen Standards, Kernlehrplänen und Lernstandserhebungen hergestellt, der innerhalb der eigenen professionellen Berufsausübung Beachtung erfährt und im Unterricht umgesetzt wird.

> „Aber sagen wir mal so rein mathematische Fragestellungen zu geben, wo man Rechentechni-
> ken abfragt, sondern das Ganze ist jetzt schon sinnorientierter und eingebunden in sinnvolle
> Sachzusammenhänge. Und ich denke da hat ein Umdenken stattgefunden, auch durch die Lern-
> standserhebung. (...) Insgesamt erreicht man damit natürlich alle ein bisschen, dass die merken,
> gewisse andere Aufgabentypen stehen jetzt im Mittelpunkt und Sachzusammenhänge (...), in-
> haltliche Zusammenhänge spielen eine Rolle." (29)
>   „Vor allem (..) für die Schüler hat das ganz katastrophale Auswirkungen, denn wenn man so
> tut, als wäre das für die alles (...) ganz schnell leistbar (...). Weil man was vorgaukelt, was so gar
> nicht existiert. Bei diesen Prüfungen hat man nicht mehr die Möglichkeit, da irgendwas einzuü-
> ben (...). Wir wissen, dass Defizite da sind; Was ich mich immer frage, ist, wie man die beheben
> will oder wie man Schule anders machen möchte, wenn man gar nicht bereit ist, in Schule zu in-
> vestieren." (30)

Von diesen Lehrkräften wird vor allem betont, dass durch die verschiedenen Maßnahmen
ihr Bewusstsein bzw. Wissen über Kompetenzerwerb, neue Aufgabenformate und Unterrichtsmethoden ausgebaut wurde. Hiermit wird Transparenz für sie und ihre Schüler erreicht, mit einer Orientierung an diesen Kriterien können sie den Schülern gewährleisten,
dass sie die zentralen Abschlussprüfungen bestehen können. Insgesamt nimmt die Beschäftigung mit der Lernstandserhebung und den damit verbundenen Reformen keinen großen
Raum ein, da der operationale Zentralwert dieser Maßnahme als gegeben anerkannt wird.

4.1.4 Professionstyp D (normativ/positionell)

> „Wir haben die Möglichkeiten gesehen, (...) das kann sein und das kann sein. [/] Es ist schon
> was Neues, weil es einen Vergleich untereinander gibt (...). Dass halt dieses Königreich geöffnet
> wird." [80]

Normativ-relationale Interpretation des Wissenskorpus mit positionell bestimmtem
Zentralwert der Lernstandserhebung

Innerhalb dieses Typs wird ein Merkmalsraum beschrieben, der sich aus einer *normativen*
Auslegung der in den Rückmeldungen der Lernstandserhebungen gesehen Wissensstruktur
und einer *positionellen* Auslegung des Zentralwerts zusammensetzt. Aus dieser Stichprobe
enthält der Typ D die meisten Fälle mit insgesamt sieben Lehrkräften. Die Interpretation
der <u>Wissensstruktur</u> der Lernstandserhebung wird vor allem auf eine Diskussion und Fokussierung auf die Rahmenbedingungen ihrer Arbeit (Schwächen bringen die Schüler bereits mit, Migrationshintergrund, schulisches Umfeld) geführt, auf die nicht sie, sondern die
Gesellschaft und politische Entscheidungen Einfluss nehmen können und sollen. Die hier
vorgenommenen Sensemaking-Prozesse richten sich vor allem auf eine Vergewisserung
über die Bedingungen ihres Handelns aufgrund der Rückmeldungen. Die sehr stark ausgeprägte normative Interpretation der Daten macht deutlich, dass den Ergebnissen und der
externen Evaluation wenig Vertrauen entgegengebracht wird, oder dass ihnen nicht deutlich
wird, was die Rückmeldungen aussagen. Hier existiert Unsicherheit bzw. Skepsis gegenüber den Daten, wobei ein Teil dieser Vorbehalte auf konstruktionsbedingte Aspekte zurückgeführt werden (Auswahl der Texte für die Tests, Konstruktionsfehler der Aufgaben).

> „Ich finde, wenn das eine wirkliche Auswertung sei, dann müsste man mir auch sagen: Sie müs-
> sen mit ihrem Kurs das und das üben und das passiert ja gar nicht. Von daher finde ich, sollte
> das auch erwähnt werden, dass es sich bei diesen Auswertungen nicht um solche handelt." (31)
>   „Also für mich ist wirklich nicht klar, was ich da rausziehen soll. Es ist ein unheimlicher Da-
> tenwust, von dem ich glaube, dass es uns als Fachlehrer nichts bringt uns diese detaillierte Form
> zu geben, sondern wir bräuchten eigentlich etwas Handfestes, wo man uns tatsächlich sagt: Und
> diese Kompetenz ist in dem Bereich nicht abgedeckt." (32)

Aus dieser Perspektive werden Ursachenanalysen betrieben, die entweder die Rahmenbedingungen ihrer Arbeit berücksichtigen oder die Fähigkeiten und Kompetenzen, die die
Schüler schon mitgebracht haben. Die Ursachen für die Ergebnisse werden insgesamt sehr
stark in der Schülerzusammensetzung gesehen. In Bezug auf die Vergleichsmöglichkeiten
mit anderen Kursen ihrer Schule, d.h. auch den unterrichtlichen Handlungen anderer Lehrkräfte, kommt das Autonomie-Paritäts-Muster zum Tragen.

> „Dann würde man vielleicht auch wieder überlegen, woran liegt das? An den Schülern, an den
> Lehrern. Das hat ja auch so viele Ursachen. Schon allein innerhalb der Klassen zu vergleichen,
> dann ist da ein Kollege, der war lange Zeit krank und Kollege A ist auch anders als Kollege B.
> Und dann kommt man da auch schnell in so ein Beurteilungsschema, was man nicht so gerne

---

[80] Grundlage dieses Typus sind Frau Krüger (didaktische Leiterin), Frau Peters (FK-Vorsitzende Englisch und
Deutsch), Herr Hahn (Mathematik), Frau Roth (FK-Vorsitzende Deutsch) und Herr Krause (Deutsch) der Gesamtschule B, sowie Frau Dann (Englisch) und Herr Müller (Mathematik) der Gesamtschule A.

möchte, dass man sagt, bei dem und dem Kollegen, das hätte man sich ja gleich denken können, der ist schlechter." (33)

„Ich glaube, jetzt sagt man vielleicht unsere Schule liegt über dem Durchschnitt. Dann muss es ja auch irgendwelche Schulen geben, die unter dem Durchschnitt liegen. Dann müsste man jetzt danach gucken, woran liegt das? Um ganz ehrlich zu sein, (..) im Kollegium wüsste ich keinen Lehrer, wo ich denken würde, der nimmt seinen Beruf auf die leichte Schulter. Also alle geben sich wirklich Mühe guten Unterricht zu machen (...). Und ich denke, das ist in anderen Schulen auch. Und dann, wenn halt eine Schule unter dem Durchschnitt liegt, dann liegt natürlich immer so die Vermutung, die machen schlechten Unterricht (..). Aber das kann's nicht sein. Das glaube ich eben nicht. (...) Dass man dann wahrscheinlich sofort wieder daraus schließen würde, schlechtes Ergebnis, schlechter Unterricht. Und das wäre sicherlich die falsche Schlussfolgerung. (...) Man muss ja auch gucken, mit welchen Schülern man überhaupt arbeitet. (...) Und diese Fragen, die werden ja nie betrachtet. (...) Womit sind sie rein gekommen und welche Schwierigkeiten haben sie im Leben zu überwinden, das wird halt nirgendwo abgefragt." (34)

Aus dieser Sensemaking-Perspektive kann eine Vergewisserung über ihre Arbeit und mögliche Ursachen, wenn überhaupt, nur in gemeinschaftlicher oder gesellschaftlicher Aushandlung geschehen. Diese Aushandlung führt aber ebenfalls dazu, dass die normative Auslegung der in den Rückmeldungen enthaltenen Informationen bestätigt wird.

„Wir diskutieren schon im Lehrerzimmer, woran liegt das (..), es ist halt schon unsere gemeinsame Meinung, eben dieser neunte Jahrgang ist vom Mathematischen halt wesentlich schlechter als der zehnte Jahrgang (..) und die Klassen sind auch sehr unterschiedlich. (...) Es ist eben das Leben, ist halt jedes Jahr anders, wir haben auch den Sommer nicht jedes Jahr gleich (...)." (35)

„Das Elternhaus, die Gesellschaft, die Familie. Ich glaube, wenn die Politiker, wenn da halt was verändert werden könnte, das würde wahrscheinlich viel größere Erfolge erzielen als jetzt andere Aufgabentypen." (36)

„Aber genau das hat mit unserer Gesellschaft zu tun. Und es macht schon einen Unterschied, ob ich (..) dreißig plus Schüler im Unterricht habe, oder ob ich nur zwanzig Schüler habe. Also das, was ich als Input habe, da kann ich auch wieder einen entsprechenden Output erreichen. Und der kann nicht gleich sein, wenn ich unterschiedliche gesellschaftliche Normen und Ausgangsbedingungen habe." (37)

Ihre Ursachenanalysen beziehen sich auf die Stärken oder Schwächen eines Jahrgangs, den Kurs- und Klassenzusammensetzungen innerhalb der Schule, der Quote der Sitzenbleiber in einer Klasse, Kontinuität der unterrichtenden Lehrkräfte und dass die Schüler z.T. nicht mehr leisten können bzw. den neuen Anforderungen nicht gewachsen sind. Die Analyse wird ähnlich wie beim Typ C intensiv auf wenig beeinflussbare Schülereigenschaften fokussiert. Sie sehen bei vielen Schülern, die schlechte Ergebnisse aufweisen, Desinteresse, wenig Durchhaltevermögen und eine Verschlechterung ihres Lernverhaltens, die auf gesellschaftliche Veränderungen zurückzuführen sind.

„Dann hängt es auch an der Schülerzusammensetzung, dass in einem Kurs einfach, oder auch an der Kontinuität des Lehrers, der da unterrichtet hat, ist der da jetzt schon seit Klasse fünf drin, der hat so eine Gruppe ganz anders leiten und hinführen können als eine Gruppe, wo ständig Lehrerwechsel stattgefunden haben. Das ist dann so das, was bei uns reflektiert wird." (38)

„Es gibt bestimmt die Schüler, die das hinkriegen, aber es gibt auch die, die das nicht hinkriegen und das finde ich, das verstehe ich nicht, dass man sich damit nicht abfinden kann." (39)

„Wenn Schüler zu uns kommen, die schon von vornherein nicht die Kompetenz haben (...), dann haben wir eigentlich (...) sehr wenige Eingriffsmöglichkeiten, den Schüler dann noch zu fördern. Da ist es schon ein Ziel, wenn er in der Pubertät jetzt nicht abdriftet und noch einen Hauptschulabschluss schafft. Das ist schon für Viele wirklich eine Leistung (...). Und wenn sich bei uns 50% dieser Schüler anmelden, dann ist das völlig klar, dass (...) das auch als Ergebnis da steht. Was das dann nach außen widerspiegelt ist bestimmt nicht unsere Qualität als Lehrer oder als Schule. Können wir ja gar nix für." (40)

„Wir müssen gucken, was sind das für Gruppen. Wir haben (..) immer Klassen, die sind leistungsstärker als andere. (...) Bei aller Mühe, die sich der Abteilungsleiter gibt bei der Zusammensetzung. (...) Das heißt aber nicht, dass sich im Laufe der Zeit nicht rausstellt, dass es Klassen gibt, die einfach leistungsstärker, die motivierter sind, wo die Eltern mehr dahinter stehen, wo natürlich auch der Lehreranteil motivierender das Ganze gestaltet. Aber man muss dann natürlich gucken, wenn ein Kollege eine Klasse hat, die dann schwächer abschneidet, ist das nur in einem Fach, ist das vielleicht in Mathe oder ist das in den beiden Sprachen der Fall. Also ich denke, das hat so viele Aspekte." (41)

Handlungen können aufgrund dieser Analysen nur schwer getroffen werden, auch wenn den Ergebnissen zu einem gewissen Grad Bedeutung für professionelles Handeln zugesprochen wird. Es wird ein weites Feld möglicher Ursachen eröffnet, das es ihnen erschwert Schlussfolgerungen für zukünftige Handlungsmodelle und -strategien zu entwickeln. Sie sehen keinen bzw. kaum einen Zusammenhang zwischen den empirischen Daten und deren Vergleichsmöglichkeiten mit der Qualität ihrer geleisteten pädagogischen Arbeit. Aus dieser Interpretation der Rückmeldungen wird von diesem Typ aufgrund der ambiguen Ursachenzuschreibung eine Ableitung von eindeutigen Konsequenzen ausgeschlossen. Wenn Handlungen abgeleitet werden, beziehen sich diese meist auf die Vorbereitung der Schüler durch das Einbringen der neuen Aufgabenformate im Unterricht, auch wenn z.T. der Sinn dieser Aufgaben nicht (an-)erkannt wird.

„Ich sag mal so, ich bin der Meinung, dass ich gut arbeite (...). Ich ziehe immer einen strukturierten Unterricht durch, bin einigermaßen streng und so werde ich auch weiterhin bleiben. (...) Z.B. ich mach jetzt viel Gruppenarbeit, ich weiß jetzt nicht, ob ich dann wirklich meinen Unterricht nach so einer LSE in irgendeine Richtung grundlegend ändere, das glaub ich nicht. Wie gesagt, in kleinen Punkten, weil man da jetzt denkt, man muss doch noch mal bestimmte Inhalte wiederholen, aber ob da jetzt tatsächlich andere, größere Schlussfolgerungen draus gezogen werden, das wage ich zu bezweifeln." (42)

„Wenn jetzt ein spezielles Aufgabenformat nur abgetestet wird, was soll ich dann für Rückschlüsse ziehen, die Zehner Aufgabentypen sind sehr viel vielfältiger und da wird dann wieder was ganz anderes gefragt. So dass ich da gar nicht so einen roten Faden habe." (43)

„Also wir haben versucht, die Erfahrungen vom letzten Mal umzusetzen und die Erfahrungen waren eben, dass die Aufgaben, dass das eben nicht mehr so Päckchenaufgaben sind, sondern dass es komplexere Aufgaben sind, wo die Rechnungen an sich nicht schwierig sind, sondern die Schwierigkeit besteht darin, den Text richtig zu lesen (...) und das ist halt für die Schüler schwierig bzw. wahrscheinlich auch ungeübt. Und dann ist hier an unserer Schule, ist das zusätzliche Problem, dass wir einen sehr hohen Migrantenanteil haben, wo dann in Mathematik halt zu den Rechenproblemen eben noch die Leseprobleme kamen, das halt die Kinder die Texte oft gar nicht richtig verstehen. Als Lehrer kann man das ganz schlecht abschätzen, (...) weil man kann nämlich gar nicht sagen, scheitern die Schüler, jetzt zumindest die Migrantenschüler, scheitern die an der Mathematik oder scheitern die vielleicht schon am Textverständnis. Und das wird jetzt bei diesen LSE gar nicht berücksichtigt und gar nicht festgestellt." (44)

„Wir haben die Möglichkeiten gesehen, wir haben alles hinzugezogen, das kann sein, das kann sein, aber hier z.B. wird klar deutlich, dass hier noch verstärkt gearbeitet werden muss. Was man damit in einem bestimmten Jahrgang erreicht, ist eine andere Sache (...). Aber da muss

eben verstärkt gearbeitet werden. (...) Da sind natürlich lexikalische Fehler, da fehlt auch was.
Da müssen vorher die Bereiche Schreiben im Unterricht stärker vertreten sein (...). Man kann
jetzt natürlich nicht sagen, das funktioniert nicht. Wir kriegen unsere Schüler nicht hundertpro-
zentig dazu (...). Aber wenn man das jetzt weiß, wird man natürlich sehen, dass man verstärkt da
guckt und da auch trainiert." (45)
    „Also das haben wir ganz aktuell als Vorankündigung und als Aufgabenstellung und das ver-
suchen wir jetzt noch bis zu den Osterferien zu trainieren." (46)

Häufig werden Schlüsselbegriffe genannt, wie Binnendifferenzierung, Sprachkompetenzen
fördern etc., die aufgrund gemeinsamer Aushandlungsprozesse übernommen worden sind.
Womit auch deutlich wird, dass den Daten durchaus, wenn zwar keine große, aber dennoch
eine Bedeutung für ihr professionelles Handeln eingeräumt wird. Denn es findet innerhalb
dieser normativen Sensemaking-Perspektive auch eine Übertragung auf die Beurteilung von
Leistungen statt, wenn die Ausgangsbedingungen der Schüler berücksichtigt werden. Die
Deutung des Zentralwerts wird *positionell* vorgenommen, indem vor allem die Vergleichsmöglichkeiten und die Öffentlichkeit der Lernstandserhebung hervorgehoben werden und
mit den individuellen Lehrerleistungen im Unterricht in Verbindung gesetzt werden. Dieser
Typ nimmt die Tests als eine von außen getroffene Beurteilung der eigenen professionellen
Arbeit wahr. Die Lernstandserhebung erhält damit nicht den Charakter eines Unterstüt-
zungs- und Orientierungsinstruments, sondern den einer externen Beurteilung, wie sie etwa
auch von der Schulleitung getroffen wird.

    „Es ist halt schon was Neues, weil es einen Vergleich untereinander gibt, weil das ja bisher nicht
    der Fall ist. Weil das ja schon, wie das meine Bekannte, die auch Lehrerin ist, gestern sagte,
    entweder man wird Chef oder Lehrer. Weil das ja schon so ein bisschen so ist, man macht seine
    Türe zu und man ist in seinem eigenen Königreich. Und dass halt dieses Königreich geöffnet
    wird und von oben reingeguckt wird und halt transparenter wird." (47)
    „Wenn man gut abschneidet, guckt man sich das aus Spaß mal an, und wenn man schlecht
    abschneidet, schiebt man es nach außen. Da spielen ja so viele Faktoren mit rein, ich hatte die ja
    erst ein halbes Jahr und wenn die schlecht abschneiden, sag ich, ist nicht meine Schuld. Und
    dann eben andere Gründe (...). Das sind alles Variablen, die mit einfließen, die kein Mensch er-
    heben kann, die kein Mensch auswerten kann, die kein Mensch da irgendwie mit in Zusammen-
    hang bringen kann." (48)
    „Dann habe ich eine Auswertung bekommen (...) in Jahrgangsergebnissen (...), wo die Kolle-
    gen sehen konnten, wie hat mein Kurs abgeschnitten in Gänze im Verhältnis zum Jahrgang und
    dann später im Verhältnis zum Typ. (...) Ich glaube kaum, dass es irgendeinen Kollegen kalt
    lässt, wenn er sieht, wie schneidet mein Kurs ab." (49)

Weiterhin gehen sie mehrheitlich davon aus, dass es in Zukunft zu öffentlichen Rankings
kommen wird. Diese werden politisch forciert und können sowohl positive als auch negative Auswirkungen auf ihre Arbeit haben. Lernstandserhebungen werden nicht grundlegend
abgelehnt, aber es ist ihnen wichtig, dass die Bedingungen ihres professionellen Handelns
berücksichtigt werden. Die Lernstandserhebungen können aber auch gänzlich abgelehnt
werden, was mit der geringen Qualität der Maßnahme begründet wird.

    „In der Wirtschaft wird man auch überprüft. Ich denke halt, wenn man seinen Unterricht ordent-
    lich durchführt und wenn man sich da immer Mühe gibt seinen Unterricht ordentlich vorzuberei-
    ten (...), dann läuft die Sache und dann (..) sind auch die Ergebnisse in Ordnung. (...) Wir sind
    eben kein Industriebetrieb, der immer das gleiche Material bekommt und immer das gleiche

Produkt herstellt. Man arbeitet mit Menschen und dass die Ergebnisse da unterschiedlich sind, das ist irgendwie jedem einleuchtend." (50)

„Ich meine, dass man sich generell Gedanken macht, was zu tun ist, weil insgesamt im internationalen Vergleich die deutschen Schüler schlechter abschneiden, das ist nachvollziehbar, aber ich denke, dass ist nicht das ausreichende Instrument." (51)

Sinnvoll wird die Maßnahme besonders im Kontext des internationalen Vergleichs gesehen, da diese Lehrkräfte nicht wollen, dass Deutschland als Standort eine schlechte Position zugewiesen wird. Allerdings gehen diese Lehrkräfte auch davon aus, dass es bestimmte Faktoren gibt, die es unmöglich machen, eine Verbesserung von Schülerleistungen zu erreichen. Teilweise wird dies mit den (Grund-)Fähigkeiten der Schüler selbst, teilweise aber auch mit unzureichenden eigenen (methodischen) Kompetenzen begründet.

„Die Schüler sind unterschiedlich begabt und wenn wir wirklich diesen individuellen Schüler unterstreichen möchten, sprich ihn dort abholen möchten, wo er tatsächlich steht, dann ist das in dem System, das wir jetzt zur Zeit haben, sehr, sehr schwer, weil soviel Binnendifferenzierung kann man gar nicht leisten. Also ich finde es sehr, sehr schwierig oder meine Ausbildung entspricht nicht dem." (52)

„Wir haben praktisch früher auch dieses Päckchenrechnen geübt und trotzdem sind wir irgendwie zu Recht gekommen und ich habe mein Mathestudium hingekriegt. Wenn ich jetzt die Schülern früher anfange mit diesem komplexeren Denken zu traktieren, weiß ich nicht, ob es das dann unbedingt so bringt." (53)

„Im Prinzip ist es ja auch unsere Aufgabe zu separieren, die sind eben im Prinzip aussortiert worden und sitzen jetzt eben da aufgrund ihrer Leistungen und wenn man jetzt davon ausgeht, dass jeder mit den gleichen Fähigkeiten geboren wird, dann könnten wir vielleicht noch was machen." (54)

„Es geht manchmal über in so einen pädagogischen oder didaktischen Offenbarungseid, dass man sagt, entweder man kann es oder man kann es nicht. Aber wie gesagt, dann könnte man die Arbeit ja einstellen, ich denke schon, dass man da dran arbeiten kann, aber nicht so gezielt und strukturiert wie bei Rechtschreibung, wo ich denen einbläuen kann (...) Da hab ich den Eindruck, müsste man noch bessere Materialien an die Hand bekommen." (55)

Die Interpretation der Problemstellung, die innerhalb der Lernstandserhebungen und den damit verbundenen outputorientierten Reformen enthalten ist, wird aus einer Position der Verteidigung und Rechtfertigung ihrer eigenen Arbeit vorgenommen. Teilweise kommen Hilflosigkeit oder Zweifel auf, ob die Maßnahmen zur erwünschten Zielstellung führen. Begründungen werden in der Konstruktion der Standorttypen gefunden, die es Schulen ermöglichen kann, ihre Ergebnisse zu beschönigen, oder in einer spezifischen Methodenkritik, die sich auf Testfehler beziehen und die Qualität der Rückmeldungen schmälern. Ein weiterer Grund wird auch in der Unbeständigkeit der Themen und getesteten Jahrgänge gesehen, die eine Übertragung auf Schulentwicklungsmaßnahmen nicht ermöglicht. Reaktionen auf die Lernstandserhebungen werden sehr allgemein gehalten und beziehen sich meistens auf eine Vorbereitung bzw. Trainingszeit mit den Schülern, die auf die Tests vorbereitet werden sollen.

4.1.5 Zusammenfassung der Professionstypen und erstes Resümee

Ausgehend von der Überlegung, dass der Umgang mit den Lernstandserhebungen von professionellen Überzeugungen angeleitet wird und Sensemaking-Prozesse hervorbringt, konnten vier Professionstypen rekonstruiert werden, an denen deutlich wird, dass der Umgang mit den Lernstandserhebungen zwar unterschiedlich, aber nicht beliebig verläuft. Die Frage, wie Lehrkräfte und Schulen mit dem Angebot der outputorientierten Instrumente umgehen und wie sie sie in ihre Sensemaking-Prozesse integrieren, kann mit diesen Typen beschrieben werden.

Beim technologisch-operationalem **Typ A** („Durch die Lernstandserhebungen werden all diese Dinge streng logisch gruppiert (...) [und man] kann sehen, (...) sie haben sich von A nach B bewegt") steht die Interpretation der Wissensstruktur im Vordergrund vor der Interpretation des Zentralwerts. Es findet eine intensive Rezeption der Ergebnisse statt, die sich besonders auf höhere Aggregatebenen der Daten (Kursvergleich, Schulvergleich mit Referenzwerten) stützt. Es wird Vertrauen in die Validität der Daten gesetzt. Daten dienen der objektiven Standortbestimmung, die in den Kontext der Reformen eingeordnet werden (Bildungsstandards, Kernlehrpläne, zentrale Abschlussprüfungen).

Typ A – technologische Überzeugungen zur Wissensstruktur:
▪ Daten werden zu Informationen und Wissen verdichtet, dabei werden eigene Übersichten über die Ergebnisse erstellt: damit wird ermöglicht, Ableitungen für zukünftiges Handeln zu treffen.
▪ Herstellung eines Kausalnexus zu unterrichtlichen Handlungen, bei denen externe Rahmenbedingungen dann berücksichtigt werden, wenn keine anderen Ursachen anzufinden sind.
▪ Hauptsächlich kausale Ursachenzuschreibungen aufgrund der Ergebnisse, bei denen ein instrumentelles Schema (Pragmatik) bzw. eine zweckprogrammierte Entscheidung wirksam wird.
Typ A – operationale Überzeugungen zum Zentralwert:
▪ Problemstellung (Schülerleistungen) werden als operationalisierbar und messbar eingeschätzt, d.h. unterrichtliche Ziele sind präzisierbar und sollen in der Arbeit beachtet werden.
▪ Messbare Aspekte werden gesehen; ebenso nicht operationalisierbare wie der erzieherische Anspruch, die miteinander vereint werden sollen.
▪ Bezug zur professionellen Berufsausübung (eigene Planung von Unterricht, Planung des Unterrichts auf Jahrgangs- und Fachkonferenzebene, Schulentwicklungsmaßnahmen) wird hergestellt, d.h. es findet eine Integration statt.

Dieser Typ entspricht am ehesten den mit der Einführung der Lernstandserhebung verbundenen Anforderungen an die Profession der Lehrkräfte: einer rationalen Erweiterung der Entscheidungsbasis durch Rückgriff auf wissenschaftlich generiertes Wissen mit gleichzeitiger Anerkennung messbarer Leistungsindikatoren. In Rückgriff auf die innerhalb dieser Arbeit angewandten professionsfunktionalistischen Ansätze findet hier eine Orientierung an Wissen statt, das sich auf die Verwendung von empirischen Erkenntnissen stützt, und eine relativ festgelegte Deutung des Zentralwerts der Profession, wie es auch bei der Profession der Mediziner anzufinden ist. Es handelt sich folglich um einen Professionstyp in Bezug auf die Verwendung der Rückmeldungen aus Lernstandserhebungen, der sich nicht dem skizzierten Technologiemangel der Profession anschließt.

Die Interpretation des Zentralwerts steht beim technologisch-positionellem **Typ B** („Die Folge, die ich jetzt für meinen Unterricht ziehe, ist konkreter [und] wo man selbst betroffen ist, möchte man auch wissen, wo man mit seinem Kurs steht [und] es ist ja auch ein Aushängeschild für die Schule") vor der der Wissensstruktur, weshalb stärker auf positionelle Vergleichsmöglichkeiten (Ranking) Bezug genommen wird und Gründe für die Ergebnisse in nicht beeinflussbaren Rahmenbedingungen gesehen werden. Die Reformen werden anerkannt und im gesellschaftlich-politischen Kontext verortet. Aufgrund der öffentlichen Kritik an Schulen wird eine stärkere Wertschätzung ihrer Arbeit verlangt. Es wird ein starker Druck erlebt, gut abschneiden zu müssen.

Typ B – technologische Überzeugungen zur Wissensstruktur:
▪ Weniger stark ausgeprägte Wahrnehmung und Analyse der Daten, obwohl Ursachen kausal aus den Ergebnissen abgeleitet werden → Es werden Querverbindungen zu anderen Fächern und Rahmenbedingungen gezogen.
▪ Handlungen werden direkt abgeleitet, die allerdings keine Nachhaltigkeit beinhalten und meist auf kurzfristige Ziele gerichtet sind (für Tests üben etc.).
Typ B – positionelle Überzeugungen zum Zentralwert:
▪ Schulinterne und externe Öffentlichkeit stehen bei den Rückmeldungen im Vordergrund.
▪ Der Vergleich mit anderen (Kurs, Schule) bestimmt die Qualität ihrer professionellen Arbeit; es findet eine positionelle Verortung outputorientierter Steuerungsinstrumente statt.
▪ Externe Rahmenbedingungen (Gesellschaft) bestimmen, welche Leistungen die Schüler erbringen können; diese können sie nicht bzw. wenig beeinflussen.

Dieser Typ entspricht zwar, wie auch der Typ A, einem professionellen Verständnis, das durch eine an empirischen Daten ausgerichtete Wissensverwendung gekennzeichnet ist. Allerdings stellen die Lehrkräfte die gesellschaftliche Verortung ihrer Leistungen in den Vordergrund der Datennutzung, hiermit wird aus einer professionsfunktionalistischen Betrachtungsweise eine diffuse gesellschaftliche Definition darüber widergespiegelt, dass unterschiedliche Vorstellungen existieren, was Bildung gesellschaftlich bewirken soll. Hiermit wird eine Unsicherheit formuliert, die auf gesellschaftliche Rahmenbedingungen zurückgeführt wird und kaum zu (eigenen) neuen Handlungsmodellen führt.

Von den Lehrkräften des normativ-operationalem **Typ C** („Das kann schon Konsequenzen haben, da muss man jetzt eben drüber diskutieren, [denn es] hat ein Umdenken stattgefunden, auch durch diese Lernstandserhebung") werden Lernziele als operationalisierbar und messbar eingeschätzt, Kausalattributionen werden aufgrund der Vielzahl an Ursachen abgelehnt. Der Fokus wird auf die normative Aushandlung der in den Rückmeldungen enthaltenen Wissensstruktur gelegt und der Deutung des Zentralwerts wird aufgrund der Anerkennung der outputorientierten Reformen keine große Bedeutung zugesprochen.

Typ C – normative Überzeugungen zur Wissensstruktur:
▪ Datennutzung ist oberflächlich und bleibt mit Zielstellungen eigenen Unterrichts

verbunden. D.h. die Ergebnisse werden nicht intensiv rezipiert, da Ursachen allein als normativer Aushandlungsprozess verstanden werden und nicht als empirisch messbar.

- Ursachen werden ausführlich erörtert und mit den Bedingungen ihres Handeln und den Bedingungen der Schüler (Fokus) verbunden, wobei sie aber keine Kausalattributionen in den Daten sehen; vielmehr vergewissern sie sich über die Bedingungen ihres Handeln.
- Konsequenzen entstehen über normative Aushandlungsprozesse; hier wird den Daten Bedeutung zugesprochen.
- Die durch die Lernstandserhebung als technisierbar dargestellten Bildungsprozesse werden abgelehnt.

Typ C – operationale Überzeugungen zum Zentralwert:

- Operationaler Zentralwert wird als gegeben angesehen und wird nicht in Frage gestellt; wenig Beschäftigung mit dieser Thematik, es besteht aber ein Zusammenhang zwischen Standards, Kernlehrplänen und Lernstandserhebungen, der innerhalb der eigenen professionellen Berufsausübung Beachtung erfährt und im Unterricht umgesetzt wird.
- Durch LSE kann Bewusstsein/Wissen über Kompetenzerwerb, neue Aufgabenformate, Unterrichtsmethoden ausgebaut und eine Transparenz erreicht werden.

Mit diesem Typus werden aus professionsfunktionalistischer Betrachtungsweise professionellen Überzeugungen dargestellt, die sich stärker an einer normativen Aushandlung über professionsinterne Handlungsstrategien orientieren. Hier wird eine Nähe zur Profession der Juristen beschrieben, die sich bei der Wissensverwendung auf eine Verständigung über soziale Normen und Regeln stützt. Es wird innerhalb dieses Typs allerdings anerkannt, dass Schülerleistungen messbar sind und auch auf ihr professionelles Handeln zurückzuführen sind. Professionelles Wissen ist demnach einerseits rationalen empirischen Daten zugänglich, andererseits rekurrieren diese Lehrkräfte auf ein klassisches Funktionsprinzip der (juristischen) Profession: der Aushandlung über gemeinsame Normen und Regeln.

Beim normativ-positionellem **Typ D** („Wir haben die Möglichkeiten gesehen, (...) das kann sein, das kann sein. [/] Es ist schon was Neues, weil es einen Vergleich untereinander gibt (...). Das hält dieses Königreich geöffnet wird") wird den Lernstandserhebungen nur zu einem gewissen Grad Bedeutung für professionelles Handeln zugesprochen. Es findet eine Anerkennung der Notwendigkeit einer Verbesserung der Schülerleistungen im internationalen Vergleich statt, sie sehen aber in den aktuellen Instrumenten nicht immer den geeigneten Weg. Es findet eine starke Fokussierung auf die Rahmenbedingungen ihrer Arbeit statt, auf die Politik und Gesellschaft Einfluss nehmen und nicht sie selbst.

Typ D – normative Überzeugungen zur Wissensstruktur:

- Daten wird wenig Vertrauen entgegengebracht; es ist nicht klar, was sie damit machen sollen; teilweise werden Tests aufgrund von Konstruktionsfehlern gänzlich abgelehnt.
- Ursachenanalyen beziehen sich auf die Rahmenbedingungen ihres Handelns und die Fähigkeiten, die Schüler bereits mitbringen, auf die sie keinen Einfluss haben.
- Autonomie-Paritäts-Muster kommt zum Tragen und es findet eine Ausrichtung am normativen Diskurs statt, der viele Möglichkeiten eröffnet, die kaum in Handlungen

überführt werden können → Ambigue Ursachenzuschreibung.
▪ Abgeleitete Handlungen werden häufig in Schlüsselbegriffen benannt, wie Binnendifferenzierung, Sprachkompetenzen fördern etc., die sie kaum in den Ergebnissen begründet sehen oder mit ihrer professionellen Arbeit in Zusammenhang stehen.
Typ D – positionelle Überzeugungen zum Zentralwert:
▪ Vergleichsmöglichkeiten und Öffentlichkeit stehen im Fokus und werden mit Lehrerleistungen in Verbindung gesetzt (mit gleichzeitiger Befürchtung, dass öffentliche Rankings kommen), dabei hat besonders die Position im internationalen Vergleich Bedeutung.
▪ LSE werden nicht abgelehnt, aber sollen die Bedingungen ihrer professionellen Berufsausübung berücksichtigen; Abschneiden im Verhältnis zu anderen Kollegen ist wichtig.
▪ Verteidigung und Rechtfertigung ihrer eigenen Arbeit wird vorgenommen; Zweifel, dass die Maßnahmen zu den gewünschten Erfolgen führen.
▪ Veränderungsmöglichkeiten sind begrenzt, da sie nichts an den Rahmenbedingungen ihres Handelns ändern können (Begabung der Schüler, Selektionsauftrag der Schulen).

Mit diesem Typ werden professionelle Überzeugungen beschrieben, die am weitesten von der mit der Einführung der Lernstandserhebungen einhergehenden Intention von Schul- und Unterrichtsentwicklung aufgrund von der Verwendung wissenschaftlichen Wissens entfernt sind. Aus einer professionsfunktionalistischen Betrachtungsweise findet hier sowohl eine Verständigung über die sozialen Normen und Regeln ihres (gemeinsamen) Handelns statt, als auch eine Auslegung des Zentralwerts der Profession, die sich an diffusen gesellschaftlichen Vorstellungen darüber orientiert, was Bildung und Schule ist. Beides führt in keiner Weise dazu, dass die Rückmeldungen aus Lernstandserhebungen als professionelles Wissen anerkannt und in ihr Handeln integriert werden.

Insgesamt lässt sich aus diesen vier Typendarstellungen festhalten, dass die Nutzungsform des Typs A und deren Umgang mit den Lernstandserhebungen wie kein anderer Typ die mit den outputorientierten Reformen intendierten Anforderungen der Datennutzung beschreiben. Mit dem Typ A konnte belegt werden, dass die Einführung der Lernstandserhebungen bei Teilen der Lehrerschaft direkt im intendierten Sinn ankommt und eine rationale bzw. technologische Erweiterung des Wissens und der Handlungen bzw. Entscheidungen aufgrund der empirischen Daten erreicht wird. Mit der Identifikation weiterer Typen wird aber auch deutlich, dass Nutzungsformen existieren, die sich ebenfalls mit den Lernstandserhebungen auseinandersetzen, aber Möglichkeiten jenseits der eigentlichen Absichten der Reformen suchen bzw. anwenden, um Schülerleistungen zu verbessern. Besonders bei den Typen B und C wird deutlich, dass diese zwar nicht in allen Aspekten der intendierten oder gewünschten Nutzung entsprechen, aber bestimmte Aspekte der Instrumente für Schul- und/oder Unterrichtsentwicklung genutzt werden (sollen). Beim Typ B wird bspw. überhaupt die Möglichkeit gesehen, aus den Daten Handlungen abzuleiten, die u.U. Leistungsverbesserungen hervorbringen können, auch wenn diese (noch nicht) mit der eigenen professionellen Handlungsweise in Verbindung gebracht werden; die starke Ausrichtung am Vergleich und die Befürchtung vor Rankings erzeugt allerdings viel Abwehr, weil die Gefahr gesehen wird, in einem negativen Licht dazustehen. Hiermit wird zwar eine technologische Erweiterung der Wissensbasis ihres professionellen Handelns vorgenommen, es besteht aber kein Bezug zu den Zielstellungen der Reformen und zu unterrichtlichen Konzepten, weshalb es hauptsächlich zu kurzfristigen Handlungsmodellen (direkte Vorbereitung auf die Tests, Nutzung von alten Testaufgaben) kommt. Beim Typ C wird dagegen anerkannt, dass Lernziele operationalisierbar sind und durch Messungen sichtbar gemacht werden können. Lösungen können aber nur im Diskurs gefunden werden und sind keine Kausalableitungen aus den Lernstandserhebungen. Der Typ D nimmt den gegenteiligen Pol zu Typ A ein und beschreibt damit die stärkste Abweichung von der intendierten Nutzungsabsicht der Lernstandserhebung. Hier findet eine starke Ablehnung der Maßnahme statt bzw. es herrscht der größte Widerstand vor. Es werden kaum Möglichkeiten gesehen, Handlungen aus den Ergebnissen abzuleiten. In geringem Ausmaß wird eine Akzeptanz der outputorientierten Reformen in Betracht gezogen. Die Ergebnisse und Reformen stehen in keiner Verbindung mit der professionellen Arbeit und den eigenen Interpretationen des Zentralwerts ihres Berufs.

Insgesamt wird aus der professionsfunktionalistischen Betrachtungsweise deutlich, dass die Profession der Lehrkräfte unterschiedliche Umgangsweisen mit dem neuen Wissen aus Lernstandserhebungen ermöglicht. Dieser Umgang lässt sich zwar mit den Funktionsprinzipien der Profession beschreiben, aber nicht nur in dem Sinne, wie es die Zielstellungen outputorientierter Steuerungsinstrumente wie hier der Lernstandserhebungen vorsehen. Eine technologische oder rationale Erweiterung der Entscheidungsbasis von Lehrkräften aufgrund von Rückmeldungen empirischer Daten aus Lernstandserhebungen ist demnach eine Frage der Aushandlung und Anerkennung dieses Wissens bei den Mitgliedern der Profession selbst. Und nicht allein eine Frage der Implementation einer Maßnahme, wie hier von Lernstand 9 in Nordrhein-Westfalen.

4.2 Nutzungstypen auf Basis organisationaler Überzeugungen

Der Merkmalsraum der Organisationstypen setzt sich aus den Dimensionen (2a) *Kontrolle* und (2b) *Koordination* zusammen und beschreibt (s. Tabelle 11), wie die Rückmeldungen aus den Lernstandserhebungen innerhalb der Schulen strukturiert werden, bzw. wie die Lehrkräfte mit der Organisation der Rückmeldungen umgehen – der Frage also, ob Lernstandserhebungen durch konkrete Zusammenarbeit in den Schulen zu einer organisatorischen Ressource werden. Innerhalb der Dimension interne und externe Kontrolle professioneller Arbeit (2a) durch die Rückmeldungen aus Lernstandserhebungen wird die Integration der statistischen Daten über Schülerleistungen und der dazugehörigen Reformen in bisherige Kontrollpraktiken angesprochen. Die Aussagen der Lehrkräfte beziehen sich auf handlungsleitende Überzeugungen, wie Lernstandserhebungen individuelle (wie Klassenarbeiten, Unterrichtsanalysen), kollegiale (wie Absprachen, Parallelarbeiten, Fachkonferenzbeschlüsse) und externe (wie Gespräche mit Eltern, Kollegen anderer Schulen, Wahrnehmung der Ergebnisse in den Medien und von der Politik) Kontrollpraktiken beeinflussen und verändern. Durch diese Vorgehensweise können unterschiedliche Umgangsweisen und Strategien aufgezeigt werden, die den Umgang mit der Lernstandserhebung anleiten.

Innerhalb der Dimension der (schulinternen) Koordination der Rückmeldungen (2b) wird die schulorganisatorische Einbindung der Ergebnisse in die Arbeit von Fach-/Schulkonferenzen, Dienstbesprechungen und Arbeitsgruppen, um Schul- und Unterrichtentwicklungsprozesse thematisiert. Damit wird beschrieben, wie die Lehrkräfte die rückgemeldeten

Ergebnisse in Entscheidungsabläufe der Schule integrieren. Durch die Aussagen der Lehrkräfte wird deutlich, dass es sich dabei um die Frage nach der Gewichtung individueller und organisatorischer Wahrnehmungen von Entscheidungskompetenzen handelt. Diese Gewichtung beeinflusst, welche schulischen Entscheidungsebenen (individuelle Unterrichtsplanung, Fachkonferenzentscheidungen, gemeinschaftliche Schulentwicklungsprozesse) durch die Daten in Betracht gezogen werden und zu welchen Erweiterungen es innerhalb der Handlungs- und Entscheidungsmöglichkeiten kommt. Auch hier wird, wie bei den Professionstypen, die Bezeichnung Organisationstypen als Verkürzung gewählt; eigentlich handelt es sich hier ebenfalls um Nutzungstypen auf der Basis der organisationalen Überzeugungen der befragten Lehrkräfte. Der Begriff Organisationstyp wird an dieser Stelle aber auch wegen der einfacheren Lesbarkeit gewählt. In der nachfolgenden Tabelle werden die empirisch identifizierten Polausprägungen für beide hier dargestellten Dimensionen, die die so genannten Organisationstypen rekonstruieren, dargestellt:

Tabelle 11: Merkmalsraum der Organisationstypen

Merkmalsraum der Organisationstypen		Dimension 2a: interne & externe Kontrolle	
		Pol 5: heteronom	Pol 6: autonom
Dimension 2b: schulinterne Koordination	Pol 7: individuell		
	Pol 8: kollektiv		

Die Ausprägungen der Überzeugungen zur internen und externen Kontrolle durch die Rückmeldungen (2a) wurden aus dem empirischen Material ausgewertet und können unter den Oberbegriffen *heteronom* (Pol 5) und *autonom* (Pol 6) zusammengefasst werden. Hiermit wird deutlich, dass Lehrkräfte die Lernstandserhebungen entweder als ein organisationales Kontrollinstrument heteronomer Eingriffe einer außerprofessionellen Instanz wahrnehmen, d.h. die Lernstandserhebungen werden innerhalb der schulischen Organisationsstruktur als fremdbestimmte Kontrolle empfunden und können (fast) gar nicht in individuelle und/oder kollektive Beurteilungen und Bewertungen (eigener) Handlungspraktiken integriert werden. Es entsteht Widerstand:

> **Beispiele heteronom**: „Das kommt nicht von unten, sondern das ist von oben gekommen." • „Es ist ein Einschnitt in jeder Hinsicht, es nimmt mir was aus der Hand."

Oder bei den Lehrkräften wird die Lernstandserhebung als informative Unterstützung für autonome Mechanismen professioneller Kontrolle auf schulorganisatorischer Ebene aufgefasst, d.h. sie werden von den Lehrkräften als Option wahrgenommen, ihre bisherigen Kontrollinstrumente der Schülerleistungen (z.B. Klassenarbeiten) mit den rückgemeldeten Ergebnissen in Beziehung zu setzen und zu ergänzen. Es entsteht Affirmation:

> **Beispiele autonom**: „Das sind Dinge, auf die wir eine Antwort finden müssen. Aber eine, die uns gemäß ist." • „Ich würde mir daraufhin meinen Kurs angucken und denken, stimmt das für mich, trifft das für mich zu und wenn ja, dann muss ich gucken, dass ich daran irgendwas mache. Und wenn es für mich nicht relevant ist, dann muss ich mich darum auch nicht weiter kümmern."

Die Ausprägungen der Überzeugungen zur schulinternen Koordination (2b) wurden aus den Interviews zugewiesen und können mit den Oberbegriffen *individuell* (Pol 7) und *kollektiv*

(Pol 8) beschrieben werden. Hier findet sich bei den Lehrkräften entweder eine individuelle Überzeugung an, in der die Rückmeldungen hauptsächlich auf den eigenen Unterricht bezogen werden und in der die Bedeutung der Ergebnisse vor allem für die Einzelschülerdiagnose und die Aggregatebene des eigenen Kurses bzw. der Klasse gesehen wird, d.h. die Bedeutung wird eher in der Unterrichts- als in der Schulentwicklung gesehen:

> **Beispiele individuell**: „Das macht jeder mit sich (..) aus. Also ich glaube nicht, dass man das mit mehreren zusammen bespricht." • „Und ansonsten arbeitet (..) nach wie vor jeder für sich. Das ist eine Form von Eigenverantwortlichkeit und die setzt sich einfach fort."

Oder bei den Lehrkräften findet sich eine kollektive Orientierung an, in der die Rückmeldungen vor allem für einen gemeinsamen Entscheidungsprozess im Kollegium genutzt werden, d.h. die Daten werden zwar auch auf die Unterrichtsentwicklung eingesetzt, sie werden aber in den Kontext der allgemeinen Schulentwicklung gestellt:

> **Beispiel kollektiv**: „Sinnvoll können das Einzelne nicht bewältigen. (...) Zunächst einmal wird die Zusammenarbeit dringlich am ganz konkreten Anlass." • „Das muss auf Fachkonferenzebene einsetzen. Das ist die entscheidende Stelle. (...) Es geht nur so, dass wir als Lehrer (...) über Parallelarbeiten (...), über Lernstandserhebungen Outputsteuerung in der Weise veranstalten."

Aufgrund der dargestellten Dimensionsausprägungen wurde der Merkmalsraum für die Nutzungstypen basierend auf der Basis organisationaler Überzeugungen erläutert, aus dem sich die so genannten Organisationstypen zusammensetzen. Insgesamt konnten nach diesem Vorgehen vier Typen entwickelt werden, die in der nachfolgenden Graphik (s. Abb. 11) über die Zuordnung der interviewten Lehrkräfte dieser Studie abgebildet werden:

Abbildung 11: Die vier empirisch identifizierten Organisationstypen

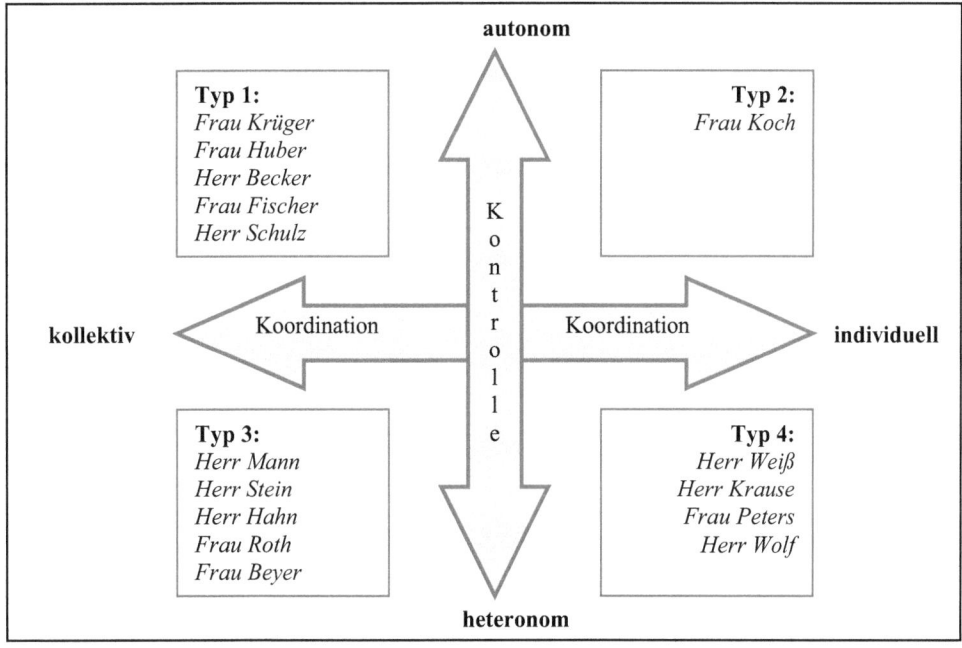

In den nächsten Abschnitten werden diese vier Organisationstypen anhand von Zusammenfassungen auf der Basis der Interviews und den Originalzitaten als Belege vorgestellt. Die
Darstellung orientiert sich am Merkmalsraum (Dimensionen: Kontrolle und Koordination)
der Auswertungen. Ansonsten gleicht dieses Vorgehen jenem innerhalb der Professionstypen (s. Kapitel 4.1). Die Typenbezeichnungen beschreiben ebenfalls In-Vivo-Kodes, die
auch eine Zusammensetzung aus verschiedenen Interviewaussagen darstellen, bei der treffende Aussagenaspekte unterschiedlicher Interviewaussagen zusammengeführt wurden.

4.2.1   Organisationstyp 1 (autonom/kollektiv)

„Dinge, auf die wir eine Antwort finden müssen. Aber eine, die uns gemäß ist [und] sinnvoll
können das Einzelne nicht bewältigen."[81]

Eigenständige Integration der Lernstandserhebung in Kontrollpraktiken und gemeinschaftliche Koordination schulischer Entscheidungen anhand der Rückmeldungen

Innerhalb dieses Typus werden die Rückmeldungen aus Lernstandserhebungen als ein Instrument einer *autonomen* professionellen Kontrolle der eigenen Arbeit aufgefasst und in
die Zusammenarbeit mit den (Fach-)Kollegen *kollektiv* integriert, was zu einer Erweiterung

---

[81] Grundlage dieses Typus bilden die Fälle Frau Krüger (didaktische Leiterin) und Frau Huber (Mathematik) der
Gesamtschule B, sowie Herr Becker (didaktischer Leiter), Frau Fischer (Mathematik), Herr Schulz, Frau Weber
und Frau Klein (Deutsch) der Gesamtschule A.

der Handlungsmöglichkeiten aufgrund erweiterter Entscheidungsgrundlagen führt. Die Schule und die darin ablaufenden schulorganisatorischen Prozesse befinden sich in einem Neuanschauungsprozess, der mit der Erwartung verbunden ist, dass sich individuelle und gemeinsame Erwartungshorizonte den neuen Anforderungen der prozessbezogenen Kompetenzen, die in den Lernstandserhebungen gefordert werden, anpassen. Diese Anpassung soll sich aber gleichzeitig eigenständig aus ihren (schulorganisatorischen) Bedürfnissen heraus entwickeln.

> „Also da glaub ich schon, dass einfach über das, was da an Instrumentarium sichtbar wird, und über die Diskrepanzen, was sehe ich als Ergebnis und wie schätz ich meine Schüler selber ein, bis rein in die Praxis der Leistungsmessung und Leistungsbewertung, sich Veränderungen entwickeln." (56)[82]
> „Das sind Dinge, für die wir eine Antwort finden müssen. Aber eine, die uns gemäß ist, also die unserem Schulprogramm, unseren Leitbildern (...) nicht aufgepfropft wird, sondern die dem entgegenkommt und denen wir natürlich auch entgegenkommen müssen." (57)

In Bezug auf die Überzeugungen zur <u>Kontrolle</u> durch die Rückmeldungen will dieser Typ keine automatisch ableitbaren Konsequenzen geliefert bekommen, sondern sie forcieren eine eigenständige Integration des Instruments, das sie auf die Bedürfnisse ihrer Schule und ihres Unterrichts anpassen können. Sie erwarten deshalb von den Reformen, dass sie Freiräume für eigene Entscheidungen lassen, um auf die Bedingungen vor Ort reagieren zu können. Die Rückmeldungen selbst werden aus dieser Perspektive nicht als unzureichend empfunden, sondern es wird positiv erwähnt, dass die Rückmeldungen Möglichkeiten für eigene Interpretationen eröffnen, die es ihnen ermöglichen, die Erkenntnisse in ihre eigenen Kontrollpraktiken zu integrieren. Kritisiert wird vor allem, dass die zeitliche Belastung durch die Art der Rückmeldungen minimiert werden könnte, wenn die Rückmeldungen übersichtlicher wären. Die Rückmeldungen werden von diesem Typ häufig in Eigenarbeit umgestaltet und zuhause überarbeitet, damit sie für unterrichtliche und schulentwicklungsspezifische Fragestellungen genutzt werden können. Ein eigenständiger Datenzugriff ist für diesen Typ selbstverständlich.

> „Und wenn (..) diese ganzen Vorgaben nicht den Raum einengen, (...) dann können wir damit arbeiten und dann arbeiten wir auch gerne damit. Aber in dem Moment, wo uns da organisatorische auch zeitliche und arbeitsmäßige Belastungen aufoktroyiert werden, ist das auch eine Form von Fesselung, dann fesselt man teilweise eben auch, was wir hier an Erziehungsauftrag wahrnehmen müssen." (58)
> „Das fand ich eben ganz gut, da kann man sich ein Bild machen in Beziehung auf die Konsequenzen, die man jetzt treffen muss. Ich mein, diese LSE sollten ja Konsequenzen haben, wo sind noch Lücken, was müssen wir weiter machen, worauf müssen wir die Schüler trainieren und es ist auch eine Prognose in Anführungszeichen, womit rechnen wir in den Abschlussprüfungen nächstes Jahr." (59)
> „Die Lernstandserhebung hilft uns durch ihre Aufgabenkonstruktion ganz praktisch. Die Diagnose muss man außerhalb der Lernstandserhebung nacharbeiten, wir werden das auch im Kollegium machen. Es muss eine schulinterne Fortbildung zur Diagnose geben." (60)

---

[82] Die Nummerierung der Zitate in Klammern dient der Nachvollziehbarkeit: Die Quellenangaben sind in Anhang vermerkt.

Aus dieser Rezeptionspraxis werden vielfältige Handlungen abgeleitet, die sich auf den eigenen Unterricht oder auch auf Schulentwicklungsprozesse beziehen können. Hierbei werden zusätzliche Leistungen, wie nachmittäglicher Förderunterricht, angeboten oder neue Unterrichtskonzepte entwickelt. In diesem Zugriff auf die Rückmeldungen wird deutlich, dass bei diesen Lehrkräften ein Leitbild einer autonomen professionellen Praxis dominiert. Dieses Leitbild ist verantwortlich, dass die Beurteilung des Erfolgs ihrer professionellen Handlungen von ihnen selbst in Anspruch genommen wird und auch nicht durch die Lernstandserhebungen außer Kraft gesetzt wird. Sie sehen allerdings, dass viele Lehrkräfte diesem Leitbild nicht folgen und auch die Lernstandserhebungen unter einer entgegengesetzten Perspektive betrachten.

> „Das sind auch so Punkte, wo man zu sich hier ehrlich sein muss, und da muss ich auch sagen, mit dem, was ich im Unterricht leisten kann, ich bemühe mich, ich versuche auch, den Schülern viele Möglichkeiten zu geben, auch mal schriftlich zu arbeiten, dass man dann so Schreibkonferenzen macht, um das zu überarbeiten, aber das sind dann immer so. Ja, wenn man überlegt, dass sind vier Wochenstunden in Deutsch, wenn ich jetzt ehrlich bin; ich denke immer, das ist nicht prägend einfach." (61)
>
> „Aber weil es eben so ist, wie es ist und wir im Moment weder einen dicken Impuls noch eine tolle Idee haben, was zu ändern, und sich auch von außen nicht die Verhältnisse ändern werden, ist bei uns im Bewusstsein eine Schwerpunktverlagerung insofern eingetreten, indem wir sagen, letztendlich müssen wir dann, Lebenslanges Lernen, die Schüler mehr einbeziehen." (62)
>
> „Das ist der entscheidende Punkt, dass sich viele gar nicht die Gedanken machen, was bringt das wirklich für mich und wie kann ich Schlüsse für mich draus ziehen, nach dem Motto: ganz viele sagen, dass ist zwar viel Arbeit und ich bin froh, wenn ich es hinter mir hab, ansonsten ist mir das Scheißegal, was da raus gekommen ist (..). Deren Unterricht wird sich nicht grundlegend ändern." (63)

Die Integration der Ergebnisse in eigene und kollektive Kontrollpraktiken findet weitreichend statt, z.T. werden Entscheidungen, die vor den Rückmeldungen getroffen wurden, mit den neuen Erkenntnissen abgesichert (wie etwa das Aussetzen der äußerlichen Differenzierung in EK und GK durch einen binnendifferenzierten Klassenunterricht). Neue Aufgabenformate, wie sie sie sowohl in den Lernstandserhebungen als auch durch die Kernlehrpläne eingefordert sehen, werden aufgegriffen und wie auch die Rückmeldungen in den Unterricht integriert, indem Konsequenzen (wie zur Grammatik und Rechtschreibung) getroffen werden. Die Lernstandserhebungen bieten für diese Lehrkräfte positive Anreize, die sie in ihre Unterrichtsplanung übernehmen (bspw. graphische Darstellungsweisen im Deutschunterricht einbringen, stärkere Beachtung von Schülern mit niedrigen und höheren Kompetenzniveaus durch differenzierte Aufgabenerstellung). Diese Lehrkräfte beurteilen die rückgemeldeten Ergebnisse als eine objektive Messlatte, mit der sie ihre eigene Arbeit selbst kritisch hinterfragen können. Es wird aber auch angemerkt, dass sie als Schule und Lehrer mit dem ermittelten Förderbedarf ihrer Schüler nicht allein gelassen werden wollen, sondern auch Unterstützung von außen (Schulaufsicht) erwarten, indem entsprechende Ressourcen bereitgestellt werden. Die in diesem Typ enthaltenen Schulleitungsmitglieder (didaktische Leiter) gehen davon aus, dass sie gegenüber ihren Kollegen viel Überzeugungsarbeit leisten müssen, damit die Maßnahmen und Reformen akzeptiert werden. Fortbildungen stellen ein Mittel dar, von dem sie sich Verbesserungen erwarten.

„Und so was kann ich auf einer Metaebene in der Schulleitung kommunizieren und sagen hier geht es im Grunde genommen um nicht Entwickeltes (...), die in Zukunft zu entwickeln sind. Während ich mit Lehrerinnen und Lehren viel stärker auf die Lerngruppe oder auf Aktionen gu- cke, wie kann ich zum Beispiel so'ne Null und Eins Segment viel stärker in den Griff kriegen, wie kann man Basiskompetenzen absichern, so dass wir gewährleisten, dass Schüler nicht raus- fallen und letztlich in zwei Jahren dann ohne Abschluss dastehen." (64)

Insgesamt wird anhand dieses Typus deutlich, dass die in ihm enthaltenen Lehrkräfte mit den Lernstandserhebungen eine Möglichkeit sehen, ihre professionelle Selbst- bzw. Mitbe- stimmung zu unterstützen, eine Reflexion ihrer bisherigen Urteilsbasis zu fördern und dar- aus auch Konsequenzen für die eigene berufliche Praxis zu ziehen. Die Einbindung der Lernstandserhebung in den organisatorischen Kontext ihrer Berufsausübung (Koordination) wird von diesem Typus kollektiv, d.h. in gemeinschaftlicher Zusammenarbeit vorgenom- men. Insgesamt wird die Arbeit unter den Kollegen bspw. in Jahrgangsteams, Arbeitsgrup- pen oder Fachkonferenzen abgestimmt, damit eine Vergleichbarkeit der Schülerleistungen erreicht wird (z.B. über gemeinsame Curriculumsarbeit, Planung von Unterrichtsstunden, Parallelarbeiten). Diese Lehrkräfte sehen eine Verbesserung der Zusammenarbeit bereits seit der Einführung der Parallelarbeiten gegeben. Die Einführung der Lernstandserhebun- gen sehen sie als Chance, die Absprachen über Erwartungshorizonte, Leistungsbeurteilun- gen etc. weiter auszubauen. Zusammenarbeit besteht aber innerhalb der Schulen nicht flä- chendeckend, sondern nur in einzelnen Fachgruppen oder zwischen einzelnen Lehrkräften; es wird häufig von der Freizügigkeit und Bedeutsamkeit der Kooperation anderer Kollegen abhängig gemacht, ob eine Zusammenarbeit stattfindet.

„Ein Paradigmenwechsel in der eigenen subjektiven Vorstellung meiner eigenen, meiner profes- sionellen Aufgaben, das hat schon stattgefunden. Also in Deutsch ist es mir besonders aufgefal- len, (...) es gibt vereinbarte Standards und die kann man auch über die Lerngruppe und ohne Verzicht auf individuelles Lernen, lassen sich solche Standards im Konsens entwickeln. (...) Al- so da hat sich auch in Richtung Vergleichbarkeit und Standardentwicklung hat sich durch die Parallelarbeiten schon etwas getan." (65)
   „Ich glaube, dass das gut war für uns als Schule und für den Unterricht. Dieses gemeinsame Absprechen gibt es in dieser Intensität, hätte es nicht gegeben, oder auch noch mal davon ablei- tend zu sagen, wenn wir das jetzt so machen, dann müssen wir uns aber auch langfristig mal un- terhalten, wie machen wir das denn so in unseren Tests. Das hat es noch nicht gegeben, aber so was ist angestoßen worden." (66)
   „Ich meine wir sprechen vorher ab, in welcher Reihenfolge wir (...) die Unterrichtsinhalte machen. Eigentlich ist das im schulinternen Curriculum vorgegeben. Aber es passiert schon einmal, dass ein Lehrer aus irgendeinem Grund die Reihenfolge ändert. Dann haben wir neulich spontan auch die Reihenfolge geändert, damit wir eben im gleichen Trott bleiben, dass die Kur- se parallel liegen." (67)
   „Sinnvoll können das Einzelne nicht bewältigen. (...) Sie sehen, das sind durchaus positive Wirkungen einer Zentralisierung. Man kann es ja auch vom Kopf auf die Füße stellen und sa- gen, (...) zunächst einmal wird die Zusammenarbeit dringlich am ganz konkreten Anlass, wir wollen gut sein in diesen Dingen und dann kann man ja auch hoffen, dass das überzeugt und dass man sieht, da kann ich Arbeit sparen, da bin ich effektiver, da bin ich besser, da habe ich Zeit für was Anderes." (68)

Hier wird deutlich, dass eine Nutzung der Lernstandsergebnisse bevorzugt wird, die an die Funktionsweisen der kollegialen Organisation gebunden ist. Die Handlungsebene wird deshalb nicht nur im eigenen Unterricht, sondern auch auf der Gestaltungsebene der Schule gesehen, z.B. in der Verständigung über gemeinsame Kriterien der Leistungsbeurteilung oder der organisatorischen Gestaltung der Arbeit, wie etwa in der Arbeitsteilung. Die Nutzungsmöglichkeiten der Vergleichsebenen (Kurse, Standorttyp und Schulform) wird größtenteils positiv aufgefasst, da Effekte des Unterrichts und schulorganisatorischer Absprachen deutlich werden. Ein Konkurrenzdenken und Rankings werden deutlich abgelehnt.

> „Im Moment ist es so, dass wir nachträglich sagen, das war eine gute Zeit, wo wir noch mal ganz konkret auf die Lernstandserhebung zurückkommen. Wir haben im Neuner-Kollegium viele Gespräche geführt, wir haben uns ein Stück weit, gerade wie man die Schüler sieht, wenn man einen Blick von außen mit dazu nimmt, guckten uns untereinander an , ach guck, das siehst Du so, da kommen dann auch mal andere Fragestellungen, (...), kitzeln dann noch mal was anderes raus. Manchmal wusste man gar nicht, dass der sich überhaupt Gedanken dazu gemacht hat. Also interessant auf jeden Fall und auch belebend." (69)

Die Lehrkräfte sehen die Möglichkeit, durch Kooperation zu effektiveren und zielorientierten Entscheidungen bzw. Handlungen zu gelangen und die Daten für Schulentwicklungsprozesse zu verwenden. Weiterhin trennt dieser Typus sehr deutlich die Aufgaben der Fachkonferenz, Jahrgangsteams und Arbeitsgruppen voneinander, da aufgrund der Größe der jeweiligen Gremien unterschiedliche Zusammenarbeitsformen möglich sind. Der Fachkonferenz wird die Bedeutung eines verbindlichen Entscheidungsgremiums zugesprochen, indem Vereinbarungen für Unterrichts- aber z.T. auch Schulentwicklungsprozesse getroffen werden. Die Vorbereitung dieser Entscheidungen wird allerdings aktiv von diesen Lehrkräften in Jahrgangsteams (teilweise getrennt nach EK- und GK-Lehrkräften) und Arbeitsgruppen verfolgt; die Ergebnisse werden zwar in der FK vorgestellt, dort werden auch Entscheidungen über zukünftige Handlungsmodelle getroffen, die intensive inhaltliche Auseinandersetzung mit den Rückmeldungen wird aber auf die zweite Ebene gelegt. Die jeweiligen FK-Vorsitzenden müssen die Lernstandserhebungen als Teilaspekt der Arbeit in diesem Gremium mit auf die Tagesordnung setzen.

> „Also es läuft schon auf der einen großen Ebene, auf der Fachkonferenz, und dann aber auch noch mal jeweils in den Teams. Wir versuchen in den Jahrgängen so zu arbeiten, dass auch immer Durchlässigkeit gegeben ist, (...) dass die Schüler relativ gleiche Voraussetzungen haben. Wenn jemand mal einen Kurs wechseln möchte, vom EK in den GK oder andersrum, dass da die Durchlässigkeit gegeben ist, Absprachen getroffen worden sind. (...) Das klappt natürlich mit einigen Kollegen sehr gut und mit anderen ein bisschen weniger, weil es dann auch Leute gibt, die meinen, dass man diese Absprachen dann doch nicht so einhält. Aber ich glaub schon, dass (..) die meisten zumindest recht bemüht sind, dass man das sehr transparent macht (..), dass wirklich für die Schüler die Anforderungen relativ gleich sind." (70)
> „Das funktioniert nur, indem der Fachkonferenzvorsitzende daran denkt, dass dieser Punkt ständig auf der Tagesordnung steht. Die Kollegen würden das noch nicht einmal so sehr auf die Tagesordnung setzen. Also da ist der Druck noch nicht so groß." (71)

In dem hier aufgezeigten Verarbeitungsmuster der Rückmeldungen wird deutlich, dass die Lehrkräfte einen Anlass für einen kollektiven Austausch sehen. Dieser Austausch kann durch die Rückmeldungen mit „neuen" Informationen versehen werden z.B. durch die Nutzung der unterschiedlichen Aggregatniveaus der Daten. Eine Übertragung auf die Unterrichtsplanung erfolgt über den professionellen Diskurs und wird als bindend für das eigene Handeln erlebt.

4.2.2   Organisationstyp 2 (autonom/individuell)

> „Trifft das für mich zu (...), dann muss ich gucken, dass ich irgendwas mache und wenn (...) nicht (..), dann muss ich mich darum auch nicht weiter kümmern. [/] Das macht jeder mit sich (...) aus."[83]

Eigenständige Integration der Lernstandserhebung in eigene Kontrollpraktiken mit individueller Koordination innerhalb der schulischen Organisation

Bei diesem Typus handelt es sich aufgrund der Fallzahl von einer Lehrerin um einen hypothetisch möglichen. Eine Verallgemeinerung ihrer Überzeugungen ist nicht angebracht, aufgrund der in der Heuristik enthaltenen Systematik können aber einige Ableitungen getroffen werden. Mit diesem einen Fall wird ein Anhaltspunkt für eine *autonome* Integration der Rückmeldungen mit gleichzeitiger *individueller* Koordination der Maßnahme beschrieben. Ähnlich wie im bereits beschriebenen Typ 1 findet eine eigenständige Einbindung der Lernstandserhebungen in die eigene Arbeit statt (Kontrolle), aufgrund der individuellen Integration in organisatorische Arbeitsabläufe bleiben Konsequenzen auf den eigenen Unterricht beschränkt.

> „Ich erstelle mir auch gerade im Bereich Grammatik unheimlich viel selbst, weil unser Lehrbuch gar nicht diese Grammatikübungen bietet, das ist auch was, was Schüler immer wieder sagen, uns fehlen Grammatikübungen, mir fehlt eine Wortschatzübung. Da hapert's an diesem Buch, es ist zwar alles hier mal aufgegriffen, da mal aufgegriffen, aber dann hat's sich das." (72)
> „Ich würde mir daraufhin meinen Kurs angucken und denken, stimmt das für mich, trifft das für mich zu und wenn ja, dann muss ich gucken, dass ich daran irgendwas mache. Und wenn es für mich nicht relevant ist, dann muss ich mich darum auch nicht weiter kümmern." (73)

Von der Lehrerin wird (fast) keine kollektive Zusammenarbeit (Koordination) innerhalb ihres Kollegiums thematisiert und allein über formale Absprachen der Zusammenarbeit berichtet, die als Entscheidungen von der Fachkonferenz vorliegen. Zusammenarbeit bleibt allein ein lockerer Austausch, falls er aus der eigenen Perspektive benötigt wird. Eine kollektive Auseinandersetzung mit den Rückmeldungen aus der Lernstandserhebung findet nicht statt.

> „Es ist jetzt nicht offiziell gewesen, wir haben geguckt, was hast Du gemacht, wir tauschen uns aus, (..) was an Texten im Unterricht (..) gut läuft, was spannend ist, was bei Schülern ankommt (...), was man besser weglässt. Das ist so mehr ein persönliches Zwiegespräch." (74)
> „Das macht jeder mit sich, glaub ich, aus. Also ich glaube nicht, dass man das mit mehreren zusammen bespricht." (75)

---

[83] Grundlage ist der Fall Frau Koch (Englischlehrerin der Gesamtschule A) mit zwei geführten Interviews. Dieser Typus kann nur hypothetisch verstanden werden, d.h. als ein Anhaltspunkt für einen möglich bestehenden Typus gesehen werden. Er wird für die Vollständigkeit der Typologie aber in die Beschreibung aufgenommen.

Auf der formellen Ebene der Fachkonferenz werden durchaus Konsequenzen besprochen, diese bleiben in ihrer Erinnerung allerdings sehr oberflächlich und zeigen keine Auswirkungen auf ihre individuelle Unterrichtsplanung.

> „Jetzt müssen wir natürlich Konsequenzen ziehen, was müsste man mehr machen, das waren aber eher so allgemeine Sachen. Das man dann festgestellt hat, bei allen war das mit dem Hörverstehen noch nicht so gut. Also paar grundlegende Dinge haben wir schon besprochen, da so mehr Hörverstehen, Vokabeltraining, bisschen Grammatik auffrischen, das waren aber allgemeine Sachen. Und was jetzt so kursintern zu tun ist, ich denke, das kann man auch nicht so über einen Kamm scheren." (76)

Insgesamt deutet sich mit diesem Fall ein Typ an, der sich sehr individuell in der schulischen Organisationsstruktur verhält und Zusammenarbeit am konkreten Anlass mit ausgewählten Kollegen sucht. Eine systematische und verbindliche Zusammenarbeit scheint es nicht zu geben oder diese wird nicht wahrgenommen. Allerdings findet eine eigenständige Beschäftigung mit den Reformen und Lernstandserhebungen statt, die allerdings nicht zu einer kollektive Integration der Beurteilungsmaßstäbe führt.

4.2.3 Organisationstyp 3 (heteronom/kollektiv)

> „Das kommt nicht von unten, sondern das ist von oben gekommen. [Aber die Arbeit] muss auf Fachkonferenzebene einsetzen."[84]

Fremdbestimmte Wahrnehmung der Lernstandserhebung mit geringer Integration in eigene Kontrollpraktiken durch kollektive Koordination der Maßnahme innerhalb der Schule

Dieser Typus weist eine relativ große Fallanzahl auf, neben dem Typ 1 sind hier die meisten Fälle (sieben) vertreten. Der Typ 3 zeichnet sich im Gegensatz zu den Typen 1 und 2 durch eine *heteronom* empfundene Kontrolle aufgrund der eingeführten zentralen Lernstandserhebungen aus, er sieht die Zusammenarbeit unter den Kollegen im Gegensatz zum Typ 4 aber als eine *kollektive* Koordination der professionellen Arbeit im schulorganisatorischen Kontext an. Diese Dimensionskombination der Organisationsstrukturkomponenten beschreibt, dass sich die Lehrkräfte an gemeinsamen Absprachen und Entscheidungen orientieren, die aufgrund der reformbasierten Änderungen getroffen werden. Dies auch wenn sie die Reformen und Instrumente als von außen aufoktroyiert wahrnehmen.

Sie sehen es als Pflicht an, die Rückmeldungen als Instrument der eigenen Selbstvergewisserung und Standortbestimmung für Kontrollpraktiken zu nutzen. Ihnen ist aber nicht immer deutlich, wie dies in der Praxis aussehen kann, oder ob diese Vorgehensweise unbedingt notwendig und zielführend ist. Diese Sichtweise führt im Gegensatz zum Typ 4 dazu, dass sie sich nicht nur mit den neuen Anforderungen beschäftigen, sondern auch bereit sind diese in ihrem Unterricht umzusetzen, wenn es von ihnen verlangt wird.

---

[84] Grundlage dieses Typus bilden die Fälle Herr Mann (Schulleiter), Herr Stein (FK-Vorsitzender Mathematik), Herr Hahn (Mathematik), Frau Roth (FK-Vorsitzende Deutsch) und Frau Beyer (Englisch) der Gesamtschule B, sowie Herr Müller (Mathematik) und Frau Dann (Englisch) der Gesamtschule A.

„Also ich bin da Fachlehrerin und insofern war ich natürlich mit von der Partie, war ja Pflicht. Zu korrigieren beispielsweise war Pflicht, das durchzuführen." (77)

„Natürlich erzeugt das Widerstände. Das Problem ist, als Lehrer hat man ein gewisses Selbstverständnis von dem was Unterricht ist und was ein Bildungsprozess ist. Und das ist schon klar, das ist eine technische Sache, aber dadurch erreicht man keine Bildungsprozesse, keine echten. Und wir sehen uns natürlich in der Verantwortung, gut wir unterliegen jetzt dem Prinzip der Vergleichbarkeit und das ist jetzt das dominantere Prinzip und letztlich werden dadurch Sachen eher blockiert, die sonst an den Schulen stattgefunden haben. Wir haben nicht das Gefühl, wenn man jetzt das Kollegium fragt, dass die Arbeit vorher schlechter war. Sondern das Gefühl ist eher, dass die Arbeit jetzt viel reglementierter ist und dadurch Freiräume genommen wurden, (...) die man auch positiv nutzen konnte für die Vorbereitung von Schülern und für meinen individuellen Weg. Und das ist jetzt ein bisschen standardisierter." (78)

„Letztlich steht der Bürokratismus im Vordergrund und hindert uns an der eigentlichen Arbeit. Das sind eben langfristige Prozesse und die Kollegen empfinden das natürlich als eine Häufung der Verpflichtungen, dass das eben viel Zeit einnimmt und dabei die wichtigen Dinge auf der Strecke liegen bleiben, nämlich die konkrete Arbeit mit den Schülern, nicht unbedingt mehr Zeit dafür da ist." (79)

Die Reformen werden als Bürokratismus empfunden, der sie in ihrer professionellen Berufsausübung beeinflusst und Freiräume und Autonomie einschränkt. Die Reformen werden teilweise als unnötig, als übereilt oder unüberlegt wahrgenommen; besser wären Reformen, die mehr auf die innerschulischen Probleme abgestimmt sind. Der Typ sieht sich hinter den Reformmaßnahmen zurückbleibend, deren Effektivität er aber zugleich auch in Frage stellt.

„Es ist eben nur Augenwischerei, um irgendwas zu machen. Es ist Aktionismus, um zu sagen: ja, wir haben das gemacht und wir machen ja diese Leistungskontrollen, damit man das halt in der Politik sagen kann und es ist aber ohne Konsequenzen." (80)

„Aber das ist uns halt schon bewusst, dass halt vieles in der Schulpolitik gemacht wird, nicht weil es für die Schule ist, sondern um die Politik zu rechtfertigen. Und das finde ich eigentlich sehr schade und ärgerlich, weil es ja viele Kinder betrifft und auch meinen Arbeitsplatz." (81)

„Das kommt nicht von unten, sondern das ist von oben gekommen. Das braucht normalerweise eine ziemlich lange Zeit und ich habe manchmal den Eindruck, (...) man versucht binnen kürzester Zeit all das nachzuholen, was in anderen Ländern, ich sag mal in den skandinavischen Ländern, in Ruhe über viele Jahre hinaus entwickelt worden ist. Und das ist auch das, was die Kolleginnen unzufrieden macht." (82)

Neben der fehlenden Zeit zur Umsetzung der Reformen wird von diesen Lehrkräften vor allem die Sinnlosigkeit der Forderungen unterstrichen, aus den Rückmeldungen immer wieder Konsequenzen ziehen zu müssen, weil sie einerseits nicht immer wieder auf die gleichen Rückmeldungen andere Konsequenzen ziehen können und weil sie andererseits auch gar nicht wissen, welche Konsequenzen sie überhaupt daraus ziehen sollen.

„Wenn man das zum dritten Mal macht, ähnliche Konsequenzen zieht. Man kommt im Laufe der Jahre jetzt zu ähnlichen Beobachtungen und das ist das Problem. Das sind langfristige Prozesse, die da abgeprüft werden. Und wenn jetzt das Problem ist der sprachliche Ausdruck mathematischer Sachverhalte, dann kann man nicht sagen, wir haben jetzt die Konsequenzen gezogen und dann wird es nächstes Jahr wesentlich besser, sondern das sind ganz langfristige Bildungsprozesse. Und das ist das Problem, das läuft sich schnell tot." (83)

„Ich empfinde das zunächst einmal wieder als zusätzliche Belastung (...), mich da reinknien zu müssen. Mir wäre sehr viel wohler gewesen, wenn sich Fachleute an diese Diagnosebögen heran gesetzt hätten und (...) und dieses Fazit wäre uns mitgeteilt worden. Dann kann ich auch wieder agieren, wenn mir jemand sagt, im Leseverstehen das klappt überhaupt nicht. Das ist für mich sehr viel informativer, als wenn ich mir hier jetzt ein paar Kurven angucken muss und ich denke, wie interpretiere ich das jetzt? Interpretiere ich das jetzt so oder interpretiere ich das jetzt so? (...) Ich bekomme dieses Fazit nicht da drunter." (84)

Die als heteronom wahrgenommenen Rückmeldungen der Schülerleistungen bieten diesen Lehrkräften keine Anknüpfungspunkte für eine beständige Integration in ihre bisherigen Kontrollpraktiken. Sie stehen losgelöst neben bisherigen Praktiken und führen nicht dazu, dass eine tiefgreifende Reflexion ihrer bisherigen Urteilsbasis vorgenommen wird. Es wird als schwierig angesehen, die Lernstandserhebungen als Instrument in die eigene Kontrollpraktiken aufzunehmen. In Verbindung mit der zweiten Dimension der Koordination der Maßnahme innerhalb der Schule kann festgestellt werden, dass eine Annahme der Reformen stattfindet, indem sich auf gemeinsame Beschlüsse und Entscheidungen berufen wird. Eine Möglichkeit ist bspw. über Schulleiter oder Fachkonferenzleiter Anweisungen über die Rückmeldungsnutzung entgegenzunehmen. Weiterhin werden die Rückmeldungen durch den gemeinsamen Entscheidungsprozess des (Fach-) Kollegiums eingebunden, hinter dem sie stehen und den sie vertreten. Die Lernstandserhebungen werden aus der Pflicht heraus in den kollegialen Austausch eingebunden, auch wenn es schwierig ist mit den Ergebnissen umzugehen.

„Ich denke, dass wir in den Konferenzen bisher immer eine relativ professionelle Struktur hatten und das kommt uns jetzt auch zu Gute, auch im Umgang mit der Lernstandserhebung und der Veröffentlichung von Daten. Die ist bisher doch immer vergleichsweise relativ professionell gewesen, dafür sind ja Gesamtschulen auch bekannt, dass sie viele Konferenzen machen." (85)

„Die Leistung findet nicht in erster Linie im eigenen Unterricht statt, sondern die Leistung findet zuerst in den Fachkonferenzen statt. (...) Also die Fachkonferenz deutet die Kernlehrpläne und macht ein schulisches Curriculum daraus und anhand dieses Curriculums, das geht dann wieder in unseren eigenen Unterricht ein. Also man muss auch irgendwo diese Schrittigkeit einhalten." (86)

„Das muss auf Fachkonferenzebene einsetzen. Das ist die entscheidende Stelle. (...) Das Korrektiv setzt nicht ein, wenn Schulaufsichtsbeamte oder Schulleiter oder Fachberater oder Moderatoren den Lehrern in dozierender Weise versuchen klarzumachen, was sie ändern sollen. (...) Es geht nur so, dass wir als Lehrer (...) über Parallelarbeiten (...) und über Lernstandserhebungen Outputsteuerung in der Weise veranstalten, dass wir die Sollbruchstellen identifizieren. Und dann (...) hier tragfähige Modelle für einen didaktisch, methodisch sinnvollen Umgang mit diesen Sollbruchstellen entwickeln." (87)

„Ich scheue gar nicht den Vergleich und ich denke, das kann nur hilfreich sein. Es ist logisch, dass man mit der Zeit betriebsblind wird. Aber das ist eigentlich bei uns an der Schule gar nicht so, weil wir in der Hinsicht irgendwie schon (..) sehr offen sind. Weil man schon fragt, (...) das klappt gar nicht, warum klappt das bei mir nicht? Und dass wir uns da schon gegenseitig austauschen." (88)

Innerhalb der Gremien wird auf eine pflichtbewusste und hierarchische Behandlung der Forderungen aus den Rückmeldungen geachtet, die teilweise Parallelen zum Organisationsmuster der Bürokratie aufzeigt. Vertikale und horizontale Kommunikationsstrukturen werden von den Lehrkräften dieses Typs stark voneinander getrennt und den einzelnen Funktionen werden damit Weisungsbefugnisse zugesprochen.

„Da hat eine Sitzung stattgefunden und wir sind über die didaktische Leitung kurz und knapp und bündig hierüber informiert worden. Nur die Information hat halt nicht beinhaltet, welche Konsequenzen das letztendlich für die Schüler hat. Also sehr schwammig, nicht eindeutig für mich." (89)

„Also ich bin schon zwischen Schulleitung und Fachkonferenz ein Knotenpunkt. Ich bekomme von der Schulleitung Informationen, die ich weitergeben muss an die entsprechenden Kollegen. Zum Beispiel (...) was die Lernstandserhebungen angeht über diese neuen Aufgabenformate. (...) Und ich bündele auch, was die Jahrgangskollegen an den Ergebnissen festschreiben möchten oder an die Fachkonferenz weitergeben. Da werde ich auch vom Schulleiter immer gefragt, was habt ihr denn jetzt als Ergebnis (...) beschlossen. (...) Das läuft schon immer alles hoch und runter." (90)

Aus dieser Charakterisierung heraus ergibt sich in Kombination mit der heteronom empfundenen Kontrolle durch die Reformen für die Ableitung der Konsequenzen ein eher bürokratisch-schematischer Umgang mit den Ergebnissen, der nicht zu einer Erweiterung, sondern vielmehr zu einer gefühlten Einengung der Entscheidungsbasis führt.

„In meinem Fach Mathematik läuft eine intensive koordinierte Planung der Inhalte und wenn man jetzt zentrale Abschlussprüfungen bekommt oder LSE, dann kriegt man ja zentrale Anforderungen, klare Aufgabentypen und die haben wir uns natürlich angeschaut und versucht, uns danach auszurichten. Das sind neue Sachen, die an einen herangetragen werden. Also müssen wir dann auch gucken, dass wir unseren Unterricht neu ausrichten, (..) aber jetzt nicht unbedingt auf die Schülerergebnisse gezielt, sondern eher auf die Aufgabentypen und Inhalte gezielt, die da an die Schüler gestellt werden." (91)

„Wir haben uns mit den (..) Kollegen (..), die Fachlehrer waren, (...) zusammengesetzt und diese Ergebnisse besprochen. Stärken und Schwächen zunächst mal nur auf die Aufgaben. In einem nächsten Schritt haben wir in kleineren Fachgruppen die Relation zwischen den Referenzwerten und den Ergebnissen der Jahrgangsstufe bzw. der Kurse besprochen. Hier saß zusammen zum Beispiel für das Fach Deutsch die Fachkonferenzvorsitzende, ein Sprecher des Jahrgangs, der im Fach Deutsch geschrieben hatte, meine Wenigkeit als Schulleitungsmitglied (...). Wir haben im Grunde genommen die Ergebnisse analysiert (...). Haben gewisse Hypothesen aufgestellt für das Zustandekommen dieses Ergebnisses und haben vorbereitet eine Fachkonferenz, in der es darum gehen wird, die gesamte Fachschaft in Kenntnis zu setzen und (...) zu überlegen, welche Konsequenzen für die Arbeit können (...) gezogen werden." (92)

„Das bestimmen die Jahrgangsteams. Ich habe dieses Jahr noch mal ganz bewusst dem achter Jahrgang die Auswertungen (...) gegeben zum Nachschlagen in Hinblick darauf, dass sie ihren Unterricht noch mal ein bisschen anpassen. Auch die Aufgabentypen, mit denen die Schüler schwer klar gekommen sind. (...). Ob das ideal läuft, weiß ich nicht. Ich würde sagen, nicht, aufgrund der zeitlichen Möglichkeiten, die man mittlerweile hat. Weil einfach die Vielzahl der Aufgaben (...) zugenommen hat." (93)

Die zeitliche Belastung durch die Zunahme von organisatorisch-strategischen Aufgaben wird als sehr hoch eingeschätzt, worauf inhaltliche Mängel bei der Vorbereitung von Aufgaben der operativen Ebene, d.h. des Unterrichts, zurückgeführt werden. Insgesamt wird deutlich, dass zwar eine Einbindung der Reformen und Rückmeldungen aus den Lernstandserhebungen stattfindet, dass diese allerdings aufgrund des bürokratisch-schematisch ausgerichteten Umgangs mit den Anforderungen kaum zu einer Erweiterung der Entscheidungsbasis oder einer inhaltlichen Einbindung in professionelle Kommunikationsstrukturen des Kollegiums führen.

4.2.4 Organisationstyp 4 (heteronom/individuell)

> „Es ist ein Einschnitt in jeder Hinsicht, es nimmt mir was aus der Hand. [/] Und ansonsten arbeitet (..) nach wie vor jeder für sich."[85]

Fremdbestimmte Wahrnehmung der Lernstandserhebung (fast) ohne Integration in eigene Kontrollpraktiken aufgrund individueller Durchführung der Maßnahmen

Der Typ 4 stellt den polaren Gegensatz zum Typ 1 dar und beschreibt eine *heteronom* empfundene Kontrolle durch die in den Schulen eingesetzten Lernstandserhebungen mit gleichzeitigem *individuellen* Umgang der Maßnahme auf schulorganisatorischer Ebene. Die Lernstandserhebungen und die damit zusammenhängenden Reformen werden von diesem Typ als fremdbestimmte Kontrolle wahrgenommen, die nicht in die Beurteilungsschemata ihrer Handlungspraxis integriert werden können. Die Verantwortung der Ergebnisse wird nicht bei sich selbst, sondern in der Schule oder anderen Gegebenheiten gesehen.

> „Sagen wir mal ganz klar, man ist natürlich als Lehrer, alles was einen kontrollieren will, alles was einen in den Unterricht hineinreden will, ist zunächst einmal nichts Angenehmes, da brauchen wir uns nichts vormachen (...). Ich mach gerne Unterricht. Ich glaube, ich mache den gut, da brauche ich niemanden und kein Instrument, was das in irgendeiner Form großartig überprüft. Und ob das jemand von außen besser kann als ich selber, das wage ich auch zu bezweifeln. Deswegen halte ich (...) von diesen ganzen Instrumenten nicht so fürchterlich viel." (94)
>
> „Es ist ein Einschnitt in jeder Hinsicht, es nimmt mir was aus der Hand. Es ist für den Lehrer selbst ein Einschnitt, mittelfristig findet auch so was wie ein Ranking der Schulen statt. Man ist irgendwie in einer gewissen Rechtfertigungsposition, wie lange hab ich die Schüler, bin ich dafür verantwortlich, inwieweit hätte ich was anderes machen können. Inwieweit hab ich plötzlich ein Rechtfertigungsbedürfnis gegenüber der Schulleitung." (95)

Die Lernstandserhebungen werden als eine fremdbestimmte <u>Kontrolle</u> der Arbeit wahrgenommen, die zum einen nicht mit eigenen Wahrnehmungen übereinstimmen und zum anderen auch nicht in bisherige Kontrollinstrumente integriert werden können resp. sollen. Die Umsetzung der Lernstandserhebung wird als „Dienst nach Vorschrift" behandelt und durchgeführt, soweit sich die Lehrkräfte nicht entziehen können. Einige Lehrkräfte können sich vorstellen, ihre Schüler auf die Aufgabenformate zu drillen oder Anweisungen zum Ausfüllen der Testbögen zu geben, um in der Lernstandserhebung gut abzuschneiden. Als Grund für dieses „Nicht-Integrieren" wird vorwiegend der Aspekt fehlender Zeit genannt, der es ihnen nicht ermöglicht, eigenständige Konsequenzen aus den rückgemeldeten Ergebnissen zu ziehen.

> „Man muss mehr Zeit kriegen, wir haben keine Zeit, das ist das Hauptproblem (...). Ich hab hier jede Woche Konferenzen, Listen, die ich ausfüllen muss, Fehlstunden, die ich eintragen muss, Klassenkonferenzen, Beratungskonferenzen, Klassenarbeiten vorbereiten, Klassenarbeiten nachbereiten, Stadtmeisterschaften, jeden Tag irgendwas." (96)
>
> „Die LSE letztes Jahr in drei Fächern, dann dieses Jahr, dann kommen jetzt die Abschlussprüfungen, dann kommt die Schulinspektion, man kriegt dann permanent die offiziellen PISA-Ergebnisse (...). Immer ist es das Ziel, jetzt kriegt ihr die Daten da hin geknallt und jetzt macht

---

[85] Dieser Typus setzt sich aus den Fällen Herr Weiß und Herr Krause (Deutsch) und Frau Peters (FK-Vorsitzende Englisch) der Gesamtschule B, sowie Herr Wolf (Englischlehrer der Gesamtschule A) zusammen.

> irgendwas damit in einem System, in dem die Leute eigentlich permanent ums Überleben kämp-
> fen und täglich erst mal gar nicht dafür ausgebildet sind, so was wie Datenanalyse zu machen.
> Man braucht dafür Zeit. Ich würde sagen, wenn Evaluation Sinn machen soll, dann muss ich den
> Leuten erst mal eine Unterstützung geben, wie kann ich Daten lesen, was kann ich daraus ma-
> chen, man muss ihnen Zeit dafür geben. Ich brauche Ressourcen dafür, die sind hier überhaupt
> nicht da, es wird hinten dran gehängt. Gut, wir machen was fürs Papier, wir schreiben irgendwas
> auf, ich weiß gar nicht was, (...) was wir denn genau herausgefunden haben. Wir haben uns na-
> türlich bemüht, irgendwas herauszufinden, weil man ja was zurückmelden soll." (97)

Insgesamt stellt dieser Typus keine direkte Verbindung zwischen den Lernstandserhebungen und seinem professionellen Verantwortungsbereich her. Das Instrument wird vor allem
aufgrund methodischer Aspekte kritisiert und für die Reflexion der eigenen unterrichtlichen
Arbeit als nicht beurteilungsfähig eingeschätzt. Die Lehrkräfte machen deutlich, dass sie
gerne mehr Vertrauen gegenüber ihrer Arbeit entgegengebracht bekommen möchten, damit
sie sich mehr um bestehende Defizite kümmern können. Das fehlende Vertrauen wird ebenfalls auf die Gefahr von öffentlichen Rankings aufgrund der Lernstandsergebnisse übertragen, vor der diese Lehrkräfte warnen, da sie auf ihrer Seite zu Mogeleien führen könnten.

> „Das ist ein bildungspolitisches Dilemma, was ich eigentlich seitdem ich Lehrer bin, seit 30 Jah-
> ren kenne ich das. Es wird immer in eine Richtung gedacht und dann wird unheimlich Aktivität
> gemacht, die Schulen werden zugemüllt damit und mühsam versucht man, sich auf diesem Weg
> zu bewegen und wenn man gerade in die Richtung geht, nach vier, fünf Jahren (...) ist wieder
> was anderes angesagt." (98)
>   „Ich hab in vielen Dingen für mich erlebt, dass ich lieber was anderes gemacht hätte, und
> manchmal abgewichen bin und manchmal für mich auch was anderes entschieden habe, ob das
> Lektüre ist oder eine Reihenfolge. (...) Natürlich kann man sich danach richten, aber dieses Ein-
> heitliche, dass ein ganzer Jahrgang komplett gleichziehen soll, das wird A nicht gehen, Kollegen
> werden krank, alles mögliche und es entspricht mir eigentlich nicht, ich möchte eigentlich was
> ganz anderes machen, und mir ganz was anderes suchen und mit einem anderen Anspruch." (99)

Aufgrund des individuellen Umgangs wird nicht wie beim Typ 3 die Möglichkeit gesehen,
über die organisatorische Struktur (z.B. über Schulleiter, Fachkonferenzvorsitzenden) eine
Integration der Rückmeldungen vorzunehmen. Damit findet (fast) keine Berücksichtigung
der Ergebnisse für unterrichtliche Reflexionen statt. Die neuen Reformen werden in den
Kontext vorheriger Reformversuche gestellt, die bisher alle zu keinerlei Veränderungen
geführt haben. Die Koordination der Lernstandserhebung auf schulorganisatorischer Seite
wird, wenn überhaupt, durch individuelle Handlungsstrategien verfolgt und kollektive Absprachen werden vermieden oder als nicht bindend ausgelegt. Absprachen werden nicht als
arbeitserleichternd bewertet, da z.B. Korrekturabsprachen nicht die Güte der Rückmeldungen verbessern. Eigene Entscheidungen in Bezug auf die Lernstandserhebung werden als
sinnvoller und effektiver eingeschätzt und die Bezugnahme auf höhere Aggregatebenen der
Rückmeldungen wird (Klassen/Kurse, Schultyp, Schulform) keine Bedeutung für das professionelle Handeln beigemessen.

> „Ich hab meins fast alleine ausgewertet, muss man einfach sehen, wie viel Zeit man bereit ist zu
> opfern. Wenn man wenig Zeit opfern will, macht man es lieber alleine, weil man sich sonst im-
> mer wieder in Diskussionen verstrickt, hab ich gesehen, wie die Kollegen da saßen, was soll ich
> denn hier ankreuzen. Ich musste und wollte schnell fertig werden. (...) Wie gesagt, es sind schon
> die äußeren Zwänge, die dann schon mal dazu führen, dass man es lieber alleine macht." (100)

„Unsere Schule geht damit sehr sorgfältig um, wir haben dann eben diese Fachkonferenz, die versucht, das zu Ergebnissen zu verdichten, diese Ergebnisse sind auch durch alle gedeckt. (...) Diese Ergebnisse sind im Grunde an konkrete Handlungsabsichten für die Zukunft geknüpft (...). Fragen Sie mich bitte nicht, was das genau bedeutet. Aber wir haben solche Blätter." (101)

„So läuft die Vorbereitung von Unterricht letztlich ab: Das Hauscurriculum wird angeglichen an die Kernlehrpläne, das ist ein klarer Auftrag an die Fachkonferenz. Es ist auch klar, dass jeder das umzusetzen hat. Es gibt eine Marge aus Düsseldorf, dass jetzt in der Anfangszeit erst mal eine Klassen- oder Kursarbeit gemeinsam konzipiert und durchgeführt werden muss. Und ansonsten arbeitet (..) nach wie vor jeder für sich. Das ist eine Form von Eigenverantwortlichkeit und die setzt sich einfach fort." (102)

Den Fachkonferenzen wird zwar eine richtungsweisende Funktion zugesprochen, diese wird zum einen ähnlich wie im Typ 3 bürokratisch-schematisch ausgelegt und zum anderen auf der individuellen Handlungsebene hinterfragt, z.T. aber auch außer Acht gelassen, wenn sie nicht mit den eigenen professionellen Vorstellungen übereinstimmen. Von den Lehrkräften dieses Typs wird vielmehr die Strategie verfolgt, sich an einzelne Kollegen zu wenden, falls ein Bedarf an Zusammenarbeit besteht. In dieser individuellen Form der Zusammenarbeit wird die Organisation nicht als mögliches Unterstützungssystem angesehen.

„Die einzige Möglichkeit, (...) sich wirklich fachlich fortzuentwickeln, ist eigentlich aus dem selben Jahrgang einen Englischlehrer besorgt, mit dem man zusammen Arbeiten plant, Arbeiten korrigiert, zusammen das Schuljahr, das Halbjahr plant und für mich am besten wäre es, wenn es ein Erfahrener wäre, ein Älterer. Die Fachkonferenz hilft dabei nicht, weil wenn die sich mal treffen, ist es viel zu wenig, dass da keine Zeit ist für solche Gespräche." (103)

„Das habe ich auch bei anderen gesehen, es gibt da so manchmal Zweier-, manchmal Dreiergespanne, die so was machen, weiter als das nie eigentlich." (104)

Der Typ bemängelt gleichzeitig das Fehlen der Zusammenarbeit, was auf fehlende Zeit aufgrund der Arbeitsbelastung oder auf fehlende schulische Strukturen zurückgeführt wird.

„Es hängt wahrscheinlich von der ganzen Schulstruktur ab. Ich merke gerade, dass unsere Schule nicht so gut strukturiert ist, ich glaube halt, wenn man auch von oben meinetwegen solche Arbeitserleichterungssachen einbauen würde, wie nämlich regelmäßige Treffen, Zeit für Treffen, so etwas, oder vielleicht auch einfach das Ethos ausstrahlen würde aus jeder Pore, dass man jetzt zusammenarbeiten muss und wir können die Schule verbessern, dann würde es vielleicht auch schon helfen. Aber das ist hier alles gerade nicht gegeben." (105)

Zusammenarbeit unter den Kollegen wird von der jeweiligen Schulleitung entweder nicht forciert oder kontrolliert, was ihrer Ansicht zu einer Vernachlässigung dieser Arbeitsweise unter den Kollegen führt; andererseits meint man, dass auch schon genügend Kontrollmechanismen durch andere externe Instrumente vorliegen, sodass weitere z.T. auch nicht mehr gewünscht werden. Die Organisation Schule wird hier nicht als Unterstützungssystem, sondern als bürokratisch-schematisch oder gänzlich fehlend wahrgenommen.

4.2.5 Zusammenfassung der Organisationstypen und erstes Resümee

Ausgehend von der Frage, wie mit dem Instrument der Lernstandserhebungen innerhalb der Schulen als organisatorische Ressource umgegangen wird, konnte gezeigt werden, dass vier Organisationstypen bestehen, die unterschiedliche Nutzungsformen aufzeigen und eine Systematik deutlich machen. Am autonom-kollektiven **Typ 1** (*„Dinge, auf die wir eine Antwort finden müssen. Aber eine, die uns gemäß ist [und] sinnvoll können das Einzelne nicht bewältigen"*) wird deutlich, dass die Rückmeldungen der Lernstandserhebungen als ein Instrument der autonomen professionellen Kontrolle der eigenen und kollektiven Arbeit innerhalb der schulischen Organisationsstruktur aufgefasst und in die Zusammenarbeit mit den (Fach-)Kollegen integriert werden, was zu einer Erweiterung der Handlungsmöglichkeiten aufgrund erweiterter Entscheidungsgrundlagen führt. Hiermit wird, wie auch im Typ A der Nutzungstypen auf der Basis professioneller Überzeugungen, die „intendierte" Nutzungsform auf organisationaler Ebene beschrieben, d.h. eine Nutzungsform, die den Anforderungen der Einführung der Lernstandserhebungen am ehesten entspricht. Die Bezeichnung „intendiert" bezieht sich in diesem Zusammenhang nur auf die Implementationsabsicht der Lernstandserhebungen. Diese Bezeichnung dient als begriffliche Stütze und nicht als Aussage darüber, ob mit dieser Form der „beste" Umgang mit den Rückmeldungen auf schulorganisatorischer Ebene beschrieben wird.

Typ 1 – autonome Überzeugungen zur Kontrolle:
▪ Beurteilung des Erfolgs professioneller Handlungen wird selbst in Anspruch genommen und durch die Lernstandserhebungen nicht außer Kraft gesetzt → Integration in Kontrollpraktiken.
▪ Rückmeldungen fördern und unterstützen die professionelle Selbst- bzw. Mitbestimmung, eine Reflexion der bisherigen Urteilsbasis und Konsequenzen für berufliche Praxis zu ziehen.
▪ Freiräume werden von Reformen und Test eingefordert, die eine Anpassung an ihre Bedingungen vor Ort ermöglichen; die Übersichtlichkeit der Rückmeldungen könnte verbessert werden.
▪ Ein eigenständiger Datenzugriff ist selbstverständlich: Rückmeldungen werden häufig umgestaltet und überarbeitet, damit die notwendigen Informationen für unterrichtliche und schulentwicklungsspezifische Fragestellungen deutlich werden.
Typ 1 – kollektive Überzeugungen zur Koordination:
▪ Verbesserung der Zusammenarbeit: Seit der Einführung der Parallelarbeiten und der Lernstandserhebungen können Absprachen über Erwartungshorizonte, Leistungsbeurteilungen etc. weiter ausgebaut und fortgeführt werden.
▪ Kooperation dient der effektiveren Zielerreichung, die durch die Vergleichsmöglichkeiten der Tests (Kurse, Standorttyp, Schulform) unterstützt wird.
▪ Arbeit wird unter den Kollegen (Jahrgangsteam, Arbeitsgruppen, Fachkonferenzen) abgestimmt, damit eine Vergleichbarkeit der Schülerleistungen erreicht wird (z.B. über gemeinsame Curriculumsarbeit, Planung von Unterrichtsstunden/-reihen).
▪ Nutzung der Ergebnisse im Sinne der Funktionsweisen der kollegialen Organisation wird bevorzugt (Arbeitsteilung, gemeinsame Entscheidungen, Absprachen über gemeinsame Erwartungshorizonte etc.); besteht nicht flächendeckend, teilweise einzelne Fachgruppen oder Kollegen.

In Rückbezug auf die innerhalb dieser Arbeit verwendeten organisationssoziologischen Ansätze wird deutlich, dass nicht im Sinne bürokratietheoretischer Modelle eine Etablierung der Lernstandserhebungen als Medium der Organisation vorgenommen wird, sondern vielmehr im Sinne kontingenztheoretischer Denkansätze ein starker betrieblicher Kern vorliegt, der Einfluss auf die Einbindung der Rückmeldungen in organisatorische Strukturen vornimmt. In Bezug auf neo-institutionalistische Ansätze findet hier zwischen der Ebene der Administration und der operativen Ebene der Lehrkräfte keine Erzeugung von Mythen statt, um einen rationalen und schulorganisatorischen Umgang mit den Rückmeldungen vorzutäuschen, sondern die Rückmeldungen werden vielmehr im Sinne systemtheoretischer Überlegungen innerhalb der schulischen Organisationsstruktur als Unterstützung für entscheidbare Steuerungsprozesse genutzt.

Der Vergleich mit dem autonom-individuellen **Typ 2** („Trifft das für mich zu (...), dann muss ich gucken, dass ich irgendwas mache und wenn (...) nicht (..), dann muss ich mich darum auch nicht weiter kümmern. [/] Das macht jeder mit sich (...) aus") entfällt aufgrund der geringen Fallzahl. Mit der empirischen Zuweisung einer Lehrkraft besteht aber der Hinweis auf eine Nutzungsform, die als Abweichung vom Typs 1 gesehen werden kann, da sich der Typ 2 durch seine individuelle Nutzung unterscheidet. Es findet also keine Nutzung in schulorganisatorischen Gremien statt, woran diese individuelle Nutzung geknüpft ist, kann aufgrund der wenigen Aussagen aber nicht nachgegangen werden.

Bei den Lehrkräften des heteronom-kollektiven **Typs 3** („*Das kommt nicht von unten, sondern das ist von oben gekommen. [Aber die Arbeit] muss auf Fachkonferenzebene einsetzen*") führt die Kombination der Dimensionen des Merkmalsraums dazu, dass die Lernstandserhebung zwar als von außen aufoktroyiert wahrgenommen wird, dass sich aufgrund der kollektiven Koordination aber an gemeinsame Entscheidungen und Absprachen gehalten wird. Es findet eine Umsetzung der neuen Anforderungen im Unterricht statt. Diese Lehrkräfte befinden sich im starken Widerspruch zwischen der starken zeitlichen Belastung durch die neuen organisatorisch-strategischen Aufgaben auf Schulebene und ihrem Anspruch an ihre operativen Aufgaben im Unterricht, die sie aus ihrer Perspektive durch eine intensive Beschäftigung mit den Rückmeldungen vernachlässigen müssen.

Typ 3 – heteronome Überzeugungen zur Kontrolle:
▪ Rückmeldungen bieten diesen Lehrkräften keine Anknüpfungspunkte für eine Integration dieses Instruments in ihre bisherigen Kontrollpraktiken; sie stehen losgelöst neben ihren bisherigen und können nicht mit ihrem professionellen Handeln in Verbindung gebracht werden.
▪ Reformen werden als Bürokratismus erlebt, der Freiräume ihrer Arbeit einschränkt und denen sie aufgrund der Vielzahl hinterherlaufen müssen; besser wären Reformen, die mehr auf die innerschulischen Probleme abgestimmt sind.
▪ Es können nicht immer die gleichen Konsequenzen durch die Fachgruppen gezogen werden, neue Informationen werden in den Daten aber nicht gesehen.
Typ 3 – kollektive Überzeugungen zur Koordination:
▪ Reformen werden angenommen, indem sich auf gemeinsame Beschlüsse und Entscheidungen auf FK-Ebene bezogen wird; dieses Gremium ist bindend.
▪ Sehen es als Pflicht an, die Rückmeldungen in den kollegialen Diskurs einzubeziehen → Parallelen zum Organisationsmuster der Bürokratie.
▪ Vertikale und horizontale Kommunikationsstrukturen werden voneinander getrennt

> und den darin enthaltenen Funktionen wird Weisungsbefugnis zugesprochen.
> - Bürokratisch-schematischer Umgang mit Ergebnissen, der zu einer Einengung der Entscheidungsbasis führt; keine inhaltliche Einbindung in professionelle Kommunikationsstrukturen.

In Rückbezug auf die theoretischen Ansätze wird deutlich, dass eher im Sinne bürokratietheoretischer Modelle agiert wird: Hier findet eine formelle Integration der Rückmeldungen innerhalb der schulischen Organisationsstruktur statt. In Bezug auf neo-institutionalistische Ansätze findet hier zwischen der Ebene der Administration und der operativen Ebene der Lehrkräfte wahrscheinlich eine Erzeugung von Mythen statt, um einen rationalen und schulorganisatorischen Umgang mit den Rückmeldungen vorzutäuschen.

Vom heteronom-individuellen **Typ 4** („Es ist ein Einschnitt in jeder Hinsicht, es nimmt mir was aus der Hand. [/] Und ansonsten arbeitet (..) nach wie vor jeder für sich") werden die Lernstandserhebungen als fremdbestimmte Kontrolle wahrgenommen, die nicht in die eigenen Kontrollpraktiken integriert werden können. Hier besteht der stärkste Widerstand gegenüber der Verwendung der Daten auf kollektiver aber auch auf individueller Ebene und stellt somit den gegenteiligen Nutzungstyp zum Organisationstyp 1 dar.

Typ 4 – heteronome Überzeugungen zur Kontrolle:
- Keine Verbindung zwischen Ergebnissen u. Beurteilungsschemata der eigenen Handlungspraxis, d.h. die Gründe für die Ergebnisse werden nicht bei den Lehrkräften, sondern in der Organisation Schule oder externen Gegebenheiten gesehen.
- Umsetzung der LSE wird als „Dienst nach Vorschrift" behandelt und durchgeführt; teaching-to-the-test wird als legitime Möglichkeit gesehen, gut abzuschneiden, denn die Tests weisen methodische Mängel auf, weshalb sie als Reflexionsebene nicht akzeptiert werden.
- Wollen mehr Vertrauen gegenüber ihrer Arbeit entgegengebracht bekommen; Gefahr vor öffentlichen Rankings wird gesehen, die bei ihnen auch zu Mogeleien führen könnten.
Typ 4 – individuelle Überzeugungen zur Koordination:
- Entscheidungen für den Unterricht werden individuell und nach eigenen (professionellen) Maßstäben getroffen, d.h. eigene Entscheidungen werden als sinnvoller und effektiver eingeschätzt als gemeinsame Absprachen mit (Fach-)Kollegen.
- Organisation Schule wird nicht als Unterstützungssystem wahrgenommen, teilweise als bürokratisch oder gänzlich fehlend erlebt und abgelehnt.
- Der individuelle Umgang verhindert eine Ergebnisnutzung auf schulorganisatorischer Ebene, weil kollektive Entscheidungen als nicht sinnvoll, notwendig oder bindend eingeschätzt werden, wobei aber der Fachkonferenz eine richtungsweisende Funktion eingeräumt wird; diese wird allerdings als bürokratisch-schematisch ausgelegt (wie Typ 3) und für eigene Entscheidungen häufig nicht berücksichtigt.

In Rückbezug auf die innerhalb dieser Arbeit verwendeten theoretischen Ansätze wird deutlich, dass hier ein starker betrieblicher Kern vorliegt, der sich gegen die administrative Ebene, die sowohl die Schulleitung als auch andere Kollegen umfasst, abgrenzt. Hier werden nicht mal oder nur in sehr geringem Ausmaß aus Sicht des neo-institutionalistischen Ansatzes Mythen erzeugt, um eine Verwendung der Daten als rationale Entscheidungserweiterung aufrecht zu erhalten. Der betriebliche Kern setzt sich hier aber nur aus einzelnen Personen zusammen und es kann hier eigentlich nicht in Hinblick auf die Organisation von einer *kollektiven Blockade* gesprochen werden. Vielmehr trifft hier Weicks These von den lose gekoppelten Organisationselementen zu, die hier sehr stark ausgeprägt zu sein scheint. Mit dieser These wird die Profession der Lehrkräfte als individuelle und autonome Berufsausübung jenseits von organisationaler Steuerungsidee in den Vordergrund gestellt.

An den Zusammenfassungen wird deutlich, dass der Typ 1 eine Nutzungsform auf schulorganisatorischer Ebene zeigt, der dem Ziel aus den Rückmeldungen eine organisatorische Ressource zu etablieren, um die Daten für Schul- und Unterrichtsentwicklungsprozesse zu nutzen, sehr nahe kommt. Es konnte mit diesem Typ gezeigt werden, dass die Absicht outputorientierter Steuerungsinstrumente, wie der Lernstandserhebungen, in den Schulen erfasst und umgesetzt wird. Im Typ 1 wurden besonders die Möglichkeiten der Rückmeldungen genutzt, die durch die eigene Arbeit nicht gewonnen werden konnten und in denen eine Erweiterung eigener Entscheidungsgrundlagen gesehen wird. Weiterhin konnte gezeigt werden, dass es durchaus andere Nutzungsformen gibt, die nur zum Teil den intendierten Absichten der Lernstandserhebungen entsprechen. Der Typ 2 gibt bspw. Hinweise darauf, dass zwar die Erweiterung der eigenen Entscheidungsgrundlagen gesehen wurde, diese aber nicht auf eine kollektive, d.h. organisatorische Ebene (wie der Fachkonferenz) übertragen wurde. Hiermit könnte angedeutet werden, dass entweder der Typ kein Interesse an einer Nutzung der Rückmeldungen auf schulorganisatorischen Ebenen aufweist, oder dass keine entsprechenden schulorganisatorischen Strukturen vorhanden sind, in denen die Daten besprochen werden könnten. Aufgrund der geringen Fallzahl bleiben diese Überlegungen nur hypothetisch. Der Typ 3 macht dahingegen darauf aufmerksam, dass zwar eine Auseinandersetzung auf schulorganisatorischer Ebene stattfindet, diese aber aufgrund der als stark heteronom wahrgenommenen Reformen an Pflicht und Hierarchien gebunden bleibt, was dem Organisationsmuster der Bürokratie gleicht. Abschließend nimmt der Typ 4 den gegenteiligen Pol zum Typ 1 ein und beschreibt damit die stärkste Abweichung von der eigentlich mit den Rückmeldungen der Ergebnisse intendierten Nutzung. Hier wird weder eine Möglichkeit zur Integration der Ergebnisse in bisherige Kontrollpraktiken noch zum kollegialen Umgang mit der Lernstandserhebung gesehen; es besteht folglich der stärkste Widerstand gegenüber den Reformen und der Lernstandserhebung, wenn auch keine absolute Ablehnung formuliert wird.

Insgesamt wird aus der organisationstheoretischen Betrachtungsweisen deutlich, dass eine Etablierung der Lernstandserhebungen als organisatorische Ressource gelingt, wenn eine horizontale Integration der Organisationsmitglieder stattfindet, die Ihre professionellen Arbeitsweisen und Überzeugungen berücksichtigt; eine Integration misslingt, wenn die schulischen Organisationsstrukturen nicht als nützlich wahrgenommen werden und entweder gänzlich umgangen oder in Form von einer Erzeugung von *Rationalitäts- und Gebrauchsmythen* nur vordergründlich benutzt werden. Eine Erweiterung der Entscheidungsbasis auf schulorganisatorischer Ebene ist demnach nicht nur über die Implementation der Lernstandserhebung und deren Aufforderung der schulischen Nutzung gegeben, sondern eine Frage der Einbindung durch die Mitglieder der Organisation.

4.3 Modell professions- und organisationsspezifischer Zusammenhänge

Die Frage nach den Wirkungszusammenhängen zwischen der Nutzung der Rückmeldungen auf der Ebene der Profession und der Organisation bildet den Ausgangspunkt der folgenden Ausführungen. Die Verbindung zwischen den Dimensionen professioneller Arbeit (Wissensstruktur, Zentralwert) und denen der Organisationsstruktur (Kontrolle, Koordination) soll Aufschluss über spezifische Nutzungsmuster der Rückmeldungen geben. Diese Muster basieren auf der Verbindung zwischen den bisher vorgestellten Professions- und Organisationstypen (s. Kapitel 4.1 und 4.2): zunächst auf der Basis aller Fälle, eine Übertragung auf die Einzelschulen findet in der schulspezifischen Auswertung in Kapitel 5 dieser Arbeit statt. In der nachfolgenden Tabelle 12 wird die Verbindung zwischen den Professions- und Organisationstypen dargestellt und es kann abgelesen werden, welche Fälle in welchem Typ vertreten sind. Insgesamt wird ein Spektrum von Nutzungsmustern eröffnet, die auf den Typenkreuzungen basieren, wobei die Nutzungsmuster A/1 bis D/4 die entgegengesetzten Pole beschreiben.

Tabelle 12: Kreuztabelle Professions- und Organisationstypen

		PROFESSIONSTYPEN							
		Typ A		Typ B		Typ C		Typ D	
ORGANISATIONSTYPEN	Typ 1	Becker / Schulz / Weber	*3 Fälle*	Huber	*1 Fall*	Klein / Fischer	*2 Fälle*	Krüger	*1 Fall*
	Typ 2	*keine Fälle in der Stichprobe*		Koch	*1 Fall*	*keine Fälle in der Stichprobe*		*keine Fälle in der Stichprobe*	
	Typ 3	*keine Fälle in der Stichprobe*		Mann / Beyer	*2 Fälle*	Stein	*1 Fall*	Hahn / Roth / Dann / Müller	*4 Fälle*
	Typ 4	Wolf	*1 Fall*	*keine Fälle in der Stichprobe*		Weiß	*1 Fall*	Peters / Krause	*2 Fälle*

Aus der Tabelle wird deutlich, dass nicht alle kombinatorisch möglichen Nutzungsmuster im empirischen Material anzufinden waren, wie durch die fehlenden Fälle bei den Kreuzungen A/2, C/2, D/2, A/3 und B/4 zu sehen ist. Zum einen erklärt sich dies auf der Ebene des Typs 2 daraus, dass hier nur ein Fall in der Stichprobe enthalten war. Zum anderen ist aber auch denkbar, dass nicht alle kombinatorisch möglichen Typen empirisch überhaupt aufzufinden sind. Diese Frage muss zunächst offen bleiben und verbleibt u.U. anderen Untersuchungen. Insgesamt ergeben sich aus der Kreuzung der Professions- mit den Organisationstypen 16 Nutzungsmuster der Rückmeldungen, von denen elf empirisch nachgewiesen werden konnten.

- A/1: »Lernstandserhebungen gruppieren Dinge logisch und zeigen, dass sich etwas bewegt. Darauf muss gemeinsam eine Antwort gefunden werden«[86] (3 Fälle)
- A/2: keine Fälle
- A/3: keine Fälle
- A/4: »Lernstandserhebungen gruppieren Dinge logisch und zeigen, dass sich etwas bewegt. Aber es ist ein Eingriff in die Arbeit und man arbeitet nach wie vor für sich« (1 Fall)
- B/1: »Konsequenzen für den Unterricht ziehen, wenn dies der Vergleich mit anderen Kursen notwendig macht. Darauf muss gemeinsam eine Antwort gefunden werden« (1 Fall)
- B/2: »Konsequenzen für den Unterricht ziehen, wenn dies der Vergleich mit anderen Kursen notwendig macht. Darauf muss jeder für sich eine Antwort finden« (1 Fall)
- B/3: »Konsequenzen für den Unterricht ziehen, wenn dies der Vergleich mit anderen Kursen notwendig macht. Auch wenn es von oben eingesetzt wurde, muss die Fachkonferenz sich damit beschäftigen« (2 Fälle)
- B/4: keine Fälle
- C/1: »Konsequenzen können nur aus Erörterungen der Ergebnisbedingungen abgeleitet werden, denn es hat ein Umdenken stattgefunden. Darauf muss gemeinsam eine Antwort gefunden werden« (2 Fälle)
- C/2: keine Fälle
- C/3: »Konsequenzen können nur aus Erörterungen der Ergebnisbedingungen abgeleitet werden, denn es hat ein Umdenken stattgefunden. Auch wenn es von oben eingesetzt wurde, muss die Fachkonferenz sich damit beschäftigen« (1 Fall)
- C/4: »Konsequenzen können nur aus Erörterungen der Ergebnisbedingungen abgeleitet werden, denn es hat ein Umdenken stattgefunden. Aber es ist ein Eingriff in die Arbeit und man arbeitet nach wie vor für sich« (1 Fall)
- D/1: » Es gibt diverse Ursachen für die Ergebnisse und die Vergleichsmöglichkeiten sind neu, jetzt kann in mein Königreich geguckt werden. Darauf muss gemeinsam eine Antwort gefunden werden« (1 Fall)
- D/2: keine Fälle
- D/3: »Es gibt diverse Ursachen für die Ergebnisse und die Vergleichsmöglichkeiten sind neu, jetzt kann in mein Königreich geguckt werden. Auch wenn es von oben eingesetzt wurde, muss die Fachkonferenz sich damit beschäftigen« (4 Fälle)
- D/4: »Es gibt diverse Ursachen für die Ergebnisse und die Vergleichsmöglichkeiten sind neu, jetzt kann in mein Königreich geguckt werden. Aber es ist ein Eingriff in die Arbeit und man arbeitet nach wie vor für sich« (2 Fälle)

Aufgrund der unterschiedlichen Fallzahlen innerhalb der elf Nutzungsmuster werden im Folgenden fünf Kurzprofile vorgestellt: die Muster der Extrempole (A/1 und D/4) im Detail sowie Muster mit den häufigsten Fällen (D/3, B/3, C/1). Damit werden die Professionstypen (A-D) komplett aufgegriffen. Nur bei den Organisationstypen wird der Typ 2 nicht miteinbezogen, da alle Nutzungsmuster, die mit dem Organisationstyp 2 (*„Trifft das für mich zu (...), dann muss ich gucken, dass ich irgendwas mache und wenn (...) nicht (..), dann muss ich mich darum auch nicht weiter kümmern.[/] Das macht jeder mit sich (..) aus"*) in Verbindung stehen, aufgrund der geringen Absicherung durch Fallzahlen bislang nur hypothetisch bestehen. Damit wird auf folgende empirisch gefundene Variationen nicht weiter eingegangen: B/1, D/1, B/2, C/3, A/4, C/4). An den beiden Polen der Nutzungsmus-

---

[86] Die Bezeichnungen sind aus der Zusammenführung der jeweiligen Typennamen entstanden, wobei aufgrund der Länge auf verkürzte Bezeichnungen zurückgegriffen werden, die nicht mehr die Originalzitate enthalten, sondern paraphrasierte Kurzsätze.

ter (A/1[87] und D/4[88]) werden zwei Extreme deutlich, die durch die Einführung der Lernstandserhebungen an den beiden Schulen entstanden sind bzw. in dessen Sensemaking-Prozesse die Rückmeldungen integriert wurden. Auf der einen Seite steht die „intendierte" Form der Nutzung der Rückmeldungen, damit ist gemeint, dass diese Nutzungsform der mit der Einführung der Lernstandserhebungen intendierten Wirkung im Sinne einer rationalen Erweiterung der professionellen Reflexionsebenen, des professionellen fachlichen Diskurses, der schulorganisatorischen Weiterentwicklung der Zusammenarbeit und des kollegialen Austauschs (A/1) sehr nahe kommt. Auf der anderen Seite steht ein Nutzungsmuster, das in der Lernstandserhebung eine technokratische Handlungsanweisung und fremdbestimmte Kontrolle der eigenen professionellen Arbeit wahrnimmt, deren Vertrauen es sich entzogen fühlt (D/4). In Tabelle 13 werden die Details dieser beiden Muster gegenübergestellt:

Tabelle 13: Gegenüberstellung der Nutzungsmuster A/1 und D/4

Dimension	**A/1:** »Lernstandserhebungen gruppieren Dinge logisch und zeigen, dass sich etwas bewegt. Darauf muss gemeinsam eine Antwort gefunden werden«	**D/4:** »Es gibt diverse Ursachen für die Ergebnisse und die Vergleichsmöglichkeiten sind neu, jetzt kann in mein Königreich geguckt werden. Aber es ist ein Eingriff in die Arbeit und man arbeitet nach wie vor für sich«
Allgemein	▪ LSE wird als ein Instrument einer objektiven Standortbestimmung und einer Reflexionsebene für professionelles Handeln angesehen. ▪ LSE wird in den outputorientierten Reformkontext eingeordnet. ▪ Rückmeldungen werden als Instrument einer autonomen professionellen Kontrolle der eigenen Arbeit aufgefasst und in die Zusammenarbeit mit den (Fach-)Kollegen kollektiv integriert. ▪ Erweiterung der Handlungsmöglichkeiten aufgrund erweiterter Entscheidungsgrundlagen. ▪ Ziel: Sicherung der Basiskompetenzen der Schüler.	▪ Diskussion und Fokussierung auf die Rahmenbedingungen professioneller Arbeit, auf die nicht sie, sondern die Gesellschaft und politische Entscheidungen Einfluss nehmen. ▪ Ergebnissen wird zu einem gewissen Grad Bedeutung für professionelles Handeln zugesprochen. ▪ Lernstandserhebungen werden als fremdbestimmte Kontrolle wahrgenommen, die nicht in die eigenen Kontrollpraktiken integriert werden können. ▪ Autonomie-Paritäts-Muster kommt zum Tragen.
Wissens-struktur *Rezeption*[89]	▪ Hohes Vertrauen in die Validität der rückgemeldeten Daten. ▪ Sehr differenzierte Wahrnehmung, d.h. Übersichten werden erstellt, Daten auf unterschiedlichen Aggregatebenen für unterschiedliche	▪ Wenig Vertrauen in rückgemeldete Daten und externe Evaluationen. ▪ Nicht deutlich, welche Informationen die Rückmeldungen enthalten, teils aufgrund von Vorbehal-

---

[87] Enthält die Fälle Becker (didaktischer Leiter), Schulz und Weber (Deutsch) der Gesamtschule A.

[88] Enthält die Fälle Peters und Krause (Deutschlehrer) der Gesamtschule B.

[89] Zur besseren Übersichtlichkeit wird an dieser Stelle und weiteren Stellen, die sich auf die Wissensstruktur beziehen, auf das Rezeptionsmodell von Helmke & Schrader zurückgegriffen, das bisher in diesem Auswertungsschritt keine Berücksichtigung gefunden hat. Es wird hier hinzugezogen, um eine bessere Übersichtlichkeit bei der Wissensstruktur zu erreichen und wird erweiternd auf die Typenzusammenfassungen bezogen.

	Zielstellungen betrachtet.	ten (Testkonstruktionsfehler) oder Unwissenheit, was gemacht wird.
Reflexion	▪ Differenzierte Ursachenanalyse: durch die technologische Interpretation der in den Rückmeldungen enthaltenen Wissensstruktur werden deutliche kausale Ursachenzuschreibungen gemacht. ▪ (externe) Rahmenbedingungen werden nur berücksichtigt, wenn sie in den Daten keine anderen Möglichkeiten sehen. ▪ Unterrichtliches Verhalten (durch sie selbst und Schüler) und Lernvoraussetzungen stehen im Fokus der Analysen.	▪ Ursachenanalyen beziehen sich auf die Rahmenbedingungen ihres Handelns oder auf die Fähigkeiten/ Kompetenzen, die die Schüler bereits mitgebracht haben, und auf die sie keinen Einfluss haben. ▪ Ursachenanalyse kann nur durch einen gemeinschaftlichen bzw. gesellschaftlichen Aushandlungsprozess erfolgen. ▪ Gruppe der Schüler im Fokus der Ursachenanalysen, d.h. die Bedingungen auf die sie als Lehrer keinen Einfluss nehmen können.
Handlung	▪ Daten werden zu Informationen und Wissen verdichtet, dass es ermöglicht, Ableitungen für zukünftiges Handeln zu treffen. ▪ Den Daten wird Bedeutsamkeit für zukünftiges Handeln zugesprochen, bei der ein instrumentelles Schema (Pragmatik) bzw. eine zweckprogrammierte Entscheidung wirksam wird. ▪ Bruchlose Herstellung eines Kausalnexus zu unterrichtlichen Handlungen und der Qualität der professionellen Arbeit.	▪ Normative Ursachenanalysen verdichten Daten kaum zu Wissen; ambigue Ursachenzuschreibung erschwert Handlungsableitungen. ▪ Konsequenzen liegen häufig in Schlüsselbegriffen (die z.T. aus gemeinsamen Aushandlungen entstanden sind): Binnendifferenzierung, Sprachkompetenzen der Schüler fördern. ▪ Kaum Zusammenhang zwischen den Rückmeldungen und der Qualität ihrer professionellen Arbeit.
Zentralwert	▪ Schülerleistungen werden als operationalisier- und messbar angesehen und die Rückmeldung auf ihre professionelle Berufsausübung (eigene Planung von Unterricht, Planung des Unterrichts auf Jahrgangs- und Fachkonferenzebene, Schulentwicklungsmaßnahmen) zurückgeführt. ▪ Es entsteht ein operationalisierbarer Anspruch an die eigene professionelle Arbeit. ▪ Operationalisierbarer Zentralwert der LSE soll in die alltägliche schulische Arbeit eingebunden werden und kontinuierlich im Unterricht und den Konferenzen (Planung) berücksichtigt werden. ▪ Dichtere Aggregatebenen der Daten werden hervorgehoben, die die Ziele der Schule bzw. des ge-	▪ Vergleichsmöglichkeiten und die Öffentlichkeit der LSE stehen im Fokus und stehen im Konflikt mit individuellen Lehrerleistungen, was zu Befürchtungen vor Rankings führt; internationaler Vergleichbarkeit wird große Bedeutung zugesprochen. ▪ Externe Beurteilung prof. Arbeit bei der wichtig ist, wie der Einzelne im Vergleich abgeschnitten hat. Dies führt zu einer Rechtfertigungshaltung und Verteidigung der eigenen Arbeit. ▪ LSE würden akzeptiert, wenn die Bedingungen ihrer Berufsausübung berücksichtigt werden. Zweifel, dass die Maßnahmen zu den gewünschten Erfolgen führen. ▪ Einwirkungsmöglichkeiten werden als begrenzt eingeschätzt, da

	meinsamen Unterrichts verdeutlichen können (Kursebenen im Vergleich mit anderen Kursen; Kurse/Schule im Vergleich zu den Referenzwerten).	sie an die Rahmenbedingungen gebunden sind (Begabung der Schüler, Selektionsauftrag der Schulen, gesellschaftliche Unterstützung).
Kontrolle	▪ Leitbild einer autonomen professionellen Praxis: die Beurteilung des Erfolgs der eigenen professionellen Handlungen erfolgt eigenständig und wird nicht durch die LSE außer Kraft gesetzt (Integration in eigene Kontrollpraktiken findet satt). ▪ Rückmeldungen fördern und unterstützen die professionelle Selbst- bzw. Mitbestimmung, eine Reflexion der eigenen bisherigen Urteilsbasis und Konsequenzen für die eigene berufliche Praxis zu ziehen. ▪ Eigene Möglichkeiten der Gestaltung der Reformprozesse werden herausgestellt, die sie nach ihren Bedürfnissen gestalten wollen. ▪ Konsequenzen zu ziehen erfordert Freiräume auch seitens der Reformen, damit sie auf die Bedingungen vor Ort reagieren können. ▪ Rückmeldungen werden häufig umgestaltet und zuhause weiter überarbeitet, damit die notwendigen Informationen für unterrichtliche und schulentwicklungsspezifische Fragestellungen deutlich werden; eigenständiger Datenzugriff ist selbstverständlich. ▪ Fortbildungen sollen einem besseren Verständnis gegenüber den Reformen und bei der Umsetzung der Anforderungen dienen.	▪ Heteronomes Empfinden einer Kontrolle durch LSE: keine direkte Verbindung zwischen den Lernstandserhebungen und dem eigenen professionellen Verantwortungsbereich (keine Integration der Rückmeldungen in eigene Kontrollpraktiken). ▪ Keine Verbindung zwischen Ergebnissen und den Beurteilungsschemata der eigenen Handlungspraxis; die Verantwortung dafür wird nicht bei sich selbst, sondern in der Organisation Schule oder anderen Gegebenheiten gesehen. ▪ Umsetzung der LSE wird als Dienst nach Vorschrift behandelt und durchgeführt; teaching-to-the-test wird als legitime Möglichkeit gesehen, gute Ergebnisse bei den LSE zu erreichen. ▪ Instrument weist in ihrer Auffassung methodische Mängel auf, weshalb es als Reflexionsebene für die eigene professionelle Kontrolle nicht als sinnvoll angesehen wird. ▪ Wollen mehr Vertrauen gegenüber ihrer Arbeit entgegengebracht bekommen; fordern einen (gesellschaftlichen und schulischen) Vertrauensvorschuss gegenüber ihrer Arbeit ein.
Koordination	▪ Arbeit wird unter den Kollegen bspw. in Jahrgangsteams, Arbeitsgruppen, Fachkonferenzen abgestimmt, damit eine Vergleichbarkeit der Schülerleistungen erreicht wird (z.B. über gemeinsame Curriculumsarbeit, Planung von Unterrichtsstunden, Parallelarbeiten). ▪ Deutliche Trennung der Aufgaben der Fachkonferenz, Jahrgangsteams und Arbeitsgruppen, unter-	▪ Individueller Umgang verhindert Ergebnisnutzung auf schulorganisatorischer Ebene, weil kollektive Entscheidungen als nicht sinnvoll, nicht notwendig oder nicht bindend eingeschätzt werden. ▪ Unterrichtsentscheidungen werden individuell und nach eigenen Maßstäben getroffen, eigene Entscheidungen in Bezug auf die LSE werden als sinnvoller und effekti-

schiedliche Arbeitsformen möglich; FK ist verbindliches Entscheidungsgremium; aktive Vorbereitung dieser Entscheidungen. ▪ Ergebnisnutzung im Sinne der Funktionsweisen der kollegialen Organisation wird bevorzugt (Arbeitsteilung, gemeinsame Entscheidungen, Absprachen über gemeinsame Erwartungshorizonte etc.), durch Kooperation kommt es zu effektiveren und zielorientierten Entscheidungen bzw. Handlungen. ▪ Bezug auf Vergleichsebenen (Kurse, Standorttyp, Schulform): Effekte von Unterricht/schulorganisatorischen Absprachen werden deutlich, außerdem Anregung von Schulentwicklungsprozessen. ▪ Zusammenarbeit besteht nicht flächendeckend, teilweise einzelne Fachgruppen oder einzelne Kollegen.	ver eingeschätzt. ▪ Fachkonferenz hat eine richtungsweisende Funktion, allerdings wird diese bürokratisch-schematisch interpretiert und auf der individuellen Ebene nicht berücksichtigt. ▪ Direktes Ansprechen von Kollegen wird als mögliche Zusammenarbeitsform benannt, diese bleibt aber vereinzelt und ist individuell initiiert; fehlen der Zusammenarbeit wird teilw. bemängelt und Ausbleiben mit fehlender Zeit oder schulischen Strukturen begründet. ▪ Höheren Aggregatebenen wird keine Bedeutung beigemessen, weil es nicht der Erweiterung ihrer Erkenntnisse für den Schüler dient. ▪ Organisation Schule wird nicht als Unterstützungssystem wahrgenommen, sondern als bürokratisch oder gänzlich fehlend erlebt und abgelehnt.

In diesen beiden Nutzungsmustern, die auf den Extrempolen der Professions- und Organisationstypen-Verbindung basieren, sind lediglich fünf von insgesamt 19 Lehrkräften enthalten. Das häufigste anzufindende Nutzungsmuster mit vier Fällen ist dagegen das Muster D/3 (»*Es gibt diverse Ursachen für die Ergebnisse und die Vergleichsmöglichkeiten sind neu, jetzt kann in mein Königreich geguckt werden. Auch wenn es von oben eingesetzt wurde, muss die Fachkonferenz sich damit beschäftigen*«), das eine leichte Abwandlung des Musters D/4 (»*Es gibt diverse Ursachen für die Ergebnisse und die Vergleichsmöglichkeiten sind neu, jetzt kann in mein Königreich geguckt werden. Aber es ist ein Eingriff in die Arbeit und man arbeitet nach wie vor für sich*«) darstellt. Diese Variation unterscheidet sich lediglich durch eine kollektive Durchführung der Lernstandserhebung von der individuellen Durchführung innerhalb des Musters D/4. Innerhalb des Musters D/3 findet die gleiche normativ-positionelle Deutung der Informations- und Wissensstruktur der rückgemeldeten Daten wie im Muster D/4 statt. Auch wird eine fremdbestimmte Kontrolle durch die Einführung der Lernstandserhebungen wahrgenommen, allerdings wird eine kollektive Koordination der Maßnahme vorgenommen. Die Merkmalskombination der Organisationsdimensionen *heteronome Kontrolle* und *kollektive Koordination* im Nutzungsmuster D/3 (s. Tabelle 14) führt dazu, dass die Reformen zwar als von außen aufoktroyiert wahrgenommen werden, dass sich die Lehrkräfte aber aufgrund der kollektiven Koordination an gemeinsame Entscheidungen und Absprachen halten. D.h. es findet eine Umsetzung der Anforderungen im Unterricht statt. Die Lehrkräfte dieses Nutzungsmusters wollen die Rückmeldungen als Instrument der eigenen Selbstvergewisserung und Standortbestimmung nutzen, auch wenn sie nicht immer wissen, wie sich dies praktisch umsetzen lässt. Hiermit wird ein schulorganisatorischer Aspekt beschrieben, der Einfluss auf die Integration der Rückmeldungen in den schulischen Arbeitsalltag nimmt, damit sich Lernstandserhebungen als eine organisatorische Ressource etablieren können. Mit dem organisationstheoretischen Rahmen dieser Untersuchung ist davon auszugehen, dass professionelles Wissen als unzureichend betrachtet werden kann, wenn es allein Einzelnen als Trägern zugerechnet wird.

Tabelle 14: D/3 »Es gibt diverse Ursachen für die Ergebnisse und die Vergleichsmöglichkeiten sind neu, jetzt kann in mein Königreich geguckt werden. Auch wenn es von oben eingesetzt wurde, muss die Fachkonferenz sich damit beschäftigen«[90]

Dimension	D/3: »Es gibt diverse Ursachen für die Ergebnisse und die Vergleichsmöglichkeiten sind neu, jetzt kann in mein Königreich geguckt werden. Auch wenn es von oben eingesetzt wurde, muss die Fachkonferenz sich damit beschäftigen«
Kontrolle	▪ Heteronom wahrgenommene Rückmeldungen bieten keine Anknüpfungspunkte für eine Integration des Instruments in individuelle Kontrollpraktiken; Rückmeldungen stehen losgelöst neben den bisherigen Praktiken und können nicht mit eigenen professionellen Handeln in Verbindung gebracht werden. ▪ Reformen werden als Bürokratismus erlebt (übereilt, unüberlegt, überflüssig), der negativ von außen beeinflusst und Freiräume eigener Arbeit einschränkt. ▪ Besser wären Reformen, die mehr auf innerschulische Probleme abgestimmt sind; Gefühl, dass die Reformen den Problemen nur hinterher hecheln.
Koordination	▪ Reformen werden angenommen, indem sich auf gemeinsame Beschlüsse und Entscheidungen der FK bezogen wird; Gremium wird als bindend angesehen. ▪ Sehen es als Pflicht an, die Rückmeldungen in den kollegialen Diskurs einzubeziehen → Parallelen zum Organisationsmuster der Bürokratie. ▪ Vertikale und horizontale Kommunikationsstrukturen werden voneinander getrennt und die jeweiligen Funktionen haben Weisungsbefugnis. ▪ Bürokratisch-schematischer Umgang mit den Ergebnissen, der zu einer gefühlten Einengung der Entscheidungsbasis führt; keine inhaltliche Einbindung in professionellen Kommunikationsstrukturen. ▪ Zeitliche Belastung durch Aufgabenzunahme wird als sehr hoch eingeschätzt.

An diesem Nutzungsmuster wird deutlich, dass durch eine schulorganisatorische Einbindung in die formellen Kommunikationsstrukturen eine Integration der Maßnahme zumindest in Bezug auf eine Übernahme in Unterrichtsplanung und -gestaltung erfolgt. Eine Erweiterung der Kommunikationsstrukturen kann inhaltlich nur dann erfolgen, wenn ein komplexes Verständnis von den mit den Lernstandserhebungen verbundenen Reformen erreicht wird. Der kollegiale Diskurs und das damit verbundene Einhalten von Absprachen werden sehr hoch gewertet und bieten eine Möglichkeit, das Verständnis der Rückmeldungen und eine anschließende Nutzung zu stärken. Für die Organisationsebene kann zunächst

---

[90] Finden sich bei den Fällen Hahn (Mathematik) und Roth (FK-Vorsitzende Deutsch) der Schule B, sowie Dann (Englisch) und Müller (Mathematik) der Schule A an.

die *kollektive Orientierung* bei der Koordination der Maßnahme im schulischen Kontext als Variable festgehalten werden, die Einfluss auf eine Integration der Maßnahme nimmt.

Neben der beschriebenen D/3-Variation des Extrempols D/4 basierend auf der inner-schulischen Koordination der Maßnahme bestehen zwei weitere Variationen (B/3 und C/1). Diese machen Variationen anhand der Dimensionen professioneller Arbeit möglich, die bisher noch nicht berücksichtigt wurden. Es handelt sich dabei um Nutzungsmuster, die auf den Professionstypen B („*Die Folge, die ich jetzt für meinen Unterricht ziehe, ist konkreter [und] wo man selber betroffen ist, möchte man auch wissen, wo man mit seinem Kurs steht [und] es ist ja auch ein Aushängeschild für die Schule*") und Typ C („*Das kann schon Konsequenzen haben, da muss man jetzt eben drüber diskutieren [denn es] hat ein Umdenken stattgefunden, auch durch die Lernstandserhebung*") beruhen, mit denen einflussnehmende Variablen auf die Datennutzung herausgearbeitet werden. Das Nutzungsmuster B/3 (s. Ta-belle 15: »*Konsequenzen für den Unterricht ziehen, wenn dies der Vergleich mit anderen Kursen notwendig macht. Auch wenn es von oben eingesetzt wurde, muss die Fachkonferenz sich damit beschäftigen*«) basiert auf dem Organisationstyp 3, das die Lernstandserhebungen als eine fremdbestimmte Maßnahme wahrnimmt, diese aufgrund der kollektiven Entscheidungsabstimmung aber integriert. Das Nutzungsmuster ist demnach dem vorange-gangenen Muster D/3 auf der Organisationsebene und der positionellen Auslegung der outputorientierten Reformen auf der Professionsebene ähnlich, unterscheidet sich aber innerhalb der Dimension der Wissensstruktur aufgrund der technologischen Interpretation der rückgemeldeten Daten.

Tabelle 15: B/3: »Konsequenzen für den Unterricht ziehen, wenn dies der Vergleich mit anderen Kursen notwendig macht. Auch wenn es von oben eingesetzt wurde, muss die Fachkonferenz sich damit beschäftigen«[91]

Dimension	B/3: » Konsequenzen für den Unterricht ziehen, wenn dies der Vergleich mit an-deren Kursen notwendig macht. Auch wenn es von oben eingesetzt wurde, muss die Fachkonferenz sich damit beschäftigen«
Allgemein	<ul><li>Positionelle Deutung der in den outputorientierten Reformen enthaltenen Problemstellung wird stärkere Aufmerksamkeit zuteil als der Interpretation der in den Rückmeldungen enthaltenen Informationen.</li><li>Ziele der Reformen werden anerkannt; outputorientierte Reformen werden sehr stark im gesellschafts-politischen Kontext verortet.</li><li>Erwartung einer (gesellschaftlichen) Wertschätzung der eigenen Arbeit.</li></ul>
Wissens-struktur	<ul><li>*Rezeption*: Weniger stark ausgeprägt, aber an allen Schülern interessiert.</li><li>*Reflexion*: Ursachen werden kausal in den Rückmeldungen gesehen, diese bestehen allerdings in den Rahmenbedingungen ihres Handelns bzw. in der Herstellung von Querverbindungen zu anderen Fächern und Kompetenzen, die Auswirkungen auf die Ergebnisse ihres Fachs haben können.</li><li>*Handlungen*: Technologisch werden zukünftige Handlungsstrategien und -modelle aus den Ergebnissen abgeleitet; kaum nachhaltige Konsequenzen und Unsicherheit, ob Konsequenzen richtig sind.</li></ul>
Zentral-wert	<ul><li>Schulinterne u. externe Öffentlichkeit steht bei den Rückmeldungen im Vor-dergrund; wie hat die Einzellehrkraft (im Verhältnis zu den Kollegen) und die Schule (im Verhältnis zu den Referenzwerten) abgeschnitten → positionelle</li></ul>

---

[91] Das Nutzungsmuster findet sich bei den Fällen Herr Mann (Schulleiter) und Frau Beyer (Englischlehrerin) der Gesamtschule B an.

	Bestimmung der Qualität professioneller Arbeit durch Orientierung an den Vergleichswerten: Wo steht die Lehrkraft, wo die Schule?
	▪ Druck durch positionelle Orientierung „gut" abschneiden zu müssen; Angst, den neuen Anforderungen nicht zu genügen.
	▪ Gesellschaftliche Rahmenbedingungen bestimmen Outputs, d.h. welche Leistungen Schüler erbringen; darauf haben sie wenig bis keinen Einfluss.
	▪ Schülern wird die Wichtigkeit der LSE vermittelt, damit sie sich anstrengen und die Schule gut abschneidet.

Das nachfolgend beschriebene Nutzungsmuster C/1 (s. Tabelle 16) basiert auf dem Organisationstyp 1 („*Dinge, auf die wir eine Antwort finden müssen. Aber eine, die uns gemäß ist [und] sinnvoll können das Einzelne nicht bewältigen*"), bei dem eine schulorganisatorische Einbindung der Maßnahme vorgenommen wird, die eigenständig, gemeinsam und aufgrund der vor Ort vorliegenden Bedingungen vorgenommen wird. Das Nutzungsmuster ist dem vorangegangenen Muster A/1 auf der Organisationsebene und der operationalen Auslegung der in den outputorientierten Reformen enthaltenen Problemstellung ähnlich, unterscheidet sich aber aufgrund der in den rückgemeldeten Daten gesehenen normativen Aushandlungsbasis der Ergebnisursachen.

Tabelle 16: C/1 »Konsequenzen können nur aus Erörterungen der Ergebnisbedingungen abgeleitet werden, denn es hat ein Umdenken stattgefunden. Darauf muss gemeinsam eine Antwort gefunden werden«

Dimension	C/1: » Konsequenzen können nur aus Erörterungen der Ergebnisbedingungen abgeleitet werden, denn es hat ein Umdenken stattgefunden. Darauf muss gemeinsam eine Antwort gefunden werden«
Allgemein	▪ Lernziele sind operationalisier-/messbar, Kausalattributionen werden aufgrund der Ursachenvielzahl abgelehnt; die LSE stellen durch die Rückmeldungen Bildungsprozesse als technisierbar dar, dies wird ebenfalls abgelehnt. ▪ Fokus liegt auf normativer Aushandlung der Ergebnisse; der Deutung des Zentralwerts wird aufgrund einer allgemeinen Anerkennung der Reformen kaum Bedeutung zugesprochen.
Wissens-struktur	▪ *Rezeption*: Gering, mit Zielstellungen des eigenen Unterrichts verbunden ▪ *Reflexion*: Daten ermöglichen keine Kausalattributionen; vielmehr Vergewisserung über Handlungsbedingungen, indem Ursachen erörtert und mit Bedingungen des Handelns/der Schüler in Verbindung gebracht werden ▪ Zusammenhang zwischen eigenem Handeln und Ergebnissen wird gesehen und den Daten wird Vertrauen entgegengebracht, allerdings liegt der Fokus bei Schülerverhalten und -eigenschaften → dies bestimmt ursächlich die Qualität des professionellen Handelns und mittelbare Ableitungen für Handlungen und Konsequenzen werden eröffnet ▪ *Handlungen*: Konsequenzen werden nur als Möglichkeit betrachtet, die gemeinsam oder allein abgewogen, d.h. aufgrund der ambiguen Ursachenzuschreibung normativ bestimmt werden
Zentral-wert	▪ Operationaler Zentralwert wird als gegeben angesehen und nicht in Frage gestellt: Zusammenhang zwischen Standards, Kernlehrplänen und Lernstandserhebungen wird hergestellt, der innerhalb der eigenen professionellen Berufsausübung Beachtung erfährt und im Unterricht umgesetzt wird ▪ LSE baut eigens Bewusstsein/Wissen über Kompetenzerwerb, neue Aufgabenformate und Unterrichtsmethoden aus und erzeugt Transparenz durch

	Rückmeldungen an Schüler; es werden neue Absprachen über Erwartungshorizonte vorgenommen

Mit diesem Nutzungsmuster wird deutlich, dass eine Veränderung innerhalb der professionstheoretischen Dimensionen, wie hier der normativ interpretierten Aushandlungsbasis, die in den rückgemeldeten Informationen gesehen wird, auch eine Integration der Maßnahme bewirken kann. Hier werden nur Ursachenanalysen und daraus abgeleitete Konsequenzen stärker in Aushandlungsprozesse eingebunden, die innerhalb des kollegialen Diskurses stattfinden müssen. Für die Professionsebene kann daraus festgehalten werden, dass sowohl eine *technologische als auch normative Interpretation* der Wissensstruktur innerhalb der Rückmeldungen zu einer Datennutzung führen kann, je nach dem wie auf der Organisationsebene mit der Einbindung in Kontrollpraktiken und der Koordination der Maßnahme umgegangen wird.

Resümee bisheriger Erkenntnisse der Nutzungsmuster

Aufgrund der Typenbildung auf der Basis der 19 befragten Lehrkräften aus zwei Gesamtschulen können folgende Aspekte für die Nutzungsmuster basierend auf der Verbindung zwischen Komponenten der professionellen Arbeit und denen der schulischen Organisationsstruktur festgehalten werden, die Hinweise auf deren Wirkungszusammenhänge geben:

- Von den untersuchten Dimensionen erzeugt die schulorganisatorische Strukturkomponente der durch die Rückmeldungen als heteronom empfundenen Kontrolle am stärksten Widerstand für eine Nutzung der Ergebnisse, d.h. die heteronome Kontrolle verhindert die Einbindung der Ergebnisse in eigene oder kollektive bestehende Kontrollpraktiken.
- Das Zusammenspiel der verschiedenen untersuchten Dimensionen auf professioneller und schulorganisatorischer Ebene nimmt Einfluss, ob und wie die Daten genutzt werden; dies konnte empirisch durch die Darstellung der Professions- und Organisationstypen gezeigt werden.
- Es konnte empirisch ein Typus nachgewiesen werden, der am ehesten den Anforderungen der Datennutzung aus den Lernstandserhebungen seitens der einführenden Institutionen entspricht; gleichzeitig konnte aber auch ein diesem Typus konträr entgegenstehender empirisch nachgewiesen werden, der die intendierten Absichten der Lernstandserhebungen nicht berücksichtigt.
- Die Kombination der professionellen und schulorganisatorischen Dimensionen, wie sie in den Nutzungsmustern aus der Kombination der Professions- mit den Organisationstypen dargestellt wurden, zeigt einen starken Effekt auf die Datennutzung.
- Es konnten ein Nutzungsmuster (A/1), das den Zielstellungen der Lernstandserhebungen nahekommt, und sein polares Gegenteil nachgewiesen werden (D/4); weiterhin konnten Abweichungen von diesen beiden Nutzungsmustern Hinweise auf Affirmation bei der Einbindung der Rückmeldungen in die professionelle und schulorganisatorische Arbeit geben.
- Beispielhaft wurde an den Nutzungsmuster D/3, B/3 und C/1 gezeigt, wie diese Faktoren auf die Datennutzung einwirken:
- Mit dem Muster D/3 wurde ein schulorganisatorischer Aspekt herausgearbeitet, der Einfluss auf die Nutzung der Ergebnisse und die Integration der Maßnahme in den schulischen Alltag nimmt → kollektive/gemeinschaftliche Auseinandersetzung der Fachgruppen fördert die formelle Einbindung des Instruments für die Unterrichtsplanung, wenn eine Bindung an die Entscheidungen durch die Lehrkräfte erfolgt.

- Mit dem Muster B/3 wurde ein Aspekt professioneller Arbeit dargestellt, der Einfluss auf die Datennutzung nimmt → eine technologische Interpretation der Rückmeldungen macht Handlungs- und Entscheidungsableitungen leichter, d.h. wenn eine technologische Wissensstruktur in den Rückmeldungen gesehen wird.
- Mit dem Muster C/1 wird deutlich, dass eine normative Auslegung der in den Rückmeldungen enthaltenen Wissensstruktur ebenfalls eine Integration der Ergebnisse ermöglicht, wenn diese verstärkt in gemeinsame Aushandlungsprozesse gelegt wird, d.h. in die kollegiale Zusammenarbeit und entsprechende Gremien (Fachkonferenz).
- → Eine technologische oder eine normative Interpretation der in den Rückmeldungen enthaltenen Wissensstruktur entscheidet nicht allein über eine Nutzung der Rückmeldungen innerhalb der Schulen.

Das Verhältnis zwischen Profession und Organisation ist bestimmt durch vielfältige Faktoren, die zu einem Teil innerhalb der Nutzungsprozesse von Rückmeldungen aus Lernstandserhebungen berücksichtigt werden konnten. Beide Ebenen sind dadurch gekennzeichnet, dass sie durch individuelle und kollektive Sensemaking-Prozesse der Lehrkräfte angeleitet werden. Weder der professionelle Umgang mit den Rückmeldungen, noch die organisationale Einbindung der Maßnahme selbst erklärt die Datennutzung vollständig: Erst in der Kombination beider Ebenen kann der Datengebrauch deutlich gemacht werden. Die Wirkmacht der Profession spielt allerdings, wie es auch durch die kontingenztheoretische Erweiterung bürokratietheoretischer Organisationsmodelle erklärt wird, eine entscheidende Rolle, wenn es um die Akzeptanz der Lernstandserhebungen sowohl für den professionellen als auch den organisationalen Umgang geht. Eine horizontale Integration auf schulorganisatorischer Ebene stärkt hier die Profession selbst, nimmt ihnen aber, argumentiert man aus der Perspektive der Profession, Autonomie in Bezug auf die individuelle, autonome Gestaltung der operativen Prozesse auf der Ebene des eigenen Unterrichts. Berücksichtigt man die strukturfunktionalistischen Professionsüberlegungen wird deutlich, dass die Funktionsweisen der Profession auf einen gemeinsamen Aushandlungsprozess ausgerichtet sind, der auf schulorganisatorischer Ebene gewährleistet werden kann, wenn das zur Disposition stehende Wissen aus Lernstandserhebungen anerkannt wird und in autonomer Weise in den schulorganisatorischen Gremien Anwendung findet.

5 Ergebnisse auf Schulebene und weitere Modellbildungen

Im Anschluss an die Darlegung der Professions- und Organisationstypen sowie der spezifischen Nutzungsmuster der Rückmeldungen wird in diesem Kapitel weiter herausgearbeitet, welche schulspezifischen Faktoren auf die Nutzung der Lernstandserhebungen in den untersuchten Schulen zu finden sind. Grundlage bildet eine schulbasierte Sichtweise, die es ermöglicht, weitere Hinweise auf einflussnehmende Merkmale bei der Datennutzung zu erlangen. Zunächst wird dafür eine kurze Beschreibung der Verteilung der Professions- und Organisationstypen und deren schulspezifischer Nutzungsmuster auf die hier untersuchten Gesamtschulen vorgenommen, bevor eine deskriptive Darstellung der Fallstudien (Within-Case Analysis) der Gesamtschulen (s. Kapitel 5.1 und 5.2) und der Vergleich (Cross-Case Analysis) beider Schulen (s. Kapitel 5.3) angefügt wird, um weitere Hinweise auf einflussnehmende Variablen zu erlangen. Die schulspezifische Auswertung auf der Basis der Professions- und Organisationstypen soll Aufschluss darüber geben, ob eine schulische bzw. fachgruppenspezifische Geschlossenheit vorliegt. D.h. es soll der Frage nachgegangen werden, *ob eine überwiegende Legitimationsstruktur für die Lernstandserhebung innerhalb einer schulischen Organisation vorliegt.* Weiterhin wird mit diesem Auswertungsschritt untersucht, ob das Wissen aus den Rückmeldungen zur nachhaltigen Strukturbildung der Organisation beiträgt, d.h. ob sich die Rückmeldungen als organisatorische Ressource etablieren können und das Wissen als Steuerungswissen Anwendung findet. Die schulspezifische Auswertung kann auch die Differenz innerhalb der Führungsstile beider Schulen berücksichtigen, um daraus weitere Ableitungen zu treffen.

Zunächst lässt sich für die Gesamtschulen festhalten, dass spezifische Nutzungstypen basierend auf professionellen und organisationalen Überzeugungen der Lehrkräfte in den beiden Schulen existieren, und dass diese nicht beliebig, sondern in folgender Anordnung in den beiden untersuchten Gesamtschulen anzufinden sind (s. Tabelle 17).

Insgesamt geht diese Tabelle auf die erste Verbindung zwischen Professions- und Organisationstypen zurück, die sich in Kapitel 4.3 wiederfinden lässt. Bei dieser Tabelle handelt es sich um die schulspezifische Auswertung, bei der deutlich wird, dass die Fälle nicht beliebig auf die vier Professions- bzw. Organisationstypen verteilt sind, sondern durch die Fallbündelung innerhalb einiger Typenkreuzungen schulspezifische Nutzungsmuster nahe legen. Innerhalb dieser Tabelle wird deutlich, dass in der **Schule B** mit zentralem Führungsstil der Professionstyp A (*„Durch die Lernstandserhebungen werden all diese Dinge streng logisch gruppiert (...), [und man] (...) kann sehen, (...), sie haben sich von A nach B bewegt"*) und der Organisationstyp 2 (*„Trifft das für mich zu (...), dann muss ich gucken, dass ich irgendwas mache und wenn (...) nicht (..), dann muss ich mich darum auch nicht weiter kümmern.[/] Das macht jeder mit sich (..) aus"*) nicht vertreten sind; in der **Schule A** mit dezentralem Führungsstil sind dagegen alle Typen vorhanden. Auffällig ist ebenfalls, dass bei den Nutzungsmustern nur eines (D/3: »Es gibt diverse Ursachen für die Ergebnisse und die Vergleichsmöglichkeiten sind neu, jetzt kann in mein Königreich geguckt werden. Auch wenn es von oben eingesetzt wurde, muss die Fachkonferenz sich damit beschäftigen«) der 16 kombinatorisch möglichen Muster in beiden Schulen vertreten ist. Auch wenn aufgrund der geringen Fallzahl keine Verallgemeinerungen getroffen werden können, liegen einige Vermutungen für die beiden Gesamtschulen nahe. Nachfolgend werden die beiden Gesamtschulen zunächst anhand der Anzahl der Ausprägungen von Dimensionen und Nutzungsmustern charakterisiert.

Tabelle 17: Schulspezifische Nutzungsmuster

			PROFESSIONSTYPEN			
		Dimensions-pole	**Typ A** *technologisch operational*	**Typ B** *technologisch positionell*	**Typ C** *normativ operational*	**Typ D** *normativ positionell*
O R G A N I S A T I O N S T Y P E N	**T Y P 1**	*autonom kollektiv*	Becker (didaktischer Leiter) A; Schulz (FK-Deutsch) A; Weber (Deutsch) A	Huber (Mathe) B	Klein (Deutsch) A; Fischer (Mathe) A	Krüger (did. Leiterin) B
	T Y P 2	*autonom individuell*	*keine Fälle*	Koch (Englisch) A	*keine Fälle*	*keine Fälle*
	T Y P 3	*heteronom kollektiv*	*keine Fälle*	Mann (Schulleiter) B; Beyer (Englisch) B	Stein (FK-Mathe) B	Roth (FK-Deutsch) B; Hahn (Mathe) B; Dann (Englisch) A; Müller (Mathe) A
	T Y P 4	*heteronom individuell*	Wolf (Englisch) A	*keine Fälle*	Weiß (Deutsch) B	Peters (FK-Englisch) B; Krause (Deutsch) B

Von insgesamt neun Fällen der **Gesamtschule A** gilt, dass

- die mit der Einführung der Lernstandserhebung „intendierte" Nutzungsform[92], wie sie im Muster A/1 anzufinden ist, kommt bei drei Fällen vor (u.a. didaktischer Leiter und FK-Vorsitzende Deutsch).

- die innerhalb dieser „intendierten" Nutzungsform enthaltene *technologisch-operationale* Auslegung der in den Rückmeldungen enthaltenen Informationen bei vier Fällen und die *autonom-kollektive* Integration der Lernstandserhebungen in die schulischen Organisationsstrukturen bei fünf Fällen vorkommt:
    - ein ausgeglichenes Verhältnis zwischen *technologischer* (5 Fälle) und *normativer* (4 Fälle) Auslegung der Rückmeldungen vorliegt, weshalb sich sowohl über die Bedingungen ihres Handelns vergewissert wird als auch Kausalattributionen vorgenommen werden, die in Entscheidungen und Handlungen münden.
    - bei sechs Fällen eine *operationale* Einordnung der Problemstellung aus den Reformen vorgenommen wird, d.h. eine Akzeptanz operationalisierbarer Unterrichtsziele.
    - bei sechs Fällen eine *autonome* Integration der Maßnahme in die schulische Organisationsstruktur angestrebt und realisiert wird, womit eine Anpassung der Reformen an die Bedingungen vor Ort vorgenommen werden kann.
    - in sieben Fällen eine *kollektive* Koordination der Maßnahme innerhalb der schulischen Organisationsstruktur erfolgt, die zu einer Integration der Maßnahme führt.

- die der „intendierten" Nutzungsform konträr entgegenstehende Form (D/4) ist gar nicht anzufinden.

- innerhalb der Fachgruppen die Fachgruppe Deutsch die homogenste und die Fachgruppen Englisch die heterogenste Verteilung auf die Nutzungsmuster aufweist:
    - Deutsch (3 Fälle): bei zwei Fällen das Nutzungsmuster A/1 und bei einem Fall in Abweichung vom Punkt der Auslegung der Wissensstruktur, die normativ geprägt ist, das Muster C/1 vorliegt. Hier wird eine Tendenz einer an der am ehesten durch die Zielstellungen der Lernstandserhebungen intendierten Form der Nutzung deutlich.
    - Mathematik (2 Fälle): bei einem Fall das Nutzungsmuster D/3 auftritt, bei beiden Fällen aber eine normative Auslegung der Wissensstruktur und ein kollektiver organisationaler Umgang mit der Lernstandserhebung vorliegt. Hiermit entsteht ein kollektiv ausgerichtetes Verständnis der Einbindung, die sich aber hauptsächlich an den Bedingungen des eigenen professionellen Handelns orientiert.
    - Englisch (3 Fälle): bei einem Fall das Nutzungsmuster D/3 auftritt, ansonsten die Nutzungsmuster aber stark voneinander variieren. Tendenz zur Individualität im Umgang mit der Maßnahme und der Auslegung der Reformen.

Innerhalb der Gesamtschule A kann eine relative Annahme der outputorientierten Reformen und eine Nutzungstendenz der Rückmeldungen festgestellt werden, da sowohl das „intendierte" Nutzungsmuster als auch ihm nahe stehenden Mustern größtenteils vorherrschen. Hier werden Nutzungsprinzipien wie der Ausgleich zwischen technologischen Kausalattributionen und der Vergewisserung über die Bedingungen ihres professionellen Handelns, die Akzeptanz und Umsetzung von operationalisierbaren Unterrichtszielen und Zielen professionellen Handelns, die eigenständige Anpassung der outputorientierten Reformen für situationsbedingte Ziele der Schul- und Unterrichtsentwicklung und die überwie-

---

[92] Der Gebrauch des Begriffs „*intendierte Nutzungsform*" stellt sich innerhalb dieser Arbeit als vereinfachter Ausdruck dar. Mit dem Begriff werden die Absichten beschrieben, die mit der Einführung der Lernstandserhebungen und ihren Rückmeldungen verbunden sind, wie etwa Unterrichts- und Schulentwicklungsprozesse durch eine rationale Erweiterung der Wissensbasis der Lehrkräfte zu erreichen (vgl. Kapitel 1.2.3). Mit diesem Ausdruck soll nicht eine Präferenz für einen bestimmten Umgang mit den Rückmeldungen dargestellt werden, sondern lediglich auf die „Passung" zur intendierten Wirkung der Implementation der Maßnahme hingewiesen werden.

gend kollektiv organisierte Integration der Lernstandserhebungen in die schulischen Entscheidungsgremien mit den entsprechenden Absprachen über Erwartungshorizonte und Schülerleistungen deutlich, die eine Einbindung und Nutzungsoptionen der Rückmeldungen eröffnen.

Von insgesamt zehn Fällen der **Gesamtschule B** gilt, dass

■ das der „intendierten" Nutzungsform entgegenstehende Nutzungsmuster (D/4) und dessen Variante D/3 jeweils bei zwei Fällen vorkommen, zu denen die FK-Vorsitzenden der Fächer Deutsch und Englisch gehören.
■ die innerhalb der weniger „intendierten" Nutzungsform enthaltene *normativ-positionelle* Auslegung der Rückmeldungen bei fünf Fällen (u.a. didaktische Leiterin) und *heteronom-individuelle* Integration der Lernstandserhebungen bei drei Fällen anzufinden ist: – bei sieben Fällen (u.a. didaktische Leiterin, FK-Vorsitzende Mathematik, Deutsch und Englisch) eine *normative* Auslegung der Daten vorgenommen wird, was zu einer starken Verständigung über die Bedingungen des professionellen Handelns führt. – bei acht Fällen (u.a. Schulleiter, didaktische Leiterin, FK-Vorsitzende Deutsch und Englisch) eine *positionelle* Auslegung des Zentralwerts stattfindet, was zu einer starken Orientierung an Vergleichswerten und Rankings professioneller Arbeit führt. – bei acht Fällen (u.a. Schulleiter, FK-Vorsitzende Mathematik, Deutsch und Englisch) eine *heteronome* Interpretation der outputorientierten Reformen vorliegt, weshalb eine Integration der Maßnahme in eigene bzw. organisatorische Kontrollpraktiken erschwert wird. – bei sieben Fällen (u.a. Schulleiter, didaktische Leiterin, FK-Vorsitzende Mathematik, Deutsch) eine *kollektive* Koordination der Maßnahme innerhalb der schulischen Organisationsstruktur erfolgt, die teilweise zu einer Integration der Maßnahme führt.
■ das von den Zielstellungen der Lernstandserhebung selbst „intendierte" Nutzungsmuster (A/1) gar nicht innerhalb der Stichprobe anzufinden ist.
■ eine relativ homogene Verteilung der Nutzungsmuster innerhalb der Fachgruppen vorliegt: – In Mathematik (3 Fälle) dominiert eine kollektive Nutzungsform der Rückmeldungen, außerdem gibt es eine Tendenz zu einer normativ-positionellen Einbindung der Rückmeldungen in die professionelle Arbeit und einer fremdbestimmten Wahrnehmung der Lernstandserhebungen. – In Deutsch (4 Fälle) gibt es eine starke Ausrichtung am Nutzungsmuster D/4, wobei einige Variationen vorkommen, die sich entweder auf die kollektive Zusammenarbeit oder eine operationale Auslegung der Problemstellung beziehen. Hiermit orientiert sich die Fachgruppe stark an weniger mit den Zielstellungen der Lernstandserhebung „intendierten" Nutzungsform. – In Englisch (2 Fälle) liegt eine Tendenz zu einer fremdbestimmten und am Vergleich orientierten Wahrnehmung der Lernstandserhebungen vor. Der Umgang mit der Maßnahme und die Auslegung der Informationen bleiben unsystematisch.

Innerhalb der Gesamtschule B liegt es nahe, dass eine Ablehnung der Lernstandserhebungen und der damit verbundenen outputorientierten Reformen erfolgen kann. Bei der Datennutzung herrschen Prinzipien wie etwa die starke Ausrichtung auf eine Verständigung über die Bedingungen ihres professionellen Handelns, starke Orientierung an Vergleichswerten und (öffentlichen oder schulinternen) Rankings oder das starke Gefühl der Fremdbestimmtheit durch die Reformen vor, die eine Integration der rückgemeldeten Information in eigene und kollektive Kontrollpraktiken und eine Nutzung des Wissens als organisatorische Ressource erschweren. Innerhalb der Gesamtschule B stellt der kollegiale Diskurs vor allem eine formelle bzw. bürokratische Sicherung der Beschäftigung mit der Lernstandserhebung

dar, eine Diskussion über gemeinsame Beurteilungsschemata und eine kollektive Verständigung über Kriterien von Schülerleistungen scheint dagegen in Bezug auf die Arbeit mit
der Lernstandserhebung nachrangig zu sein.

Aus diesen Betrachtungen kann festgehalten werden, dass in der **Gesamtschule A** eine
relative Annahme der outputorientierten Reformen und eine Nutzung der Rückmeldungen
festgestellt werden kann, da sowohl das „intendierte" Nutzungsmuster als auch ihm nahe
stehende Muster größtenteils vorherrschen. Für die **Gesamtschule B** dahingegen gilt, dass
eine Tendenz zur kollektiven Arbeitsweise vorherrscht, die sich aber hauptsächlich auf die
administrative Gestaltung der Maßnahme und deren Anforderungen bezieht und daraus ein
(leichter) Widerstand gegenüber der Lernstandserhebungen und den damit verbundenen
outputorientierten Reformen entsteht.

Um der Frage nach einflussnehmenden Schulstrukturen und professionellen Arbeitsweisen weiter nachzugehen, wird im Folgenden auf der Basis von schulbasierten Fallstudien analysiert, welche Zusammenhänge in Bezug auf die Nutzung der Lernstandserhebungen und deren Rückmeldungen in den beiden Gesamtschulen bestehen. Anders ausgedrückt
geht es um die Frage, welche professionellen und schulorganisatorischen Strukturspezifika
in den beiden Gesamtschulen vorliegen und Einfluss auf die Nutzung der empirischen Ergebnisse aus den Lernstandserhebungen nehmen. Um dieser Frage nachzugehen, werden
die Schulprofile (s. Kapitel 5.1 und 5.2) und deren Vergleich (s. Kapitel 5.3.1) vorgestellt,
die methodisch auf der Grundlage der qualitativen Inhaltsanalyse entstanden sind (vgl.
Kapitel 3.3.2). Für die Fallanalyse und den Fallvergleich der beiden Gesamtschulen (Within-Case und Cross-Case Analysis) wurden alle dort geführten problemzentrierten Interviews zu den beiden Erhebungszeitpunkten und den zusätzlichen Dokumenten mit dem
inhaltsanalytischen Vorgehen ausgewertet. Für eine bessere Lesbarkeit der Ergebnisse wird
der deskriptiven Fallanalyse (s. Kapitel 5.1.2 bis 5.1.8/5.2.1 bis 5.2.8) die semantisch dich-
tere Fallstrukturbeschreibung (s. Kapitel 5.1 und 5.2) vorangestellt, damit eine schnelle
Ergebnisübersicht gegeben ist. Die daran anschließenden Fallbeschreibungen können für
eine schnellere Übersicht des Materials weggelassen bzw. ergänzend hinzugezogen werden;
wird beides chronologisch gelesen ergeben sich allerdings aufgrund dieses Vorgehens für
den Leser Redundanzen. Die Fallstrukturbeschreibung orientiert sich am Kodierleitfaden
der qualitativen Inhaltsanalyse (s. Kapitel 3.3.2) und an den dort beschriebenen acht inhaltsanalytischen Kategorien: 1) Allgemeine Überzeugungen zu Reformen und zur Lernstandserhebung; 2) Prozesse der Ergebnisrückmeldung; 3) Wahrnehmung der Rückmeldungen; 4)
Entscheidungen den (eigenen) Unterricht betreffend; 5) (Kenntnisse über) Entscheidungen
der Schulleitung; 6) (Überzeugungen zur) Zusammenarbeit im Kollegium; 7) & 8) (werden
bei der Ergebnisdarstellung zusammengefasst) Arbeit mit den Schülern & Kontakt zu den
Eltern. Originalzitate werden nur dann verwendet, wenn sie exemplarische Aussagen für
den entsprechenden Kontext darstellen, ansonsten wird auf Zusammenfassungen bzw. Para-
phrasen zurückgegriffen.

5.1 Schulprofil der Gesamtschule A: Within-Case Analysis

In der *Kategorie 1* „Allgemeine Überzeugungen zu Reformen und zur Lernstandserhebung"
zeichnet sich die Schule A besonders durch ihr Interesse und ihre Bemühungen aus, eine

Sicherung der Basiskompetenzen von Schülern der Kompetenzniveaus null und eins vorzunehmen, damit möglichst viele Schüler einen Abschluss erreichen können.

Die Schulleitungsebene versucht dieses Ziel durch diverse Maßnahmen umzusetzen:

- Detaillierte Vorbereitung der Lehrkräfte auf die LSE und Einstimmung auf das Instrument als objektive Sicht auf die eigene Selbstwahrnehmung.
- Stärkung der Eigenverantwortung und Zusammenarbeit der Lehrkräfte.
- Versuch durch gerechte Arbeitsaufteilung und Ausgleich der Mehrarbeit eine allgemeine Akzeptanz der Implementation der Maßnahme zu erreichen.

Die beteiligten Lehrkräfte sehen die Vorbereitung auf die Lernstandserhebung als sehr gut und ausreichend an, d.h. sie fühlen sich informiert. Sie haben Interesse daran, zu sehen, wo sie mit ihren Kursen und ihrer Schule in Bezug auf die Schülerleistungen und ihren Unterricht stehen. Standards und Kernlehrpläne werden als Bestandteil der Reform wahrgenommen, mit deren Hilfe der Ist-Zustand ermittelt werden kann. Allgemein herrscht Skepsis aufgrund der Mehrarbeit und Unsicherheit in Bezug auf die Vergleichbarkeit der Ergebnisse. Besonders kritisiert wird, dass nicht deutlich wird, wie mit den ermittelten Defiziten umgegangen werden soll, wenn ihnen keine Unterstützung von außen gegeben wird und die zeitlichen Belastung durch andere berufliche Aufgaben dies nicht zulässt. Besonders das Deutschkollegium thematisiert, dass ihnen zum Teil Kompetenzen fehlen, mit dem „neuen Denken" (Lernzielen) der Reform umzugehen (Bestanteil sind Diagnose, Evaluation, Aufgabenkonstruktion) und dass entsprechende Diagnoseinstrumente fehlen. Das Englischkollegium scheint weniger informiert und organisiert. Es wird von einem Zeitmangel berichtet, sich mit den ermittelten Defiziten zu beschäftigen. Außerdem wird teilweise kein Sinn in der Lernstandserhebung gesehen, weil nicht klar ist, was damit gemacht werden soll.

In der *Kategorie 2* „Prozesse vor den Ergebnisrückmeldungen" werden die Vorbereitungen in den Fachgruppen Mathematik, Deutsch und Englisch unproblematisch bewertet. Das Korrekturvorgehen wird am stärksten von den Deutsch- und Englischlehrkräften bemängelt, da besonders bei den Auswertungsrastern zu freien Aufgaben sehr viel Spielraum vorliegt. Die Aufgabenformate sind allen Lehrkräften bekannt. Allerdings wird von den Deutschlehrkräften die Aufgabenstellung kritisiert und dass diese Aufgaben wenig Differenzierungsmöglichkeiten in den unteren Leistungsniveaus bieten.

In der *Kategorie 3* „Wahrnehmung der Ergebnisrückmeldungen – Rezeption, Reflexion, Handlung" soll aus Schulleitungssicht der Ergebnisumgang eigenverantwortlich geschehen, weshalb der didaktische Leiter den Umgang mit den Ergebnissen auf Partizipation angelegt hat. Er geht aber davon aus, dass es für viele Lehrkräfte schwierig ist, die Rückmeldungen zu verstehen. Die Ergebnisse sind zudem bei der zweiten Erhebung sehr viel schlechter ausgefallen. Er ist der Ansicht, dass sich viele Lehrkräfte nicht die Zeit nehmen, die Daten in der benötigten Weise aufzubereiten, um mit ihnen arbeiten zu können. Die Ursachenanalysen sollten in den einzelnen Fachgruppen stattfinden. Auf der Schulleitungsebene werden Ergebnisse darin gesehen, dass Parallelprozesse zwischen den Lernstandserhebungen und der Umsetzung der Kernlehrpläne eingesetzt haben.

Aus der Sicht der beteiligten Mathematiklehrkräfte wird folgender Umgang benannt:

- Rezeption: Rückmeldungen sind nur eine Zusammenstellung statistischer Daten; Vergleichsmöglichkeiten sind aber interessant.
- Reflexion: Fehler werden mit der mangelhaften Sprachkompetenz der Schüler begründet, die

> Aufgaben teilw. nicht richtig verstehen, und mit der Stärke (1. LSE) oder Schwäche (2. LSE) des jeweiligen Jahrgangs; weitere Analysen finden in den Jahrgangsteams statt.
> - <u>Handlungsmöglichkeiten</u>: Verbesserung der Sprachkompetenz; intensive Arbeit mit den Aufgabentypen; Förderstunden für Schüler mit Defiziten; Umsetzung der Kernlehrpläne voranbringen. Reader mit Aufgabenformaten.

Die <u>Deutschlehrkräfte</u> haben folgenden Umgang mit den Rückmeldungen dargestellt:

> - <u>Rezeption</u>: Es gibt Schwierigkeiten beim Lesen der Rückmeldungen, insgesamt wird ein Förderbedarf gesehen, dem nachgegangen werden soll; es wird versucht, systematisch die Daten auf den Ebenen Schüler und Kurs zu betrachten:
>   - Kursebene macht Defizite, Wiederholung von Unterrichtseinheiten usw. deutlich.
>   - Rückmeldungen sind für Individualförderung wenig geeignet, dafür sind viele eigene Auswertungen der Daten notwendig → Wunsch nach differenzierteren Rückmeldungen für die Individualdiagnostik.
> - <u>Reflexion</u>: Detaillierte Beschäftigung mit den Ursachen – teilweise Testkonstruktion, teilweise unterrichtliche Versäumnisse oder besondere Schwierigkeiten ihrer Schüler (z.B. Bildgehalt von Sprache); diese Erkenntnisse haben sie auch durch ihre Arbeit gewonnen. sie sehen nicht viele neue Informationen durch die Rückmeldungen. Der aus der LSE ermittelte Förderbedarf kann sich nur auf Schülergruppen und nicht auf Einzelschüler beziehen.
> - <u>Handlungen</u>: Förderbereiche aufgrund von Diagnostik identifizieren, Förderungen (Sprachförderung) bes. von Schülern mit Migrationshintergrund; Förderbedarf auf Lerngruppen zuschneiden; Sprache in allen Bereichen, in denen sie vorkommt (Grafiken beschreiben) einüben; Wunsch nach mehr Materialen und Diagnoseinstrumenten.

Die <u>Englischlehrkräfte</u> zeigen folgenden Umgang mit den Rückmeldungen auf:

> - <u>Rezeption</u>: Die Ergebnisse werden wenig rezipiert, wenn liegt der Fokus auf dem Schüler oder dem eigenen Kurs, ein allgemeiner Überblick über die Ergebnisse wird nicht berichtet.
> - <u>Reflexion</u>: Unsystematische Ursachenanalyse, d.h. jede Lehrkraft macht eigene oder gar keine Analysen und Ursachen werden unterschiedlich interpretiert: Bsp. Ausdrucksfähigkeit nicht gut ausgebildet; geringer Wortschatz; zu wenig Differenzierung zwischen den unterschiedlichen Leistungsniveaus der Schüler in den vorherigen Jahrgängen.
> - <u>Handlungen</u>: Werden individuell festgelegt: mehr Lektüre. mehr Grammatik, Wortschatz, Vokabeltraining; allgemeine Defizite wiederholen.

Kategorie 4: Entscheidungen den (eigenen) Unterricht betreffend

Der Unterricht muss sich aus Schulleitungssicht verändern, d.h. die Lehrkräfte müssen anfangen in prozessbezogenen Kompetenzen und Lernzielen und nicht in alten Lehrzielen zu denken. Die Selbstständigkeit der Schüler soll gefördert werden und es soll nicht ausschließlich Frontalunterricht stattfinden.

Die Lehrkräfte haben folgende Sichtweisen auf den Unterricht:

> - <u>Mathematik</u>: Aufgabenformate und kooperative Arbeitsformen werden vermehrt eingebracht; sie orientieren sich an der Umsetzung der Kernlehrpläne; gemeinsame Absprachen über den Unterricht (Jahrgangsteams); es bleibt wenig Zeit Defizite zu wiederholen: Schüler sollen auch im Selbststudium wiederholen.
> - <u>Deutsch</u>: Reformen gehen stark in den Unterricht ein – eigenständiges Lernen fördern, Wiederholungen. LSE-Anregungen werden integriert (Pfeildiagramme, Grafiken beschreiben, Auswertungsschemata transparent machen); gemeinsame Absprachen über den Unterricht

> (Jahrgangsteams); es mangelt an Zeit, Defizite zu beheben; Binnendifferenzierung ist aufgrund der Kurs-/Klassengröße schwierig.
> - Englisch: Unterricht muss aufgrund der neuen Kernlehrpläne umgestellt werden, die Tests an sich nehmen keinen Einfluss; es wird kaum ein inhaltlicher Zusammenhang zwischen den Reformen und ihrem Unterricht thematisiert; wenige bis keine Absprachen untereinander über ihren Unterricht; Defizite werden benannt und sollen behoben werden; das Bücherangebot ist nicht ausreichend für die Vorbereitung.

Kategorie 5: (Kenntnisse über) Entscheidungen der Schulleitung

Die Schulleitung, insbesondere der didaktische Leiter, sieht sich verantwortlich für die Lernstandserhebung und die Akzeptanz der Reformen. Der Paradigmenwechsel wird allerdings Zeit dauern: Es soll keine Resignation entstehen, sondern vielmehr gemeinsame Auseinandersetzungen darüber, wie eine Verbesserung erreicht werden kann. Fortbildungen sollen breit angelegt werden. Die Lehrkräfte sind mit den Vorbereitungen der Schulleitung zufrieden; kritisiert wird allerdings, dass der eingerichtete Förderunterricht organisatorisch nicht einwandfrei abgestimmt ist, dass kein Ausgleich für die Mehrarbeit angeboten wurde und dass die Zusammenarbeit unter den Englischkollegen nicht gefördert wird. Der didaktische Leiter sieht ein kommunikatives Kollegium, das Transparenz zulässt und wünscht. Die Lehrkräfte bräuchten allerdings mehr Fähigkeiten in den Bereichen diagnostische und methodische Kompetenzen.

Kategorie 6: (Überzeugungen zur) Zusammenarbeit im Kollegium

Die einzelnen Fachgruppen haben folgenden Blick auf die Zusammenarbeit:
- Mathematik: Offenheit und Zusammenarbeit unter den Kollegen. Absprachen über Unterrichtsinhalte und -reihenfolgen; Absprachen im Umgang mit den Bewertungsschemata der Lernstandserhebung; Jahrgangsteams und Fachkonferenzen beschäftigen sich mit der Lernstandserhebung – Konsequenzen werden eher in den kleineren Gruppen der Jahrgangsteams oder Arbeitsgruppen besprochen.
- Deutsch: Zusammenarbeit bestand bereits vorher, konnte aber durch die LSE weiter ausgebaut werden, insgesamt soll sie noch verbessert werden und von allen als effektive Arbeitsform angesehen werden; gemeinsame Absprachen sollen die Vergleichbarkeit der Leistungen erhöhen (paralleles Arbeiten); Umsetzung der Kernlehrpläne nimmt eine zentrale Rolle ein; in Bezug auf die LSE finden folgende Prozesse im Kollegium statt:
  - Jahrgangsteams führen Gespräche über Konsequenzen, die an alle weitergegeben werden (z.B. FK).
  - Ergebnisse werden auch in andere Arbeitsgruppen (z.B. Fortbildung, Leistungsbewertung) eingebracht, die mit diesen Erkenntnissen weiterarbeiten.
  - FK hat Beschlüsse getroffen: z.B. Fachtag über Förderkonzepte – Deutsch als Fremdsprache. schulinterne Fortbildung zur Diagnose - stattfinden zu lassen.
- Englisch: Diffuses Bild der Zusammenarbeit im Kollegium – z.T. bürokratisches Verständnis, informelle Absprachen werden getroffen, wenn man sich mag oder gar keine Absprachen, weil die Zeit fehlt. Fachkonferenz hat die Ergebnisse vorgestellt, wobei keine Konsequenzen daraus benannt werden können.

Kategorie 7 & 8: Arbeit mit den Schülern & Kontakt mit Eltern (aufgrund der Ergebnisse)

Die Deutschlehrkräfte berichten am deutlichsten über Schüler und sehen ihre starke Motivation bei den Tests. Der Migrationshintergrund wird von allen Lehrkräften thematisiert, da er Auswirkungen auf Lerneffekte hat. Aussagen über Eltern werden ebenfalls am deutlichsten bei den Deutschlehrkräften, die am meisten Kontaktversuche erwähnen. Insgesamt sehen alle Lehrkräfte sehr wenig Interesse der Eltern an der Lernstandserhebung (auch an allgemeinen Gesprächen). Die Gestaltung der Rückmeldungen an die Eltern war bei der zweiten Lernstandserhebung besser, auch wenn diese immer noch nicht sehr verständlich für die Eltern sind.

Längsschnittperspektive

Die Längsschnittperspektive macht deutlich, dass die grundlegenden Haltungen zur Lernstandserhebung bereits vorher bestanden und sich über die Zeit kaum verändert haben. Insgesamt ist die Haltung eher negativer geworden, weil Erwartungen nicht erfüllt wurden und die Maßnahme mit sehr viel mehr Arbeit verbunden ist. Veränderungen haben sich über die Zeit vor allem in einem routinierteren Umgang mit dem Instrument und den Ergebnissen gezeigt. Die Wahrnehmung der Ergebnisse ist z.T. etwas stärker auf die Ebene der Kurse und der Vergleiche und weniger auf die Schülerebene ausgerichtet. Bei beiden Lernstandserhebungen wird beständig ein Förderbedarf in allen Bereichen konstatiert. Der Unterricht selbst wird stärker durch die Reformen der Kernlehrpläne als durch die Testergebnisse beeinflusst gesehen, allerdings tragen die Lernstandserhebungen dazu bei, dass der Umgang mit den Aufgaben und den Sichtweisen der neuen Kernlehrpläne und Bildungsstandards vertrauter wird. Eine Veränderung der Kommunikation ist nur im Deutschkollegium angesprochen worden, da hier eine Verstärkung der Kommunikation durch die Lernstandserhebungen thematisiert wird. Das Mathematikkollegium zeichnete sich bereits vorher durch eine sehr ausgeprägte Kultur der gemeinsamen Absprachen und Arbeitsweisen aus; wohingegen im Englischkollegium auch nach den Lernstandserhebungen eine solche Kultur nicht aufgefunden bzw. berichtet werden konnte. Die Kategorien: „Arbeit mit den Schülern" und „Kontakt mit Eltern (aufgrund der Ergebnisse)" werden nur wenig thematisiert und diese spielen für den gesamten Prozess eine untergeordnete Rolle.

Erstes Resümee für die Gesamtschule A

Insgesamt wird in Bezug auf die Frage – welche professionellen und schulorganisatorischen Strukturspezifika in der Gesamtschule A vorliegen und Einfluss auf die Nutzung der empirischen Ergebnisse aus den Lernstandserhebungen nehmen – deutlich, dass:

- bis auf die Fachgruppe Englisch relativ geschlossene Überzeugungen vorliegen, welches Ziel mit der LSE verfolgt wird (Sicherung von Basiskompetenzen) und mit welchen Reformen dies in Zusammenhang steht (Bildungsstandards, Kernlehrpläne, zentrale Abschlüsse).
- von der didaktischen Leitung Eigenverantwortung und Zusammenarbeit gestärkt wird, die sich in der professionellen und organisationalen Arbeit der Lehrkräfte und Fachgruppen wiederfindet; von einigen (besonders Englisch) die geringe Unterstützung der Fachgruppenarbeit durch die Leitung kritisiert wird.

- die Partizipation aller Lehrkräfte durch die Schulleitung (didaktischer Leiter) gefördert wird, indem jedem der Zugang zu den Rückmeldungen ermöglich wird, was zu einem großen Teil angenommen wird.

- von der Schulleitung eine weitere Systematisierung der Rezeption erwartet wird, damit jenseits des einzelnen Unterrichts in den Fachgruppen/Fachkonferenzen Konsequenzen für Unterrichts- und Schulentwicklung gezogen werden können.

- einige Lehrkräfte (bes. Deutsch) bei sich im Bereich Diagnostik Defizite sehen, für deren Abhilfe sie sich Fortbildungen wünschen, die sie gemeinsam mit der Schulleitung realisieren.

- im Bereich der Reflexion der Rückmeldungen die größten Schwierigkeiten vorherrschen (bes. Englisch), da teilweise nur für den eigenen Unterricht Ursachenanalysen vorgenommen werden, z.T. aber auch für ganze Schülergruppen über den eigenen Kurs hinaus (vorwiegend Fachgruppen Mathematik und Deutsch) → diese führen zu gemeinsamen (zukünftigen) Handlungsmodellen und -strategien.

- sich die outputorientierten Reformen und die Ergebnisse aus den Tests am stärksten in den Fächern Mathematik und Deutsch auf den Unterricht auswirken und Veränderungen der Unterrichtsformen, -inhalte und -methoden vorgenommen werden, die auf gemeinsamen Absprachen beruhen; in Englisch beruhen Veränderungen stärker auf informellen und/oder individuellen Absprachen.

- der Längsschnitt deutlich macht, dass mehr Routinen und Vertrautheit mit dem Instrument eintreten und dass z.T. eine Verstärkung der Kommunikation (Deutsch) aufgrund der Tests und Ergebnisse entsteht bzw. vorhandene gemeinsame Entscheidungen kontrolliert werden (Mathematik).

5.1.1 Kategorie 1: Überzeugungen zu Reformen und zur Lernstandserhebung

Auf der <u>Schulleitungsebene</u> (didaktischer Leiter) ist die Lernstandserhebung ein Instrument, das sich in der Unterrichtstätigkeit über die Längssicht der nächsten Jahre entfaltet. Es spiegelt zwar nicht Unterrichtswirklichkeit wider, kann aber bestimmte Defizite aufzeigen. Jede einzelne Lehrkraft soll Konsequenzen daraus ziehen, weil diese sich nicht automatisch ergeben. Die Maßnahme soll in seiner Schule helfen, ein Bewusstsein zu entwickeln, die Schule vom Schüler zu entwickeln und eine Sicherung von Basiskompetenzen vorzunehmen, damit möglichst viele Schüler die zentralen Abschlussprüfungen bestehen. Die Reformen stimmen mit dem Selbstverständnis der Schule überein, Schüler zu Eigenverantwortung zu erziehen. Problematisch kann aber werden, wenn der externe Druck durch öffentliche Rankings größer wird und die Kollegen aus Angst das Entwicklungspotential der Instrumente nicht mehr sehen.

Auf der Ebene des <u>Mathematikkollegiums</u> (Fischer, Müller) dienen die Tests der eigenen Selbstwahrnehmung durch einen Blick von außen und als Instrument der Standortbestimmung. Sie stehen der Maßnahme auch skeptisch gegenüber, da die Tests mehr Arbeit bedeuten und die Vergleichsmöglichkeiten nicht unbedingt valide sein müssen. Herr Müller sieht in der Maßnahme ein politisches Instrument als Reaktion auf das schlechte internationale Abschneiden in Tests wie PISA, das kaum die bestehenden Probleme lösen kann, die vor allem außerhalb der Schule liegen: *„Ich denke, dass ist irgendwie einfach, es ist eben nur Augenwischerei, um irgendwas zu machen. Es ist Aktionismus, um zu sagen: wir haben das gemacht und wir machen diese Leistungskontrollen, damit man das halt in der Politik sagen kann und es ist aber ohne Konsequenzen"*. Frau Fischer sieht eine Vertrautheit mit den Aufgabenformaten entstehen, wohingegen Herr Müller sehr skeptisch gegenüber den

Aufgaben ist, da diese sehr viel Intelligenz von den Schülern erfordern, die nicht alle Schüler aufbringen können.

Auf der Ebene des <u>Deutschkollegiums</u> (Weber, Schulz, Klein) finden sich hohe Erwartungen an die Reformen und Maßnahmen, die nicht immer realisiert werde: Etwa bei der Standortbestimmung für ihre eigene Arbeit oder Aufzeigen von Entwicklungen der Schülerleistungen. Die Tests können aber nur einen Teil der schulischen Arbeit abdecken. Standards und Kernlehrpläne tragen dazu bei, dass eine Orientierung gegeben wird. Es wird aber kritisiert, dass nicht deutlich wird, wie mit den ermittelten Defiziten umgegangen werden soll, wenn ihnen nicht mehr Ressourcen zur Verfügung gestellt werden (Geld, Stellen), und dass es an Diagnoseinstrumenten fehlt, um Defizite bei Schülern systematisch und schnell ermitteln zu können. Herr Schulz stellt heraus, dass es sich bei den Reformen um ein neues Denken handelt: *„Ich muss mir die Eigenschaft aneignen, an einem Schüler genauer beschreiben zu können, was ihm noch fehlt und wie ich dazu kommen kann, dass er dieses Defizit abarbeitet. Zweitens Evaluation. Wir müssen uns die Fähigkeit aneignen, in bestimmten Abschnitten in der Schule zu evaluieren. (...) Ergebnisse müssen sich zentral auch messen lassen. (...) Und um das überhaupt in der Praxis zu erreichen, braucht man auch die Fähigkeit Aufgaben anders zu konstruieren“*.

Auf der Ebene des <u>Englischkollegiums</u> (Koch, Dann, Wolf) wird ein Spektrum an Überzeugungen deutlich. Am positiven Pol (Koch) produzieren die Tests Ergebnisse über Defizite, die aufgrund mangelnder Zeit fast gar nicht ausgeglichen werden können; am negativen Pol (Dann) steht eine Überzeugung, dass diese Tests als sehr kleiner Teilbereich der eigentlichen Arbeit wenig Sinn machen, weil gar keine Konsequenzen daraus gezogen werden können. Dazwischen liegt eine Überzeugung (Wolf), die zwar viel Gutes darin sieht, Standards zur Orientierung zu formulieren, aber die Tests als Druck auslegt, gut abzuschneiden und auf diese hin zu trainieren. Insgesamt fehlt es an Zeit, Veränderungen einzuleiten und die Ergebnisse mit anderen zu besprechen: *„Es müsste ordentlich besprochen werden, so wie es hier eben nicht passiert ist (...). Denn da kann man erst richtig draus lernen“* (Wolf).

5.1.2   Kategorie 2: Prozesse vor den Ergebnisrückmeldungen

Von der <u>Schulleitungsebene</u> (Becker) wurden frühzeitig Informationen an die beteiligten Fachlehrkräfte ausgegeben: z.B. Beschreibung des Zusammenhangs von neuen Curricula, Themen der Tests und Umsetzung der Kernlehrpläne, Qualitätsstandards, Informationen zur Durchführung und zu Aufgaben mit einer Einführung in die Auswertungsanleitung. Der didaktische Leiter ist der Ansicht, dass Schüler und Lehrer gut vorbereitet wurden. Er wollte den Lehrkräften verdeutlichen, dass es sich bei den Tests um ein neues Instrument handelt, das Defizite aufzeigen kann. Kritisch gesehen wird die Bestimmung der Standorttypen (subjektives Verfahren), da dies zu Problemen bei den Vergleichen führen könne. Bei der ersten Durchführung (2004/2005) wurden alle Lehrkräfte beteiligt, damit Rücksprachen über die Bewertungshorizonte stattfinden. Die Aufgaben werden als Test- und nicht als Lernaufgaben betrachtet, die zwar einen diagnostischen Wert haben, für die Entwicklung dieser Kompetenz aber nicht geeignet sind. Herr Becker versucht die Implementation durch eine gerechte Arbeitsverteilung auf alle Lehrkräfte zu erreichen, eine Entlastung der Lehrkräfte soll für die Beteiligten erfolgen.

Auf der Ebene des Mathematikkollegiums wird von einer sehr guten Vorbereitung gesprochen. Für beide Testzeitpunkte wurden Vorbereitungen für die Schüler getroffen (2004/2005: gemeinsame Klassenarbeit mit den Aufgabenformaten; 2005/2006: Nutzung von Informationen aus dem Internet). Die Überzeugungen zur Vorbereitung sind allerdings unterschiedlich: Herr Müller denkt, dass sie den Schülern nicht wirklich geholfen haben. Bei der Korrektur der Aufgaben bestanden keine Schwierigkeiten und nur wenig Absprachebedarf. Frau Fischer kritisiert, dass das vorgegebene Vorgehen nicht ihrer Korrekturpraxis entspricht. Die Aufgabenformate sind bekannt, wenn auch so in den eigenen Klassenarbeiten nicht üblich (mehr Stoff wird abgefragt). Herr Müller kritisiert, dass die Schüler häufig die Sachzusammenhänge nicht verstehen, womit nicht deutlich wird, ob sie die Mathematik oder den Sinn der Aufgaben nicht verstehen.

Auf der Ebene der Deutschkollegen wird berichtet, dass sie gut informiert worden sind; auch bei der Durchführung hat es keine Probleme gegeben. Bei der Korrektur gab es bei beiden Durchführungen Schwierigkeiten, da sich die Trennung der Lernzielniveaus nicht immer eindeutig vornehmen ließ. Gemeinsame Korrekturen waren die Folge, damit Absprachen getroffen werden konnten. Im Interesse der Schüler wurde sich strikt an die Vorgaben gehalten, damit die Ergebnisse nicht beschönigt werden. Insgesamt werden gemeinsame Bewertungskriterien als sehr wichtig erachtet, um den Schülern Bewertungen transparent darzustellen. Kritik an den Aufgabenformaten findet auf mehreren Ebenen statt: Auf der technischen Ebene wurde bei den zweiten Tests die Qualität der CD-Aufnahme bemängelt, die für die Schüler nicht immer verständlich war. Bei den Fragestellungen wurden die Platzierung der Aufgabenstellungen und die komplexen und nicht eindeutigen Fragestellungen kritisiert. Auf der inhaltlichen Ebene wurden die Aufgaben für Schüler mit Migrationshintergrund durch unbekannte Wörter als teilweise nicht verständlich oder für Schüler auf den unteren Leistungsniveaus als zu wenig differenzierend beurteilt. Außerdem wurde kritisiert, dass bei der zweiten Durchführung der Lernstandserhebung die rückgemeldeten Kritikpunkte nicht berücksichtigt wurden.

Die Englischlehrkräfte (Koch, Wolf) berichten nach der zweiten Durchführung, dass der Prozess einfacher und schneller geworden ist. Sie sind allerdings sehr unzufrieden mit der Korrektur: Sie bemängeln die starke Arbeitsbelastung und die Uneindeutigkeit bei den Zuordnungen der Antworten. Gemeinsame Korrekturen wurden wenn in Zweier-Teams angefangen und später alleine weitergeführt: *„Wir haben uns erst mal dieses Raster angeguckt und haben so ein paar Arbeiten im Team korrigiert, damit wir einigermaßen sicher waren, dass wir das Gleiche meinen. Wobei wir sagen müssen, wir haben dabei echte Schwierigkeiten gehabt. Die Interpretationsspielräume waren relativ groß"* (Koch). Die Aufgabenformate an sich waren ihnen aber immer bekannt, mit ihrem Unterricht vereinbar und für die Schüler lösbar.

5.1.3 Kategorie 3: Wahrnehmung der Rückmeldungen

Phase der Rezeption

Auf der Ebene der Schulleitung (didaktischer Leiter) bestand nach der ersten Lernstandserhebung Erleichterung über das Abschneiden. Insgesamt ist diese Situation für die Lehrkräfte neu und teilweise auch angstbesetzt, da unbekannt war, was auf sie zukommt; besonders die Art der Rückmeldungen ist zunächst sehr fremd: „*Aus so einem komischen Polygonzug in verschiedenen Farben sich selbst herauszufinden und da irgendwo diese Testsituation wiederzufinden, geschweige denn Unterrichtsrealität, das sind ganz, ganz viel Schritte*". Zugang zu den Ergebnissen hat er allen Lehrkräften ermöglicht, damit eine größtmögliche Partizipation erreicht und das Instrument ernst genommen wird. Beim zweiten Test waren die Ergebnisse schlechter ausgefallen und teilweise konnte ein dramatisches Abschneiden der Grundkurse im Niveaubereich von null bis eins festgestellt werden. Einzelne Kurse lagen teilweise weit auseinander und innerhalb der Kurse bestanden große Spannweiten zwischen Schülern mit hohen und niedrigen Kompetenzniveaus. Die Schülerleistungen konnten direkt an bestimmte Lehrkräfte geknüpft werden und die Ergebnisse erfordern deutliche Maßnahmen für Schüler mit niedrigen Kompetenzniveaus. Er sieht keine systematische Erfassung der Ergebnisse, weshalb er entschieden hat, dass sich die Klassenlehrer Ergebnisübersichten mit allen Resultaten machen sollen, damit Förderpläne abgeleitet werden können. Die Rückmeldungen selbst sind noch nicht so angelegt, dass ein Querlesen ohne eigene Datenbearbeitung möglich wäre.

Auf der Ebene der Mathematiklehrkräfte zeigt sich ein unterschiedliches Rezeptionsverhalten: Herr Müller beschreibt die Rückmeldungen als wenig informativ, weil sie nur eine Zusammenstellung statistischer Daten ohne direkte Konsequenzen darstellen. Frau Fischer interessiert sich für die Vergleichsmöglichkeiten, damit sie das Niveau ihrer Kurse besser einschätzen kann. Sie hat (in ihrer Funktion als Klassenlehrerin) aufgrund des Beschlusses nach der zweiten Rückmeldung eine Ergebniszusammenstellung für alle Schüler angelegt, um einen Überblick zu bekommen. Die Ergebnisse wurden nach der individuellen Betrachtung der Kursergebnisse bei beiden Lernstandserhebungen auf Fachkonferenzsitzungen besprochen.

Auf der Ebene der Deutschlehrerinnen (Weber, Klein) bestanden leichte Schwierigkeiten beim Lesen der Rückmeldungen. Frau Weber sieht Erkenntnisse auf zwei Ebenen: beim Kurs werden Defizite deutlich, die in Unterrichtseinheiten wiederholt werden können; beim Einzelschüler sieht sie erhebliche Defizite für Individualförderungen, da viele Informationen doppelt oder zu wenig trennscharf (zu Grammatik und Rechtschreibung) vorlagen. Sie hätte gerne differenziertere Rückmeldungen, die ihr auf der Schülerebene einen Überblick über Fehlerschwerpunkte geben, damit sie dies nicht selbst machen muss. Die Rückmeldungen nach der zweiten Durchführung werden weiterhin als sehr kompliziert und in einer als unnötig empfundenen wissenschaftlichen Fachsprache verfasst wahrgenommen, die es erschwert die Ergebnisse mit eigenen Erfahrungen in Verbindung zu setzen. Insgesamt zeigt sich durch den Vergleich aber ein Förderbedarf, dem nachgegangen werden soll. Die Ergebnisse werden auf der Fachkonferenz vorgestellt und durch die beteiligten Lehrkräfte mit ihren Kursergebnissen ergänzt. Der Fachkonferenzvorsitzende (Schulz) hat die Ergebnisse im Vergleich zum Standorttyp vorgestellt, die Kurs-Ergebnisse wurden dagegen individuell bearbeitet.

Auf der Ebene des Englischkollegiums wird wenig über die Rezeption berichtet. Frau Dann empfindet die Rückmeldungen als sehr schwierig und als weder les- noch interpretierbar: „*Das ist viel zu detailliert und ich bekomme dieses Fazit nicht da drunter*". Frau Koch hat die Ergebnisse ihres Kurses nach der zweiten Durchführung im Bereich Schreiben detailliert nachvollzogen, um Defizite (einzelner Schüler) erkennen zu können. Herr Wolf ist nicht an den Ergebnissen interessiert, plant sie aber in den Sommerferien intensiver zu bearbeiten. Allgemein wurden die Ergebnisse auf Fachkonferenzsitzungen vorgestellt.

Phase der Reflexion

Der didaktische Leiter (Becker) macht in dieser Phase wenig Aussagen; insgesamt ist die Ursachenanalyse immer komplex und kann seiner Ansicht nach nicht automatisch verlaufen oder auf die Verschuldung des Lehrers zurückgeführt werden: *„Wir analysieren einfach mal die Unterschiede und wie kann man die Situation verbessern, dann ist das schon weitestgehend entkrampft und hilft so was vernünftig zu kommunizieren".*

Auf der Ebene des Mathematikkollegiums werden unterschiedliche Ursachenanalyen getroffen. Nach der ersten Durchführung herrschte Zufriedenheit vor. Gründe für die guten Ergebnisse wurden in der eigenen unterrichtlichen Arbeit gesehen. Nach der zweiten Durchführung wurden die Ursachen für die schlechten Ergebnisse eher in der Schülerpopulation gesehen (geringe Sprachkompetenz, Überforderung mancher Schüler im E-Kurs). Frau Fischer erhofft sich durch die gemeinsame Analyse der Ergebnisse im Jahrgangsteam Strategien zu erarbeiten, um Schüler auf den unteren Kompetenzniveaus zu helfen. Herr Müller sieht den Hauptgrund für die Ergebnisse in der Überforderung der Schüler.

Beim Deutschkollegium werden Ursachen in unterschiedlichen Bereichen gesehen: Bei beiden Tests bspw. in der Testkonstruktion (Aufgabenanordnung; CD-Qualität) oder in unterrichtlichen Bedingungen (journalistische Texte bzw. adressatenbezogenes Schreiben wurden im Unterricht nicht ausreichend berücksichtigt). Insgesamt gehen sie davon aus, dass die Ergebnisse Probleme widerspiegeln, die sie auch durch ihre eigene Arbeit beobachten können (Weber), wenn auch nicht in dieser komprimierten Form. Die Rückmeldungen bieten den Vorteil auf der Ebene von Lerngruppen bzw. kursbezogen Förderbedarf aufzudecken.

Auf der Ebene des Englischkollegiums werden nach der ersten Durchführung keine Ursachenanalysen berichtet. Nach den zweiten Tests ist die Ursachenanalyse dagegen differenzierter: Frau Koch sieht ihre guten E-Kurs-Ergebnisse darin begründet, dass sie die Schüler seit der fünften Klasse unterrichtet und gut kennt. Herr Wolf sieht viele Ursachen für seine schlechten G-Kurs-Ergebnisse: der ständige Lehrerwechsel und Krankheitsausfall haben dazu geführt, dass Schüler den systematischen Anschluss an die Sprache verloren haben. Außerdem genüge die Differenzierungspraxis an der Schule nicht, da Defizite zu spät erkannt würden. Der Migrationshintergrund spielt eine entscheidende Rolle, da Schüler teilweise weder ihre Herkunftssprache noch Deutsch richtig könnten, sei es schwer zusätzlich Englisch zu lernen.

Phase der Handlung

Auf der Schulleitungsebene (didaktischer Leiter) werden folgende Handlungen benannt: Beim unteren Segment muss eine Sicherung der Basiskompetenzen stattfinden, damit sie ihrem Ziel, die meisten Schüler zu einem mittleren Schulabschluss zu führen, näher kommen. Wie dies passiert, soll in der Schulleitung sowie in den Fachgruppen besprochen werden. Nach der ersten Durchführung sieht er aufgrund der späten Rückmeldungen nur noch wenige Handlungsmöglichkeiten für diesen Jahrgang. Außerdem haben die Lehrkräfte bei ihren Analysen eher ihre Kurse als Lenkungs- und Steuerungsprozesse im Blick. Es entstehen aber Parallelprozesse zwischen den Ergebnissen bzw. Kompetenzmodellen und der Umsetzung der Kernlehrpläne. Problematisch ist, dass das gute Abschneiden in Deutsch und Mathematik dazu geführt hat, dass kaum Veränderungsbedarf gesehen wurde. In Englisch sieht er starken Handlungsbedarf aufgrund der unterdurchschnittlichen Ergebnisse im Vergleich zum Standorttyp. Für die Lehrkräfte sind Fortbildungen im Bereich Lesekompetenz- und Kompetenzentwicklung geplant. Nach der zweiten Durchführung wird gefordert, dass die Fachgruppen Ziele festlegen, wie die Schüler die zentralen Abschlussprüfungen bestehen können. Die Schulleitung erwägt folgende Handlungen: Möglichkeiten anderer Stundenaufteilungen, Lehrerwechsel, spezielle Förderprogramme, Eingangsdiagnostik im Jahrgang fünf, im sechsten Jahrgang sollen Angebotsklassenarbeiten geschrieben werden, um die Diagnostik zu stärken.

Auf der Ebene des <u>Mathematikkollegiums</u> werden nach der ersten Lernstandserhebung Handlungen in der Verbesserung der Sprachkompetenzen der Schüler und eine intensive Arbeit mit den Aufgabentypen, einer späteren Differenzierung der Schüler in E- und G-Kurse und der Umsetzung der Kernlehrpläne gesehen. Nach der zweiten Durchführung wurde in der Fachkonferenz der Beschluss gefasst mit extra Förderstunden die Defizite der Schüler zu beheben und einen Reader mit den Aufgabenformaten zu erstellen. Insgesamt sind die Überlegungen nach der zweiten Durchführung sehr viel umfangreicher als nach der ersten, wobei bei beiden deutlich wird, dass ein zeitliches Problem bei der Umsetzung der geplanten Maßnahmen existiert.

Die <u>Deutschlehrkräfte</u> sehen aufgrund ihrer Ursachenanalysen die Handlungsmöglichkeit, Förderbereiche aufgrund von Diagnostik zu identifizieren und Ansätze besonders in Hinblick auf Sprachförderung von Schülern mit Migrationshintergrund aufzubauen, der auf Lerngruppen zugeschnitten sein muss. Der Unterricht muss sich mehr mit allen Bereichen auseinandersetzen, in denen Sprache Anwendung findet (z.B. Informationsermittlung aus grafischen Darstellungen). Durch die neuen Kernlehrpläne können solche Inhalte an verschiedenen Stellen wiederholt werden. Die Lehrkräfte wünschen sich aber auch mehr Unterstützung von außen (Materialien etc.). Es hat einen Fachkonferenzbeschluss gegeben, einen Fachtag zu »Schwächen diagnostizieren und Handlungsmodelle ableiten« zu veranstalten.

Auf der Ebene des <u>Englischkollegiums</u> wurden nach der ersten Durchführung keine Handlungen abgeleitet bzw. benannt, retrospektiv berichtet Frau Koch, dass die Fachkonferenz beschlossen hat, dass *„mehr gelesen wird"* und dass sie selbst Konjunktionen, Wortschatz in bestimmten Wortfeldern und Grammatik wiederholt hat. Nach der zweiten Durchführung sieht sich Frau Koch bestätigt, mehr Vokabeltraining und Grammatik zu machen; Herr Wolf sieht als allgemeine Konsequenz, dass das Buch nicht geeignet ist.

5.1.4 Kategorie 4: Entscheidungen, den (eigenen) Unterricht betreffend

Auf der Ebene der <u>Schulleitung</u> berichtet der didaktische Leiter, dass sich der Unterricht verändern muss: Lernsituationen schaffen, in denen die geforderten Kompetenzen gelernt werden; kooperativen Gruppenunterricht ausbauen; Selbständigkeit der Schüler fördern; kein ausschließlicher Frontalunterricht. Prozessbezogene Kompetenzen können allerdings nur langfristig im Unterricht entwickelt werden, weshalb er auch keine Angst vor Testtraining hat. Aufgrund der Ergebnisse können die entsprechenden Kollegen sehen, welche Kompetenzen ihre Schüler noch nicht ausgebildet haben und ihren Unterricht dementsprechend umstellen.

Auf der Ebene der <u>Mathematiklehrkräfte</u> werden vor allem die Aufgabenformate vermehrt in den Unterricht eingebracht und kooperative Arbeitsformen einbezogen. Sie gehen davon aus, dass sie mit ihrem Unterricht, der sich an den Kernlehrplänen orientiert, die benötigten Kompetenzen vermitteln können. Defizite können aufgrund der Fülle an Themen nur bedingt wiederholt werden (Müller). Nach der zweiten Durchführung wurden die Schüler aufgefordert, sich ihre Defizite aufzuschreiben und auch eigenständig zu wiederholen (Selbststudium).

Auf der Ebene des <u>Deutschkollegiums</u> fließen die Reformen stark in den Unterricht ein. Allgemein soll der Unterricht eigenständiges Lernen fördern, Wiederholungen gehören zum unterrichtlichen Alltag. Durch die Tests werden Anregungen im Unterricht übernommen (Defizite im Bereich Rechtschreibung und Grammatik darlegen; Diagramme/Grafiken einbeziehen; Auswertungsschemata/Bewertungsschemata transparent zu machen). Defizite zu wiederholen sei aufgrund der wenigen Zeit teilweise schwierig und eine Binnendifferenzierung kann aufgrund der Klassengrößen zum Teil nur unzureichend durchgeführt werden.

Auf der Ebene des <u>Englischkollegiums</u> bestehen unterschiedliche Auswirkungen: Frau Dann ändert ihren Unterricht aufgrund der allgemeinen Reformen (Kernlehrpläne, Veränderungen der Schülerpopulation) und nicht aufgrund der Ergebnisse der Tests (z.B. durch andere Unterrichtsmethoden und Inhalte). Frau Koch will die Ausdrucksfähigkeiten ihrer Schüler verbessern, wobei sie aber keine direkten Konsequenzen aufgrund der Ergebnisse sieht. Von Frau Koch wird eigenes Material erstellt, um Defizite im Bereich Grammatik aufzuarbeiten. Herr Wolf sieht keine Auswirkungen aufgrund der Ergebnisse; er muss sich vielmehr um die sehr stark ausgeprägten Defizite kümmern und hofft, diese im nächsten Schuljahr beheben zu können.

5.1.5   Kategorie 5: (Kenntnisse über) Entscheidungen der Schulleitung

Auf der Ebene der <u>Schulleitung</u> ist der didaktische Leiter für die Umsetzung der Lernstandserhebung, Curricula, Fachleistungsdifferenzierung, Leistungsmessung und Leistungsbeurteilung an der Schule verantwortlich. Den Paradigmenwechsel will er im Kollegium schrittweise realisieren (z.B. über Fortbildungen) und eine Akzeptanz zu erreichen, damit die Ergebnisse genutzt werden und keine Resignation entsteht: „*Und immer mit dem Ziel, dass (...) dass die Lehrer nicht sagen, haben wir doch gewusst, wie schlecht unsere Schüler sind (...). Aber auch nicht eine Resignation in der Profession, also im eigenen Lehrerverhalten, dass ich sage, die Schüler sind schlecht und ich habe auch nicht mehr die Instrumente, um weiter zu kommen, (...). Also wir müssen jetzt Wege suchen, wie wir tatsächlich eine Verbesserung hinkriegen*". Im Zusammenhang mit der Lernstandserhebung soll in allen Fachkonferenzen die Curriculumsentwicklung aufgrund der Kernlehrpläne vorangebracht werden.

Auf der Ebene der <u>Mathematiklehrkräfte</u> wird von folgender Entscheidung der Schulleitung (didaktischer Leiter) berichtet: nach der zweiten Durchführung sollen sich die Klassenlehrer einen Überblick über alle Ergebnisse der Schüler machen. Nur Herr Müller erwähnt, dass er sich vorstellen kann, dass der didaktisch Leiter bei konstant schlechten Kursergebnissen einer Lehrkraft Nachforschung anstellen kann. Insgesamt wird kaum über Entscheidungen berichtet, die sie als direkten Einfluss auf ihre Arbeit wahrnehmen.

Auf der Ebene der <u>Deutschlehrkräfte</u> werden wenige Entscheidungen berichtet: Es gibt eine gute Informationsvermittlung durch den didaktischen Leiter, der ihnen alle notwendigen Informationen zukommen lässt und auch Anmerkungen aufnimmt. Zum anderen wird aber auch angemerkt, dass die organisatorischen Bedingungen z.B. des Förderunterrichts nicht immer gut funktionieren, da Schüler Unterricht haben, wenn Förderunterricht angeboten wird.

Auf der Ebene der <u>Englischkollegen</u> wird die Enttäuschung formuliert, dass die Mehrarbeit durch die Lernstandserhebung nicht ausgeglichen wurde. Herr Wolf sieht zu wenig Zeit für gemeinsame Absprachen unter den Fachkollegen, die nicht von der Schulleitung bereitgestellt wird: *„Ich merke gerade, dass unsere Schule nicht so gut strukturiert ist. Ich glaube halt, wenn man auch von oben solche Arbeitserleichterungssachen einbauen würde, wie nämlich regelmäßige Treffen, Zeit für Treffen, oder vielleicht auch einfach das Ethos ausstrahlen würde aus jeder Pore, dass man jetzt zusammenarbeiten muss und wir können die Schule verbessern, dann würde es vielleicht auch schon helfen. Aber das hier alles gerade nicht gegeben"*.

5.1.6 Kategorie 6: (Überzeugungen zur) Zusammenarbeit im Kollegium

Die <u>Schulleitung</u> (didaktischer Leiter) sieht eine Bandbreite verschiedener Lehrkräfte, die unterschiedlich unterrichten und größtenteils reformbereit sind. Es besteht starker Austausch für Absprachen der Beurteilungsschemata, gemeinsamer Standards und Sichtweisen (auch angeregt durch Parallelarbeiten). Problematisch sieht er, dass die Klassenlehrer meist die alleinige Kenntnis über die Ergebnisse in allen abgefragten Fächern haben, außerhalb ihres Faches gehen die meisten Fachlehrkräfte nicht über die eigenen Ergebnisse hinaus. Nach der zweiten Durchführung sieht er als Handlungsbedarf, dass die die Lehrkräfte mehr diagnostische und methodische Kompetenzen erwerben müssen, um Konsequenzen aus den Ergebnissen zu ziehen. Außerdem werden die Fachkonferenzsitzungen von zwei auf drei pro Halbjahr erhöht.

Auf der Ebene der befragten <u>Mathematiklehrkräfte</u> wird von einer großen Offenheit und Zusammenarbeit innerhalb der Fachgruppe berichtet (Absprachen über Unterrichtsinhalte und -reihenfolgen, Umgang mit den Tests, Bewertungsschemata bzw. Leistungserwartungen). Auf der formellen Ebene (schulische Gremien) werden vorwiegend in den Jahrgangsteams Absprachen in Bezug auf die Lernstandserhebungen getroffen; auf der Fachkonferenz werdend die Lehrkräfte von den Ergebnissen (durch den didaktischen Leiter oder den Fachkonferenzvorsitzenden) unterrichtet. Auf dieser Ebene werden weiterhin z.B. Entscheidungen in Bezug auf das Korrekturverfahren und die Aufgabenformate getroffen. Die Konsequenzen aus den Ergebnissen werden aber aufgrund der Größe der Fachkonferenz im Jahrgangsteam oder in kleineren Arbeitsgruppen besprochen. In der Fachkonferenz wurde entschieden, dass die Rückmeldungen der zweiten Durchführung durch die Klassen- und nicht die Kurslehrer an die Schüler erfolgen soll, die gleichzeitig auch einen Überblick über alle abgefragten Fächer anfertigen sollen. Informationen können von den Klassenlehrern an die Kurslehrkräfte weitergegeben werden. Die Jahrgangsteams sollen sich Strategien überlegen, wie mit den Defiziten umgegangen werden kann.

Das <u>Deutschkollegium</u> berichtet von einer engen Zusammenarbeit, die bereits vor den Tests bestand, die durch diese aber weiter ausgebaut werden konnte. Langfristig soll die

Zusammenarbeit effektiver als die Einzelarbeit eingeschätzt werden und alle sollen umdenken, dass Schüler Kompetenzen und nicht bestimmte Inhalte erwerben sollen (Fachkonfe-
renzvorsitzender). Die Lernstandserhebungen bieten für die Zusammenarbeit einen Anstoß
von außen. Entscheidungen wurden sowohl in der Fachkonferenz als auch im Jahrgangsteam getroffen, die die Konsequenzen an die nächsten beteiligten Fachkollegen weitergegeben haben. Außerdem wurden die Erkenntnisse aus den Tests in andere Gremien, die sich
z.B. mit Fortbildung oder Leistungsbewertung beschäftigen, integriert. Entscheidungen
nach der ersten Durchführung auf Fachkonferenzebene: Fachtag über Förderkonzepte
(Deutsch als Fremdsprache) und eine schulinterne Fortbildung zur Diagnose. Entscheidungen nach der zweiten Durchführung auf Fachkonferenzebene: gemeinsame Arbeit soll Absprachen hervorbringen, um Vergleichbarkeit der Leistungen und Durchlässigkeit zwischen
E- und G-Kursen zu erhöhen; Aufnahme von mehr Schreibanlässen innerhalb des Curriculums; Deutsch muss als Leitfach anerkannt sein und jeder Vertretungsunterricht soll der
Sprachförderung dienen.

Die Englischlehrkräfte berichten wenig über Zusammenarbeit und es zeichnet sich bei
den Einzelnen ein unterschiedliches Bild ab: Frau Dann zeichnet ein bürokratisches Verständnis der Fachkonferenzarbeit nach: *„Die Leistung findet ja nicht in erster Linie im eigenen Unterricht statt, sondern die Leistung findet ja zuerst in den Fachkonferenzen statt.
(...) Also die Fachkonferenz deutet die Kernlehrpläne und macht ein schulisches Curriculum daraus und anhand dieses Curriculums, das geht dann wieder in unseren eigenen Unterricht ein. Also man muss auch irgendwo diese Schrittigkeit einhalten"*. Von Frau Koch
wird nur die informelle Zusammenarbeit angesprochen, die für sie gut funktioniert. Dagegen sieht Herr Wolf allgemein eine Zusammenarbeit als schwierig an, da aufgrund unterschiedlicher Unterrichtszeiten eine Teambildung kaum funktioniert. Auf der Fachkonferenz
wurden Ergebnisse der Tests zwar vorgestellt, direkte Entscheidungen konnten aber von
niemandem benannt werden. Es wird erwähnt, dass Hörverstehen geübt werden muss und
dass das Buch dafür nicht hilfreich ist.

5.1.7   Kategorien 7 & 8: Arbeit mit den Schülern & Kontakt mit Eltern

Auf der Schulleitungsebene wird vom didaktischen Leiter in Bezug auf die Schüler formuliert, dass diese zu Selbstständigkeit, Kritikfähigkeit und demokratischen Umgangsformen
erzogen werden sollen, damit sie sich gesellschaftlich und beruflich zurechtfinden können.
Den Eltern gegenüber ist er verpflichtet, die Ergebnisse der Tests mitzuteilen.

Auf der Ebene der Mathematiklehrkräfte wurde mit den Rückmeldungen an die Schüler nach der zweiten Lernstandserhebung unterschiedlich umgegangen, wie es durch die
Schulleitung und Fachkonferenzen beschlossen wurde. Herr Müller geht aufgrund des sozialen Hintergrunds der Schüler und der geringen Unterstützung durch ihre Eltern davon
aus, dass sie nicht mehr aus ihnen rausholen können: *„Ich finde, man muss das halt differenzieren. Es gibt bestimmt die Schüler, die das hinkriegen, aber es gibt auch die, die das
nicht hinkriegen und das finde ich, das verstehe ich nicht, dass man sich damit nicht abfinden kann"*. Die Rückmeldungen an die Eltern waren bei der zweiten Durchführung besser
vorbereitet, da für die Eltern eine Übersicht vorlag. Von weiteren Absprachen mit den Eltern wird nicht berichtet.

Auf der Ebene des befragten <u>Deutschkollegiums</u> sieht vor allen Frau Weber eine große Motivation der Schüler, die Tests zu schreiben. Sie haben konzentriert an den Aufgaben gearbeitet. Ihnen ist wichtig, dass die Schüler mit den Rückmeldungen etwas anfangen können, damit es für sie zu einer Einordnung ihrer Leistungen auch in Bezug auf spätere Abschlüsse kommt. Momentan ist ein solches Rückmeldungsformat an die Schüler nicht gegeben. Wichtig ist außerdem, dass der Förderbedarf nicht nur ermittelt, sondern auch behoben werden kann. Insgesamt ist ihnen wichtig, dass sich Schüler selbstständiges und lebenslanges Lernen aneignen und dass sie auch alleine in der Lage sind, Defizite aufzuarbeiten. Weiterhin spielt der hohe Anteil an Schülern mit Migrationshintergrund eine Rolle, da deren Sprachdefizite systematisch behoben werden müssen: *„Wir haben doch viele Kinder mit diesem Migrationshintergrund und müssten uns da noch mal überlegen, was können wir da jetzt noch tun, um für die Schüler die Struktur unserer Sprache vielleicht noch deutlicher zu machen, dass man da viele Barrieren abbauen kann"* (Klein). Die Erwartung nach der ersten Durchführung, die Rückmeldungen u.U. für die Gespräche mit den Eltern über die Laufbahnentwicklung und -erwartung ihrer Kinder zu nutzen, lässt nach der zweiten Durchführung nach, da die Rückmeldungen für die Eltern nicht verständlich sind. Außerdem ist das Interesse der Eltern an den Rückmeldungen nicht groß, sie haben vielmehr ein Interesse an der allgemeinen Entwicklung ihrer Kinder.

Auf der Ebene des <u>Englischkollegiums</u> gibt es kein einheitliches Bild; vielmehr geht Frau Dann davon aus, dass die Schüler sehr unterschiedlich begabt sind und dass sich die gesamte Schülerschaft in den letzten Jahren sehr verändert hat; Frau Koch wünscht sich, dass die Schüler wieder mehr Spaß am Lernen haben und mit mehr Motivation an die Sachen rangehen; Herr Wolf sieht die Probleme besonders bei G-Kurs-Schülern, die sehr frustriert sind, weil sie keine Perspektiven in der Gesellschaft haben. Direkte Konsequenzen aufgrund der Ergebnisse werden nicht benannt. Über die Rückmeldungen an die Eltern wird wenig berichtet. Frau Dann geht davon aus, dass die Eltern die Rückmeldungen wahrscheinlich gar nicht verstehen werden, falls ihnen etwas zurückgemeldet wird. Frau Koch weiß gar nichts über die Rückmeldungen an die Eltern und Herr Wolf berichtet, dass die Eltern einen Brief mit den Ergebnissen bekommen haben und geht davon aus, dass sie dies nicht interessiert.

5.1.8 Längsschnittperspektive

Die Längsschnittperspektive besteht aus dem Vergleich der Personen, die zu zwei Zeitpunkten – zum Zeitpunkt E1 nach der ersten Rückmeldung im Schuljahr 2004/2005 und zum Zeitpunkt E2 nach der zweiten Rückmeldung im Schuljahr 2005/2006 – befragt wurden (*Müller, Fischer, Weber, Koch*). Dieser Vergleich ermöglicht ein Paneldesign, das zeitliche Veränderungen aufzeigen kann. Verglichen wurden die Einzelfallprofile beider Zeitpunkte und der Vergleich orientiert sich an der Struktur der Schulprofile. Hier werden die Erkenntnisse des Vergleichs dargestellt, die sich vom Zeitpunkt E1 bis E2 ergeben haben. Aussagen einer weiteren Lehrerin (*Klein*)[93] werden berücksichtigt, da sie an der zweiten Lernstandserhebung teilgenommen hat und über Veränderungen retrospektiv berichtet. Anhand des Vergleichs wird deutlich, dass es innerhalb der Gesamtschule A zwar

---

[93] Herr *Wolf* ist ebenfalls nach der zweiten Durchführung befragt worden, er war allerdings zum Zeitpunkt der ersten LSE noch nicht an der Gesamtschule A tätig und kann deshalb nicht berücksichtigt werden.

zu Veränderungen gekommen ist, dass die grundlegenden Haltungen und Vorgehensweisen aber bereits zum Zeitpunkt E1 angelegt waren.

Kategorie 1: Allgemeine Überzeugungen zu den Reformen und zur Lernstandserhebung

Bei drei der vier im Längsschnitt befragten Lehrkräfte ist die allgemeine Überzeugungen im Vergleich zur ersten Durchführung der Lernstandserhebung negativer geworden, wenn auch bei allen die Nützlichkeit externer Leistungsüberprüfungen betont wird:

- Enttäuschung, dass Erwartungen (Diagnose/Arbeitsunterstützung) nicht erfüllt wurden.
- Mehrarbeit wird nach der zweiten Durchführung stärker betont, d.h. die investierte Zeit wird nicht im Gleichklang zum Ertrag der Rückmeldungen gesehen.
- Es wird deutlicher, dass es sich bei den Rückmeldungen eher um statistische Zusammenfassungen handelt, mit denen sie in dieser Form nicht viel anfangen können.

Kategorie 2: Prozesse vor den Ergebnisrückmeldungen

Hier hat sich seit der ersten Durchführung Routine eingestellt. Die Lehrkräfte berichten von mehr Sicherheit im Umgang mit den Tests, dass ihnen die Erfahrungen geholfen haben und dass bei der zweiten Durchführung mehr Vorbereitungsaufgaben zur Verfügung gestellt wurden. Kritikpunkte waren bei beiden Lernstandserhebung hauptsächlich die Korrekturanweisungen und zum Teil die verwendeten Aufgaben (Deutsch):

- Bei den Korrekturanweisung blieb Absprachebedarf bestehen (außer Mathematik), welcher auch realisiert wurde, damit eine Vergleichbarkeit der Aufgaben innerhalb der Schule gegeben ist.
- Das Korrekturvorgehen wird auch nach der zweiten Durchführung als nicht dem Schulalltag entnommen empfunden bzw. nicht der eigenen Korrekturpraxis entsprechend.
- In Deutsch werden die Aufgabenformate noch nach der zweiten Durchführung als nicht trennscharf genug empfunden, um untere Leistungsniveaus adäquat abzubilden.

Kategorie 3: Wahrnehmung der Rückmeldungen – Rezeption, Reflexion, Handlung

Hier können zeitliche Veränderungen aufgrund unterschiedlicher Kurs- und Fachergebnisse wenig gebündelt werden. Teilweise hat sich die Betrachtung von der Aggregatebene des eigenen Kurses und der Einzelschüler hin zu höheren Aggregatniveaus der Daten (Vergleich der Kurse innerhalb der Schule und mit den Referenzwerten) gewandelt (*Fischer*/Mathematik; *Weber*/Deutsch); teilweise ist die Wahrnehmung der Ergebnisse hauptsächlich auf Schülerebene geblieben (*Müller*/Mathematik; *Koch*/Englisch). Besonders in Mathematik und Deutsch findet ein Wandel von der Konzentration, Betrachtungen und Analysen allein auf den eigenen Unterricht zu beziehen, hin zur gemeinsamen Analyse im Kollegium statt, wie Schülergruppen mit ähnlichen Defiziten geholfen werden kann. Gemein ist allen Analysen, dass ein Förderbedarf konstatiert wird, der mit zusätzlichen Stunden in den Fächern bei den betroffenen Schülern bzw. im eigenen Unterricht behoben werden soll.

Kategorie 4: Entscheidungen den (eigenen) Unterricht betreffend

Hier werden die Aufgabenformate zur Vorbereitung der Schüler auf die Tests genutzt. Eine Veränderung des Unterrichts von der ersten zur zweiten Befragung ist nur von einer befragten Lehrkraft konkret erwähnt worden (*Klein*). Hier werden die Anforderungen der Tests und zentralen Abschlussprüfungen als Anreiz gesehen auch die Art und den Inhalt des Unterrichts in diese Richtung zu verändern, bei den anderen Lehrkräften werden diese Änderungen bereits als Teil ihres alltäglichen Unterrichts gesehen. Insgesamt versuchen die Lehrkräfte die identifizierten Defizite, die sich auch mit ihren Diagnosen überschneiden, im Unterricht als Wiederholungen des jeweiligen Bereichs einzubauen.

Kategorie 5: (Kenntnisse über) Entscheidungen der Schulleitung

Die Schulleitung spielt in der Wahrnehmung der befragten Lehrkräfte eine untergeordnete Rolle und hat sich vom ersten zum zweiten Erhebungszeitpunkt nicht verändert.

Kategorie 6: (Überzeugungen zur) Zusammenarbeit im Kollegium

Hier können Erkenntnisse in Hinblick auf die Fachgruppen angedeutet werden, die sich auf die Kommunikation innerhalb der jeweiligen Fachkonferenzen beziehen. Aufgrund der schulischen Organisationsstruktur der Entscheidungsgremien auf Fachebene scheint hier eine Trennung der einzelnen Fächer angebracht:

- Mathematik: Keine Veränderungen – innerhalb des Kollegiums bestand bereits vor der ersten Durchführung eine rege Kommunikation, die in Beschlüssen der Fachkonferenz bzw. der Jahrgangsteams mündet und in die die Analyse der Ergebnisse eingehen. Es wurde allerdings ein Austausch auf Jahrgangsteamebene angeregt, damit die Klassenlehrer einen Überblick über alle Ergebnisse der Fächer bekommen.
- Deutsch: Nach der ersten Durchführung wurden Gespräche angeregt, die sich auf die Unterschiede in den Bewertungen bezogen (diffus), diese Gespräche wurden nach der zweiten Durchführung sehr viel stärker auf der Fachkonferenz-/Jahrgangsteamebene geführt und in gemeinsame Entscheidungen über Handlungsmodelle überführt (spezifisch). Insgesamt bestand innerhalb des Kollegiums bereits vor der Lernstandserhebung eine Gesprächs- und Abstimmungskultur.
- Englisch: Keine Veränderungen – innerhalb des Kollegiums gibt es nach Bedarf informelle Gespräche unter Kollegen, um sich mit spezifischen Problematiken auseinanderzusetzen; formelle Absprachen auf Fachkonferenzebene werden kaum benannt und nehmen wenig Bedeutung für eigene Handlungsmodelle ein.

Kategorien 7 & 8: Arbeit mit den Schüler & Kontakt mit Eltern (aufgrund der Ergebnisse)

Der Vergleich beider Erhebungszeitpunkte bringt keine Veränderungen der Sichtweisen auf die Schüler oder Eltern hervor. Die Ergebnisrückmeldung an die Eltern hat sich aufgrund mangelhaften Materials als problematisch dargestellt und sich über die beiden Erhebungszeitpunkte kaum verändert.

5.2 Schulprofil der Gesamtschule B: Within-Case Analysis

Für die Fallanalyse der Gesamtschule B wurde ebenso verfahren wie für die Fallanalyse der Gesamtschule A (s. Kapitel 5.1).

Kategorie 1: Allgemeine Überzeugungen zu Reformen und zur Lernstandserhebung

Die Schulleitung ist durch Unsicherheit geprägt, wie sie sich gegenüber den Lehrkräften verhalten und welche Konsequenzen sie ableiten sollen. Sie sieht eine große Skepsis und Misstrauen gegenüber der Lernstandserhebung, da das Instrument ihrer Auffassung nach methodische Unzulänglichkeiten enthält. Sie selbst will mit dem Instrument Defizite identifizieren, die auf ihre Arbeit zurückgeführt werden können. Langfristig sollen Veränderungen eintreten, was als schwierig eingeschätzt wird, da die Lehrkräfte nach eigener Erfahrung die Daten nicht systematisch aufbereiten.

Folgende Überzeugungen wurden bei den Lehrkräften angefunden:

▪	Mathematik: Schätzen das Instrument als sinnvoll ein, weil sie den Wechsel der Aufgabenformate und die Ausrichtung des Unterrichts für alle Lehrkräfte sichtbar machen, es bleibt allerdings wenig Zeit, Veränderungen durchzusetzen. problematisch wird die damit einhergehende Bürokratisierung und Formalisierung von Bildungsprozessen gesehen; LSE sind eine Orientierungshilfe für zentrale Abschlüsse.
▪	Deutsch: Sehen vor allem zusätzliche Arbeit, geringen Mehrwert und zu wenig Zeit, mit Rückmeldungen zu arbeiten; Bestrebungen die Ergebnisse zu veröffentlichen erzeugt Druck auf ihre Arbeit, der sie nicht verbessert. Tests bringen Aufgabentypen und Ergebnisreflexion für die Abschlussprüfungen näher.
▪	Englisch: Haben pragmatisches Verständnis, d.h. Lernstandserhebungen machen so viel Arbeit, dass sie zwangsweise mit Ergebnissen arbeiten müssen, ein allgemeiner Paradigmenwechsel für den Unterricht wird als notwendig angesehen. es wird ein Rechtfertigungsdruck (gegenüber der Schulleitung) erlebt, der als Einschnitt in die eigene Autonomie angesehen wird.

Die Mathematik-, Deutsch- und Englischlehrkräfte befürchten, dass sie die Schüler irgendwann nur noch auf Tests vorbereiten und das Ziel offenen Unterrichts nicht realisieren können.

Kategorie 2: Prozesse vor den Ergebnisrückmeldungen

Die Durchführung ist aus Sicht der beteiligten Lehrkräfte und der Schulleitung unproblematisch verlaufen. Kritisch wird die ungleiche zeitliche Belastung bei der ersten und zweiten Erhebung gesehen, da bei der ersten die Korrektur unter allen aufgeteilt wurde und bei der zweiten nur beteiligte Lehrkräfte involviert waren. Die Schulleitung hatte dies jeweils entschieden. Des Weiteren wurden Informationen über das Instrument und dessen Aufgabenformate, sowie die Rückkopplung an die Kernlehrpläne weitergegeben. Das Auswertungsvorgehen birgt die meisten Kritikpunkte bei den Deutsch- und Englischlehrkräften, da die gemeinsame Korrektur sehr viel Zeit für Absprachen in Anspruch nimmt, sie aber nicht zu einer Verbesserung der Vergleichbarkeit führt. Bei den beteiligten Lehrkräften gab es jeweils Korrekturabsprachen, nach der zweiten Durchführung wurde aber hauptsächlich alleine korrigiert und es wurden eigene Entscheidungen über die Zuordnungen getroffen. Teilweise wird ein gemeinsames Korrekturverfahren als zu zeitaufwendig angesehen und deshalb nicht umgesetzt. Aufgabenformate werden vorwiegend von den Deutsch- und Englischlehrkräften kritisiert, die die (Text-)Aufgaben als zu schwierig oder die Differenzierungsmöglichkeiten der Aufgaben in unteren Leistungsniveaus als nicht genügend trennscharf bewerten.

Kategorie 3: Wahrnehmung der Ergebnisrückmeldungen – Rezeption, Reflexion, Handlung

Der Ergebnisumgang wurde von der Schulleitung für die Lehrkräfte vorstrukturiert, indem die Daten je von einem Schulleitungsmitglied, einem Fachkonferenz-Vorsitzenden und einem Jahrgangssprecher aufbereitet, Hypothesen für die Ergebnisse formuliert und den Fachkonferenzen vorgestellt wurden. Die einzelnen Lehrkräfte sollen in ihren Kursergebnissen Stärken und Schwächen analysieren. Von der Schulleitung wird nach der zweiten Durchführung berichtet, dass die Differenzierung der Schüler in E- und G-Kurse eine mögliche Ursache ist. Es muss allerdings noch analysiert werden, warum die kleinen G-Kurse nicht die standorttypischen Ergebnisse zeigen. Es wurden Gespräche mit Lehrkräften geführt, deren Kurse unterdurchschnittliche Ergebnisse erzielt haben, was nach den ersten Tests zwar erwogen, aber nicht realisiert wurde.

Die *Mathematik*lehrkräfte zeigen folgenden Umgang mit den Daten:

- Rezeption ist unterschiedlich und individuell: Überblick über einerseits kursspezifische Ergebnisse, andererseits alle fachlichen Schülerergebnisse; Ergebnisse getrennt nach EK und GK von jeweiligen Lehrkräften eingesehen; Fachkonferenz berichtet die Ergebnisse im Vergleich zum Standorttyp, Realschulen und Gymnasien und versucht die Ergebnisse einzuordnen.
- Ursachen liegen in der GK-/EK-Schüleraufteilung, d.h. jeder, der im EK bestehen kann, wird hochgestuft, damit eine Chance auf einen höheren Abschluss besteht; GK Schüler sind weniger motiviert und frustriert. mangelndes Leseverständnis verhindert Lösen der Aufgaben. FK-Analyse: EK-Lehrer sprechen sich untereinander ab (Austausch von Erfahrungen und Material, fast immer Parallelarbeiten); GK: gute Schüler werden hochgestuft, teilweise wurden Themen der LSE nicht (ausreichend) im Unterricht behandelt.
- Handlungen sind individuell: z.B. Unterricht binnendifferenzierter gestalten. allgemeine FK-Entscheidungen: Textaufgaben verstärkt üben und Lesekompetenzschwächen ausgleichen; FK-Entscheidungen wurden getrennt für EK und GK getroffen (EK: bspw. Strategien zur Ergebnisüberprüfung aufgreifen, in Geometrie Wissen vernetzen, hoch gestufte Schüler Unterrichtsinhalte nacharbeiten lassen; GK: bspw. regelmäßige Wiederholungen verankern, Umstufungen genau überdenken).

Die *Deutsch*lehrkräfte zeigen folgenden Umgang mit den rückgemeldeten Ergebnissen:

- Rezeptionsprozess ist nicht systematisch: Sie betrachten vor allem eigene Kursergebnisse, in denen z.T. Bündelungen bestimmter Kompetenzniveaus erkannt werden und sie benötigen insbesondere mehr Zeit, um die Daten zu betrachten.
- Für eine exakte Ursachenanalysen fehlt Zeit oder diese werden aufgrund methodischer Testmängel abgelehnt; ermittelte Ursachen auf Kursebene: eigene Arbeitsweise (Einzelnachhilfe vs. nivellierender Unterricht). Fachkonferenz: Diskussion über die Schülerzusammensetzung und der Kontinuität der unterrichtenden Lehrkräfte.

- Handlungen (z.B. Binnendifferenzierung) werden teilweise für eigenen Unterricht abgeleitet, hauptsächlich fehlt für Veränderungen Zeit; FK-Entscheidungen werden wenig bindend wahrgenommen (z.b. Anschaffung von Vorbereitungsheften, Aufnahme erweiterter Testvorbereitung im Curriculum, Operatoren (Beurteilen, Bewerten etc.) als Bestandteil der Aufgaben einüben, Terminologie „pauken").

Die *Englisch*lehrkräfte gehen folgendermaßen mit den Daten um:

- Rezeption ist eher unsystematisch: Jeder ist für Ergebnisrezeption seines Kurs selbst verantwortlich; die Ergebnisse liegen im erwartbaren Bereich oder darüber; teilweise gibt es zwischen den Kursen Unterschiede.
- Ursachenanalysen sind vorwiegend individuell: Ursachen werden bspw. in der Kurszusammensetzung, Wiederholern oder Schülern mit fehlenden Grundlagen gesehen; bei guten bzw. überdurchschnittlichen Ergebnissen werden weitere Analysen als nicht notwendig angesehen.
- Handlungen werden für den eigenen Unterricht festgelegt, z.B. mehr Binnendifferenzierung oder mit den Schülern mehr Grammatik und Struktur zu üben.

Kategorie 4: Entscheidungen den (eigenen) Unterricht betreffend

Die Unterrichtsentwicklung soll aus Sicht der Schulleitung eine Förderung von heterogenen Lerngruppen beinhalten und mehr Schüler-Schüler Kommunikation und Interaktion enthalten. Diese Umstellung werde vielen Lehrkräften schwer fallen, da sie an ihre alten Gewohnheiten gebunden sind. Die *Mathematik*lehrkräfte sehen Veränderungen des Unterrichts aufgrund der zentralen Abschlussprüfungen und Einführung der Tests, nicht aber aufgrund von deren Ergebnisse. Aufgabentypen und -inhalte müssten verstärkt eingebracht werden, womit sich auch Methoden und vermittelte Kompetenzen veränderten. Dieser Prozess ist allerdings bereits seit längerem im Kollegium angestoßen und wird durch die Lernstandserhebungen lediglich verbreitet. Die *Deutsch*lehrkräfte erwägen aufgrund der Ergebnisse keine Veränderungen ihres Unterrichts außer in kleinen Punkten: bspw. Wiederholungen von Defiziten. Die Fachkonferenzvorsitzende sieht in der Änderung des Unterrichts eine Selbstverständlichkeit. Insgesamt liegt der Unterricht in der Eigenverantwortung der Lehrkräfte. Die *Englisch*lehrkräfte sehen einen großen Einfluss der Reformen auf ihren Unterricht und wollen mehr Grammatik mit den Schülern durchnehmen. Insgesamt müssen Grundlagen eingeübt werden und eigenes Material für den Unterricht zusammengestellt werden, weil das Bücherangebot dem eigenen Ermessen nach nicht geeignet ist.

Kategorie 5: (Kenntnisse über) Entscheidungen der Schulleitung

Die Schulleitung verantwortet die Lernstandserhebungen, wobei sie sich in einem Zwiespalt zwischen ihrer Rolle als Kollege und Vorgesetztem befindet. Daraus ergeben sich Unsicherheiten in Bezug auf den Umgang mit dem Instrument gegenüber den Kollegen, weshalb die Fachkonferenzvorsitzenden für Entscheidungen hinzugezogen wurden. Von der Schulleitung wurden Gespräche mit Lehrkräften aufgrund der Ergebnisse erwogen und nach den zweiten Ergebnisrückmeldungen auch geführt, die gut aufgenommen worden sind. Die Datenrezeption wurde von der Schulleitung vorbesprochen und auf den jeweiligen Fachkonferenzsitzungen vorgestellt. Schlechte Kurse sollen Förderstunden erhalten und die didaktische Leiterin will Gespräche mit den Fachkonferenzvorsitzenden führen, damit die Wichtigkeit der Lernstandserhebung für Schulentwicklungsprozesse deutlich wird. Die Lehrkräfte bemängeln z.T. an der Schulleitung, dass ein zeitlicher Ausgleich für die Mehrarbeit nicht stattgefunden hat und dass die Tests und deren Berichterstattung an die Schulaufsicht zu ernst genommen werden. Teilweise sehen sie sich gegenüber der Schulleitung in einer Rechtfertigungsposition.

Kategorie 6: (Überzeugungen zur) Zusammenarbeit im Kollegium

Von der Schulleitung wird die Wichtigkeit der Fachkonferenz für die Unterrichtsentwicklung herausgestellt. Es wird allerdings gesehen, dass es den einzelnen Lehrkräften überlassen bleibt, wie sie mit den Ergebnissen umgehen. Die didaktische Leiterin meint, dass durch die Tests mehr Gespräche unter den Kollegen entstehen, die zu mehr Absprachen und Transparenz führen. Viele seien durch die Vielzahl der Maßnahmen nicht motiviert sich damit auseinanderzusetzen, wobei besonders die Arbeit in den Fachkonferenzen wenig gestaltet wird. Es entstehen nur wenige langfristige und nachhaltige Fachkonferenzentscheidungen, was zu einem unsystematischen Ergebnisumgang führt.

Die Lehrkräfte sehen die Zusammenarbeit folgendermaßen:

- Mathematik: Es werden zwar FK-Entscheidungen getroffen, deren Einhaltung ist aber nicht sichergestellt, d.h. einige halten sich nicht an Absprachen; Insgesamt mehr Bedarf nach *inhaltlicher* Zusammenarbeit; FK-Vorsitzender sieht Notwendigkeit zu inhaltlicher Arbeit, diese ist s.E. aber aufgrund vielfältiger neuer Verpflichtungen kaum noch möglich.
    - FK-Entscheidungen aufgrund der Ergebnisse: Vorbereitung auf Textaufgaben, Aufnahme von zwei Textaufgaben in die Klassenarbeiten, Aufnahme der Wahrscheinlichkeitsrechnung in den Lehrplan.
    - Konsequenzen zu ziehen wird als Zwang erlebt, der Zeit kostet und wenig neue Erkenntnisse bringt.
- Deutsch: Für Zusammenarbeit gibt es zu wenig Zeit; Zuständigkeit für Umgangsstrategien liegt bei der FK, Bsp. können im Nachhinein nicht mehr benannt werden; FK-Vorsitzende hat mit einer Kollegin ein Papier für Soest erarbeitet; FK-Beschluss: Anschaffung von Lernstandstestheften zur Vorbereitung.
- Englisch: Rege informelle und formelle Kommunikation, d.h. es werden Absprachen getroffen; dass Konsequenzen immer umgesetzt werden, ist zwar nicht ganz sichergestellt, aber wird geplant.

Kategorie 7 & 8: Arbeit mit den Schülern& Kontakt mit Eltern (aufgrund der Ergebnisse)

Die Schulleitung thematisiert, dass die Eltern in die schulische Arbeit eingebunden werden sollen, diese müssen dazu aber auch bereit sein. Bei den Lehrkräften wird hauptsächlich über mangelnde Konzentrationsfähigkeit und Lernmotivation der Schüler gesprochen oder über sprachliche Schwierigkeiten, die offensichtlich aus ihrer vorherigen Schulzeit resultieren. Bei den G-Kurs-Schülern wird gesehen, dass sie stark durch Misserfolge geprägt sind und selbst bei den Tests oft bereits mit dem Verständnis der Aufgabenstellungen Probleme haben. Die meisten Eltern haben ein geringes Interesse an den Ergebnissen und es findet auch eine geringe allgemeine Unterstützung durch die Eltern statt. Die Rückmeldeformate sind für die Eltern in der Regel nur schwer verständlich.

Längsschnittperspektive

Die Einstellungen gegenüber der Lernstandserhebung scheinen sich mit der Zeit verschlechtert zu haben. Auf schulorganisatorischer Ebene hat es den Anschein, dass kaum Entscheidungen getroffen wurden, die in individuelle oder gemeinschaftliche Handlungsmodelle aufgenommen worden sind. Bereits vor der ersten Durchführung scheint an dieser Schule eine relativ große Skepsis gegenüber dieser Maßnahme vorgeherrscht zu haben.

Erstes Resümee für die Gesamtschule B

Insgesamt wird in Bezug auf die eingangs gestellte Frage – welche professionellen und schulorganisatorischen Strukturspezifika in der Gesamtschule B vorliegen und Einfluss auf die Nutzung der empirischen Ergebnisse aus den Lernstandserhebungen nehmen – deutlich, dass:

- die Schulleitung das Ziel verfolgt, mit den Tests Defizite ihrer eigenen Arbeit zu identifizieren; bei der Umsetzung aber unsicher ist; die Lehrkräfte die Mehrarbeit aufgrund der Tests in den Vordergrund stellen → kein eindeutiges Bild über die Ziele und Überzeugungen zwischen Schulleitung und beteiligten Lehrkräften.
- der Kontext der Tests (Bildungsstandards, Kernlehrpläne, zentrale Abschlussprüfungen) nur z.T. von den Lehrkräften benannt wird, wobei die Schulleitung von einer strukturierten Informationsweitergabe berichtet; von den Lehrkräften Kritik an Durchführung/Aufgabenformaten getroffen wird.
- bei der Ergebniswahrnehmung der Unterschied zwischen E- und G-Kurs-(Schüler) wichtig ist und weitere Überlegungen anleitet; das Mathematikkollegium am stärksten gemeinsame Überlegungen in Bezug auf die Ergebnisse anstellt; die Englischlehrkräfte ausgeprägte (informelle/formelle) Kommunikationsstrategien aufzeigen und das Deutsch-Kollegium sehr individuell mit den Rückmeldungen umgeht.
- die Vorstellungen über den Unterricht zw. Schulleitung und Lehrkräften unterschiedlich sind: die Schulleitung will Förderung heterogener Lerngruppen, die Lehrkräften differenzieren stark zwischen G- und E-Kurs-Schülern; Mathematik: Förderung neuer Aufgabenformate; Englisch: Umstellung des Unterricht aufgrund der Reformen; Deutsch: punktuelle Wiederholung von Defiziten.
- eine hierarchisch geprägte Entscheidungsvermittlung seitens der Schulleitung vorliegt und die Lehrkräfte aufgrund der Arbeit auf der strategisch-administrativen Ebene für den Unterricht Entlastung erwarten.
- die Schulleitung die Bedeutung für Schul- und Unterrichtsentwicklung auf der Ebene der FK sieht, die Lehrkräfte dort aber wenig Arbeit investieren und diese Ebene als wenig bindend ansehen; systematische und bindende Arbeit der FK vor allem in Mathematik stattfindet; die Bindung an die Entscheidungen der FK in Deutsch und Englisch als gering benannt wird.
- bei den Schülern vorwiegend Defizite gesehen werden, auf die sie als Lehrkräfte kaum/wenig Einfluss haben und die bereits vor dem Eintritt in ihre Schulform bestanden.

5.2.1 Kategorie 1: Überzeugungen zu Reformen und zur Lernstandserhebung

Auf der <u>Schulleitungsebene</u> (Mann, Krüger) werden Erwartungen an die Reformen und Lernstandserhebungen gesetzt: Defizite innerhalb ihrer eigenen Arbeit zu identifizieren, mit denen ein didaktisch, methodisch sinnvoller Umgang gefunden werden soll. Durch den Paradigmenwechsel findet eine kritische Reflexion der Lehrer- und Unterrichtsleistungen statt (Mann). Die didaktische Leiterin sieht die Erfolge der Tests in langfristigen Beobachtungen und denkt, dass auf informeller und formeller Ebene mehr Gespräche über Unterricht stattfinden werden. Der Schulleiter sieht auch das Misstrauen der Kollegen, weil die Tests nicht einwandfrei funktionieren und u.U. öffentliche Rankings bevorstehen, die aufgrund statistischer Unzulänglichkeiten als nicht sinnvoll erachtet werden. Nach beiden Durchführung der Lernstandserhebungen bestehen Unsicherheiten, welche Konsequenzen von ihnen in Gang gesetzt und wie mit den Ängsten und Unsicherheiten der Kollegen umgegangen werden sollen. Sie sehen wenig systematische Auseinandersetzung mit den Ergebnissen und befürchten, dass die Lehrkräfte sich von ihnen kontrolliert fühlen.

Auf der Ebene des <u>Mathematikkollegiums</u> (Stein, Hahn, Huber) werden Überzeugungen zurückhaltend formuliert: Es gibt ein allgemeines Interesse an den Lernstandserhebungen, das aber eher aus der Perspektive der Schule formuliert wird, indem sie als Schule besser gegenüber Realschulen dastehen und ihre Schülerleistungen zu denen der Realschüler adäquat sind. Sie finden positiv, dass nicht nur das aktuelle Unterrichtsgeschehen in den Tests abgefragt wird, sondern der Inhalt der letzten Jahre. Der Fachkonferenzvorsitzende (Stein) sieht mit der Orientierung an den neuen Aufgabentypen eine Veränderung des Unterrichts einhergehen, er kritisiert allerdings die Bürokratisierungstendenzen, die mit den Tests verbunden sind, da Freiräume verschwinden und die inhaltliche Arbeit in den Hintergrund gerät (Technisierung von Bildungsprozessen). Die Tests bieten eine Orientierung für die zentralen Abschlussprüfungen.

Innerhalb des <u>Deutschkollegiums</u> zeichnet sich die Fachkonferenzvorsitzende (Roth) mit einer positiven Überzeugung gegenüber der Lernstandserhebung aus: Es findet durch die Tests eine Vorbereitung auf die neuen Textformate und Aufgabentypen im Unterricht statt. Konkrete Möglichkeiten sieht sie in der Ergebnisreflexion für die zentralen Abschlussprüfungen. Kritisiert wird dagegen, dass die Tests neben der Umsetzung der Kernlehrpläne zusätzliche Arbeit bedeuten. Mehr Zeit für die Umsetzung der Reformen wäre sinnvoll, außerdem würden die Lehrkräfte vor Ort die Reformen ganz anders gestalten, wenn sie darauf Einfluss hätten: „*Wenn man den kleinen Lehrer fragen würde, der würde manches anders machen, als das, was da von oben immer vorgegeben wird und man ständig dahinter her hechelt, um auch diese Bedürfnisse da zu erfüllen*". Die anderen Lehrer (Weiß, Krause) heben vor allem die aus ihrer Sicht fehlende Zeit hervor, die Veränderungen aufgrund der Reformen verhindern. Die Reformen und Tests seien in den Schulen nur mit einer diffusen Handlungsaufforderung verbunden, ohne dass weitere Unterstützung bzw. mehr Zeit und Geld zur Verfügung stehen. Unter diesen Bedingungen kann es ihrer Auffassung nach nicht zu Veränderungen kommen. Herr Krause sehe es lieber, wenn dieses Geld für andere Dinge in den Schulen eingesetzt würde. Die Bestrebungen, die Ergebnisse zu veröffentlichen, förderten allein ein Testtraining (Weiß). Aus den Tests werde ein politisches Instrument, womit ein Bewertungsdruck entstehe, der zu Manipulationen an den Tests führt und keine Fairness garantiert.

Auf der Ebene des Englischkollegiums (Peters, Beyer) besteht die Absicht, die Tests für ihre Arbeit zu nutzen. Kritik wird an der Maßnahme geübt, da ihrer Ansicht nach sehr viel Arbeit mit den Tests verbunden ist und wenig Zeit bleibt, die Ergebnisse zu nutzen. Die Fachkonferenzvorsitzende (Peters) ist der Ansicht, dass allein schon die Ergebnisse aufgrund der Arbeitsbelastung, die damit in Verbindung steht, genutzt werden müssten: *„Wenn ich das nicht (...) nutzen kann für meinen Unterricht, dann komme ich mir ja noch idiotischer vor, also versuch ich das"*. Kritisch wird gesehen, dass sie eine Überprüfung von außen darstellen, die eine Rechtfertigungsposition gegenüber der Schulleitung mit sich bringt. Sie wirken wie ein Einschnitt in ihre Arbeit und die permanente Kontrolle führt dazu, dass sie Schüler nur noch auf Tests vorbereiten. Frau Beyer betrachtet den Paradigmenwechsel als notwendig, um Veränderungen überhaupt erreichen zu können: Sie muss sich jetzt bemühen nach den neuen Kriterien zu unterrichten, auch wenn diese zunächst fremd sind. Die Tests alleine stellen für sie aber kein ausreichendes Instrument dafür dar.

5.2.2 Kategorie 2: Prozesse vor den Ergebnisrückmeldungen

Auf der Schulleitungsebene wurde entschieden, dass bei der ersten Durchführung die Informationen über die Tests an die Abteilungsleiter und die beteiligten Kollegen gegeben werden, die Details über die Aufgabenformate und deren Rückkopplung an die neuen Kernlehrpläne beinhalten. Eine Dienstbesprechung mit allen beteiligten Lehrkräften diente der Vorbereitung. Es wurde entschieden, dass die Tests nicht in Kursen, sondern in Klassen geschrieben werden, was aufgrund der geringen Praktikabilität bei der zweiten Durchführung zurückgenommen wurde. Bei der ersten Korrektur wurde entschieden alle Lehrkräfte zu beteiligen (Fortbildung), wohingegen bei der zweiten Korrektur nur beteiligte Lehrkräfte involviert wurden. Die Schulleitung betont, dass es sich bei solchen Entscheidungen um einen Lernprozess handelt, bei dem sie erst den optimalen Weg finden muss. Der Schulleiter kritisiert die geringe Eindeutigkeit der Auswertungen, die die Implementation der Tests an der Schule seiner Erfahrung nach erschweren. Die didaktische Leiterin hat Kritik und Anmerkungen der Fachkollegen entgegengenommen, die kritisieren, dass sie nur Endergebnisse werten dürfen. Problematisch sehen beide, dass die Zuordnung zu den Schulstandorttypen auf der Selbsteinschätzung der Schulen beruht.

Auf der Ebene des Mathematikkollegiums werden unterschiedliche Beurteilungen vorgenommen: Frau Huber betont die zeitliche Belastung und kritisiert die Testinhalte; Herr Hahn beschreibt einen sehr unproblematischen Umgang. Gemein ist ihnen, dass sie die Aufgaben als vertrauensvoll und lösbar einschätzen, auch wenn die Schüler teilweise Schwierigkeiten mit dem Textverständnis zeigen. Kritik wird bei der zweiten Durchführung an der langen Zeit zwischen Durchführung und Rückmeldung und an organisatorischen Problemen bei der Korrektur (2004/2005: alle Kollegen; 2005/2006 nur Fachkollegen) geübt. Gemeinsame Korrekturen werden als sinnvoll betrachtet, da man meint so unterschiedliche Bewertungsmaßstäbe ausgleichen zu können. Der Fachkonferenzvorsitzende betont, dass es den Kollegen Schwierigkeiten bereitet hat, mit dem Bewertungsstil der Tests zurechtzukommen.

Auf der Ebene der befragten Deutschlehrer unterscheiden sich die Wahrnehmungen zur Durchführung kaum. Herr Weiß und Herr Krause betonen, dass die gemeinsame Korrektur viel Zeit kostet und sich damit kaum die Genauigkeit erhöht. Insgesamt sei es nicht

möglich, die Bewertungen der Aufgaben objektiver zu gestalten, weshalb die Kompetenzstufen zum Teil einfach ungenau seien: *„Da ist eben auch die Frage, wie genau sind diese
Kompetenzstufen voneinander abzugrenzen und was machen wir mit Antworten, die jetzt
nicht genau darein passen. Ist ja nicht so, dass die genau die Sätze schreiben, die da erwartet werden"* (Krause). Diese Kritik üben beide Lehrer aufgrund ihrer Erfahrungen aus der
ersten Durchführung. Die Fachkonferenzvorsitzende (Roth) wünscht sich aufgrund der
Schwierigkeiten bei den Korrekturen genauere Anweisungen, wobei auch sie nicht von
einer absoluten Objektivität der Ergebnisse ausgeht. Eine gemeinsame Diskussion über die
Korrektur sieht sie unter den Kollegen als gegeben an, wobei das ihrer Auffassung nach
nicht immer zu Einheitlichkeit führt: *„Klar haben wir darüber diskutiert. Aber es ist
schwierig da Konsens zu finden. Dann macht halt doch jeder, wie er meint und vielleicht
führt das dann manchmal auch zu unterschiedlichen Ergebnissen".*

Auf der Ebene des <u>Englischkollegiums</u> wird berichtet, dass die Schüler durch die Arbeit mit einem Textheft auf die Lernstandserhebungen vorbereitet wurden. Bei der ersten
Durchführung wurden die Aufgabenhefte von alle Fachkollegen gemeinsam nachgesehen,
wohingegen bei der zweiten Durchführung alleine korrigiert, aber eine Doppelstunde zusammen gesessen wurde, um die Beurteilungen abzugleichen. Es wurde festgestellt, dass
unterschiedliche Bewertungsmaßstäbe bei der Korrektur angelegt werden, was zu Unterschieden bei den Ergebnissen führt. Die Aufgabenformate beurteilen beide Lehrerinnen
kritisch, da die G-Kurs-Aufgaben als schwieriger wahrgenommen werden als die E-Kurs-
Aufgaben und die Differenzierungsmöglichkeiten für die tatsächlich vorhandenen Leis-
tungsunterschiede im Grundkurs dabei nicht abgedeckt werden.

5.2.3 Kategorie 3: Wahrnehmung der Ergebnisrückmeldungen

Phase der Rezeption

Auf der <u>Schulleitungsebene</u> wurden die Ergebnisse der ersten Durchführung zuerst betrachtet, indem sich eine kleine Gruppe (Fachkonferenzvorsitzende, Jahrgangssprecher im jeweiligen Fach, Schulleitungsmitglied) mit diesen beschäftigt und sie den Fachkonferenzen
vorgestellt hat. Der Schulleiter sieht in den ersten Ergebnissen kaum signifikante Abweichungen auf Jahrgangsebene. Die didaktische Leiterin hat die Verteilung der Ergebnisse
unter den Kollegen organisiert. Die Fachlehrkräfte sollten die Ergebnisse ihrer Kurse nach
Stärken und Schwächen analysieren und bei extremen Abweichungen nach Gründen suchen. Nach der zweiten Durchführung wurde eine statistische Fragwürdigkeit der Ergebnisse festgehalten und gefordert, dass eine systematische Ergebnisinterpretation unter den
Lehrkräften langsam einsetzen muss.

Auf der Ebene der <u>Mathematiklehrkräfte</u> wird deutlich, dass sie sich unterschiedlich
mit den Ergebnissen auseinandergesetzt haben. Herr Hahn und Frau Huber haben zunächst
ihre Kursergebnisse im Vergleich (Kurse und Standorttyp) betrachtet, wobei sie keine sig-
nifikanten Unterschiede festgestellt haben. Herr Hahn hat auf Einzelschülerebene keine
weiteren Ergebnisse bearbeitet, weil er nicht weiß, wie die Kompetenzzuordnung erfolgt
ist; Frau Huber hat für jeden Schüler eine Übersicht über alle Ergebnisse erstellt, weil es sie
interessiert und sie einen Zusammenhang zwischen der Sprache und den Schwierigkeiten
bei den Textaufgaben in Mathematik vermutet. Gespräche unter den jeweiligen G- und E-

Kurslehrkräften haben ergeben, dass ein Themenbereich mit schlechten Ergebnissen bis zu den Tests nicht Gegenstand des Unterrichts war und deshalb keine weiteren Konsequenzen notwendig sind. In der Fachkonferenz hat der Vorsitzende (Stein) die Ergebnisse im Vergleich zum Standorttyp, Realschulen und Gymnasien aufbereitet und sie den Kollegen nach Absprache mit einigen der beteiligten Lehrkräfte berichtet. Im Protokoll der Fachkonferenz wird festgehalten, dass die Ergebnisse im Rahmen des Standorttyps 2 liegen; einzelne Bereiche der G-Kurse, die nicht im Durchschnitt lagen, wurden hervorgehoben.

Auf der Ebene des Deutschkollegiums wird wenig über die Ergebnisrezeption berichtet. Herrn Weiß ist bei der ersten Durchführung aufgefallen, dass sich seine Schüler beim Leseverstehen hauptsächlich auf die Stufe drei verteilt haben. Herr Krause betont, dass er sich mit Statistik auskennt und sich nur damit beschäftigt hat, wie sein Kurs nach der zweiten Durchführung abgeschnitten hat, weil ihm für weitere Betrachtungen die Zeit fehlt. Frau Peters berichtet ausführlicher von den Ergebnissen in Deutsch: Die Ergebnisse der zweiten Tests seien besser ausgefallen als bei ersten Durchführung und eine Schwäche ist der Bereich der schriftlichen Produktion. Die Fachkonferenzvorsitzende (Roth) verweist allein auf das Ergebnisprotokoll der Fachkonferenz, in dem die einzelnen Aufgaben auf die Schülerantworten hin analysiert und Fehler inhaltlich gebündelt wurden (z.B. *„adv. Bestimmungen wurden nicht richtig gelöst"*; *„die Deutung der Grafik macht Probleme"* oder *„es fehlt fast durchgängig der Adressatenbezug"*).

Auf der Ebene des Englischkollegiums berichtet die Fachkonferenzvorsitzende (Peters) ausführlicher von den Ergebnissen; Frau Beyer meint die Ergebnisdarstellungen gut verstanden zu haben. Frau Peters ist der Ansicht, dass die Betrachtung durch jeden selbst und nicht durch die Fachkonferenz geleistet werden muss. Die Ergebnisse der ersten Tests lagen deutlich unter dem Standorttyp 2, wohingegen die Ergebnisse der zweiten Durchführung in manchen Bereich dem Standorttyp 3 entsprachen, da zwei Klassen besonders leistungsstarke Schüler haben.

Phase der Reflexion

Auf der Ebene der Schulleitung wurden nach der ersten Durchführung Hypothesen über das Zustandekommen der Ergebnisse in den Auswertungsgruppen aufgestellt, aus denen weitere Konsequenzen durch die Fachgruppen gezogen werden sollten. Aufgrund der ähnlichen Kursergebnisse der ersten Tests geht die didaktische Leiterin davon aus, dass alle Schüler ähnlich auch bei unterschiedlichem Unterricht lernen. Eine exakte Ursachenanalyse sei aber schwierig, da eine Vielzahl von Faktoren die Ergebnisse beeinflusse. Mögliche Ursachen sind z.B.: die Klassenzusammensetzung, die Konstellation der Kollegen in einem Kurs, die Rolle der Elternhäuser oder die Krankheitsraten, die eine Zuschreibung auf bestimmte Lehrkräfte oder Unterrichtsstile fast unmöglich werden lassen. Bei schlechten Kursergebnissen solle aber auch analysiert werden, ob auf schulischer Ebene Ursachen vorliegen; dies kann allerdings nicht allein von den Fachkollegen geleistet werden. Nach der zweiten Durchführung wurde darüber nachgedacht, ob die Differenzierungspraktiken in G- und E-Kurse Einfluss auf die Ergebnisse nehmen: Zum einen sind die Klassen zu aber groß, um nur binnendifferenziert zu arbeiten, zum anderen werden bei den kleinen G-Kursen nicht standorttypische Ergebnisse erzielt. Hier müssten langfristige Überlegungen angestellt werden, wie damit umgegangen werden soll.

Auf der Ebene des <u>Mathematikkollegiums</u> werden unterschiedliche Ursachen für die Ergebnisse benannt: schlechte G-Kurs-Ergebnisse lägen in der Schülereinteilung der Kurse, da sich hier nur diejenigen finden, die gar nicht im E-Kurs bestehen können, wenig motiviert und stark frustriert sind (Hahn) bzw. in den schlechten Leistungen im Leseverständnis (Huber). Im Ergebnisprotokoll der Fachkonferenz wurde festgehalten, dass die Schüler bei der zweiten Durchführung gute Ergebnisse erreicht haben, weil sie auf die Tests im Unterricht vorbereitet wurden. Für die E-Kurse wurde analysiert, dass eine gute Zusammenarbeit besteht (regelmäßige Absprachen, Austausch von Erfahrungen und Material, fast immer Parallelarbeiten). Die schlechten Ergebnisse der G-Kurse werden in der Hochstufung aller guten Schüler in die E-Kurse gesehen, in Bereichen, die im Unterricht noch nicht behandelt worden sind und in der geringen Ausbildung des abstrakten Denkvermögens bei den Schülern (Arithmetik/Algebra).

Auf der Ebene des <u>Deutschkollegiums</u> werden ebenfalls sehr unterschiedliche Gründe für die Ergebnisse gesehen. Herr Krause will aufgrund der s. E. nach vorliegenden Messungenauigkeiten und wenig trennscharfen Rückmeldungen gar keine Ursachen benennen. Hauptsächlich werden sonst individuelle Ursachenanalysen vorgenommen. Herr Weiß sieht bei sich eine nivellierende Arbeitsweise im Unterricht, die bewirkt, dass viele Schüler im mittleren Bereich anzufinden sind, aber keine Spitzen existieren. Frau Peters sieht ihre guten Kursergebnisse in der geringen Schüleranzahl ihres G-Kurses. Die Fachkonferenzvorsitzende (Roth) sieht Reflexionsbereiche in der Diskussion über die Schülerzusammensetzung und der Kontinuität der unterrichtenden Lehrkräfte, wobei Verurteilungen vermieden werden sollen, denn es gibt viele Ursachen für die Ergebnisse. Im Ergebnisprotokoll der Fachkonferenz wird keine Reflexion festgehalten.

Auf der Ebene der <u>Englischlehrerinnen</u> finden nur individuelle Ursachenanalysen für die eigenen Kurse statt; eine Ursachenanalyse auf Fachkonferenzebene wird nicht benannt. Frau Peters: Kurszusammensetzung (Schwänzer, Wiederholer) und allgemeines Desinteresse der Schüler; Frau Beyer: Schüler haben Schwierigkeiten Inhalte auswendig zu lernen.

Phase der Handlung

Auf der Ebene der <u>Schulleitung</u> werden meist nur hypothetisch vorstellbare Handlungen benannt: bspw. die funktionale Einbindung bestimmter Inhalte im Unterricht anhand des spiralförmigen Curriculums oder die Erstellung von Förderplänen für unterschiedliche kognitive Niveaus der Schüler. Nach der zweiten Durchführung wurden von der Schulleitung Gespräche mit Lehrkräften geführt und die Einrichtung von Förderstunden benannt.

Auf der Ebene der <u>Mathematiklehrkräfte</u> wurden unterschiedliche Handlungen abgeleitet bzw. geplant. Herr Hahn sieht aufgrund seiner Kursergebnisse keinen Anlass etwas zu unternehmen. Frau Huber sieht als einzige Lösung, Stunden für jeden einzelnen Schüler zu konzipieren (bessere mit *„Zusatzfutter"* und schlechtere mit Einzelnachhilfe versorgen), was aufgrund zeitlicher Belastung aber kaum möglich ist. Die Fachkonferenz wird von beiden Lehrkräften als die eigentliche Ebene angesehen, die Handlungsentscheidungen festlegen muss. Beschlüsse nach der ersten Durchführung waren z.B., mehr Textaufgaben zu üben, mit denen ein Problem aufgeworfen wird und mit denen mathematische Strategien geschult werden. Weiterhin müsse das sprachliche Verständnisproblem gelöst werden, damit die Aufgaben inhaltlich verstanden werden. Der Fachkonferenzvorsitzende kritisiert, dass die Fachkonferenz über die Zeit hinweg immer zu den gleichen Schlussfolgerungen kommt, Probleme beim sprachlichen Ausdruck mathematischer Sachverhalte zu sehen. Der Zwang nach jedem Test Konsequenzen zu ziehen, führe nur dazu, dass die gleichen gezogen werden. Insgesamt werde aber versucht, langfristige Strategien zu entwickeln (z.B. über individualisiertes Lernen). Im Ergebnisprotokoll der zweiten Durchführung wurden von der Fachkonferenz folgende Handlungen festgehalten: z.B. Strategien zur Ergebnisüberprüfung aufgreifen, in Geometrie Wissen zu vernetzen, Runden zu kultivieren, Zeittraining oder regelmäßige Wiederholungen im Unterricht zu verankern.

Auf der Ebene des Deutschkollegiums wurden nur z.T. Handlungen für den eigenen Unterricht abgeleitet, teilweise wird kein Handlungsbedarf gesehen. Herr Weiß hat sich nach der ersten Durchführung vorgenommen, mit mehr Binnendifferenzierungen zu arbeiten. Frau Roth sieht zu wenig Zeit für individuelle Fördermaßnahmen. Fachkonferenzentscheidungen werden als wenig bindend beurteilt, hauptsächlich werde für den eigenen Unterricht selbst entschieden: „Gut, wir machen was fürs Papier, wir schreiben also irgendwas auf. Wir haben uns natürlich bemüht, irgendwas herauszufinden, weil man ja was zurückmelden soll - in diesem Bericht an die Bezirksregierung, an die Schulaufsicht (...). Ob das jetzt zur Verbesserung der Unterrichtsqualität beiträgt, weiß ich nicht" (Weiß). Die Fachkonferenzvorsitzende berichtet kaum über Konsequenzen aufgrund der Ergebnisse; folgende Beschlüsse sind gefasst worden: Hefte zur Vorbereitung anzuschaffen, erweiterte Vorbereitung auf die Tests in das Curriculum aufzunehmen und Operatoren (Beurteilen, Bewerten etc.), die Bestandteil der Testaufgaben sind, ständig zu trainieren.

Auf der Ebene des Englischkollegiums werden Handlungen allein für den eigenen Unterricht abgeleitet. Frau Peters will besonders die Schwächen ihrer Schüler im Unterricht verstärkt wiederholen (lexikalische Fehler) und mit mehr Binnendifferenzierungen arbeiten. Frau Beyer sieht einen Bedarf, in ihrem Unterricht mehr Grammatik und Struktur zu vermitteln. Für ihren zukünftigen Unterricht sucht sie sich Texte aus, die nicht wie die Schulbücher bereits Kernleistungen voraussetzen, und will mehr Grammatik einbinden.

5.2.4 Kategorie 4: Entscheidungen den (eigenen) Unterricht betreffend

Auf der Schulleitungsebene wird über die Vorstellung berichtet, wie sich der Unterricht zukünftig entwickeln soll. Der Schulleiter bevorzugt die Förderung heterogener Lerngruppen, da diese durch entsprechende Organisation besser funktionieren als homogene. Dies sei Teil der Professionalisierung des Unterrichts, bei dem die Lehrkräfte die Bereitschaft mitbringen müssten, sich zu verändern. Die didaktische Leiterin will mehr Schüler-Schüler-Kommunikation und Interaktion fördern, auch wenn die Umstellung vielen Lehrkräften nicht leicht fällt.

Auf der Ebene der Mathematiklehrkräfte werden keine Veränderungen des Unterrichts aufgrund der Ergebnisse berichtet, sondern aufgrund der zentralen Abschlussprüfungen und den Inhalten der Tests: „Das sind neue Sachen, die an einen herangetragen werden, also müssen wir dann auch gucken, dass wir unseren Unterricht neu ausrichten, (...) aber jetzt nicht unbedingt auf die Schülerergebnisse gezielt, sondern eher auf die Aufgabentypen und Inhalte zielt" (Hahn). Aus Sicht des Fachkonferenzvorsitzenden wird durch die Tests ein Bewusstsein für die Aufgaben geschaffen, das auch zu einem Umdenken bei Unterrichtsmethoden und Inhalten führt. Frau Huber geht allerdings davon aus, dass sich viele Kollegen keine Gedanken über die Ergebnisse machen und sich deshalb auch nichts am Unterricht verändert.

Auf der Ebene der <u>Deutschlehrer</u> wird aufgrund der Ergebnisse kein Bedarf an Veränderungen für den Unterricht gesehen, wobei die einzelnen Meinungen unterschiedlich sind. Frau Peters betont, dass die Lehrkräfte viel Autonomie bei der Gestaltung ihres Unterrichts besitzen und sich deshalb dort nichts aufgrund der Ergebnisse ändern wird. Wohingegen die Fachkonferenzvorsitzende (Roth) davon ausgeht, dass eine Unterrichtsumstellung aufgrund der Reformen von allen Lehrkräften selbstverständlich erfolgt.

Auf der Ebene des <u>Englischkollegiums</u> werden z.T. Veränderungen aufgrund der Lernstandserhebungen und der Reformen benannt. Frau Beyer betont, dass ihr bisheriger Unterricht stark durch Konversation geprägt war, jetzt hingegen mehr grundlegende Dinge eingeübt werden müssen, um die Defizite der Schüler auszugleichen. Durch die Ergebnisse verzichtet sie auf Konversation und baut mehr Grammatikstunden ein.

5.2.5 Kategorie 5: (Kenntnisse über) Entscheidungen der Schulleitung

Auf der <u>Schulleitungsebene</u> wird der Konflikt „Doppelfunktion Kollege und Vorgesetzter" thematisiert. Schulleiter und didaktische Leiterin sehen sich beide in der Verantwortung für die Tests und die Umsetzung der Reformen. Gemeinsam haben sie überlegt, wie sie mit den Maßnahmen gegenüber ihren Kollegen umgehen sollen und haben zunächst einen Jahrgangssprecher bestimmt und die Fachkonferenzvorsitzenden hinzugezogen, um Entscheidungen zu treffen. Insgesamt gibt es Unsicherheit, wie mit den Kollegen umgegangen werden soll und wie sie mit ihnen über die Ergebnisse sprechen sollen. Nach der ersten Durchführung wurde beschlossen, noch keine Gespräche mit Kollegen zu führen, damit erst einmal Vertrauen in die Instrumente entsteht. Nach der zweiten Durchführung wurden solche Gespräche geführt und positiv von den Lehrkräften aufgenommen. Es wurde weiterhin beschlossen, dass Kurse mit schlechten Ergebnissen Förderstunden bekommen werden.

Auf der Ebene der <u>anderen Lehrerkollegien</u> (Mathematik, Deutsch, Englisch) werden kaum Aussagen über die Entscheidungen der Schulleitung getroffen. In Mathematik werden keine Entscheidungen wiedergegeben, sondern lediglich erwartet, dass die Schulleitung reagiert (mit Gesprächen, zeitlichem Ausgleich für die Mehrbelastung). In Deutsch wird die Sorgfalt betont, mit der die Schulleitung mit den Reformen und Tests umgeht. Die Fachkonferenzvorsitzende sieht sich als Vermittlerin zwischen Schulleitung und ihren Kollegen. In Englisch fühlt sich die Fachkonferenzvorsitzende in einer Rechtfertigungsposition gegenüber der Schulleitung, auch wenn von ihnen nicht kontrolliert wird, ob sich der Einzelne mit den Ergebnissen auseinandersetzt und ob Konsequenzen aus den Ergebnissen umgesetzt werden. Frau Beyer kritisiert, dass die Schulleitung zu schnell auf Anweisungen des Schulministeriums reagiert.

5.2.6 Kategorie 6: (Überzeugungen zur) Zusammenarbeit im Kollegium

Auf der <u>Schulleitungsebene</u> besteht auch in diesem Zusammenhang der Konflikt zwischen »Vorgesetztem vs. Kollegen«. Während der Schulleiter die Fachkonferenzen als Entscheidungsebenen benennt, sieht die didaktische Leiterin die einzelne Lehrkraft für Unterrichtsentwicklung zuständig. Per Dienstanweisung könnten den Kollegen keine Vorschriften gemacht werden, wie sie mit den Lernstandserhebungen umgehen sollen; Möglichkeiten sehen sie eher im gemeinsamen Gespräch. Nach dem Ergebnisresümee der ersten Durchführung ist deutlich geworden, dass bisher wenig tief gehende Veränderungen durch die Fachkonferenzen (besonders Deutsch) festgehalten worden sind. Ihnen ist nicht klar, wie die Lehrkräfte die Reformen in ihrem Unterricht umsetzen. Sie sehen die Motivation der Lehrkräfte, sich mit den Ergebnissen auseinanderzusetzen, als nicht besonders groß an. Eigentlich sollten die Fachkonferenzen die Entwicklungen vorantreiben, was momentan aufgrund der geringen Zeit, die in diesem Gremium gearbeitet wird, allerdings nicht passieren kann.

Auf der Ebene der Mathematiklehrkräfte existieren unterschiedliche Aussagen zur Zusammenarbeit: Herr Hahn betont, dass ein Abgleich der Bewertungsschemata für die Objektivität seiner Arbeit notwendig ist; Frau Huber berichtet, dass nicht alle bereit sind, sich in die Karten sehen zu lassen. Insgesamt wünscht sie sich eine engere Zusammenarbeit, da sich nicht alle an gemeinsame Absprachen halten. Auf der Fachkonferenzebene gibt es eine koordinierte Planung der unterrichtlichen Inhalte (z.B. zentrale Abschlüsse). Es wurden konkrete Entscheidungen aufgrund der Ergebnisse getroffen: Mehr Vorbereitung der Schüler auf die Textaufgaben, Aufnahme von zwei Textaufgaben in die Klassenarbeiten und die Aufnahme der Wahrscheinlichkeitsrechnung in den Lehrplan. Die Umsetzung dieser Entscheidungen ist aber anscheinend nicht bei allen Kollegen gewährleistet. Der Fachkonferenzvorsitzende sieht als problematisch an, dass durch die Vielzahl der Aufgaben ein neuer Bürokratismus Eingang erhält; man versucht allerdings einen Mittelweg zu finden, damit die wichtigere inhaltliche und pädagogische Arbeit weiterhin adäquat geleistet werden kann. Die Absprachen über die Arbeit werden in den Jahrgangsteams getroffen, an die er auch Erkenntnisse aus vorherigen Lernstandserhebungen weitergibt. Die Strukturen innerhalb der Fachkonferenz bewertet er als professionell: neben seiner Vorstellung der Ergebnisse wird auch von den beteiligten Lehrkräften berichtet, wie sich die subjektiven Wahrnehmungen gestalten.

Auf der Ebene des Deutschkollegiums liegen nur wenige Aussagen in diesem Bereich vor. Herr Krause und Herr Weiß berichten über wenig Motivation und Zeit sich mit den Ergebnissen auseinanderzusetzen. Die Fachkonferenz sei zuständig, Strategien aus den Ergebnissen abzuleiten, wozu sich immer einige Lehrkräfte bereit erklärten. Von den beiden Lehrkräften liegen aber aufgrund der Ergebnisse keine Erinnerungen über konkrete Entscheidungen der Fachkonferenz vor. Die Fachkonferenzvorsitzende kann nur bei den beteiligten Kollegen ein Interesse an solchen Überlegungen erkennen, die anderen können nicht beurteilen, worüber dort gesprochen werde. Als Beschlüsse benennt sie beispielhaft die Anschaffung von Lernstandstestheften zur Vorbereitung der Schüler (Aufgabenformate kennen lernen). Gemeinsam mit einer Kollegin hat sie einen Bericht an die Schulaufsicht zusammengestellt.

Auf der Ebene der befragten Englischlehrerinnen wird von einer regen informellen und formellen Kommunikation berichtet. Frau Peters sieht im Groben eine Zusammenarbeit; Frau Beyer sieht die Gefahr, dass es aufgrund der Vielzahl an Kommunikation eher zu einem „*emotionalen Jammeraustausch*" kommt. Weitere Kontrollen würden sich die Kollegen nicht gefallen lassen. In der Fachkonferenz wurden die Ergebnisse im Vergleich mit den anderen Referenzdaten vorgestellt: „*Man wird informiert und wenn das im Rahmen liegt, nimmt man das so zur Kenntnis, wenn das drunter liegt, wie z.B. im letzten Jahr in*

Englisch z.T., da muss man schon genauer gucken, woran liegt das, hat das mit unserem Unterricht zu tun oder hat das mit der Klientel zu tun, weil sonst kommt man ja nicht zu anderen Ergebnissen. Aber ansonsten, wenn das ähnlich ist, hinterfragt man da nicht weiter" (Peters). In der Fachkonferenz wird nur ein unverbindlicher Beschluss festgehalten, dass in bestimmten Bereichen etwas unternommen werden müsse. Wie die einzelne Lehrkraft damit umgeht, bleibt ihr selbst überlassen. Die Umsetzung wird von beiden Lehrkräften pessimistisch eingeschätzt.

5.2.7 Kategorien 7 & 8: Arbeit mit den Schülern & Kontakt mit Eltern

Auf der <u>Schulleitungsebene</u> liegen in diesem Bereich wenige Aussage vor. Die didaktische Leiterin benennt nur die Möglichkeit die Schüler durch psychologische Beratung auf Teststrategien vorzubereiten. In Bezug auf die Eltern wird berichtet, dass sie in die Arbeit der Schule einbezogen werden sollen, denn dies sei für gute Schülerleistungen wichtig. Die Eltern wurden nach der ersten Durchführung durch eine Informationsveranstaltung über die Ergebnisse unterrichtet; die Ergebnisse ihrer Kinder konnten sie im Anschluss nachfragen.

Auf der Ebene der befragten <u>Lehrkräfte</u> (Mathematik, Deutsch, Englisch) liegen ebenfalls nur wenige Aussagen vor. Hauptsächlich wird bei den Schülern über mangelnde Grundfähigkeiten gesprochen, die sie bereits mitbringen, und über mangelnde Konzentrationsfähigkeiten während der Tests. Insgesamt wird stark zwischen G- und E-Kurs-Schülern unterschieden, wobei sich den Aussagen der befragten Lehrkräfte nach besonders die G-Kurs-Schüler durch wenig Motivation und viele Misserfolgserlebnisse auszeichnen. Die Deutschlehrer betonen die sprachlichen Schwierigkeiten der Schüler (Weiß) und das mangelnde Interesse der G-Kurs-Schüler an Inhalten (Krause), wohingegen die E-Kurs-Schüler weniger Schwierigkeiten haben. Auch aus der Perspektive der Englischlehrkräfte zeigen die G-Kurs-Schüler wenig Durchhaltevermögen bei den Tests. Über die Rückmeldungen an die Eltern berichten die Lehrkräfte wenig, besonders geringes Interesse und geringe Unterstützung wahrgenommen werden. Herr Hahn sieht durch die Elternrückmeldungen die Möglichkeit, Laufbahnerwartungen abzugleichen. Herr Weiß betont, dass das Format für die Eltern nur schwer handhabbar ist.

5.2.8 Längsschnittperspektive

Für die Längsschnittperspektive der Gesamtschule B kann nicht auf Gesprächspersonen zurückgriffen werden, die zu zwei Erhebungszeitpunkten befragt wurden. Es konnten aber drei Lehrkräfte (*Weiß, Krause, Peters*) retrospektiv zu ihrem Umgang mit der ersten und zweiten Lernstandserhebung und ihren Ergebniswahrnehmungen befragt werden. Hiermit wird ein indirekter Vergleich ermöglicht, der zeitlich bedingte Veränderungen nur aus der Erkenntnis der befragten Lehrkräfte zulässt. Der Längsschnitt wird um vier weitere Lehrkräfte (*Hahn, Huber, Roth, Beyer*) ergänzt, die nur an der zweiten Durchführung von Lernstand neun beteiligt waren, aufgrund ihrer Zugehörigkeit zu ihren jeweiligen Fachgruppen und der schulorganisatorischen Entscheidung der gemeinsamen Korrektur auch bei der ersten Durchführung von Lernstand 9 involviert waren. Die Veränderungen innerhalb der Wahrnehmung werden aus den Einzelfallprofilen entnommen, weshalb sich auch die folgende Darstellung der Veränderungen auf diese Struktur stützt. Insgesamt kann durch die-sen indirekten Vergleich angedeutet werden, dass es zwar zu Veränderungen zwischen der ersten und zweiten Durchführung gekommen ist; exakte Aussagen sind allerdings nicht möglich. Es wird aber deutlich, dass sich die Meinungen seit der ersten Durchführung ver-schlechtert zu haben scheinen, und dass auf schulorganisatorischer Ebene kaum Entschei-dungen getroffen worden sind, die in individuelle Handlungen übernommen wurden. Es scheint bereits vor der ersten Durchführung eine ausgeprägte Skepsis gegenüber den Tests bestanden zu haben.

Kategorie 1: Allgemeine Überzeugungen zu Reformen und zur Lernstandserhebung

Hier scheint eine gewissen Aufregung und Unsicherheit bei der ersten Durchführung vorge-herrscht zu haben, die einer Unzufriedenheit mit dem Instrument nach der zweiten Durch-führung gewichen ist, da die Möglichkeiten der Qualitätsverbesserung durch die Lern-standserhebungen nicht realisiert werden konnten. Es dominiert ein Gefühl der Kontrolle und Rechtfertigung gegenüber Öffentlichkeit, Schulbehörden und Schulleitung.

Kategorie 2: Prozesse vor den Ergebnisrückmeldungen

Es scheint seit der ersten Durchführung zu einer verstärkten Vorbereitung der Schüler auf die Anforderungen der Tests gekommen zu sein. Durch die gemeinsame erste Korrektur sind alle Lehrkräfte mit den Aufgaben in Kontakt gekommen. Diese erste gemeinsame Korrektur hat im Vergleich zur zweiten zu Unzufriedenheiten bei den befragten Lehrkräften geführt:

- Zum Teil wird die erhöhte Arbeitsbelastung durch die gemeinsame Korrektur er-wähnt, die nicht ausgeglichen wurde.
- Auch wird erwähnt, dass die Erfahrungen mit den Korrekturen nicht dazu führen, dass die Auswertungen objektiver und die Ergebnisse damit vergleichbarer werden.
- Weiterhin wurde bei der zweiten Durchführung alleine korrigiert, z.T. auch um Zeit mit langen Diskussionen über die Bewertungsschemata zu vermeiden.

Die Aufgabenformate in Deutsch und Englisch sind nach der ersten Lernstandserhebung nicht deutlich besser geworden und bilden Differenzen im unteren Leistungsbereich nicht genügend ab.

Kategorie 3: Wahrnehmung der Ergebnisrückmeldungen (Rezeption, Reflexion, Handlung)

Die beiden Lernstandserhebungen stehen relativ unverbunden nebeneinander. Verbindun-gen zwischen der ersten und zweiten Durchführung werden kaum gezogen, Begründungen für das schlechtere Abschneiden bei der ersten werden in der Schwäche des Jahrgangs im Vergleich mit dem Jahrgang der zweiten Durchführung der Lernstandserhebung gesehen. Bei der zweiten Durchführung wird teilweise aufgrund der technischen Mängel (Aufgaben,

Korrektur) nicht mehr so intensiv auf die Ergebnisse geachtet, da ihnen keine Trennschärfe und Relevanz zugesprochen wird (Deutsch).

Kategorie 4: Entscheidungen den (eigenen) Unterricht betreffend

Veränderungen des Unterrichts aufgrund der rückgemeldeten Ergebnisse werden fast durchgehend abgelehnt.

Kategorie 5: (Kenntnisse über) Entscheidungen der Schulleitung

Die Schulleitung spielt in der Wahrnehmung der befragten Lehrkräfte eine untergeordnete Rolle, z.T. hat sich eine stärkere Rechtfertigungsposition ergeben, was sich aber nicht an konkret wahrgenommenen Entscheidungen durch die Lehrkräfte festmachen lässt.

Kategorie 6: (Überzeugungen zur) Zusammenarbeit im Kollegium

Hier scheint es zu keinen Veränderungen zwischen der ersten und zweiten Durchführung der Lernstandserhebung gekommen zu sein; die Verhaltens- und Entscheidungsweisen der Lehrkräfte und der entsprechenden Gremien wie den Fachkonferenzen scheinen keine Veränderung erfahren zu haben. Insgesamt herrscht ein pflichtgemäßer Umgang mit den Ergebnissen und Vorgaben in den Fachkonferenzen vor, die jeweilige Umsetzung im Unterricht wird den Lehrkräften selbst überlassen und eine Bindung an die Beschlüsse scheint nicht immer gewährleistet zu sein.

Kategorien 7 & 8: Arbeit mit den Schülern& Kontakt mit Eltern (aufgrund der Ergebnisse)

Hier lassen sich bei den befragten Lehrkräften keine Veränderungen von der ersten zur zweiten Durchführung erkennen.

5.3 Modell der Wirkungszusammenhänge von Profession und Organisation

Innerhalb dieses Abschnitts wird angestrebt, das Modell über komplexe Wirkungszusammenhänge der professions- und organisationsspezifischen Aspekte aus den beiden hier untersuchten Gesamtschulen anhand der ersten Überlegungen aus Kapitel 4.3 dieser Arbeit fortzuführen. Diese ersten Überlegungen beschäftigten sich mit der Frage, welche Verbindung zwischen den Dimensionen der professionellen Arbeit und denen der Organisationsstruktur bestehen. Hierbei wurde deutlich, dass sowohl technologisch als auch normativ geprägte professionelle Überzeugungen über die Wissensstruktur der empirischen Daten der Lernstandserhebungen eine Nutzung der Ergebnisse ermöglichen. Entscheidend für die Einbindung der Rückmeldung in die alltägliche unterrichtliche und schulische Arbeit stellte weiterhin die schulische Organisationsebene dar, indem eine Einbindung der Ergebnisse in (individuelle oder kollektive) Kontrollpraktiken und/oder eine kollektive Koordination der Maßnahme Lernstandserhebung innerhalb der Schule, der Fachgruppen oder bei verschiedenen Lehrkräften erfolgen muss. In den zu Beginn dieses Kapitels erstellten Auswertungen über die schulbasierten Nutzungstypen und Nutzungsmuster konnte dargelegt werden, dass diese Typen und Muster innerhalb der beiden Gesamtschulen nicht beliebig verteilt sind, sondern eine spezifische Verteilung aufzeigen; nicht geklärt werden konnte durch diesen Auswertungsschritt, welche strukturspezifischen Gegebenheiten auf die Ergebnisnutzung innerhalb der Schulen Einfluss nehmen. Um diesem Aspekt weiter nachzugehen wurden im Anschluss die Schulprofile beider Gesamtschulen dargestellt (s. Kapitel 5.1 und 5.2), mit denen die Frage verfolgt wurde, welche professionellen und schulorganisatorischen Strukturspezifika in den beiden Gesamtschulen vorliegen und Einfluss auf die Nutzung der empirischen Ergebnisse aus den Lernstandserhebungen nehmen.

Deutlich wurde mit den Schulprofilen, dass die **Gesamtschule A** eine relative Geschlossenheit innerhalb ihrer Zielvorstellungen in Bezug auf den Nutzen der Lernstandserhebungen aufweist (Ausnahme Fachgruppe Englisch), Eigenverantwortung, Zusammenarbeit im Kollegium und eigenständiger Datengebrauch gefördert und praktiziert werden sowie eine intensive Beschäftigung mit den Tests im Kontext der allgemeinen Reformen (Bildungsstandards, Kernlehrpläne etc.) stattfindet. Weiterhin wurde für die **Gesamtschule B** deutlich, dass kein einstimmiges Bild über die mit den Tests verbundenen Zielstellung nachgezeichnet werden kann, vielmehr ist die Rückmeldungsnutzung abhängig von den jeweiligen Fachgruppen bzw. von einzelnen Lehrkräften und die Fachkonferenzen werden zwar als Ort der Aushandlungen benannt, deren Beschlüsse häufig aber nicht als bindend betrachtet. Um diesen Unterschieden weiter nachzugehen, wird im Folgenden ein Vergleich der beiden hier untersuchten Gesamtschulen vorgestellt.

Methodisch basiert dieser Vergleich der beiden Schulen auf der so genannten Cross-Case Analysis, der die vorangegangenen Schulprofile und die daraus resultierenden Fallstrukturbeschreibungen zugrunde liegen (s. Kapitel 3.3.2). Beim diesem Vergleich (s. Kapitel 5.3.1) wird folglich auf diese Erkenntnisse zurückgegriffen und mit den Ergebnissen der Typenbildung zu professionellen und organisationalen Überzeugungen der befragten Lehrkräfte aus Kapitel 4 in Verbindung gebracht, um abschließende Überlegungen zum Modell über professions- und organisationsspezifische Wirkungszusammenhänge zu führen (s. Kapitel 5.3.2).

5.3.1 Schulprofilvergleich: Cross-Case Analysis

Kategorie 1: Allgemeine Überzeugungen zu Reformen und zur Lernstandserhebung

In der Zielstellung, die mit der Lernstandserhebung in Verbindung gebracht wird, unterscheiden sich die beiden Gesamtschulen leicht voneinander. Während die Schule A die Sicherung der Basiskompetenzen der Schüler im Blick hat und die Lernstandserhebung als ein Instrument einer objektiven Ergänzung ihrer Selbstwahrnehmung betrachtet, will die Schule B Defizite ihrer eigenen Arbeit identifizieren, die langfristig dazu beitragen sollen Veränderungen an ihrer Schule durchzusetzen. Die Schulleitung der Schule B unterscheidet sich vor allem darin, dass sie gegenüber ihren Kollegen unsicher ist, wie sie mit den Instrumenten umgehen soll und unklar ist, welche Konsequenzen ihnen gegenüber gezogen werden sollen. Ein weiterer Unterschied ist, dass innerhalb des Kollegiums der Schule A eine relativ homogene Einstellung gegenüber der Lernstandserhebung und den Reformen vorherrscht, und dass diese mit den Vorstellungen der Schulleitung übereinstimmen[94], wohingegen in der Schule B eher heterogene Vorstellungen zwischen den Fachgruppen bestehen und diese nicht immer mit den Vorstellungen der Schulleitung übereinstimmen:

Gesamtschule A	Gesamtschule B
▪ Standards und Kernlehrpläne werden als Bestandteil der Reformen wahrgenommen. ▪ Skepsis wegen Mehrarbeit und Unsicherheiten bei der Vergleichbarkeit der Ergebnisse. ▪ Es wird nicht deutlich, wie mit den ermittelten Defiziten umgegangen werden soll: Es fehlt an Zeit und Mitteln, Diagnosematerialien und Kompetenzen bei den Lehrkräften.	▪ Mathematik: Mit der LSE wird ein allgemeiner Wechsel in der Aufgabenkultur markiert; problematisch sind damit einhergehende Bürokratisierungstendenzen. ▪ Englisch: Pragmatisches Verständnis der LSE: Erzeugt viel Arbeit, muss dann auch genutzt werden; Paradigmenwechsel ist notwendig. ▪ Deutsch: Druck & Kontrolle durch LSE; Tests bringen Aufgabentypen für die Unterrichtsgestaltung näher.

Kategorie 2: Prozesse von den Ergebnisrückmeldungen

Beide Schulen bewerten die Durchführung der Lernstandserhebungen als unproblematisch. In der Schule B werden stärker als in der Schule A die Mehrarbeit und der nicht stattgefundene zeitliche Ausgleich kritisiert. Beide Schulen sind mit den (neuen) Aufgabenformaten, die innerhalb der Lernstandserhebung Anwendung finden und ein Umdenken innerhalb des Unterrichts markieren, vertraut; kritisiert wird in beiden Schulen vornehmlich von den Deutsch- und Englischlehrkräften, dass die Aufgaben auf den unteren Leistungsniveaus nicht genügend differenzieren. In beiden Schulen herrscht innerhalb dieser Fächer (besonders Deutsch) eine gewisse Unzufriedenheit in Bezug auf die Textauswahl vor, weil diese z.T. als zu schwierig und unzugänglich für die Schüler eingeschätzt werden. Die Korrekturvorgaben werden ebenfalls an beiden Schulen am stärksten durch die Deutsch- und Englischlehrkräfte kritisiert, da hier teilweise zu viel Spielraum bei der Auswertung gegeben ist. Bei der Schule A hat dies zu der Bemühung geführt, durch gemeinsame Absprachen besonders im Fach Deutsch zu einer Vergleichbarkeit auf Schulebene zu gelangen, wohingegen die Lehrkräfte der Schule B in den Fächern Deutsch und Englisch bei der zweiten Lernstanderhebung eher alleine korrigieren.

Kategorie 3: Wahrnehmung der Rückmeldungen – Rezeption, Reflexion und Handlung

Die Ergebnisumgang der beiden Schulen entscheidet sich in vielen Punkten und Ebenen voneinander: Zum einen betrifft dies z.T. die Intensität, mit der die Ergebnisse wahrgenommen, analysiert und in Handlungen überführt werden, zum anderen betrifft dies aber auch die Ebenen (Lehrkraft, informelle Gespräche, Jahrgangsteams, Fachkonferenzen), auf

---

[94] Allerdings scheint das Englischkollegium der Gesamtschule A am wenigsten informiert über die Reformen und die Lernstandserhebung, bemängelt am stärksten die Mehrarbeit und sieht wenig Sinn in der Maßnahme.

denen die Ergebnisse überhaupt besprochen werden. Neben diesen zwei Aspekten kommen noch unterschiedliche Umgangsprozesse innerhalb der Fächer Mathematik, Deutsch und Englisch hinzu: Zwischen den beiden Gesamtschulen sind zwar keine Ähnlichkeiten innerhalb der jeweiligen Fächer festzustellen, d.h. der Umgang mit den Ergebnisse in Deutsch gestaltet sich in Schule A anderes als in Schule B, allerdings lassen sich in den Schulen innerhalb der jeweiligen Fächer bei den Lehrkräften durchaus ähnliche Umgangsmuster finden. Dies lässt darauf schließen, dass fachgruppenspezifische Umgangsmuster mit den Ergebnissen innerhalb einer Schule existieren. Da diese aber zwischen den Schulen unterschiedlich sind, ist davon auszugehen, dass diese nicht allein auf eine Fachkultur, sondern wahrscheinlich auch durch einen schulorganisatorischen Faktor (u.U. Schulleitung und (fachgruppenspezifische) Kommunikationsstrukturen) beeinflusst werden. In den folgenden Tabellen wird zur Übersichtlichkeit der unterschiedliche Ergebnisumgang der beiden Gesamtschulen getrennt nach Ebenen (Schulleitung, Mathematik, Deutsch und Englisch) gegenübergestellt.

Wahrnehmung der Rückmeldungen auf der Ebene der Schulleitungen:

Gesamtschule A	Gesamtschule B
▪ Sie wollen eigenverantwortlichen Umgang mit den Rückmeldungen (Partizipation der Lehrkräfte) fordern. ▪ Viele Lehrkräfte nehmen sich nicht die nötigte Zeit, die Daten aufzubereiten, damit sie überhaupt mit ihnen arbeiten können. ▪ Ursachenanalysen werden in Fachgruppen getroffen. ▪ Parallelprozesse zwischen den Lernstanderhebungen und Umsetzung der Kernlehrpläne haben eingesetzt. ▪ Fortbildung zur Lese- und Kompetenzentwicklung.	▪ Umgang von Schulleitung vorstrukturiert: Ergebnisse im Vorfeld bearbeitet und dann auf der Fachkonferenz vorgestellt. ▪ Lehrkräfte sollen ihre Kurse auf Stärken und Schwächen analysieren. ▪ Differenzierungspraxis in Grund- und Erweiterungskurse wird als mögliche Ursache für die Ergebnisse gesehen. ▪ Nach der zweiten Lernstandserhebung: Gespräche mit Lehrkräften, deren Kurse schlechte (unterdurchschnittliche) Ergebnisse vorwiesen; nach der ersten Lernstandserhebung nichts unternommen.

Auf der Schulleitungsebene wird im Umgang mit der Lernstandserhebung eine Differenz zwischen **Eigenverantwortung & Partizipation** (A) vs. **hierarchische Ordnung & Kontrolle** (B) deutlich.

Wahrnehmung der Rückmeldungen auf der Ebene der Fachgruppe Mathematik:

Gesamtschule A	Gesamtschule B
▪ Rezeption: Ergebnisse sind eine Zusammenstellung statistischer Daten; die Vergleichsmöglichkeiten sind interessant; Gespräche in Jahrgangsteams über Ergebnisse; Fachkonferenz hat Gesamtergebnisse vorgestellt. ▪ Ursachen werden in der mangelhaften Sprachkompetenz gesehen und in der Stärke bzw. Schwäche der jeweiligen Jahrgänge. ▪ Handlung: Sprachkompetenzverbesse-	▪ Rezeption unterschiedlich (nur eigener Kurs vs. alle Fachergebnisse); Fachkonferenz hat Gesamtergebnisse vorgestellt. ▪ Ursachen in der Differenzierungspraxis in GK/EK; mangelndes Leseverständnis; im Erweiterungskurs viele Absprachen und paralleles Arbeiten; im Grundkurs teilweise Themen zu wenig behandelt. ▪ Handlung: Binnendifferenzierung, Textaufgaben üben, Lesekompetenzschwächen ausgleichen; jedes Jahr werden die nahezu

rung; intensive Arbeit mit Aufgabentypen, Förderstunden, Umsetzung der Kernlehrpläne und deren Realisierung im Unterricht.	identische Konsequenzen abgeleitet, weil sich die Ergebnisse einpendeln.

Auf der Ebene der Fachgruppe Mathematik können im Gegensatz zu den anderen Fachgruppen die stärksten Ähnlichkeiten festgestellt werden. Insgesamt gibt es hier die wenigsten Schwierigkeiten mit der Rezeption der Ergebnisse, die Ursachenanalyse ist auch für die Mathematiklehrkräfte schwierig; es können aber dezidierte Maßnahmen aufgrund der Ergebnisse benannt werden. Der Ergebnisumgang kann für beide Fachgruppen Mathematik mit einer **intensiven und differenzierten Ergebniswahrnehmung** beschrieben werden, die schnell in Maßnahmen überführt wird, dabei ist **Ursachenanalyse nebenrangig**.

Wahrnehmung der Rückmeldungen auf der Ebene der Fachgruppen Deutsch:

Gesamtschule A	Gesamtschule B
▪ Rezeption: Schülerebene ist weniger aussagekräftig als Kursebene: (Defizite von Gruppen); Individualdiagnostik ist kaum möglich.	▪ Rezeption: Lehrkräfte analysieren eigene Kursergebnisse; bräuchten mehr Zeit, um sich die Ergebnisse intensiver anzugucken.
▪ Ursachen liegen teilw. in Testkonstruktion, teilw. in unterrichtlichen Versäumnissen und sprachlichen Schwierigkeiten der Schüler.	▪ Fehlende Zeit für Ursachenanalyse; Tests haben Konstruktionsfehler; Gründe werden zum Teil in ihren Arbeitsweisen gesehen.
▪ Kollektive Handlungen: Förderbereiche diagnostizieren; Sprachförderung mit Fokus auf Migrationshintergrund; Wunsch nach Materialien und Diagnoseinstrumenten.	▪ Individuelle Handlungen: Binnendifferenzierung; Fachkonferenz-Beschlüsse wenig bindend; Hefte zur Vorbereitung auf LSE angeschafft; LSE-Vorbereitung wird ins Curriculum aufgenommen.

Der Ergebnisumgang innerhalb der Fachgruppe Deutsch ist sehr unterschiedlich. Während in der Schule A im Bereich Deutsch eine **intensive Rezeption und Reflexion** der Ergebnisse stattfindet, basieren die abgeleiteten Handlungen in der Schule B im Fach Deutsch aufgrund Zeitmangels auf einer **kürzeren Ergebniswahrnehmung und Ursachenanalyse**. Beide Fachgruppen leiten Handlungen ab, die Schule A durch gemeinschaftliche Absprachen auf einer **kollektiv gültigen Handlungsebene** und die Schule B aufgrund einer geringen Bindung an gemeinsame Beschlüsse eher auf der **individuellen Handlungsebene**.

Wahrnehmung der Rückmeldungen auf der Ebene der Fachgruppe Englisch:

Gesamtschule A	Gesamtschule B
▪ Bei der Rezeption liegt Fokus auf Schülern und eigenem Kurs; eine gemeinschaftliche Ergebnisrezeption wird nicht thematisiert.	▪ Für Kursergebnisrezeption sind Lehrkräfte verantwortlich; Ergebnisse sind weitestgehend durchschnittlich.
▪ Unsystematische Ursachenanalyse: Jeder trifft eigene Analysen für seinen Kurs, gemeinschaftliche Interpretation wird nicht erwähnt.	▪ Individuelle Ursachenbestimmung (z.B. Kurszusammensetzungen, Grammatikdefizite); auch Überlegungen untereinander: Informell unter den Kollegen und auf FK-Ebene.
▪ Individuelle Handlungen werden abgeleitet: z.B. mehr Grammatik, Wortschatz,	▪ Individuelle Handlungen z.B. mehr Grammatik; FK-Beschlüsse werden nicht

Vokabeltraining; allg. Defizite wiederholen, z.T. Wunsch nach mehr Zusammenarbeit.	deutlich gemacht, aber von anderen Absprachen berichtet.

Die Fachgruppe Englisch zeigen zwar starke Ähnlichkeiten in ihrem Umgang mit den Ergebnissen, indem sie sich sehr auf die eigenen Kurse und Schüler bei der Rezeption der Ergebnisse konzentrieren und die Ursachenanalyse auch sehr auf die Bedingungen in ihren Kursen konzentrieren. Sie unterscheiden sich allerdings in Bezug auf die abzuleitenden Handlungen, die von den Englischlehrkräften der Schule B stärker durch gemeinsame Absprachen geprägt dargestellt werden. Insgesamt dominiert aber bei beiden Fachgruppen eine **individuell geprägte Rezeption und Reflexion** der Rückmeldungen, deren Handlungen einmal stärker einer Absprache unterzogen werden (B) und einmal den Lehrkräften für ihren Unterricht und ihre Kurse selbst überlassen bleiben (A).

Kategorie 4: Entscheidungen den (eigenen) Unterricht betreffend

Eine Änderung des Unterrichts aufgrund der Reformen (besonders zentrale Abschlussprüfungen) ist für beide Schulleitungen von Bedeutung. Sie unterscheiden sich aber in der Art und Weise, wie diese Veränderungen aussehen sollen und wie diese Veränderungen aus Sicht der Schulleitung bei den Lehrkräften aufgenommen werden. Die Schulleitung der Schule A sieht die Wandlung darin, dass prozessbezogene Kompetenzen und operationalisierbare Lernziele die alten Lehrziele ersetzen sollen, die Schule B darin, dass heterogene Lerngruppen und Schüler-Schüler-Kommunikation und -Interaktion im Unterricht gefördert werden sollen. In den einzelnen Fachgruppen werden die Veränderungen des Unterrichts entweder gemeinschaftlich, individuell oder gar nicht in Erwägung gezogen. In der folgenden Übersicht sind die unterschiedlichen Ansichten der Lehrkräfte getrennt nach Fachgruppen dargestellt:

Gesamtschule A	Gesamtschule B
▪ Mathematik: Aufgabenformate und kooperatives Arbeiten vermehrt einbringen, Umsetzung der Kernlehrpläne realisieren. ▪ Wenig Zeit, um Defizite zu wiederholen. ▪ Gemeinsame Absprachen über den Unterricht.	▪ Mathematik: Veränderungen erfolgen aufgrund der Reformen und nicht aufgrund der LSE-Ergebnisse. ▪ Neue Aufgabenkultur wird durch LSE auf breitere Basis gestellt, d.h. unter Kollegen werden die Aufgaben bekannter.
▪ Deutsch: Reformen gehen stark ein – eigenständiges Lernen fördern; Binnendifferenzierung aufgrund der Klassengrößen schwierig. ▪ LSE-Anregungen werden integriert, es wird versucht, Defizite zu wiederholen (es bleibt aber wenig Zeit). ▪ Gemeinsame Absprachen über Unterricht.	▪ Deutsch: Unterricht steht in der Verantwortung der einzelnen Lehrkräfte, wenige Absprachen. ▪ Fachkonferenz-Vorsitzende sieht Veränderungen als selbstverständlich an. ▪ Individuell werden kaum Veränderungen aufgrund der Reformen benannt.
▪ Englisch: Lernstandserhebungen haben keinen Einfluss; Zusammenhang zwischen Unterricht und Reformen wird nicht thematisiert. ▪ Wenige Absprachen über den Unterricht;	▪ Englisch: Großer Einfluss der Reformen auf den Unterricht wird berichtet: mehr Grammatik und weniger Konversation lehren, d.h. Grundlagen müssen mehr geübt werden.

Bücherangebot nicht ausreichend; Unterricht liegt im Ermessen der Lehrkraft (individueller Umgang).	• Geeignetes Material wird selbst zusammengestellt; Bücherangebot ist nicht ausreichend → (informelle) Absprachen über Unterricht.

Bei der Umsetzung der Reformen und Lernstandserhebungen im Unterricht sind die Fachgruppen Mathematik beider Gesamtschulen, die Fachgruppe Deutsch (A) und die Fachgruppe Englisch (B) auf individueller als auch auf kooperativer, kollektiver Ebene weit fortgeschritten. Die wenigsten Umsetzungen bzw. Verbindungen zu den Reformen werden von den Fachgruppen Englisch (A) und Deutsch (B) vorgenommen.

Kategorie 5: (Kenntnisse über) Entscheidungen der Schulleitung

Beide Schulleitungen sehen sich verantwortlich für die Umsetzung der Reformen und der Lernstandserhebungen an ihren Schulen, wobei die <u>Schule A</u> die Verantwortung hauptsächlich auf der Ebene der didaktischen Leitung belässt, die <u>Schule B</u> dagegen sowohl den Schulleiter als auch die didaktische Leiterin einbezieht. Insgesamt zeigt sich bei der Gesamtschule A sehr deutlich der **dezentrale Führungsstil**, der stärker die Verantwortung an die einzelnen Lehrkräfte bzw. Fachgruppen abgibt (Einbindung aller Lehrkräfte durch uneingeschränkten Zugriff auf alle Ergebnisse). In der <u>Schule B</u> herrscht Unsicherheit in Bezug auf den Umgang mit den Ergebnissen in Hinblick auf die Lehrkräfte, da sich die Schulleitung im Zwiespalt zwischen »Vorgesetztem und Kollegen« sieht. Bei der <u>Gesamtschule B</u> zeigt sich eher ein **zentraler Führungsstil**, bei dem die Führung und Kontrolle der Maßnahme auf der Schulleitungsebene verbleibt (Vorstrukturierung der Ergebniswahrnehmung durch die Schulleitung; Gespräche mit Lehrkräften aufgrund von Kursergebnissen). Teilweise sehen sich die Lehrkräfte der <u>Schule B</u> in einer Rechtfertigungsposition gegenüber der Schulleitung. Kritikpunkte sind in beiden Schulen der wenige zeitliche Ausgleich für die Mehrarbeit, wobei dieser in <u>Schule A</u> stärker in der Fachgruppe Englisch und in der Schule B stärker in der Fachgruppe Deutsch formuliert wird.

Kategorie 6: (Überzeugungen zur) Zusammenarbeit im Kollegium

Die Zusammenarbeit wird von den Schulleitungen der beiden Gesamtschulen unterschiedlich thematisiert. Die <u>Schule A</u> sieht ein kommunikatives Kollegium, das sehr viel Transparenz untereinander zulässt; die <u>Schule B</u> geht davon aus, dass durch die Reformen (und besonders auch durch die Lernstandserhebungen) wieder mehr Gespräche geführt werden konnten. Die <u>Schule A</u> sieht Defizite vor allem in nicht ausreichend ausgebildeten diagnostischen und methodischen Kompetenzen der Lehrkräfte, die über Fortbildungen erweitert werden müssen. Die <u>Schule B</u> sieht Defizite vor allem im Bereich der Zusammenarbeit in den Fachkonferenzen und der systematischen Analyse der Ergebnisse, die durch Ansprachen der Wichtigkeit der Lernstandserhebungen für Schulentwicklungsprozesse deutlich gemacht werden sollen. In den einzelnen Fachgruppen lässt sich folgende Zusammenarbeit beschreiben:

Gesamtschule A	Gesamtschule B
■ Mathematik: Offenheit, Zusammenarbeit, Absprachen über Unterrichtsinhalte, -reihenfolgen und Bewertungsschemata. ■ Jahrgangsteams und Fachkonferenz beschäftigen sich mit Lernstandserhebungen, Kernlehrplänen usw. ■ Konsequenzen werden in kleinen Gruppen (Jahrgangsteams) besprochen.	■ Mathematik: Neue Verpflichtungen führen zu weniger inhaltlicher Zusammenarbeit, wonach aber Bedarf besteht; Konsequenzen aus LSE ziehen, wird als wiederkehrender Zwang erlebt. ■ Gemeinsame Entscheidungen werden getroffen; ob sich alle daran halten, ist nicht sicher. ■ Fachkonferenz-Beschluss zu LSE: z.B. mehr Textaufgaben einbinden.
■ Deutsch: Zusammenarbeit bestand vorher, aber durch Lernstandserhebung weiter angeregt und soll noch verbessert werden (Effektivität erhöhen). ■ Gemeinsame Absprachen um Vergleichbarkeit der Leistungen zu erhöhen, besonders in Hinblick auf die Umsetzung der Kernlehrpläne. ■ Jahrgangsteams und Fachkonferenz beschäftigen sich mit Lernstandserhebungen und Resultate werden auch in andere Arbeitszusammenhänge übertragen. ■ Es gab Fachkonferenz-Beschluss: Fachtag über Förderkonzepte.	■ Deutsch: Für Zusammenarbeit bleibt aufgrund anderer Verpflichtungen durch die Reformen zu wenig Zeit. ■ Zusammenarbeit eher „Inselhaft", d.h. wenn es sich zwischen Einzelnen ergibt. ■ Fachkonferenz ist zuständig sich Strategien aufgrund der Lernstandsergebnisse zu überlegen. Welche das sind, kann von den Lehrkräften nicht weiter thematisiert werden. ■ Fachkonferenz-Vorsitzende hat ein Ergebnispaper mit Konsequenzen erarbeitet.
■ Englisch: Z.T. bürokratisches Verständnis, informelle Absprachen zw. einzelnen Lehrkräften oder keine gemeinsamen Absprachen werden getroffen. ■ Auf der Fachkonferenz wurden die Ergebnisse vorgestellt.	■ Englisch: Rege informelle & formelle Kommunikation; gemeinsame Absprachen & Beschlüsse werden getroffen; Umsetzung ist nicht sicher gestellt. ■ Auf der Fachkonferenz wurden die Ergebnisse vorgestellt.

Bei der Zusammenarbeit zeigt sich ein ähnliches Bild wie bei der Umsetzung der Reformen im Unterricht. Gemeinsame Absprachen über Inhalte, Aufgabenformate, Bewertungsschemata, Materialen usw. sind besonders ausgeprägt in den Fachgruppen Mathematik (A&B), Deutsch (A) und Englisch (B), wohingegen die Reformen in Deutsch (B) und Englisch (A) wenig bis keine Anregungen innerhalb der Fachgruppen ausgelöst haben bzw. auf keine bereits ausgeprägten Kommunikationsstrukturen getroffen sind.

Kategorien 7 & 8: Arbeit mit Schülern & Kontakt mit Eltern (aufgrund der Ergebnisse)

Hier liegen für beide Gesamtschulen nur wenige Aussagen vor. Auffällig ist, dass innerhalb der Schule A von einer hohen Motivation der Schüler in Bezug auf die Lernstandserhebung berichtet wird, wohingegen die Lehrkräfte der Schule B hauptsächlich über Defizite ihrer Schüler sprechen (mangelnde Konzentrationsfähigkeit, Lernmotivation, sprachliche Schwierigkeiten). Den Eltern wird an beiden Schulen nur ein geringes Interesse an den Ergebnissen attestiert, aber auch in Bezug auf die allgemeine Arbeit an der Schule.

Vergleich der Längsschnittperspektiven

Ein Vergleich der Längsschnittperspektiven aus beiden Gesamtschulen ist aufgrund der unterschiedlichen Stichprobenzusammensetzungen schwer zu realisieren. Allgemein kann festgehalten werden, dass in beiden Schulen zwar der Umgang mit der Maßnahme routinierter geworden ist, dass aber in beiden Schulen aufgrund der hohen Arbeitsbelastung und der Nichterfüllung von Erwartungen in die Lernstandserhebungen die Haltung negativer geworden ist. Angedeutet wird auch in <u>Gesamtschule B</u>, was in der <u>Gesamtschule A</u> durch den Längsschnitt deutlich wird, dass eine stärkere Einbindung der neuen Aufgabenformate durch die Beschäftigung mit der Lernstandserhebung stattfindet und damit z.T. auch Veränderungen der Unterrichtsmethoden und -inhalte (Kernlehrpläne) verbunden sind.

Resümee für den Vergleich der beiden Gesamtschule A und B

Insgesamt können aus dem Vergleich beider Gesamtschulen in Bezug auf die Frage, welche professionellen und schulorganisatorischen Strukturspezifika vorliegen und Einfluss auf die Nutzung der empirischen Ergebnisse aus den Lernstandserhebungen nehmen, folgende Punkte für die weitere Verwendung festgehalten werden:

In der Schule A gibt es homogene Vorstellungen darüber, was mit der Lernstandserhebung erreicht werden kann bzw. soll; in der Schule B ist das Bild abhängig von der jeweiligen Fachgruppe.
Innerhalb der Durchführung der Lernstandserhebungen unterscheiden sich die beiden Schulen kaum voneinander. Unterschiede existieren vor allem auf der Ebene des Ergebnisumgangs, d.h. auf welchen Ebenen (Lehrkraft, informelle Absprachen, Jahrgangsteams, Fachkonferenz) die Daten rezipiert, reflektiert und in Maßnahmen umgewandelt werden: ■ Innerhalb der Schule A liegt eine ausgeprägte Absprache- und Kommunikationskultur vor, d.h. hier werden Absprachen über gemeinsame Korrekturen und den Umgang mit den Ergebnissen getroffen, darüber, welche Ursachen die Ergebnisse haben und darüber, welche Konsequenzen aus ihnen abzuleiten sind (Ausnahme scheint die Fachgruppe Englisch zu sein). ■ Innerhalb der Schule B liegt eine geringer ausgeprägte Absprache- und Kommunikationskultur vor, wobei große Unterschiede zwischen den Fachgruppen existieren: Im Mathematikkollegium sind Absprachen am stärksten, in Englisch eher auf informeller Ebene und in Deutsch am wenigsten vorzufinden.
Neben fach(gruppen)kulturellen Faktoren nehmen auch schulorganisatorische Faktoren Einfluss auf die Art und Weise des Ergebnisumgangs: Die Gesamtschule A zeichnet sich durch einen dezentralen (Eigenverantwortung & Partizipation) und die Gesamtschule B durch einen zentralen Führungsstil (hierarchische Ordnung & Kontrolle) aus; die Fachgruppen Mathematik beider Schulen sind sich am ähnlichsten in ihrem auf Fachkonferenzebene beruhende Ergebnisumgang, wohingegen die Fachgruppen Deutsch sich am stärksten durch ihren kollektiven bzw. individuellen Ergebnisumgang voneinander unterscheiden.
Die Umsetzung der Lernstandserhebungen (und Reformen) ist stark von den oben genannten Faktoren abhängig, d.h. wie sich der Führungsstil der Schulleitung und wie sich der Kommunikations- und Arbeitsstil der Fachgruppen gestaltet. Der Kommunikations- und Arbeitsstil der Fachgruppen zeigt ebenfalls Zusammenhänge zur Art und Weise der Umsetzung der Reformen und Lernstandserhebungen im Unterricht: ■ Ausgeprägte Zusammenarbeit, Kommunikation und gemeinsame (FK-)Beschlüsse – wie in den Fachgruppen Mathematik (A&B), Deutsch (B) und Englisch (A) – führen eher dazu, dass die rückgemeldeten Ergebnisse beachtet und in Handlungsmodelle überführt werden, die

	sich im Unterricht niederschlagen.
▪	Individuell ausgeprägte Kommunikationsformen (informelle Absprachen), wenig gemeinsame Absprachen über Unterrichtsinhalte und -formen und wenige (FK-)Beschlüsse – wie in den Fachgruppen Englisch (A) und Deutsch (B) – führen nur sehr vereinzelt zu (individuellen) Handlungsmodellen aufgrund der rückgemeldeten Ergebnisse und Reformen.

5.3.2 Modell professions- und organisationsspezifischer Zusammenhänge

Die Verbindung der beiden Auswertungsschritte, wie sie in Kapitel 3.3 dieser Arbeit beschrieben wurden, stellt sich zunächst auf der methodischen Ebene durch die Verwendung des Softwareprogramms MAXqda in der Kreuzung der Dimensionen professioneller Arbeit (Wissensstruktur und Zentralwert) und denen der Organisationsstruktur (Kontrolle und Koordination) mit den Kategorien der qualitativen Inhaltsanalyse (Kategorie 1 bis 8) wie in nachfolgend abgebildeten Tabelle dar. Die inhaltsanalytischen Kategorien von 1 bis 8 sind in Kapitel 3.3.2 näher beschrieben und werden an dieser Stelle nur dann mit ihrem Label ausgeführt, wenn die jeweilige inhaltsanalytische Kategorie einen Schwerpunkt innerhalb einer der untersuchten Dimensionen der professions- und organisationstheoretischen Analyse hat. Bei Tabelle 18 handelt es sich um die Kreuzung beider Kategoriensysteme, die inhaltliche Überschneidungen der beiden Auswertungsschritte verdeutlichen soll, d.h. wo die inhaltlichen Übereinstimmungen liegen.

Tabelle 18: Kreuzung der professions- und organisationsspezifischen Dimensionen mit den Kategorien der qualitativen Inhaltsanalyse

	Wissensstruktur		Zentralwert		Kontrolle		Koordination	
	techno-logisch	normativ	operatio-nal	positio-nell	autonom	hetero-nom	kollektiv	indivi-duell
Kate-gorie 1	29 Kodes		76 Kodes		51 Kodes		17 Kodes	
	12	17	35	41	10	41	15	2
Kate-gorie 2	12 Kodes		12 Kodes		11 Kodes		29 Kodes	
	7	5	9	3	3	8	24	5
Kate-gorie 3	88 Kodes		24 Kodes		33 Kodes		27 Kodes	
	50	38	14	10	25	8	15	12
Kate-gorie 4	17 Kodes		19 Kodes		21 Kodes		8 Kodes	
	12	5	15	4	14	7	4	4
Kate-gorie 5	3 Kodes		7 Kodes		16 Kodes		11 Kodes	
	1	2	6	1	7	9	5	6
Kate-gorie 6	13 Kodes		5 Kodes		13 Kodes		83 Kodes	
	7	6	2	3	6	7	66	17
Kate-gorie 7	28 Kodes		15 Kodes		9 Kodes		4 Kodes	
	6	22	12	3	8	1	3	1
Kate-gorie 8	2 Kodes		2 Kodes		--		2 Kodes	
	-	2	1	1	--	--	2	--

Deutlich werden in dieser Tabelle folgende inhaltliche Überschneidungen der Auswertung:
- Die hauptsächliche inhaltliche Überschneidung bei der professionstheoretischen Dimension der **Wissensstruktur** bei der inhaltsanalytischen Kategorie 3: „Wahrnehmungen der Rückmeldungen (Rezeption, Reflexion, Handlung)" liegt.

- Die vorwiegende inhaltliche Überschneidung bei der professionstheoretischen Dimension des **Zentralwerts** bei der inhaltsanalytischen Kategorie 1: „Allgemeine Überzeugungen zu Reformen und zur Lernstandserhebung" liegt.
- Die inhaltlichen Überschneidungen bei der organisationstheoretischen Dimension der **Kontrolle** bei den inhaltsanalytischen Kategorien 1: „Allgemeine Überzeugungen zu Reformen und zur Lernstandserhebung" und 3: „Wahrnehmung der Rückmeldungen (Rezeption, Reflexion, Handlung)" liegen.
- Die hauptsächliche inhaltliche Überschneidung bei der organisationstheoretischen Dimension der **Koordination** bei der inhaltsanalytischen Kategorie 6: „(Überzeugungen zur) Zusammenarbeit im Kollegium" liegt.

Zu beachten bleibt, dass die Kodes zwar eine Richtung markieren, dass aufgrund der fehlenden Definition der Code-Länge aber keine direkte Aussage über die Häufigkeit des Auftretens, sondern darin vielmehr eine Tendenz abgelesen werden kann. Nachfolgend werden für die vier Dimensionen der professions- und organisationstheoretischen Analyse des empirischen Materials die oben genannten inhaltsanalytischen Kategorien zur weiteren Beschreibung herangezogen und schulspezifisch ausgewertet.

Verbindung der professionstheoretischen Dimension der Wissensstruktur und der Wahrnehmung der Ergebnisse in Gesamtschule A und der Gesamtschule B:

Anhand der unten dargestellten Tabelle wird in Bezug auf die Fragestellung, welche professionellen und organisationalen Strukturen bei der Datennutzung Einfluss nehmen, deutlich, dass nicht die Interpretation der rückgemeldeten Ergebnisse – wie es durch die Dimension der Wissensstruktur abgebildet wird – allein verantwortlich ist, welche Konsequenzen aus den Tests gezogen werden. Eine technologische Auslegung der Rückmeldungen scheint zwar eine affirmative Wirkung zu habe, allerdings ist auch eine normative Verständigung über die Bedingungen des professionellen Handelns eine Möglichkeit, Konsequenzen für die Unterrichts- und Schulentwicklung zu ziehen. Eine rein normative Interpretation der Wissensstruktur der Rückmeldungen setzt allerdings einen Fokus, der eher die Rahmenbedingungen als die eigenen Einflussmöglichkeiten thematisiert. Hierbei kann die Gefahr bestehen, dass eigene Handlungsmöglichkeiten nicht angesprochen werden, weil die Ursachen nicht im eigenen Handeln gesehen werden (wollen); dies muss aber nicht das Resultat einer normativen Datenauslegung sein. In Bezug auf die Unterschiede der beiden Gesamtschulen wird deutlich, dass der Führungsstil der Schulen (A: dezentral und B: zentral) Auswirkungen auf den Umgang mit den Rückmeldungen besitzt: Innerhalb der Schule A fördert die auf Eigenverantwortung und Selbständigkeit angelegte Datennutzung einen solchen Umgang, d.h. die meisten Fachgruppen (bis auf Englisch) gehen intensiv auf die Rückmeldungen ein, allerdings haben sie z.T. Schwierigkeiten bei der Ursachenanalyse und der Umsetzung in weiterführende Handlungen. Die von der Schulleitung der Gesamtschule B thematisierte Unsicherheit und die hierarchisch strukturierte Informations- und Entscheidungsvermittlung führt dagegen eher zu einem bürokratisch-administrativen Umgang mit den Vorgaben der Tests und deren mit Berichterstattung.

	Gesamtschule A	Gesamtschule B
Wissens-struktur	▪ Technologische und normative Interpretation der Ergebnisse sind ausgewogen. ▪ Professionelles Handeln orientiert sich an den Möglichkeiten sowohl Kausalattributionen als auch eine normative Verständigung über die Bedingungen ihres Handelns vorzunehmen.	▪ Normative Interpretation der empirischen Daten überwiegt innerhalb der Schule. ▪ Professionelles Handeln orientiert sich eher an den Bedingungen seines Handelns und eine gemeinsame bzw. individuelle Verständigung über die Ergebnisse überwiegt.
Ergeb-niswahr-nehmung: Rezeption Reflexion Handlung Evaluation	▪ Fachspezifische Unterschiede; es überwiegt aber eine systematische Rezeption. ▪ Schulleitung: Eigenverantwortung und Partizipation. ▪ Mathematik: Intensive und differenzierte Ergebniswahrnehmung, Ursachenanalyse ist nebenrangig. ▪ Deutsch: Intensive Rezeption und Reflexion mit einer kollektiv gültigen Handlungsebene. ▪ Englisch: Dominanz einer individuellen Rezeption und Reflexion mit individuellen Konsequenzen für den eigenen Unterricht und eigene Strategien.	▪ Fachspezifische Unterschiede; vorwiegend Rezeption auf Kursebene (außer Mathematik). ▪ Schulleitung: Hierarchische Ordnung und Kontrolle. ▪ Mathematik: Intensive und differenzierte Ergebniswahrnehmung, Ursachenanalyse ist nebenrangig. ▪ Deutsch: Verkürzte Ergebniswahrnehmung und Ursachenanalyse mit einer stärkeren individuellen Handlungsebene. ▪ Englisch: Dominanz einer individuellen Rezeption und Reflexion mit Absprachen über Handlungsstrategien und -modelle.

Verbindung der professionstheoretischen Dimension des Zentralwerts und den allgemeinen Überzeugungen zu den Reformen und der Lernstandserhebung in Schulen A und B:

Anhand dieses Vergleichs wird deutlich, dass die Auslegung der zentralen Problemstellung der Lernstandserhebung und den damit in Verbindung stehenden Reformen (Bildungsstandards, Kernlehrpläne, zentrale Abschlussprüfungen) einen starken Stellenwert in Bezug auf die Datennutzung einnimmt. Eine operationale Auslegung der Tests, d.h. die Auffassung, dass Schülerleistungen und unterrichtliche Ziele messbar bzw. präzisierbar sind, fördert eine intensive Auseinandersetzung mit den Rückmeldungen und die daran anschließende Ursachenanalyse. Wohingegen eine positionelle Auslegung des Zentralwerts der Lernstandserhebungen die statistische Differenz von Schülerleistungen und Schulen (Position in einem Ranking) sowie eine am Status des Lehrerberufs orientierte Auslegung fokussieren. Mit dieser positionellen Auslegung wird – wie zum Teil auch bei der normativen Auslegung der Datenstruktur der Rückmeldungen – eine an nicht beeinflussbaren Rahmenbedingungen orientierte professionelle Handlungsweise sichtbar, die Konsequenzen von Gesellschaft und Politik, aber nicht von der Schule selbst bzw. deren Lehrkräften erwartet. In der Schule B führt die positionelle Auslegung des Zentralwerts dazu, dass vielen Lehrkräften nicht deutlich ist, was sie mit den Rückmeldungen anfangen sollen bzw. welche Zielstellung damit verfolgt wird. Aufgrund der nicht einheitlichen Vorstellung über die schulisch bzw. unterrichtlich verfolgte Zielstellung der Lernstandserhebung an der Schule B kann vermutet werden, dass die Kommunikation bzw. Informationsvermittlung zwischen der Schulleitung, den Fachgruppen und einzelnen Lehrkräften nicht eindeutig funktioniert.

	Gesamtschule A	Gesamtschule B
Zentralwert	▪ Es dominiert eine operationale Interpretation des Zentralwerts, d.h. der mit den Tests verbundenen Problemstellung. ▪ Rückmeldungen sind Resultat messbarer (Leistungs-)Indikatoren, auf die sie Einfluss durch ihre unterrichtliche und schulische Arbeit haben und die sie vor Ort an ihre Bedürfnisse anpassen wollen. ▪ Unterrichtliche und schulische Handlungen werden am Prozess ausgerichtet und an messbaren Kriterien beurteilt.	▪ Es dominiert eine positionelle Interpretation des Zentralwerts, d.h. die in den Tests gesehene Problemstellung. ▪ Rückmeldungen werden als statistische Differenz zw. Schülern und Schulen ausgelegt, die durch von ihnen nicht beeinflussbare gesellschaftliche Rahmenbedingungen bestimmt werden. ▪ Legitimation professionellen Handelns an Position und Status als Lehrkraft erzeugt Statik in den Handlungen.
Allg. Überzeugungen zu den Reformen und zur LSE	▪ Sicherung der Basiskompetenzen der Schüler zur Sicherung ihrer Abschlüsse (Verortet als Schule des Standorttyps 1). ▪ Größtenteils gemeinsame Vorstellungen über das Erreichen von Zielen mit den Rückmeldungen zwischen Schulleitung und Kollegium (Ausnahme z.T. Englisch). ▪ Standards und Kernlehrpläne stehen im engen Zusammenhang mit den Tests. ▪ Teilweise ist ihnen nicht ganz deutlich, wie mit den ermittelten Defiziten umgegangen werden soll.	▪ Identifizierung von Defiziten, denen methodisch-didaktisch begegnet werden soll (Verortung Standorttyp 2). ▪ Unsicherheit der Schulleitung, wie sie mit den Ergebnissen gegenüber dem Kollegium umgehen sollen (sollen Gespräche geführt werden?) → teilw. empfundene Kontrolle im Kollegium. ▪ Hauptsächlich wird mit den Tests ein Wechsel in der Aufgabenkultur deutlich gemacht, die hilfreich in der Umsetzung von anderen Aufgaben im eigenen Unterricht ist.

Verbindung der organisationstheoretischen Dimension der Kontrolle mit den allgemeinen Überzeugungen zu den Reformen und der Lernstandserhebung und den Wahrnehmungen der Ergebnisse in beiden Schulen:

Wie bereits durch die Doppelung bei der Kreuzung der Auswertungsebenen deutlich wird, steht die Dimension der Kontrolle durch ihre Überschneidung mit der Inhaltskategorie »Allg. Überzeugungen zu den Reformen und der Lernstandserhebung« in einem Zusammenhang mit der Dimension des Zentralwerts. Die Auslegung des Zentralwerts und die Integration der Ergebnisrückmeldungen in bisherige individuelle bzw. kollektive Kontrollpraktiken weisen inhaltliche Überschneidungen auf, da mit beiden die Frage nach Affirmation oder Widerstand gegenüber der Maßnahme und den Reformen verbunden ist. Bei der

Dimension der Kontrolle wird durch die autonome Integration ein Vorgehen beschritten, das es ermöglicht die Ergebnisse in Relation zu bereits bestehenden Kontrollpraktiken (wie Klassen- und Parallelarbeiten, eigenen/kollektiven Bewertungsschemata, Differenzierungs-praktiken etc.) zu setzen, wohingegen diese Integration bei der als heteronom empfundenen Kontrolle nicht stattfinden kann. Diese heteronome Kontrolle findet sich vor allem in der Schule B, die den Fokus auf die Mehrbelastung und die Kontrollmechanismen (z.B. öffent-liche Rankings, schulinterne Öffentlichkeit der Ergebnisse, Einblick der Schulleitung in Ergebnisse) durch die Lernstandserhebungen legt. Zu beachten bleibt, dass der zentrale Führungsstil der Schule B nicht zu einem einheitlichen Bild der Lehrkräften führt, wie die Integration der Ergebnisse stattfinden kann. Die Schule A zeigt unter dem dezentralen Füh-rungsstil homogene Vorstellungen, wie eine Integration funktionieren kann: Hier wird vor allem auf gemeinsame Ziele rekurriert (Sicherung der Basiskompetenzen der Schüler und Erreichen der zentralen Abschlüsse).

	Gesamtschule A	Gesamtschule B
Kontrolle	• Es dominiert eine als autonom ausgelegte Kontrolle durch die Tests. • Die Lernstandserhebungen wer-den zur informativen Unterstüt-zung für eigenständige Mecha-nismen der Kontrolle. • Rückmeldungen werden als Option wahrgenommen, um eine individuelle bzw. kollektive In-tegration der Ergebnisse in bishe-rige Praktiken (Klassenarbeiten, Unterricht) vorzunehmen.	• Es dominiert eine heteronom empfundene Kontrolle durch die Rückmeldungen. • Nehmen die Lernstandserhe-bung überwiegend als einen fremden Eingriff in ihre eige-nen Kontrollpraktiken wahr. • Ergebnisse können nur wenig bzw. bedingt in individuelle bzw. kollektive Beurteilungs-schemata übernommen werden. • Es entsteht teilweise Wider-stand gegenüber der Maßnah-me.
Allg. Überzeu-gungen zu den Reformen und zur LSE	• Reformen sollen vor Ort den schulischen Bedürfnissen ange-passt werden; Reformen dürfen diese Arbeit nicht einengen. • Homogenes Bild innerhalb der Schule über die mit den Tests verbundenen Zielstellungen: Standards und Kernlehrpläne werden als Bestandteil der Re-formen wahrgenommen, um ih-ren Ist-Zustand zu ermitteln und ggf. zu verändern. • Um das neue Denken umzuset-zen, fehlt es den Lehrkräften teilweise an Diagnosekompeten-zen, die sie über Fortbildungen ergänzen wollen, um früher De-fizite festzustellen und auszug-leichen.	• Reformen werden als einen-gend für die eigene Arbeit empfunden; es wird ein Fokus auf die zeitliche Mehrbelastung durch die Tests gelegt. • Schulleitung ist unsicher, welche Konsequenzen sie ge-genüber den Lehrkräften einlei-ten sollen und die Lehrkräfte empfinden z.T. Kontrolle durch die Schulleitung. • Stärkere fachgruppenbezogene Differenzierung, was die mit den Tests verbundene Zielstel-lung angeht: z.T. Orientierung an neuen Aufgabenstellungen oder viel Mehrarbeit durch Tests, die keine Resultate er-zielt.

Verbindung der organisationstheoretischen Dimension der Koordination mit den (Überzeugungen zur) Zusammenarbeit im Kollegium in der Schule A und der Schule B:

Die Dimension der Koordination der Rückmeldungen innerhalb der schulischen Organisationsstruktur steht in einem inhaltlichen Zusammenhang zu den (Überzeugungen zur) Zusammenarbeit in Kollegium. Hierbei wird bei beiden Gesamtschulen deutlich, dass eine kollektive Umgangsweise mit den Rückmeldungen präferiert wird. Inhaltlich unterscheidet sich diese Zusammenarbeit allerdings voneinander. Die Schule A fördert die Zusammenarbeit und baut sie aus, indem die Anzahl der Fachkonferenzen erhöht wird. Hierbei beleibt zu beachten, dass das Englisch-Kollegium dieser Schule diese Förderung kaum berichtet und kritisiert, dass wenig (inhaltliche) Zusammenarbeit stattfindet. Die Schulleitung der Schule B dagegen kritisiert, dass die Zusammenarbeit aufgrund der Auseinandersetzung mit den Lernstandserhebungen in den einzelnen Fachkonferenzen nicht zu nachhaltigen Konsequenzen geführt hat. Ein Blick auf die Arbeit der Fachkonferenzen der Schule B zeigt, dass eher die Erfüllung der administrativen Vorgaben der Lernstandserhebung in den Vordergrund gestellt wird, als die inhaltliche Weiterentwicklung des Unterrichts oder der Schule. Im Vergleich der beiden Schulen kann festgehalten werden, dass eine inhaltliche Zusammenarbeit nicht durch eine administrativ-bürokratischen Arbeitsteilung erreicht wird, sodass gemeinsame Vorstellungen über Zielsetzungen, die mit den Rückmeldungen in Verbindung gesetzt werden, und ein Abgleich individueller und auch kollektiver Bewertungsschemata möglich wird, um gemeinsame Handlungsstrategien und -modelle für die Zukunft des Unterrichts und der Schule zu entwickeln.

	Gesamtschule A	**Gesamtschule B**
Koordination	▪ Es dominiert eine kollektive Umgangsweise, d.h. Zusammenarbeit mit den Rückmeldungen und den Tests. ▪ Rückmeldungen werden für einen gemeinsamen Entscheidungsprozess im Kollegium genutzt. ▪ Bedeutung der Daten liegt auf der Ebene der Unterrichtsentwicklung, aber auch auf bei der Schulentwicklung.	▪ Es dominiert ebenfalls eine kollektive Umgangsweise, d.h. Zusammenarbeit mit den Rückmeldungen und den Tests. ▪ Rückmeldungen werden für einen gemeinsamen Entscheidungsprozess im Kollegium genutzt. ▪ Bedeutung der Daten liegt auf der Ebene der Unterrichtsentwicklung, aber auch auf bei der Schulentwicklung.
(Überzeugungen zur) Zusammenarbeit im Kollegium	▪ Schulleitung erweitert Möglichkeiten der Zusammenarbeit aufgrund der Reformen. ▪ Fachspezifische Unterschiede bei der Zusammenarbeit im Kollegium. ▪ Mathematik- und Deutsch-Kollegien berichten intensive Zusammenarbeit bei der Ergebnisnutzung, bei der der inhaltliche Zusammenhang der Arbeitsaufteilung betont wird.	▪ Schulleitung bemängelt geringe Zusammenarbeit auf Fachkonferenzebene. ▪ Fachspezifische Unterschiede bei der Zusammenarbeit im Kollegium. ▪ Mathematik- und Englisch-Kollegien berichten eher von einer Zusammenarbeit in Bezug auf die Datennutzung, wobei eine hierarchische Arbeitsorganisation überwiegt.

	▪ Im Englisch-Kollegium eher individuelle Arbeit mit Arbeitsteilung auf bürokratisch-administrativer Ebene.	▪ Deutsch-Kollegium ebenfalls eher individuelle Arbeit mit Arbeitsteilung auf bürokratisch-administrativer Ebene.

Nachdem zunächst für jede der beiden Gesamtschulen die schulspezifischen Gegebenheiten in Hinblick auf die professionellen und organisationalen Überzeugungen der Lehrkräfte beschrieben wurden, wird im Anschluss versucht, daraus affirmative und negierende Faktoren bei der Nutzung der Rückmeldungen aus den Lernstandserhebungen herauszuarbeiten. Hiermit wird zum Schluss der Versuch unternommen, die eingangs formulierte Frage, welche schulisch bedingten Faktoren auf die Datennutzung in den hier untersuchten Gesamtschulen Einfluss nehmen, zu beantworten. In der nachfolgenden Tabelle werden affirmative und negierende Faktoren zusammengefasst, die in den hier untersuchten Gesamtschulen anzufinden waren und sich in Hinblick auf ein Modell für die Ergebnisnutzung als entscheidend für eine Annahme oder Ablehnung der Lernstandserhebungen bzw. für differenzierte Nutzungsprozesse herausgestellt haben. Diese Aspekte werden zunächst getrennt nach den beiden Auswertungsschritten (Typenbildung und Inhaltsanalyse) dargestellt.

	affirmative Faktoren	**negierende Faktoren**
Wissens-struktur	▪ Technologische und normative Dateninterpretationen können sich sinnvoll ergänzen, wenn sowohl zu beeinflussende als auch nicht zu beeinflussende Rahmenbedingungen der professionellen Arbeit herangezogen werden.	▪ Eine alleinige normative Datenauslegung an einer Schule führt dazu, dass die Ursachen für die Ergebnisse vor allem in den Rahmenbedingungen des professionellen Handelns gesehen werden, die als nicht beeinflussbar betrachtet werden.
Zentral-wert	▪ Eine operationale Auslegung der zentralen Problemstellung der Lernstandserhebungen führt dazu, dass unterrichtliches Handeln im Prozess betrachtet werden kann, messbare Ziele akzeptiert und umgesetzt werden, um Konsequenzen aus den Reformen zu ziehen.	▪ Eine positionelle Auslegung fördert eine Statik in den Überlegungen und Handlungen, da die Differenz der eigenen/schulischen Ergebnisse vorwiegend zu einer Positionierung genutzt werden und in Verbindung zum Status der Berufsausübung gesetzt wird.
Kontrolle	▪ Eine autonome Integration der Reformen und Lernstandserhebungen innerhalb die schulischen und professionellen Kontrollpraktiken erscheint unerlässlich für eine (konstruktive) Datennutzung, d.h. ein in Relation stellen der Ergebnisse zu den eigenen Schemata der Bewertung und ein eigenständiges Anpassen an die schulischen und unterrichtlichen Bedingungen.	▪ Eine heteronome Auffassung der Lernstandserhebungen fördert den Widerstand und die Ablehnung der Tests, da hier keine Möglichkeit besteht, eine Integration in bereits bestehende Kontrollpraktiken vorzunehmen; hier wird vor allem Druck von außen (Ranking) und innen (Schulleitung) durch die Ergebnisrückmeldung empfunden, sowie die zeitliche Mehrbelastung durch die Tests.
Koordina-tion	▪ Eine kollektive Koordination der Entscheidungen in Bezug auf die Ergebnisse fördert auch unter Be-	▪ Eine individuelle Nutzung bringt Konsequenzen für den einzelnen Unterricht hervor: Auch wenn dies

	affirmative Faktoren	negierende Faktoren
	rücksichtigung der anderen Dimensionen (s.o.) eine Datennutzung, d.h. auch negierende Faktoren können durch den gemeinschaftlichen Bezug auf die Daten und Konsequenzen eine Datennutzung fördern; allerdings kann diese Nutzung sich auch nur auf eine formelle bzw. administrativ-bürokratische und nicht auf eine inhaltliche produktive Nutzung beziehen.	eine Nutzung darstellt, hemmt die Fokussetzung auf den Unterricht die Zielstellung neben der Unterrichts- auch Schulentwicklungsprozesse voranzubringen; die individuelle Nutzung kann außerdem auf die meisten rückgemeldeten Daten verzichten, weil sie für die unterrichtlichen Zielstellungen nicht relevant sind (z.B. Kursvergleich, Landeswerte, Standorttyp).

In der nachfolgenden Tabelle werden die schulischen Einflussfaktoren dargestellt, die einen affirmativen oder einen negierenden Einfluss haben und aufgrund der schulspezifischen inhaltsanalytischen Auswertung entstanden sind.

	affirmative Faktoren	negierende Faktoren
Allg. Überzeugungen zu den Reformen und zur LSE	▪ Gemeinsame Zielvorstellungen, die mit der Lernstandserhebung in Verbindung gebracht werden, fördern die Nutzung (besonders auch auf kollektiver Ebene). ▪ Kenntnisse über den Kontext der Lernstandserhebungen (wie Bildungsstandards, Kernlehrpläne, zentrale Abschlussprüfungen) und deren inhaltliche Zusammenhänge erhöhen die Bereitschaft, sich mit den Rückmeldungen auseinanderzusetzen.	▪ Unsicherheiten im Umgang gegenüber dem Kollegium seitens der Schulleitung und keine gemeinsamen Absprachen über die kollektiv angestrebten Ziele, die mit der Auseinandersetzung mit den rückgemeldeten Ergebnissen erreicht werden sollen, hemmen eine Nutzung der Daten. ▪ Geringe Kenntnisse über den Kontext der Tests bzw. Ablehnung deren Zielstellungen verhindern Nutzung ebenfalls.
Prozesse vor der Ergebniswahrnehmung	▪ Ein als ausgewogen empfundenes Verhältnis zwischen Mehrarbeit durch die Tests und zu ziehenden Nutzen für die unterrichtliche und schulische Arbeit. ▪ Einwandfrei funktionierende Tests (Durchführung, Einheitlichkeit bei der Korrektur etc.).	▪ Verteilung der Arbeitsaufgaben der Lernstandserhebungen allein auf die beteiligten Lehrkräfte ohne Einbezug der anderen Lehrkräfte bzw. ohne angemessenen zeitlichen Ausgleich für die Lehrkräfte, die an der Durchführung und Korrektur etc. beteiligt waren.
Wahrnehmung der Rückmeldungen	▪ Eine differenzierte Ergebniswahrnehmung, die die unterschiedlichen Aggregatebenen der Daten mit unterschiedlichen Zielen für Unterrichts- und Schulentwicklungsprozesse berücksichtigt. ▪ Eine Ursachenanalyse, die sowohl kausale Ableitungen aufgrund der Ergebnisse treffen kann und auch Bedingungen des professionellen/schulischen Handelns berück-	▪ Wenige Kenntnisse über die Möglichkeiten, welche Informationen die Daten enthalten bzw. die Weigerung sich mit den Rückmeldungen auseinanderzusetzen. ▪ Eine Fokussierung der Ergebniswahrnehmung auf eine der drei Phasen (entweder Rezeption, Reflexion oder Handlung), d.h. bestimmte Aspekte werden nicht be-

	affirmative Faktoren	negierende Faktoren
	sichtigt. ■ Handlungen, die aufgrund der beiden vorangegangenen Schritte erfolgen und Unterstützung auf kollektiver Ebene erfahren. ■ Korrespondiert mit der Zusammenarbeit im Kollegium.	rücksichtigt und andere Überbewertet (z.B. der empfundene Zwang jedes Jahr neue Konsequenzen aus den Ergebnissen zu ziehen, was den Fokus auf die Handlung und nicht die Reflexion legt). ■ Korrespondiert mit einer individuellen Beschäftigung mit den Ergebnissen.
Entscheidungen den (eigenen) Unterricht betreffend	■ Veränderungen für den Unterricht aufgrund der Ergebnisse werden im Kontext weiterer Reformen gesehen. ■ Kurzfristige Überlegungen: Wiederholung von Defiziten im Unterricht. ■ Langfristige Überlegungen: Umstellung des schulinternen Curriculums anhand der Erkenntnisse aus den Tests; Einführung neuer Methoden und Inhalte, damit Kompetenzen im Unterricht nachhaltiger vermittelt werden.	■ Es werden Konsequenzen für den Unterricht erwogen, die sich singulär auf einzelne Aspekte der Tests beziehen (z.B. Verständigung über Aufgabenformate). ■ Kurzfristige Überlegungen: Einbeziehung von Aufgaben mit den Formaten der Tests zur Einstellung der Schüler auf die neuen Anforderungen. ■ Langfristige Überlegungen: Einbeziehung von Testvorbereitungsphasen im Curriculum, um Testergebnisse zu verbessern.
(Kenntnisse über) Entscheidungen der Schulleitung	■ Ein dezentraler Führungsstil stellt die Verantwortung der Maßnahme und Ergebnisse auch in den Bereich der einzelnen Fachgruppen, die in kollektiver Bearbeitung dieser Problematik zu gemeinsam getragenen Entscheidungen gelangen können. ■ Informationsvermittlung der Schulleitung muss in Entscheidungsprozesse auch das Kollegium einbeziehen, Arbeitsbelastungsausgleich schaffen und für einen organisatorisch einwandfreien Ablauf der Tests sorgen.	■ Ein zentraler Führungsstil entlässt viele Lehrkräfte aus der Verantwortung und überträgt einzelnen wie etwa den Fachkonferenzvorsitzenden die Absicherung von Konsequenzen aus den Ergebnissen; damit entlässt dieser Führungsstil durch die hierarchisch organisierte Verantwortungsübertragung Potenziale für gemeinsame Entschcidungen, die zu mehr Identifikation mit den Maßnahmen und Reformen führen könnten.
(Überzeugungen zur) Zusammenarbeit im Kollegium	■ Bereits vorhandene Kommunikationsstrukturen innerhalb der Fachgruppen fördern den innerfachlichen Austausch über die Ergebnisse. ■ Bereits vorhandene Programme (wie etwa Sprachförderung, Kompetenzförderung etc.) können Anschlusspunkte für eine (gemeinsame) Ergebnisnutzung um Umsetzung in weitere Konsequenzen oder Abgleich bereits getroffener Ent-	■ Gering ausgeprägte oder hierarchisch-bürokratisch organisierte Arbeitszusammenhänge verhindern die Einbindung der Ergebnisse in eine inhaltliche Auseinandersetzung. ■ Die Übertragung der Verantwortung (z.B. das Anfertigen eines Berichts über getroffene Konsequenzen) auf einzelne Lehrpersonen ohne bzw. mit wenig Arbeitsteilung verhindert ein Durchdrin-

	affirmative Faktoren	negierende Faktoren
	scheidungen fördern. ▪ Eine inhaltliche Ausrichtung an bestimmten Aspekten der Rückmeldungen setzt einen Fokus, der gemeinsame Diskussionen und Arbeitsgruppen fördert.	gen oder nachhaltige Entwicklungen aufgrund der Ergebnisse. ▪ Administrativ ausgerichtete Auseinandersetzungen (Erfüllung der Vorgaben) verhindert gemeinsame Diskussionen.
Arbeit mit den Schülern & Kontakt zu den Eltern	▪ Schüler unter den Aspekten ihrer Möglichkeiten betrachten, die sie für die Tests mitbringen. ▪ Eltern als Kooperationspartner wahrnehmen.	▪ Schüler aufgrund ihrer Defizite beurteilen, auf die die Lehrkräfte und ihr Unterricht wenig Einfluss nehmen. ▪ Eltern als desinteressiert betrachten und nicht einbeziehen.
Längsschnittperspektive	▪ Verbesserung von Missständen der Lernstandserhebung kann zu einer stärkeren Akzeptanz der Maßnahme führen (Abnahme von Testkonstruktionsfehlern, Berücksichtigung von Kritikpunkten, auch wenn diese sich nicht auf die Testgüte beziehen und eher schulischen Kriterien entsprechen).	▪ Zunahme der Mehrbelastung durch die Lernstandserhebungen und Unverständlichkeiten der Tests in Bezug auf die Frage, warum in der gewählten Weise vorgegangen wird. ▪ Unkenntnis über die Möglichkeiten und Grenzen der Tests und deren Zielsetzungen ▪ Öffentliche einzelschulbasierte Rankings.

Aus der Analyse affirmativer und negierender Aspekte bei der schulischen Datennutzung wird ersichtlich, dass diese von unterschiedlichen Faktoren beeinflusst werden. Zunächst nimmt auf schulorganisatorischer Ebene der Führungsstil der Schulleitung Einfluss darauf, wie die Datennutzung praktiziert wird; der Führungsstil scheint aber nicht allein verantwortlich zu sein, sondern auch der Umgang innerhalb der Fachgruppen. Eine Fachgruppenkultur nimmt somit wahrscheinlich ebenfalls Einfluss auf die schulinterne Ergebnisnutzung.

Ein dezentraler Führungsstil fördert bei den Lehrkräften Eigenverantwortung und Partizipation und ein zentraler Stil eine hierarchische Ordnung sowie Kontrolle zwischen Leitung und Organisationsmitgliedern, aber auch zwischen den Lehrkräften selbst. Insgesamt wird bei der Analyse aber auch deutlich, dass Handlungsmodelle von den Lehrkräften besonders dann abgeleitet werden können, wenn eine gemeinsame Verständigung über gemeinsame Zielstellungen stattgefunden hat und wenn sich die Fachgruppen inhaltlich für deren Umsetzung verantwortlich sehen. Der Kommunikations- und Arbeitsstil der Fachgruppen zeigt sich ausgeprägt über gemeinsame Beschlüsse aufgrund der rückgemeldeten Ergebnisse, wohingegen die individuellen Arbeitsweisen formelle Absprachen auf administrativer Ebene bevorzugen, die nicht bzw. kaum auf die operative Ebene des Unterrichts umgesetzt werden. Dieser formell-administrative Umgang mit der Lernstandserhebung stellt eine Zwischenstufe zwischen Affirmation und Widerstand dar, der bei einer auf Organisationsebene stattfindenden kollektiven Arbeitsweise angetroffen werden kann. Bei diesen fachgruppenkulturellen Faktoren wurde zwar deutlich, dass sie einen Einfluss auf die Ergebnisnutzung nehmen. Hierbei spielen allerdings der schulorganisatorische Umgang mit der Lernstandserhebung und der innerhalb der Schulleitung praktizierte Einsatz der Rechenschaftslegungsfunktion der Tests innerhalb der Schule eine entscheidende Rolle.

Die Effekte der Implementation der Lernstandserhebungen an Schulen und die damit verbundene Ergebnisnutzung können erst dann deutlich gemacht werden, wenn die Kombination aller Dimensionen der Analyse berücksichtigt werden: Denn erst das Zusammenspiel zwischen professionellen und organisationalen Überzeugungen der Lehrkräfte sowie schul- und fachgruppenspezifischen Nutzungscharakteristika zeigt, wie die Ergebnisse aus den Lernstandserhebungen verwendet werden. In Bezug auf die Entstehung von Affirmation oder Widerstand gegenüber der Einführung von Lernstandserhebungen als Instrument der outputorientierten Qualitätsentwicklung und -sicherung bleibt zum Schluss dieser Arbeit folgendes festzuhalten: Die Auslegung der Wissensstruktur der rückgemeldeten Daten allein ist nicht dafür verantwortlich, ob Affirmation oder Widerstand gegenüber der Maßnahme entsteht. Die Deutung des Zentralwerts durch die Profession der Lehrkräfte nimmt dagegen einen stärkeren Stellenwert bei der Gewichtung der Maßnahme ein. Auf der Ebene der organisationalen Überzeugungen der Lehrkräfte ist deutlich geworden, dass die empfundene interne und externe Kontrolle durch die Einführung der Lernstandserhebungen einen Schlüsselindikator bei der Affirmation oder dem Widerstand einnimmt. Bei der schulinternen Koordination der Einbindung der Rückmeldungen auf der schulorganisatorischen Ebene (wie etwa der Fachgruppen und Fachkonferenzen) konnte dargestellt werden, dass ein kollektiver Umgang eine notwendige, aber keine hinreichende Bedingung für die Etablierung der Lernstandserhebungen als organisatorische Ressource darstellt.

6 Ergebnisse im Kontext von Empirie und Theorie

Ausgangspunkt dieser Untersuchung war die durch die Implementation der Lernstandser-hebungen als Steuerungsinstrument der Einzelschule bedingte Zuversicht, dass wissen-schaftlich generierte Erkenntnisse durch die praktische Anwendung zu einer rationalen Erweiterung der Entscheidungs- und Handlungsmöglichkeiten innerhalb der Schulen füh-ren. Anders formuliert, dass es zu Qualitätssicherungs- und Qualitätsentwicklungsprozessen kommt, die sich auf empirische Daten über Schülerleistungen stützen. Auch wenn durch die Wissensverwendungsforschung bereits bekannt war, dass (Evaluations-)Wissen durch die Nutzer eine Reinterpretation erfährt, die nicht immer mit der eigentlichen Intention der Evaluation übereinstimmen muss (vgl. Beck & Bonß 1989, 1991), bestand Unklarheit dar-über, wie genau sich diese Nutzungsprozesse innerhalb von Schulen gestalten, die sich auf die Rückmeldungen von Schülerleistungen aus Lernstandserhebungen ergeben. Innerhalb der aktuellen deutschsprachigen Diskussion zur Einführung von Lernstandserhebungen dominierten weitestgehend die vielfältigen Nutzungsanforderungen an Schulen und Lehr-kräfte, wie die Hoffnungen, dass die Nutzung der Daten die Professionalisierung der Lehr-kräfte ausbaut, dass sie zur Unterstützung von Zielklärungsprozessen in Fachgremien bei-trägt, dass sie einen Referenzrahmen für schulinterne Evaluationsbemühungen darstellt, dass sie die schulinterne Diagnostik und Unterrichtsentwicklung unterstützt, dass sie .... Diese Liste ließe sich beliebig erweitern, auch wenn diese Hoffnungen nur auf wenige empirische Fundierung zurückgreifen konnten. Konkrete Vorstellungen bestanden weiter-hin auch darüber, welche Hindernisse bei der Etablierung solcher Evaluationsinstrumente innerhalb der Schulen auftreten könnten, wie etwa durch die erhöhte Arbeitsbelastung durch die Tests, durch fehlende Unterstützungssysteme seitens der Bildungsadministration, durch gering ausgeprägte kollegiale Strukturen usw. und welche Auswirkungen mit der Einführung der Rückmeldungen von landesweiten Schülerleistungsmessungen nicht inten-diert sind, wie etwa das *teaching to the test* im Rahmen eines Rechenschaftsmodells der Lernstandserhebungen.

Empirische Rezeptionsstudien zu dieser Thematik aus dem deutschen Forschungsraum bestanden zumeist in quantitativen Arbeiten, die sich hauptsächlich mit der Häufigkeit der Nutzung und den jeweiligen Nutzungsbereichen und nicht mit den konkreten Nutzungspro-zessen beschäftigt haben. Innerhalb der verschieden Studien wurden zum Teil widersprüch-liche Ergebnisse dargestellt, dass sich zum Teil mehr die Fachkonferenzen (vgl. Studie zu QuaSUM Peek 2004a, 2004b, 2004c) oder mehr die beteiligten Fachlehrkräfte (vgl. Studie zur Lau-Studie Klug & Reh 2000) an der Auseinandersetzung mit den Rückmeldungen beschäftigen. Einigkeit scheint weitestgehend darüber zu herrschen, dass die Intensität der Beschäftigung mit den Rückmeldungen nicht direkt durch die Resultate der Tests beein-flusst wird, sondern vielmehr im Professionalisierungsgrad (wie etwa Kooperation, indivi-duelle Verantwortung) des schulischen Systems und in der Schul- und Lernkultur (wie etwa Häufigkeit und Inhalte von Diskussionen, Konsensbildung, Nutzung von Kooperations-strukturen) der Schule (vgl. Nilshon 2004) sowie in der Motivation und Einstellung der

Lehrkräfte gegenüber der Evaluation (vgl. Studie zu MARKUS Schrader & Helmke 2003, 2004) begründet sind. Weiterhin wurden im deutschen Raum einige Modelle entwickelt, die die Nutzung der empirischen Daten aus Schülerleistungsmessungen erklären sollen. Hier zu nennen sind die Modelle von Helmke & Schrader (2001) über die Phasen der *Rezeption, Reflexion, Handlung und Evaluation*, das innerhalb dieser Arbeit z.T. Anwendung gefunden hat, und jene von Ackeren (2003) und von Stamm (2002), die beide zeigen konnten dass die Nutzung von Evaluationswissen unterschiedliche Facetten aufweisen kann: Ackeren in ihrem Modell der instrumentellen, konzeptuellen, symbolischen und prozesshaften Nutzung, die sich durch individuelle (wie Motivation, Anreize, Wissen, Kompetenz, Bereitschaft) und organisationale (wie klare Zielstellungen, Schulklima, Kooperation, Professionswissen, Steuerung) Unterschiede erklären; und Stamm, die sowohl Typen der Nutzung als auch Typen der Nicht-Nutzung identifiziert hat. Besondere Klärung hat für die Fragestellung dieser Arbeit der Einbezug des internationalen Forschungsstandes gebracht, der differenzierte Hinweise auf Indikatoren geben konnte, die Einfluss auf die Datennutzung innerhalb von Schulen nehmen: Hier wurde herausgearbeitet, dass die Entscheidungsfindungen innerhalb der schulischen Organisationsstrukturen durch kulturelle (wie Beurteilungsschemata der Lehrkräfte, Interesse an den Daten, Passung der Daten zu bisherigen Beurteilungsschemata, d.h. die ideologische Bereitschaft) und technische Faktoren (wie Zugang zu den Daten, Zeit und Ressourcen der Datennutzung, politische Intention des Instruments), sowie die Organisationskapazitäten, die wahrgenommenen Abwehrmöglichkeiten auf die Vorgaben und die Ausprägung der innerschulischen Rechenschaftslegung bestimmt werden (vgl. Ingram, Seashore Louis & Schroeder 2004, Seashore Louis, Febey & Schroeder 2005, Newman, King & Rigdon 1997).

Als Ziel dieser Arbeit wurde formuliert, eine modell- und typenbildende Untersuchung schulinterner Kommunikations-, Professions- und Organisationsstrukturen vorzunehmen, die Einfluss auf den Umgang mit den rückgemeldeten Daten in Bezug auf schulinterne Entscheidungen haben. Denn aufgrund der geringen theoretischen Fundierung der bisherigen empirischen Erkenntnisse hat sich diese Arbeit besonders professions- und organisationssoziologischen Theorien genährt, da diese von der Einführung der Lernstandserhebungen als outputorientiertes Steuerungsinstrument berührt werden. Ausgehend von den formulierten Fragestellungen dieser Arbeit an die Organisationsebene, *wie die Lernstandserhebung als Medium der Organisation bzw. als organisatorische Ressource in den schulischen Organisationsstrukturen etabliert wird*, und der Professionsebene, *wie die Nutzung der Daten durch professionelle (epistemologische) Überzeugungen strukturiert wird*, wurden sowohl kulturtheoretische als auch konstruktivistische Ansätze herangezogen, um ein theoretisches bzw. heuristisches Modell zu erstellen, das zur Erfassung der Nutzung von empirischen Daten aus Schulleitungsrückmeldungen herangezogen werden kann. Diese Heuristik vereint die mit den Lernstandserhebungen verbundenen Forderungen nach einer Einbindung (technologischen) wissenschaftlichen Wissens als rationale Entscheidungsbasis für (professionelles) Lehrerhandeln und die Etablierung der Tests als ein Medium der Organisation. Für die Erstellung des innerhalb dieser Arbeit angewandten heuristischen Rahmenmodells wurden auf der Seite der *Organisation* sowohl bürokratietheoretische und kontingenztheoretische Ansätze, als auch neo-institutionalistische und systemtheoretische Ansätze herangezogen; auf der Seite der *Profession* wurden strukturtheoretische und strukturfunktionalistische Ansätze genutzt. Um eine analytische Verbindung zwischen dem organisatorischen Kontext der Schule und der der Profession der Lehrkräfte herzustellen, wurden das Modell des Sensemaking (vgl. Weick 1995) und Teilaspekte der Überlegungen zum organisationalen Lernen ergänzend hinzugezogen. Hiermit wurde versucht einerseits die Struktur der Organisation Schule in den Punkten nachzuzeichnen, die durch die Einführung der Lernstandserhebung als Medium der Organisation berührt werden, und andererseits die Struktur der professionellen Handlungen und des professionellen Wissens nachzuzeichnen, welche Überzeugungen durch die Aufforderung der Datennutzung durch Schülerleistungsmessungen berührt werden.

Mit dieser theoretischen Fundierung konnte deutlich gemacht werden, dass keine bestimmte *Organisationsstruktur* aufgrund sachlicher Zwänge für die Schule erforderlich ist, vielmehr verweisen die operativen Prozesse im Unterricht auf eine relative Autonomie im Gegensatz zur administrativen Ebene. Eine direkte Einflussnahme auf den Unterricht durch die Organisation ist demnach kaum möglich. Auf der administrativen Ebene der Schule werden dahingegen bürokratische Strukturen durch die formelle Etablierung von Programmen (wie Curricula etc.) aufrechterhalten. Die neuen outputorientierten Reformen erfordern allerdings von der Schule eine andere Organisationsstruktur, da die Lehrkräfte durch die Rückmeldungen sowohl auf der operativen Ebene des Unterrichts als auch auf der strategischen Ebene der Steuerung agieren sollen. Hiermit wird eine horizontale Integration aller Organisationsmitglieder erforderlich, d.h. es muss nicht mehr nur über Entscheidungen kommuniziert werden, sondern auch darüber, dass etwas entschieden werden muss. Diese Veränderung bedeutet eine Einbindung des Kollegiums in Entscheidungsprozesse unter Berücksichtigung ihrer professionellen Autonomie und die Einbeziehung der Idee der kollektiven Verantwortung aller Organisationsmitglieder. Im Sinne der Art der Implementation der Lernstandserhebungen an Schulen, wie es hier durch die exemplarisch ausgewählte Schülerleistungsmessung Lernstand 9 in Nordrhein-Westfalen geschehen ist, führt die outputorientierte Reform in den Schulen zu einer Stärkung der professionellen Autonomie auf der organisationalen und zu einer Schwächung auf der operativen Ebene des Unterrichts. Hierfür wurden heuristisch die Dimensionen der (internen und externen) Kontrolle und (schulinternen) Koordination herausgearbeitet, die Einfluss auf die Datennutzung auf schulorganisatorischer Ebene nehmen (s. Tabelle 19).

In Bezug auf die *Struktur der professionellen Handlungen bzw. des professionellen Wissens* hat sich diese Arbeit vorwiegend auf professionelle bzw. epistemologische Überzeugungen von Lehrkräften konzentriert, die sich auf die heuristischen Dimensionen der Wissensstruktur und des Zentralwerts der in den Rückmeldungen enthaltenen Informationen beziehen. Besonders mit den strukturtheoretischen Ansätzen (vgl. Parsons 1939/1964, 1964, Rüschemeyer 1972, 1980) wurden Bereiche herausgearbeitet, die durch die Einführung der Lernstandserhebung berührt werden. Hier wurde deutlich, dass Lehrkräfte nur auf eine begrenzte Rationalität, bedingt durch die Anlage ihrer Wissensbasis, zurückgreifen können und dass die Lernstandserhebungen als ein Angebot interpretiert werden können, diese im Sinne einer rationalen Erweiterung zu betrachten. Ebenfalls wurde deutlich, dass professionelles Handeln durch konflikthafte Wertorientierungen und normative Prinzipien geleitet wird und demnach besonders auch von epistemologischen Überzeugungen der Lehrkräfte abhängig ist. Die kognitive Rationalität der Lehrkräfte ist demnach ein normatives Muster, das einen Wert darstellt, der veränderbar ist und der durch soziale Integration entsteht. Weiterhin wurde über alle Ansätze hinweg deutlich, dass die Autonomie der Profession einen wichtigen Aspekt darstellt und dass Anerkennung von Personen und deren Wissen unter der Prämisse der Anerkennung ihres professionellen Wissens geschieht.

Durch die Einführung der Lernstandserhebungen muss sich die Profession der Lehrkräfte nicht mehr nur auf ihr „Kerngeschäft" den Unterricht beziehen, sondern auch organisatorische Aufgaben übernehmen, die eine kollektive Entscheidungsfindung erforderlich machen. In der innerhalb dieser Arbeit verwandten Heuristik stellt sich diese theoretische Fundierung über die Dimensionen der <u>Wissensstruktur</u> der Ergebnisse aus den Rückmeldungen und die Deutung des innerhalb der Lernstandserhebung enthalten <u>Zentralwerts</u> dar. (s. Tabelle 19).

Methodisch wurde für die Zielverfolgung einer modell- und typenbildenden Untersuchung der qualitative Forschungsansatz der Fallstudien im multiple-case Design gewählt, der durch die Realisierung eines Längsschnitts zeitliche Einflusse berücksichtigen und durch problemzentrierte Interviews und Dokumentanalysen von Ergebnisprotokollen aus Gremiensitzungen einen Einblick in die Überzeugungen und Entscheidungen der Lehrkräfte, Fachgruppen und Schulen liefern konnte. Dafür wurden zwei Gesamtschulen als Basis der Fallstudien aufgrund ihrer Kontrastierung von dezentralem und zentralem Führungsstil der Schulleitung ausgewählt, die an der Lernstandserhebung Lernstand 9 in Nordrhein-Westfalen beteiligt waren. Das modell- und typenbildende Ziel dieser Untersuchung wurde auf der Ebene der Auswertung durch unterschiedliche Verfahren realisiert, die dem Forschungsgegenstand angepasst wurden; zu erwähnen sind hier die Einnahme einer verstehenden *und* erklärenden Perspektive, die die Rekonstruktion des Sinns des (Einzel-) Falls beinhaltet und die nach dem Verfahren der empirischen Typenbildung nach Kluge (2000) sowie der qualitativen Inhaltsanalyse nach Mayring (1991, 1995, 2005) vorgegangen ist. Konkret hat sich diese Studie ihrem verfolgten Ziel einer Modell- und Typenbildung in zwei Schritten angenähert: Zum ersten wurden auf der Basis aller erhobenen Interviews auf der Ebene der professionellen sowie organisationalen Überzeugungen zur Verwendung der Daten Auswertungen für die Typenbildung vorgenommen, d.h. es wurden sowohl vier Nutzungstypen auf der Basis professioneller Überzeugungen zur Datennutzung (Professionstypen) als auch vier Nutzungstypen auf der Basis organisationaler Überzeugungen zur Verwendung der Rückmeldungen aus Schulleistungsmessungen (Organisationstypen) erstellt[95]. Zum zweiten wurde für die Modellbildung eine schulspezifische Auswertung des gesamten Datenmaterials vorgenommen, die den Anspruch der qualitativen Fallstudie verfolgte und schulspezifische Merkmale herausarbeiten konnte, die auf die Datennutzung Einfluss nehmen. Bei dieser Modellbildung handelte es sich um die Aufdeckung eines systematischen Zusammenhangs zwischen der Ebene des professionellen sowie des organisationalen Umgangs mit den Rückmeldungen, der Identifikation von schulspezifischen Nutzungsmustern und der Identifikation von speziellen schulischen Einflussfaktoren auf die Datennutzung. Die Tragweite der empirischen Studie dieser Arbeit liegt demnach in ihrem Systematisierungsgewinn für Nutzungsprozesse von Rückmeldungen empirischer Daten aus Lernstandserhebungen, wie sie mit der theoretischen Fundierung erreicht werden konnte, und für die das qualitative Forschungsdesign mit seinen zwei Schulen und insgesamt 23 Interviews ausreichend Relevanz liefern konnte. Der Rückgriff auf professions- und organisationstheoretische Modelle, wie sie innerhalb dieser Arbeit realisiert wurden, hat es er-

---

[95] Bei den Bezeichnungen „Professions- und Organisationstypen" handelt es sich lediglich um eine verkürzte Begrifflichkeit für die längeren Bezeichnungen der Nutzungstypen auf der Basis professioneller bzw. organisationaler Überzeugungen der befragten Lehrkräfte. Im eigentlichen Sinne werden hiermit keine Professions- bzw. Organisationstypen dargestellt, da hier nur ein Aspekt professioneller und organisationaler Arbeit an Schulen untersucht wird: Die Nutzung von Rückmeldungen aus Lernstandserhebungen.

möglicht, Nutzungstypen, -muster und -strategien nachzuzeichnen, wie sie im Folgenden dargestellt werden.

Heuristischer Analyserahmen

Denn zunächst konnte im ersten Auswertungsschritt mit der Darstellung der empirisch vorgefundenen Überzeugungen der innerhalb dieser Studie befragten Lehrkräfte gezeigt werden, dass durchaus unterschiedliche Interpretationen der Nutzungsmöglichkeiten der Rückmeldungen aus den Lernstandserhebungen vorliegen. Diese sind in Anlehnung an die verwandten Theorien über die Profession und Organisation zu betrachten und konnten zeigen, dass sie nicht nur theoretisch sondern auch empirisch evident sind. Denn mit den Ergebnissen der hier vorliegen Studie konnte zunächst generell bestätigt werden, dass die Datennutzung eine schulintern zu erbringende Leistung ist, die durch individuelle, aber auch kollektive Interpretationsleistungen bzw. spezifischer durch spezielle Sensemaking-Prozesse strukturiert wird.

Tabelle 19: Heuristisches Rahmenmodell

Professionstypen (Nutzungstypen auf der Basis professioneller Überzeugungen)			**Organisationstypen** (Nutzungstypen auf der Basis organisationaler Überzeugungen)		
(1) Komponenten professioneller Arbeit: Korpus professionellen Wissens und Handelns			(2) Komponenten der Organisationsstruktur: Organisatorischer Kontext professioneller Arbeit		
		(1a) Dimension: Struktur des Wissenskorpus			(2a) Dimension: Kontrolle (intern & extern)
		Pol 1	Pol 2			Pol 5	Pol 6
(1b) Dimension: Deutung des Zentralwerts	Pol 3			(2b) Dimension: Koordination (schulintern)	Pol 7		
	Pol 4				Pol 8		

Auf der Ebene der **professionellen Überzeugungen** wurde die <u>Struktur des Wissenskorpus</u> untersucht, d.h. welche Wissens- bzw. Datenstruktur die Lehrkräfte in den Rückmeldungen sehen. Empirisch gesichert wurden die *technologische* und die *normative* Auslegung: Bei der *normativen* Auslegung wird eine Verständigung über ihr Handeln forciert, indem die Lehrkräfte eine Vergewisserung über die Bedingungen des Handelns vornehmen und kausale Interpretationen aufgrund der Vielfalt der Ergebnisursachen als nicht möglich ansehen. Bei der *technologischen* Interpretation handelt es sich um eine Pragmatik, in der die Lehrkräfte im Sinne einer rationalen Erweiterung der eigenen Handlungs- und Entscheidungsbasis auf die Rückmeldungen aus den Lernstandserhebungen Bezug nehmen und eine Kausalinterpretation aufgrund der Ergebnisse als möglich ansehen. Des Weiteren wurde auf der Ebene der professionellen Überzeugungen die Dimension der <u>Deutung des Zentralwerts</u> ausgewertet, bei der es um die Frage ging, welche (gesellschaftliche) Problemstellung die Lehrkräfte durch die Einführung der Lernstandserhebungen in Bezug auf die Legitimationsbasis ihrer Arbeit berührt sehen. Empirisch herausgearbeitet wurden eine *positionelle* und eine *operationale* Auslegung des Zentralwerts bzw. der mit der Lernstandserhebung verbundenen Problemstellung. Bei der *positionellen* Auslegung handelt es sich um die

Auslegung der Problemstellung als statistische Differenz zwischen Schülern und Schulen, die durch gesellschaftliche und schulische Rahmenbedingungen beeinflusst wird, außerdem findet eine Orientierung am Status ihrer Position als Lehrkraft statt. Bei der *operationalen* Auslegung werden dagegen Rückmeldungen als Resultat messbarer (Leistungs-) Indikatoren betrachtet, auf die die Schule und sie als Lehrkräfte Einfluss nehmen können, d.h. es findet eine Orientierung am Prozess ihres Handelns statt.

Auf der Ebene der **organisationalen Überzeugungen** der Lehrkräfte, d.h. wie sich die Lernstandserhebung als organisatorische Ressource etablieren, wurde zunächst die Dimension der intern und extern erfahrenen Kontrolle durch die Einführung der Lernstandserhebungen ausgewertet. Hiermit wurde untersucht, wie die Rückmeldungen in bisher bestehende individuelle, kollegiale und externe Kontrollpraktiken integriert wurden, bzw. ob alte durch die neuen ersetzt wurden. Hier wurde zum einen eine *heteronome* Überzeugung bei den Lehrkräften vorgefunden, bei der die Lernstandserhebungen als Kontrollinstrument einer außerprofessionellen Instanz innerhalb der schulischen Organisationsstruktur wahrgenommen werden, d.h. die Rückmeldungen stellen eine fremdbestimmte Kontrolle dar, die kaum Möglichkeiten einer Integration der Ergebnisse in bisherige Kontrollpraktiken der Organisationsstruktur ermöglicht – es entsteht Widerstand. Zum anderen wurde eine *autonome* Überzeugung bei den Lehrkräften herausgearbeitet, bei der die Rückmeldungen als informative Unterstützung autonomer Mechanismen professioneller Kontrolle aufgefasst werden, d.h. die Ergebnisse werden in bisherige Instrumente der schulischen Organisationsstruktur integriert bzw. durch die neuen ersetzt – es entsteht Affirmation. Des Weiteren wurde auf der Ebene der organisationalen Überzeugungen der Lehrkräfte die Dimension der schulintern praktizierten Koordination untersucht, die beinhaltet, wie die organisatorische Einbindung der Rückmeldungen in Entscheidungsabläufe der Schule stattfindet. Empirisch herausgearbeitet wurde auf der einen Seite eine *individuelle* Überzeugung, bei der die Rückmeldungen und die daraus abgeleiteten Handlungen auf den eigenen Unterricht bezogen werden und allein der Einzelschülerdiagnose und der Beurteilung der Effekte des eigenen Unterrichts genutzt werden. Hier liegt der Fokus auf der eigenen Unterrichtsentwicklung. Auf der anderen Seite wurde eine *kollektive* Überzeugung der Lehrkräfte aufgedeckt, bei der die Rückmeldungen für einen gemeinsamen Entscheidungsprozess in den entsprechenden Gremien genutzt werden. Die Daten werden hier zwar auch in Hinblick auf die Beurteilung des eigenen Unterrichts genutzt, aber gleichzeitig findet eine Übertragung auf die allgemeine schulische Situation statt, bei der Möglichkeiten der Schulentwicklung betrachtet werden.

Mit dieser Darstellung der Ausprägungen innerhalb der jeweils zwei Dimensionen der professionellen sowie organisationalen Überzeugungen zur Datenverwendung wurden zunächst nur die empirisch nachweisbaren ohne ihren inhaltlichen Zusammenhang vorgestellt. Zur Erstellung einer Nutzungstypologie war es allerdings weiterhin notwendig, diese Ausprägungen auf den Ebenen der professionellen und organisationalen Überzeugungen der Lehrkräfte miteinander in Verbindung zu setzen. Die innerhalb dieser Arbeit vorgestellten Nutzungstypen sind durch die Kombination von jeweils professionellen und organisationalen Dimensionen der Überzeugungen der Lehrkräfte entstanden, welche ein Syndrom an Überzeugungen der Lehrkräfte beschreiben. Daraus sind jeweils vier Nutzungstypen auf der Basis von professionellen sowie organisationalen Überzeugungen zur Datennutzung aus Schulleistungsmessungen wie hier Lernstand 9 erstellt worden, d.h. vier Professionstypen und vier Organisationstypen, die zeigen, dass der Umgang mit den Rückmeldungen zwar durchaus unterschiedlich, aber nicht beliebig verläuft. Diese insgesamt acht Nutzungstypen leiten den Umgang mit den rückgemeldeten Daten auf der Basis der professionellen und organisationalen Überzeugungen der Lehrkräfte an.

Vier Professionstypen

Bei dem technologisch-operationalem **Professionstyp A** („Durch die Lernstandserhebungen werden all diese Dinge streng logisch gruppiert (…), [und man] (…) kann sehen, (…), sie haben sich von A nach B bewegt.", 4 von 19 Fällen) legten die befragten Lehrkräfte den Fokus ihrer Überzeugungen auf die empirischen Daten und auf die Umsetzung der Erkenntnisse innerhalb des Unterrichts bzw. der Schule steht im Vordergrund; die messbaren Ziele wurden als Teilaspekt der Arbeit anerkannt und die Ergebnisse durch einen Kausalnexus zu unterrichtlichen Handlungen in Verbindung gesetzt. Der technologisch-positionelle **Professionstyp B** („Die Folge, die ich jetzt für meinen Unterricht ziehe, ist konkreter [und] wo man selber betroffen ist, möchte man auch wissen, wo man mit seinem Kurs steht [und] es ist ja auch ein Aushängeschild für die Schule.", 4 von 19 Fällen) stellte die Vergleichsmöglichkeiten der Rückmeldungen in der Vordergrund seiner Betrachtungen und legte den Fokus auf den Vergleich, der sich in einer Verortung der eigenen Klasse bzw. der eignen Leistungen im Kontext anderer Lehrer, Kurse und Schulen zeigt; Sie kritisierten, dass die Rahmenbedingungen ihrer Arbeit durch die Tests zu wenig berücksichtigt wurden, weshalb die Daten als weniger aussagekräftig betrachtet werden. Beim normativ-operationalen **Professionstyp C** („Das kann schon Konsequenzen haben, da muss man jetzt eben drüber diskutieren [denn es] hat ein Umdenken stattgefunden, auch durch die Lernstandserhebung.", 4 von 19 Fällen) wurden die Schülerleistungen insgesamt als mess- und operationalisierbar eingeschätzt, wobei die Lernstandserhebungen nicht als Instrument betrachtet wurden, die dies korrekt abbilden, weil die Rahmenbedingungen der Schule und der Schüler zu wenig berücksichtigt werden und damit eine Vielzahl von Begründungen für die Ergebnisse vorliegen, aus denen keine kausalen Ableitungen getroffen werden können. Bei den Lehrkräften des letzten Typs, dem normativ-positionellen **Professionstyp D** („Wir haben die Möglichkeiten gesehen, (…) das kann sein, das kann sein. [/] Es ist schon was Neues, weil es einen Vergleich untereinander gibt (…). Dass halt dieses Königreich geöffnet wird.", 7 von 19 Fällen), wurde deutlich, dass eine Notwendigkeit anerkannt wird, Schülerleistungen zu verbessern, damit der internationale Vergleich nicht so schlecht ausfällt. Allerdings stellen sich die aktuellen Instrumente als nicht ausreichend dar. Hier wurde den Daten wenig Vertrauen entgegengebracht, weil die Tests keine Rahmenbedingungen der Schule und Schüler berücksichtigen (oder schlecht konstruiert sind) und die Gründe für die Ergebnisse vielfältig sein können; Vergleiche und Rankings stehen im Fokus, da diese Einfluss auf ihre Position als Lehrkraft bzw. ihr Ansehen haben.

Vier Organisationstypen

Beim autonom-kollektiven **Organisationstyp 1** („Dinge, auf die wir eine Antwort finden müssen. Aber eine, die uns gemäß ist [und] sinnvoll können das Einzelne nicht bewältigen.", 7 von 19 Fällen) wurden die Rückmeldungen als ein Instrument aufgefasst, das autonom in eigene bzw. gemeinsame professionelle Kontrollinstrumente integriert werden konnte und als Möglichkeit der Erweiterung der Entscheidungsgrundlagen für kollektives Arbeiten auf den Ebenen der informellen und formellen Kollegialität gesehen wurde. Der autonom-individuelle **Organisationstyp 2** („Trifft das für mich zu (…), dann muss ich gucken, dass ich irgendwas mache und wenn (…) nicht (..), dann muss ich mich darum auch nicht weiter kümmern.[/] Das macht jeder mit sich (..) aus.", 1 von 19 Fällen) unterscheidet sich vom Organisationstyp 1, da hier keine Möglichkeit gesehen werden, eine Erweiterung der Entscheidungsgrundlage auf kollektiver Ebene (Schulentwicklung) zu treffen; damit bleiben die Möglichkeiten auf den eigenen Unterrichts beschränkt, die zwar genutzt, aber als relativ gering eingeschätzt werden, weil kaum „neue" Informationen zu den eigenen hinzukommen. Beim heteronom-kollektiven **Organisationstyp 3** („Das kommt nicht von unten, sondern das ist von oben gekommen. [Aber die Arbeit] muss auf Fachkonferenzebene einsetzen.", 7 von 19 Fällen) stand die Bindung an gemeinsame Entscheidungen und die Pflicht, die Rückmeldungen zu nutzen, im Vordergrund der Überzeugungen, auch wenn die Ergebnisse selbst nicht in die eigenen (kollektiven) Kontrollinstrumente integriert werden konnten. Daraus entstand eine Situation, in der die Verpflichtung gegenüber und die bürokratische Abwicklung der Lernstandserhebung innerhalb der schulischen Organisationsstruktur die Hauptaufgabe vor der inhaltlichen Auseinandersetzung mit den Kriterien der Lernstandserhebung einnehmen. Als letzter Typ ist der heteronom-individuelle **Organisationstyp 4** („Es ist ein Einschnitt in jeder Hinsicht, es nimmt mir was aus der Hand [/] Und ansonsten arbeitet (..) nach wie vor jeder für sich.", 4 von 19 Fällen) zu nennen, bei dem die Lernstandserhebungen als stark von außen/oben implementiert wahrgenommen werden. Hieraus resultiert Widerstand, indessen Folge eine individuelle Integration in eigene Kontrollpraktiken kaum als Möglichkeit für organisationales und professionelles Handeln betrachtet wird. Hier herrschte der stärkste Widerstand bei der Verwendung bzw. Integration der Daten vor; eigene Beurteilungsschemata werden als sinnvoller und besser als eine Beurteilung von außen eingeschätzt.

Resümee zu den Professions- und Organisationstypen

Aus der Ausarbeitung dieser insgesamt acht Typen (vier Professionstypen und vier Organisationstypen) ließ sich innerhalb dieser Arbeit darlegen, dass es sowohl bei den professionellen Überzeugungen als auch bei den organisationalen Überzeugungen einen empirisch nachweisbaren Typus[96] gibt, der der intendierten Nutzung, die mit der Implementation der Lernstandserhebung verbunden ist, sehr nahe steht. Auf der Ebene der Profession handelt es sich um den technisch-operationalem **Professionstyp A** („*Durch die Lernstandserhebungen werden all diese Dinge streng logisch gruppiert (...), [und man] (...) kann sehen, (...), sie haben sich von A nach B bewegt*") und auf der Ebene der Organisation um den autonom-kollektiven **Organisationtyp 1** („*Dinge, auf die wir eine Antwort finden müssen. Aber eine, die uns gemäß ist [und] sinnvoll können das Einzelne nicht bewältigen*"), die besonders die

---

[96] Der Gebrauch des Begriffs „*intendierte Nutzungsform*" stellt sich innerhalb dieser Arbeit als vereinfachter Ausdruck dar. Mit dem Begriff werden die Absichten beschrieben, die mit der Einführung der Lernstandserhebungen und ihren Rückmeldungen verbunden sind, wie etwa Unterrichts- und Schulentwicklungsprozesse durch eine rationale Erweiterung der Wissensbasis der Lehrkräfte zu erreichen (vgl. Kapitel 1.2.3). Mit diesem Ausdruck soll nicht eine Präferenz für einen bestimmten Umgang mit den Rückmeldungen dargestellt werden, sondern lediglich auf die „Passung" zur intendierten Wirkung der Implementation der Maßnahme hingewiesen werden.

Informationen der Lernstandserhebungen schätzen, die sie aufgrund ihrer eigenen Arbeit vor den Rückmeldungen nicht gewinnen konnten, d.h. sie sahen eine Erweiterung ihrer Entscheidungsgrundlagen vor allen auf der Ebene der schulischen Unterrichtsentwicklung und der gesamten Schulentwicklung; bei diesen beiden Typen entstand sowohl bei den professionellen als auch den organisationalen Überzeugungen die stärkste Affirmation gegenüber dem Instrument der Lernstandserhebungen. Es konnte ebenfalls herausgearbeitet werden, dass es Überzeugungen bei den Lehrkräften gibt, die sowohl bei den Professions- als auch den Organisationstypen dem „intendierten" Typus konträr entgegenstehen. Auf der Ebene der professionellen Überzeugungen zur Datennutzung handelt es sich um den normativ-positionellen **Professionstyp D** („*Wir haben die Möglichkeiten gesehen, (...) das kann sein, das kann sein. [/] Es ist schon was Neues, weil es einen Vergleich untereinander gibt (...). Dass halt dieses Königreich geöffnet wird*") und auf der Ebene der organisationalen Überzeugungen zur Lernstandserhebung als Medium der Organisation um den heteronom-individuellen **Organisationstyp 4** („*Es ist ein Einschnitt in jeder Hinsicht, es nimmt mir was aus der Hand [/] Und ansonsten arbeitet (..) nach wie vor jeder für sich*"), bei denen jeweils der stärkste Widerstand gegenüber dem Instrument der Lernstandserhebungen beschrieben wird, auf schulischer oder individueller Ebene eine Integration vorzunehmen, da eine Integration der Rückmeldungen weder in professionelle noch in organisationale Strukturen eindeutig vorgenommen werden konnte bzw. sollte.

Mit der Identifikation weiterer Nutzungstypen neben den „intendierten" und den konträr dazu ausgebildeten Typen auf der Basis professioneller und organisationaler Überzeugungen der befragten Lehrkräfte wurde weiterhin deutlich, dass weitere Nutzungsformen existieren, bei denen sich die Lehrkräfte zwar mit den Rückmeldungen auseinandersetzen, dies allerdings auf ihre ganz eigene Art und Weise tun. Die **Professionstypen B und C** zeigten bei Verwendung der Lernstandserhebungen, dass jeweils bestimmte Aspekte bei der Wahrnehmung der Rückmeldungen gesehen und genutzt werden konnten. Der technisch-positionelle **Professionstyp B** („*Die Folge, die ich jetzt für meinen Unterricht ziehe, ist konkreter [und] wo man selber betroffen ist, möchte man auch wissen, wo man mit seinem Kurs steht [und] es ist ja auch ein Aushängeschild für die Schule*") zeigte bspw., dass Veränderungen eingeleitet werden sollen, um Schülerleistungen zu verbessern, wobei diese Veränderungen von den Lehrkräften aber weniger mit dem eigenen professionellen Handeln in Verbindung gebracht wurden. Sie ließen insgesamt starke Angst vor Veröffentlichungen der Ergebnisse erkennen, da dies negativ auf ihre Leistungen zurückfallen könnte. Am normativ-operationalem **Professionstyp C** („*Das kann schon Konsequenzen haben, da muss man jetzt eben drüber diskutieren [denn es] hat ein Umdenken stattgefunden, auch durch die Lernstandserhebung*") konnte nachgezeichnet werden, dass aufgrund als operationalisierbar gesehener Schüler- und Unterrichtsziele keine Angst vor Rankings bestand, ihnen aber nicht deutlich war, wie die Ergebnisse der Rückmeldungen (direkt) in Handlungen übersetzt werden sollen, da sie sich aufgrund der Vielzahl möglicher Ursachen für die Ergebnisse in Bezug auf Konsequenzen unsicher sind. Auf der Ebene der organisationalen Überzeugungen der Lehrkräfte zeigen die **Organisationstypen 2 und 3**, dass die Lehrkräfte eine Nutzung bzw. Berücksichtigung der Rückmeldungen auf schulorganisatorischer Ebene vornahmen, dies aber aufgrund ihrer Überzeugungen auf ihre ganz eigene Weise, die von der intendierten Nutzung der Implementation der Lernstandserhebung als Instrument der Qualitätssicherung abweicht. Beim autonom-individuellen **Organisationstyp 2** („*Trifft das für mich zu (...), dann muss ich gucken, dass ich irgendwas mache und wenn (...) nicht*

(..), dann muss ich mich darum auch nicht weiter kümmern.[/] Das macht jeder mit sich (..) aus") wurde deutlich, dass die Möglichkeiten, eine kollektive Nutzung der Ergebnisse vorzunehmen, nicht gesehen wurde und die Daten alleine für den eigenen Unterricht und die eigenen Schüler genutzt wurden. Beim heteronom-kollektiven **Organisationstyp 3** (*„Das kommt nicht von unten, sondern das ist von oben gekommen. [Aber die Arbeit] muss auf Fachkonferenzebene einsetzen"*) dagegen konnte nachgezeichnet werden, dass eine schulorganisatorische Nutzung der Ergebnisse zwar eine großflächige Beachtung der Rückmeldungen und eine formelle Nutzung garantiert, auf inhaltlicher Ebene, d.h. der Auseinandersetzung jenseits des bürokratischen Umgangs, aber keine sinnvolle Anbindung an eigene und/oder kollektive bisherige Kontrollpraktiken gefunden wurde.

Schulspezifische Nutzungsmuster

Die Analyse der (schulspezifischen) Nutzungsmuster auf der Basis der Verbindung zwischen den Dimensionen der professionellen sowie der organisationalen Überzeugungen der Lehrkräfte hat insgesamt 16 kombinatorisch mögliche Muster hervorgebracht, von denen bei den 19 interviewten Personen der Studie elf empirisch nachgewiesen werden konnten. Diese haben sich sowohl personell als auch schulisch sehr unterschiedlich, wenn auch nicht beliebig, auf die Nutzungsmuster verteilt (s. Tabelle 20).

Tabelle 20: Schulspezifische Nutzungsmuster

		Dimensions-pole	PROFESSIONSTYPEN							
			Typ A		**Typ B**		**Typ C**		**Typ D**	
			technologisch operational		technologisch positionell		normativ operational		normativ positionell	
O R G A N I S A T I O N S T Y P E N	**T Y P 1**	autonom kollektiv	Becker (didaktischer Leiter)	A	Huber (Mathe)	B	Klein (Deutsch)	A	Krüger (did. Leiterin)	B
			Schulz (FK-Deutsch)	A			Fischer (Mathe)	A		
			Weber (Deutsch)	A						
	T Y P 2	autonom individuell	keine Fälle		Koch (Englisch)	A	keine Fälle		keine Fälle	
	T Y P 3	heteronom kollektiv	keine Fälle		Mann (Schulleiter)	B	Stein (FK-Mathe)	B	Roth (FK-Deutsch)	B
					Beyer (Englisch)	B			Hahn (Mathe)	B
									Dann (Englisch)	A
									Müller (Mathe)	A
	T Y P 4	heteronom individuell	Wolf (Englisch)	A	keine Fälle		Weiß (Deutsch)	B	Peters (FK-Englisch)	B
									Krause (Deutsch)	B

Wie auch bei den Professions- und Organisationstypen besteht bei den Nutzungsmustern eine „intendierte" Form, die insgesamt bei drei Lehrkräften angefunden wurde, d.h. eine Zugehörigkeit sowohl beim technologisch-operationalen **Professionstyp A** als auch beim autonom-kollektiven **Organisationstyp 1**. Ebenfalls wurde bei zwei Lehrkräften eine dem intendierten Nutzungsmuster weitestgehend entgegenstehende Form gefunden, d.h. eine Zugehörigkeit sowohl zum normativ-operationalem **Professionstyp D** als auch zum heteronom-individuellem **Organisationstyp 4**. Auf der einen Seite liegt damit ein Pol vor, der die stärkste Affirmation beschreibt, indem eine rationale Erweiterung der professionellen Reflexionsebenen, des professionellen fachlichen Diskurses, der schulorganisatorischen Weiterentwicklung der Zusammenarbeit und des kollegialen Austauschs beschrieben wird (Nutzungsmuster A/1[97]: technologisch, operational, autonom und kollektiv). Auf der anderen Seite liegt damit ein Pol vor, der den stärksten Widerstand beschreibt, indem die Lernstandserhebungen als technokratische Handlungsanweisung und fremdbestimmte Kontrolle der eigenen professionellen Arbeit verstanden werden, wobei sich diese Lehrkräfte dem Vertrauen in ihre Arbeit und ihrer professionellen Autonomie entzogen fühlen (Nutzungsmuster D/4[98]: normativ, positionell, heteronom, individuell). Auch hierbei konnte durch die Abstufungen der Nutzungsmuster zwischen diesen beiden Extrempolen gezeigt werden, dass sich durchaus unterschiedliche, aber auch systematische Differenzen innerhalb dieser Nutzungsmuster auf der Basis professioneller und organisationaler Überzeugungen der Lehrkräfte analysieren lassen. Es wurde deutlich, dass die als heteronom empfundene Kontrolle durch die Lernstandserhebungen den stärksten Effekt auf den Widerstand gegenüber der Maßnahme besitzt, d.h. die Überzeugung, dass die Lernstandserhebungen ein außerhalb der anerkannten professionellen Instanz entwickeltes und eingesetztes Verfahren darstellen, führt dazu, dass die Kriterien der Beurteilung nicht mit den eigenen übereinstimmen und deshalb abgelehnt werden; und dass gleichermaßen die als autonom ausgelegte Integration der Maßnahme in (kollektive) Kontrollpraktiken zur stärksten Form der Affirmation mit dem Instrument führt.

Affirmation und Widerstand gegenüber Lernstandserhebungen

Weiterhin konnte dargelegt werden, dass eine kollektive Auseinandersetzung auf schulorganisatorischer Ebene zu einer Beschäftigung mit den Rückmeldungen führt, Affirmation mit der Maßnahme aber nur in Kombination mit anderen der hier untersuchten Dimensionen professioneller Überzeugungen der Lehrkräfte gelingen kann. Eine Zwischenstufe zwischen Affirmation und Widerstand stellt allerdings die formell-bürokratische Auseinandersetzung mit Anforderungen der Lernstandserhebungen dar, die ebenfalls bei der kollektiven Auseinandersetzung mit den Rückmeldungen aufgefunden wurde. Damit führt eine kollektive Auseinandersetzung mit den Rückmeldungen mit gleichzeitig als heteronom empfundener Kontrolle durch die Implementation der Lernstandserhebungen innerhalb der Schulen meist auf der administrativen Ebene zur Annahme der Maßnahme, indem die Pflicht gegenüber einer übergeordneten Stelle (entweder Schulleitung oder Schulamt) die

---

[97] »Lernstandserhebungen gruppieren Dinge logisch und zeigen, dass sich etwas bewegt. Darauf muss gemeinsam eine Antwort gefunden werden«.

[98] »Es gibt diverse Ursachen für die Ergebnisse und die Vergleichsmöglichkeiten sind neu, jetzt kann in mein Königreich geguckt werden. Aber es ist ein Eingriff in die Arbeit und man arbeitet nach wie vor für sich«.

Auseinandersetzung obligatorisch macht. Eine technologische oder normative Auslegung der Datenstruktur der Rückmeldungen allein gibt weiterhin keinen Aufschluss darüber, ob Affirmation oder Widerstand gegenüber der Maßnahme entsteht, sondern verweist lediglich auf die Wissensbasis, die den Entscheidungen zugrunde gelegt wird und wie schwer oder einfach eine Ursachenanalyse durch die professionelle Bearbeitung durch die Lehrkräfte ausgelegt wird: Eine technologische Auslegung der Datenstruktur macht eine Ableitung von Ursachen und Handlungen leichter und eine normative Auslegung kann dies erschweren, wenn der Entscheidungsraum teilweise als zu groß und unübersichtlich eingeschätzt wird. Weiterhin erhöht eine normative Auslegung der Daten die Notwendigkeit einer gemeinschaftlichen bzw. kollektiven Auseinandersetzung mit den Daten, da hier Entscheidungen über mögliche Ursachen und Handlungen getroffen werden können. Der als operational ausgelegte Zentralwert der Lernstandserhebungen, d.h. eine Interpretation der Unterrichts- und Schulziele als messbar und operationalisierbar, stellt eine Möglichkeit der Anbindung der Rückmeldungen für die professionelle Berufsausübung dar. Eine positionelle Auslegung führt dagegen vielmehr zu Angst aufgrund der hohen Bewertung der Vergleichsmöglichkeiten (und optionalen Rankings) durch die Rückmeldungen das Instrument abzulehnen. Insgesamt konnte mit der Beschreibung und Identifikation der Nutzungsmuster deutlich gemacht werden, dass die Effekte der Implementation der Lernstandserhebung und der damit verbundenen Nutzung der Rückmeldungen erst dann deutlich werden, wenn die Kombination aller Dimensionen der professionellen sowie der organisationalen Überzeugungen der Lehrkräfte berücksichtigt werden. D.h. dass das Zusammenspiel zwischen professionellen und organisationalen Überzeugungen der Lehrkräfte zur Datennutzung und zu den Implementationsbedingungen letztlich zeigt, wie die Ergebnisse aus den Lernstandserhebungen verwendet werden. Die Rückmeldungsstruktur und die Zielstellung der Lernstandserhebungen allein geben wenige Rückschlussmöglichkeiten auf Nutzungsstrategien.

Schulprofile der beiden untersuchten Gesamtschulen

Die Übertragung der Erkenntnisse aus dem ersten Schritt der Auswertung, der Typenbildung ohne Schulspezifizierung, auf die schulspezifische Auswertung durch den zweiten Schritt der Auswertung, der Modellbildung, innerhalb dieser Arbeit hat deutlich gemacht, dass sowohl fachkulturelle als auch schulspezifische Faktoren Einfluss auf die Datennutzung nehmen, wobei die schulspezifischen innerhalb dieser Untersuchung das stärkere Gewicht dargestellt haben. Für die beiden untersuchten Gesamtschulen konnte herausgearbeitet werden, dass beide Schulen eine überwiegende Legitimationsstruktur bei der Datennutzung aufweisen, die in einem engen Zusammenhang zum Führungsstil der Schulleitung zu stehen scheint. Die Gesamtschule A wurde dabei als Vertreter eines dezentralen Führungsstils ausgewählt, bei der ein relativ einheitliches Bild über die Zielstellung und deren Erreichung zwischen dem befragten Kollegium und der Schulleitung vorherrscht; dahingegen wurde die Gesamtschule B als Repräsentant eines zentralen Führungsstil aufgenommen, bei der vor allem die Pflicht der Auseinandersetzung mit der Maßnahme durch kollektive bzw. administrativ-formelle Vorgehensweisen sowohl auf Seiten der Schulleitung als auch auf Seiten des befragten Kollegiums dominierten. Sowohl die professionellen und organisationalen Nutzungstypen als auch die Nutzungsmuster sind nämlich nicht beliebig auf die beiden Schulen verteilt, sondern es fanden sich vielmehr bestimmte Cluster von

Typen und Mustern innerhalb der jeweiligen Gesamtschule an. Hiermit wurden schulspezifische Nutzungsmuster und eine überwiegend schulische Legitimationsstruktur als nahe liegend angesehen, die durch die fallspezifische Beschreibung über inhaltsanalytische Kategorien weiter ausgebaut werden konnte.

Schulspezifische Charakterisierung der **Gesamtschule A** (dezentraler Führungsstil):

Die Gesamtschule A mit dezentralem Führungsstil zeichnet sich durch folgende Aspekte aus:
- Es sind alle Nutzungstypen professioneller und organisationaler Überzeugungen vorhanden und einziges gemeinsames Nutzungsmuster mit der Gesamtschule B ist das Muster D/3 (»Es gibt diverse Ursachen für die Ergebnisse und die Vergleichsmöglichkeiten sind neu, jetzt kann in mein Königreich geguckt werden. Auch wenn es von oben eingesetzt wurde, muss die Fachkonferenz sich damit beschäftigen«).
- Es findet eine relative Annahme des Instruments der Lernstandserhebung statt. Es gibt eine konstruktive Nutzungstendenz der Rückmeldungen, da sowohl die intendierten Nutzungsformen als auch ihm nahe stehende Formen stark vertreten sind.
- Die Nutzungsprinzipien stehen zwischen einer technologischen Auslegung der Wissensstruktur der Rückmeldungen als Kausalattributionen und einer normativen Verständigung über die Bedingungen ihres professionellen Handelns.
- Es wird größtenteils eine operationale Auslegung der mit der Lernstandserhebung verbundenen Problemstellung vorgenommen (Umsetzung von operationalisierbaren Lehr- und Lernzielen).
- Es überwiegt eine eigenständige Anpassung der outputorientierten Reformen an die situations- und ortsgebundenen Ziele der Schul- und Unterrichtsentwicklung sowie eine kollektiv organisierte Integration der Maßnahme in die schulischen Entscheidungsgremien.
- Die Schulleitung stärkt die Eigenverantwortung und Zusammenarbeit des Kollegiums und eine Partizipation aller Lehrkräfte an den Reformen und den Maßnahmen wird angestrebt. Es wird aber auch eine Systematisierung der Rezeption von den Lehrkräften erwartet.
- Im Kontext der Tests spielen Bildungsstandards, Kernlehrpläne etc. eine entscheidende Rolle bei der Umsetzung und der Einbeziehung der Ergebnisse in Unterrichts- und Schulentwicklungsprozesse (z.B. soll die professionelle Expertise in den Bereichen Diagnostik erhöht werden).
- Gemeinsame Diskussion über die Ergebnisse und deren Ursachen (entweder durch technologische oder normative Auslegungen) stärken die Verwendung der Daten.
- Die Kommunikation über gemeinsame Bewertungsschemata und eine Festlegung auf gemeinsame Zielerreichungen wird von den jeweiligen Fachgruppen in den Vordergrund gestellt.
- Bereits getroffene Entscheidungen werden mit den Ergebnissen der Lernstandserhebung in Verbindung gebracht und deren Ausrichtung wird anhand der aktuellen Daten beurteilt.

Schulspezifische Kurzcharakterisierung der **Gesamtschule B** (zentraler Führungsstil):

Die Gesamtschule B mit zentralem Führungsstil zeichnet sich durch folgende Aspekte aus:
- Der Professionstyp B („Durch die Lernstandserhebungen werden all diese Dinge streng logisch gruppiert (...), [und man] (...) kann sehen, (...), sie haben sich von A nach B bewegt") und der Organisationstyp 2 („Trifft das für mich zu (...), dann muss ich gucken, dass ich irgendwas mache und wenn (...) nicht (..), dann muss ich mich darum auch nicht weiter kümmern.[/] Das macht jeder mit sich (..) aus") kommen nicht innerhalb der untersuchten Stichprobe vor.
- Das einzige mit der Gesamtschule A gemeinsame Nutzungsmuster ist D/3 (»Es gibt diverse Ursachen für die Ergebnisse und die Vergleichsmöglichkeiten sind neu, jetzt kann in mein Königreich geguckt werden. Auch wenn es von oben eingesetzt wurde, muss die Fachkonferenz sich damit beschäftigen«).

- Eine Ablehnung der Maßnahme bzw. der Widerstand gegenüber dem Instrument der Lern-standserhebungen ist hier relativ stark ausgeprägt, da besonders die Nutzungsmuster D/3 und D/4 (»Es gibt diverse Ursachen für die Ergebnisse und die Vergleichsmöglichkeiten sind neu, jetzt kann in mein Königreich geguckt werden. Auch wenn es von oben eingesetzt wurde, muss die Fachkonferenz sich damit beschäftigen«) besonders häufig anzufinden waren (4 von insgesamt 10 Fällen).
- Der kollektive Umgang mit den Rückmeldungen garantiert einen formell-bürokratischen Umgang mit den Lernstandserhebungen und es findet nur wenig inhaltliche Auseinanderset-zung mit den Kriterien der Lernstandserhebung statt. Weiterhin wird die Wissensstruktur der Daten hauptsächlich normativ ausgelegt, was ihre Funktion als Entscheidungsgrundlage für eine Ableitung von Ursachen und Konsequenzen erschwert bzw. dazu führt, dass Ableitungen als unsicher betrachtet werden.
- Die positionelle Auslegung der Problemstellung der Lernstandserhebung, d.h. die Fokussie-rung auf die Vergleichsmöglichkeiten und mögliche (öffentliche und schulinterne) Rankings, verstärkt die Angst vor der Maßnahme; die heteronome Auslegung der Einführung der Re-formen und der Lernstandserhebungen, d.h. außerhalb einer anerkannten professionellen In-stanz, erzeugt einen relativ hohen Widerstand innerhalb des befragten Kollegiums.
- Es herrscht eine hierarchisch geprägte Informationsvermittlung seitens der Schulleitung und der Fachgremien vor, die durch den zentralen Führungsstil der Schulleitung gefördert wird. Weiterhin divergieren die Zielstellungen der Schulleitung und der befragten Lehrkräfte z.T. stark: Förderung heterogener Lerngruppen vs. starke Selektionspraktiken zwischen E- und G-Kurs Schülern; Schulleitung sieht FK als entscheidend an, Lehrkräfte arbeiten hier formell-administrativ.
- Es gibt wenig einheitlichen Umgang innerhalb der Fachgruppen mit den Rückmeldungen und es zeigen sich auch sehr unterschiedlich ausgeprägte Kommunikationsstrukturen; weiterhin wird die Lernstandserhebung wenig im Kontext der anderen outputorientierten Reformen be-trachtet. Ein großer Teil der befragten Lehrkräfte ist der Ansicht, keine direkten Einflussmög-lichkeiten auf die ermittelten Schülerdefizite zu haben.

Resümee zur schulspezifischen Auswertung

Aus dem schulspezifischen Vergleich der beiden Gesamtschulen auf Basis der Fallstudien wurde ersichtlich, dass eine homogene Vorstellung über die zu erreichenden Ziele zwischen Schulleitung und Lehrerkollegium gemeinsames Arbeiten und eine Integration der Maß-nahme in bisherige Kontroll- und Koordinationspraktiken fördert bzw. diese aufgrund der kollektiven Auseinandersetzung mit unterschiedlichen Erwartungen ausbaut. Die rückge-meldeten Daten wurden unterschiedlich intensiv und mit unterschiedlichen Zielsetzungen von den beiden untersuchten Gesamtschulen bearbeitet: Die Schule A zeigte eine ausge-prägte Absprache- und Kommunikationskultur in Bezug auf eine inhaltliche Auseinander-setzung mit den Anforderungen und Möglichkeiten der Lernstandserhebung. Bei der Schule B konnte eine geringer ausgeprägte Bereitschaft und Intensität bei der inhaltlichen Beschäf-tigung mit den Rückmeldungen vorgefunden werden, dafür wurde der Fokus auf die for-mell-administrative Nutzung der Daten gelegt. Insgesamt wurde daran auch deutlich, dass Handlungsmodelle besonders dann abgeleitet werden können, wenn eine gemeinsame Ver-ständigung darüber stattgefunden hat und wenn die Fachgruppen sich inhaltlich für die Umsetzung der Lernstandserhebung verantwortlich sehen. Bei den fachkulturellen Unter-schieden wurde zwar deutlich, dass diese Einfluss auf die Ergebnisnutzung nehmen. Hier-bei spielt allerdings der schulorganisatorische Umgang mit der Maßnahme und die dort weitergereichte Implementation des Instruments einen entscheidenden Faktor: Ein dezentraler Führungsstil überlässt allen Lehrkräften einen eigenverantwortlichen und autonomen Umgang mit den Lernstandserhebungen, was besonders in Hinblick auf die Profession einen ausschlaggebenden Faktor darstellt, da hiermit die Akzeptanz bzw. Affirmation der Maßnahme bestimmt wird. Ein zentraler Führungsstil übernimmt viel Verantwortung für die Maßnahme und deren Implementation auf organisatorischer Ebene, was bei der Profession der Lehrkräfte zu einem Gefühl der Fremdbestimmtheit führt, was durch die faktische Einführung der Lernstandserhebung als ein Instrument der Bildungsadministration zudem verstärkt wird und Widerstand gegenüber der Lernstandserhebung fördert.

Affirmation und Widerstand gegenüber Lernstandserhebungen

In Bezug auf die Entstehung von Affirmation oder Widerstand gegenüber der Einführung von Lernstandserhebungen als Instrument der outputorientierten Qualitätsentwicklung und -sicherung bleibt zum Schluss dieser Arbeit folgendes festzuhalten:

Die Auslegung der Wissensstruktur der rückgemeldeten Daten allein ist nicht dafür verantwortlich, ob Affirmation oder Widerstand gegenüber der Maßnahme entsteht; vielmehr fördert eine technologische Interpretation der Daten zwar eine Integration der Rückmeldungen in Handlungsmodelle, eine normative Interpretation schließt dies aber nicht aus, sondern legt den Fokus eher auf die Rahmenbedingungen des professionellen Handelns als auf die eigenen Einflussmöglichkeiten, die sich am Prozess der eigenen Handlungen ausrichten können. Innerhalb der Gesamtschule A wurde deutlich, dass eine Förderung der Eigenverantwortung und Selbstständigkeit bei der Datennutzung einen Umgang fördert, der die meisten Fachgruppen dazu bewegt, sich intensiv mit den Rückmeldungen auseinanderzusetzen. Allerdings zeigen diese Fachgruppen z.T. Schwierigkeiten bei der Ursachenanalyse und der Umsetzung in weiterführende Handlungen. Bei der Gesamtschule B wurde dagegen deutlich, dass die von der Schulleitung thematisierte Unsicherheit und die hierarchisch strukturierte Informations- und Entscheidungsvermittlung dazu führt, dass den Vorgaben der Tests und deren Berichterstattung eher mit einem formell-bürokratisch strukturierten Umgang begegnet wird.

Die Deutung des Zentralwerts durch die Profession der Lehrkräfte nimmt dagegen einen stärkeren Stellenwert bei der Gewichtung der Maßnahme ein. Eine operationale Auslegung der Tests, d.h. die Auffassung, dass Schülerleistungen und unterrichtliche Ziele messbar bzw. präzisierbar sind, fördert eine intensive Auseinandersetzung mit den Rückmeldungen und die daran anschließende Ursachenanalyse. Wohingegen eine positionelle Auslegung des Zentralwerts der Lernstandserhebungen die statistische Differenz von Schülerleistungen und Schulen (Position in einem Ranking) sowie eine am Status des Lehrerberufs orientierte Auslegung fokussieren. Mit der gemeinsamen Beschäftigung der Fachgruppen bzw. der Schulmitglieder an der Gesamtschule A wird deutlich, dass eine als operational ausgelegte Sichtweise der Schülerleistungen zunehmen kann, auch wenn nicht unbedingt immer die gleichen Ansichten über die Kriterien der Operationalisierung vorliegen müssen. An der Gesamtschule B hat sich dagegen gezeigt, dass eine eher auf die eigene professionelle Überzeugung ausgerichtete Auseinandersetzung mit den Problemstellungen der Lernstandserhebung eher bisherige Einstellungen verstärkt und Veränderungsmöglichkeiten aufgrund der neuen Anforderungen der Tests nicht gesehen werden bzw. als außerprofessionelle Instanz nicht anerkannt werden, weil sie auf keiner bisher erworbenen professionellen (Wissens-)Basis beruhen oder nicht als professionell anerkanntes Wissen behandelt werden könnten.

Auf der Ebene der organisationalen Überzeugungen der Lehrkräfte ist deutlich geworden, dass die empfundene interne und externe Kontrolle durch die Einführung der Lernstandserhebungen eine Schlüsselfunktion bei der Affirmation oder dem Widerstand einnimmt. Eine als heteronom empfundene Kontrolle findet sich vorwiegend bei den befragten Lehrkräften der Gesamtschule B an, die den Fokus bei der Einführung der Maßnahme auf die Mehrbelastung und auf Kontrollmechanismen (z.B. öffentliche Rankings, schulinterne Öffentlichkeit der Ergebnisse, Einblick der Schulleitung in Ergebnisse) legt. Die Schule A zeigt dagegen vorwiegend autonome Vorstellungen darüber, wie die Maßnahme in ihrem schulischen Alltag und in ihre schulorganisatorische Struktur etabliert werden kann: Hier wird vor allem auf gemeinsame Ziele rekurriert, wie etwa der Sicherung der Basiskompetenzen der Schüler und das Erreichen der zentralen Abschlüsse.

Bei der schulinternen Koordination der Einbindung der Rückmeldungen auf der schulorganisatorischen Ebene (wie etwa der Fachgruppen und Fachkonferenzen) konnte durch die Untersuchung der beiden Gesamtschulen dargestellt werden, dass beide Schulen eine kollektive Umgangsweise mit der Lernstandserhebung vorziehen. Sie unterschieden sich allerdings in ihrer Ausgestaltung der Integration der Maßnahme deutlich voneinander: Die Gesamtschule A zeigte eine eher an inhaltlichen Kriterien ausgerichtete kollektive Auseinandersetzung und Diskussion mit der Maßnahme und deren Ergebnissen; wohingegen die Gesamtschule B aufgrund des stärker ausgeprägten Widerstands gegenüber der Lernstandserhebung eher eine administrativ-bürokratische kollektive Auseinandersetzung mit den Rückmeldungen bevorzugt. Insgesamt führte die Strategie der Gesamtschule B zwar auch zu Beschlüssen über gemeinsame Vorstellungen über kollektive Handlungsmodelle und -strategien, diese wurden aber auf der individuellen Ebene nicht in Übereinstimmung mit bisherigen Vorstellungen über Bewertungsschemata gebracht und somit auch häufig nicht in aktive zukünftige (gemeinsame) übersetzt. Die Strategie der Gesamtschule A über gemeinsame Abstimmungen ihrer Vorstellungen über gemeinsame Zielsetzungen, die mit den Rückmeldungen in Verbindung gesetzt werden, und ein Abgleich individueller und auch kollektiver Bewertungsschemata hat es in der Schule A ermöglicht, gemeinsame Handlungsstrategien und -modelle für die Zukunft des Unterrichts und der Schule zu entwickeln.

Rückbezug auf die verwandten theoretischen Ansätze

Im Rückgriff auf die verwendeten organisationstheoretischen Ansätze lässt sich hieran zeigen, dass Schulen durchaus im Sinne der neo-institutionalistischen Ansätze auf die Einführung der Lernstandserhebungen reagieren können. Bei der als heteronom empfundenen Kontrolle durch die Rückmeldungen entsteht die Notwendigkeit die operative Ebene des Unterrichts vor dem Eingriff der administrativen Ebene (Bildungssystem, Schulaufsicht) zu schützen. D.h. die Umwelt der Organisation erzeugt durch die Einführung des Instruments die Notwendigkeit, den „Mythos" eines rationalen Umgangs zu erfüllen, dem mit einem formell-administrativen Umgang entgegengekommen wird, bei dem der bürokratietheoretische Ansatz zur Anwendung kommt. Beachtlich ist hier allerdings auch, dass nicht nur die schulexterne Umwelt, d.h. in diesem Fall die Art der Einführung der Lernstandserhebungen in den Schulen, einen Einfluss auf den internen Umgang nimmt, sondern auch die schulintern empfundene Kontrolle der Profession der Lehrkräfte durch den Führungsstil der Schulleitung. In anderen Worten: Wenn die Profession aufgrund des Führungsstils der Schulleitung einen Eingriff in ihre professionelle Autonomie wahrnimmt, erzeugt die Profession auf organisationaler Ebene ebenfalls „Mythen": Es werden dann formelle Antworten auf die von der Schulleitung gestellten Forderungen durch die Profession der Lehrkräfte gegeben. Damit wird deutlich, dass ein ehemals durch die Lehrkräfte als Freiraum ausgelegter Bereich, der Unterricht, durch die Einführung eines externen Rechenschaftslegungsinstruments mit gleichzeitiger Nutzung dieses Instruments durch die Schulleitung als interne Rechenschaftslegungsmöglichkeit ihnen gegenüber ebenfalls dazu führt, wie im Verhältnis Organisation und Umwelt, dass diese als außen stehendes Gremium nicht anerkannt wird und ihnen gegenüber „Mythen" erzeugt werden. Die Schulleitung wird innerhalb dieser Konstellation durch die vertikalen Kommunikationsstrukturen als hierarchisch höher gestellte Ebene wahrgenommen und die Profession der Lehrkräfte reagiert auf die Schulleitung wie auf die Umwelt mit Widerstand und erzeugt über die administrativ-bürokratische Auseinandersetzung mit den Ergebnissen der Lernstandserhebung den Mythos einer Affirmation, um die zeremonielle Konformität zu sichern, d.h. mit einer formellen Antwort ohne inhaltliche Auseinandersetzung mit den Kriterien der Beurteilung durch die Lernstandserhebung.

Weiterhin wurde innerhalb dieser Arbeit organisationstheoretisch hergeleitet, dass die outputorientierten Reformen des Bildungssystems nach einer Veränderung innerhalb der Organisationsstruktur verlangen, wenn die Rückmeldungen aus Lernstandserhebungen als Medium der Organisation bzw. als organisatorische Ressource genutzt werden sollen. Eine Stärkung der Profession auf der Ebene organisationaler Strukturen, d.h. besonders auch der administrativen Ebene, wurde als erforderlich angesehen. In Bezug auf die empirischen Ergebnisse dieser Studie konnte deutlich gemacht werden, dass besonders dann eine horizontale Integration der Organisationsmitglieder umgesetzt wird, wenn die Schulleitung eine solche Strukturbildung unterstützt. In der Gesamtschule A wurde durch die Abgabe von Verantwortung im Sinne eines selbstverantwortlichem Zugriffs auf die Daten und einer Eigenständigkeit im Umgang mit den Rückmeldungen eine solche horizontale Integration erreicht, bei der die Lehrkräfte ihre professionelle Autonomie für den inhaltlichen Umgang mit der eingeführten Maßnahme der Schülerleistungsmessungen nutzen konnten, was sich durch einen hohen Grad an Kommunikation und gemeinsamen Entscheidungsprämissen, die auch Eingang in die unterrichtliche Praxis fanden, gezeigt hat. Außerdem konnte empirisch gezeigt werden, dass u.a. die professionellen (epistemologischen) Überzeugungen der Lehrkräfte in Bezug auf ihre Berufsausübung aufgrund der rückgemeldeten Daten erklären, wie sie mit den Daten selbst umgehen. D.h. sehen Lehrkräfte in den Daten die Möglichkeit, eine Anbindung an eigene Beurteilungsschemata zu finden, werden die Daten auch auf ihre aktuelle unterrichtliche oder schulorganisatorische Praxis bezogen.

In Bezug auf die Ebene der Organisation bedeutet die Einführung der Lernstandserhebungen als Medium der Organisation, bzw. als organisatorische Ressource, dass eine gemeinschaftliche Auseinandersetzung eine notwendige, aber keine ausreichende Bedingung für Affirmation darstellt. Vielmehr werden eine inhaltliche Akzeptanz sowie eine gemeinsame Verständigung über die Kriterien der Beurteilung, wie sie etwa in den Lernstandserhebungen zu finden sind, von den beteiligten Lehrkräften und Schulleitungsmitgliedern benötigt, um überhaupt Konsequenzen für Schule und Unterricht ziehen zu können. In anderen Worten: Die Lernstandserhebungen können nur dann zu einer organisatorischen Ressource werden, wenn sowohl die schulischen Kapazitäten und Strukturen für eine Auseinandersetzung geschaffen werden, als auch eine direkte inhaltliche Anbindung an die Profession der Lehrkräfte hergestellt wird. Denn aus der Perspektive der Profession der Lehrkräfte stellt sich die Lernstandserhebung als Bedrohung ihrer professionellen Autonomie dar, wenn sie a) als ein externes und heteronomes Instrument ausgelegt wird, dass von der organisatorischen Umwelt (z.B. Schulleitung, Schulamt) als Kontrollinstrument ihre eigenen Kontrollinstrumente außer Kraft setzt; und b) die Rückmeldungen der Lernstandserhebungen innerhalb der Schulen zu einem Instrument der internen Rechenschaftslegung gemacht werden, indem etwa die Schulleitung ein internes Kontrollinstrument aus den Rückmeldungen ausbaut, das die Profession ebenfalls als ein Instrument eines heteronomen Eingriffs empfindet. Einfluss auf die Wahrnehmung und die Überzeugungen der Lehrkräfte in Bezug auf die Nutzung der Daten aus Lernstandserhebungen nimmt damit folglich die Art der externen und internen Implementation der Maßnahme in den Schulen: Wird die Einführung der Lernstandserhebungen durch die Profession der an der Schule arbeitenden Lehrkräfte als autonom aufgefasst, indem sowohl auf Seiten der externen schulischen Umwelt wenig Einfluss auf die internen Kontrollinstrumente und -praktiken ausgeübt wird bzw. diese von der Profession anerkannt werden können, als auch auf Seiten der internen Einführung der Maßnahme durch die Schulleitung keine Verstärkung des externen Instruments der Lernstandserhebungen als internes Kontrollinstrument vorgenommen wird, entsteht Affirmation gegenüber den Lernstandserhebungen. Wird die Einführung der Lernstandserhebung dagegen durch die Profession als heteronom aufgefasst, wird allein ein administrativ-bürokratischer Umgang mit der Maßnahme forciert, der keine professionellen oder organisationalen Strukturauswirkungen, d.h. Unterrichts- und/oder Schulentwicklung, mit sich bringt. Insgesamt verweist folglich nicht nur die Implementation der Tests, sondern auch die instrumentelle Ebene, d.h. wie die Lehrkräfte auf den Ebenen der Organisation und der Profession mit den Rückmeldungen umgehen, darauf, welche Konsequenzen aus den Ergebnissen der Schulleistungsmessungen überhaupt getroffen werden können.

Die Frage nach einer Stärkung der Profession oder der Organisation durch die Einführung der Lernstandserhebungen als Instrument der Qualitätssicherung und -entwicklung wird damit hinfällig, denn es kann ein „entweder oder", aber auch ein „sowohl als auch" innerhalb der Schulen daraus entstehen. Denn auch innerhalb dieser Studie hat sich als besonders wichtig der Aspekt der Autonomie der Profession herausgestellt, wenn auch nicht als gegebene Größe, sondern als Größe, die durch die Profession, hier die an der Lernstandserhebung beteiligten Lehrkräfte, selbst bestimmt wird. D.h. auch wenn ein Instrument, wie die Lernstandserhebung Lernstand 9 in Nordrhein-Westfalen, als ein als externes Rechenschaftslegungsinstrument außerhalb der Institution der Profession der Lehrkräfte einer Schule entwickeltes Instrument in den Schulen eingesetzt wird, heißt dies nicht pauschal, dass sich alle Lehrkräfte damit in ihrer Autonomie bedroht fühlen. Vielmehr geht es um die schulinterne bzw. einzelschulische Anerkennung des Wissens als Professionswissen und die Deutung der Struktur des Wissens aus den Lernstandserhebungen, genauso wie um die Deutung der darin enthaltenen gesellschaftlichen Problemstellung, die auf den Ebenen der schulischen Organisation in den entsprechenden schulischen Gremien und Arbeitsgruppen besprochen werden kann. Ein direkter Durchgriff auf die Ebene der Organisation durch Anweisungen und Aufforderungen der Nutzung der Rückmeldungen aus Lernstandserhebungen bleibt damit hinfällig, da dieser erst inhaltlich ausgebaut werden kann, wenn die Profession dies fachlich und strukturell unterstützt. Methodische Kenntnisse über die Lernstandserhebungen bleiben damit zunächst nachrangig, wenn auch nicht unbedeutend, da zunächst eine allgemeine Verständigung stattfinden muss, auf der später ein Aufbau erfolgen kann.

Ein Modell über die Ergebnisnutzung von Rückmeldungen aus Lernstandserhebungen enthält aufgrund der Erkenntnisse dieser Studie die folgenden Aspekte:

- Sensemaking-Prozesse im Sinne professioneller Überzeugungen strukturieren die Deutung der Rückmeldungen und die organisationale Einbindung in strukturelle Zusammenhänge (wie Fachgruppen, Fachkonferenzen).
- Weiterhin nimmt die Art der Implementation der Maßnahme Einfluss, d.h. wie die Lehrkräfte diese Implementation auslegen: sowohl der externe (Umwelt der Schule) als auch der interne (Schulleitung) Einsatz der Lernstandserhebung als Rechenschaftslegungsinstrument führt zu einer Ablehnung.
- Auf schulorganisatorischer Ebene nimmt der Führungsstil der Schulleitung Einfluss: Ein als heteronom empfundener Eingriff in die Arbeit kann nicht nur durch die Implementation der Maßnahme als externes Rechenschaftslegungsinstrument gesehen werden, sondern auch durch eine als heteronom empfundene Kontrolle durch die Schulleitung. Ein als autonom beeinflussbares Kontrollinstrument wird durch die den Führungsstil der Schulleitung gefördert.
- Die schulorganisatorische Ebene steht in einem engen Zusammenhang mit der professionellen Überzeugung der Lehrkräfte, die entweder Affirmation oder Widerstand zu der Maßnahme entwickeln: Eine horizontale Integration der Organisationsmitglieder erzeugt auf der Ebene der Profession eine Auseinandersetzung mit den Rückmeldungen. Die Übernahme von Verantwortung durch die Lehrkräfte erzeugt professionelle Autonomie für den inhaltlichen Umgang mit der eingeführten Maßnahme der Schülerleistungsmessungen.
- Eine Konkretisierung gemeinsamer Ziele zwischen Schulleitung und der Profession der Lehrkräfte bei der Umsetzung der Lernstandserhebungen als Steuerungsinstrument wirkt sich auf eine affirmative Haltung und Nutzung aus. Dies steht in engem Zusammenhang mit der Auslegung der rückgemeldeten Daten, d.h. wo die Lehrkräfte eine Möglichkeit sehen, eine Anbindung der Daten an eigene Beurteilungsschemata zu finden.
- Fachgruppenspezifische Umgangsweisen beeinflussen die strukturelle und inhaltliche Koordination des Instruments: ein fachgruppenbezogener Austausch fördert dabei gemeinsame Beurteilungsschemata und einen gemeinsamen sowie einheitlichen Umgang mit den Rückmeldungen, bei dem es aber notwendig ist, dass das Lernstandswissen als Professionswissen akzeptiert wird.

Literaturverzeichnis

Abs, H. J./Maag Merki, K. (2006, 19. März). Schulrückmeldungen aus externer Evaluation: Von der Konzeption und Produktion bis zur Rezeption. Vortrag gehalten auf dem Workshop zum Kongress der DGfE: Bildung - Macht - Gesellschaft, Frankfurt/M.

Achinstein, B./Ogawa, R. T./Spieglman, A. (2004). Are We Creating Separate and Unequal Tracks of Teachers? The Effects of State Policy, Local Conditions, and Teacher Characteristics on New Teacher Socialization. In: American Educational Research Journal, 41 (3), S. 557-603.

Ackeren, I. v. (2003). Nutzung großflächiger Tests für die Schulentwicklung. Exemplarische Analysen der Erfahrungen aus England, Frankreich und den Niederlanden. Berlin: Bundesministerium für Bildung und Forschung.

Ackeren, I. v. (2004). Datengeleitete Schulentwicklung. Was fangen Schulen mit den Ergebnissen aus überregionalen Tests an? In: Essener Unikate. Bildungsforschung nach PISA, 24, S. 36-45.

Ackeren, I. v. (2005). Vom Daten- zum Informationsreichtum? Erfahrungen aus standardisierten Vergleichstests in ausgewählten Nachbarländern. In: Pädagogik, 57 (5), S. 24-28.

Ackeren, I. v./Klemm, K. (2000). TIMSS, PISA, LAU, MARKUS und so weiter. Ein aktueller Überblick über Typen und Varianten von Schulleistungsstudien. In: Pädagogik, 12, S. 10-15.

Aleman, H. v./Ortlieb, P. (1974). Die Einzelfallstudie. In: Koolwijk, J. v./Wieken-Mayser, M. (Hrsg.). Techniken der empirischen Sozialforschung. 2. Bd. Untersuchungsformen. München, Wien: R. Oldenbourg Verlag, S. 157-177.

Alisch, L.-M. (1981). Zu einer kognitiven Theorie der Lehrerhandlung. In: Hofer, M. (Hrsg.). Informationsverarbeitung und Entscheidungsverhalten von Lehrern. München, Wien, Baltimore: Urban und Schwarzenberg, S. 78-109.

Altrichter, H. (1998). Reflexion und Evaluation im Schulentwicklungsprozess. In: Altrichter, H. (Hrsg.). Handbuch zur Schulentwicklung. Innsbruck, Wien: Studien-Verlag, S. 263-286.

Argyris, C./Schön, D. (1978). Organizational learning: A theory of action perspective. Reading, Mass: Addison Wesley.

Arnhold, G./Bellenberg, G. (2005). Neue Bildungschancen für wen? Die neue Bildungspolitik des Landes Nordrhein-Westfalen aus der Perspektive der empirischen Schulforschung. In: Die Deutsche Schule, 4, S. 397-407.

Arnold, K.-H. (1999). Fairneß bei Schulsystemvergleichen: diagnostische Konsequenzen von Schulleistungsstudien für die unterrichtliche Leistungsbewertung und binnenschulische Evaluation. Münster: Waxmann.

Arnold, K.-H. (2002). Qualitätskriterien für die standardisierte Messung von Schulleistungen. Kann eine (vergleichende) Messung von Schulleistungen objektiv, repräsentativ und fair sein? In: Weinert, F. E. (Hrsg.). Leistungsmessungen in Schulen. 2. Aufl. Weinheim, Basel: Beltz, S. 117-130.

Ashby, J./Sainsbury, M. (2001). How Do Schools Use National Curriculum Test Results? A Survey of the Use of National Curriculum Test Results in the Management and Planning of the Curriculum at Key Stages 1 and 2. In: National Foundation for Educational Research. Abrufbar unter: http://www.nfer.ac.uk/research/down_pup. asp. (Zugriff am: 28.11.2005)

Bähr, K. (2003). Die Rolle von Schulleistungstests für das Qualitätsmanagement im Bildungswesen, in Schulen und Klassenzimmern. In: Brüsemeister, T./Eubel, K.-D. (Hrsg.). Zur Modernisierung von Schule. Leitideen - Konzepte - Akteure. Ein Überblick. Bielefeld: Transcript Verlag, S. 217-224.

Bargel, T. (1996). Ergebnisse und Konsequenzen empirischer Forschungen zur Schulqualität und Schulstruktur. In: Melzer, W./Sandfuchs, U. (Hrsg.). Schulreform in der Mitte der 90er Jahre. Strukturwandel und Debatten um die Entwicklung des Schulsystems in Ost- und Westdeutschland. Opladen: Leske+Budrich, S. 47-65.

Barton, A. H./Lazarsfeld, P. F. (1955/1979). Einige Funktionen von qualitativer Analyse in der Sozialforschung. In: Hopf, C./Weingarten, E. (Hrsg.). Qualitative Sozialforschung. 1. Aufl. Stuttgart: Klett-Cotta, S. 41-89.

Baumert, J. (2001). Evaluationsmaßnahmen im Bildungsbereich. Eine kritische Sicht auf mögliche Zugänge. In: ÖFEB-Newsletter 2 (Österreichische Gesellschaft für Forschung und Entwicklung im Bildungswesen). Abrufbar unter: http://www.oefeb. at/. (Zugriff am 28.11.2005)

Baumert, J./Kunter, M. (2006). Stichwort: Professionelle Kompetenz von Lehrkräften. In: Zeitschrift für Erziehungswissenschaft, 9 (4), S. 469-520.

Baumert, J./Artelt, C./Klieme, E./Stanat, P. (2002). PISA Programme for International Student Assessment. Zielsetzungen, theoretische Konzeption und Entwicklung von Messverfahren. In: Weinert, F. E. (Hrsg.). Leistungsmessungen in Schulen. 2. Aufl. Weinheim, Basel: Beltz, S. 285-310.

Beck, U./Bonß, W. (1989). Verwissenschaftlichung ohne Aufklärung? Zum Strukturwandel von Sozialwissenschaft und Praxis. In: Beck, U./Bonß, W. (Hrsg.). Weder Sozialtechnologie noch Aufklärung? Analysen zur Verwendung sozialwissenschaftlichen Wissens. 1. Aufl. Frankfurt/M.: Suhrkamp, S. 7-45.

Beck, U./Bonß, W. (1991). Verwendungsforschung - Umsetzung wissenschaftlichen Wissens. In: Flick, U./Kardorff, E. v./Keupp, H./Rosenstiel, L. v./Wolff, S. (Hrsg.). Handbuch Qualitative Sozialforschung. Grundlagen, Konzepte, Methoden und Anwendungen. München: Psychologie Verlags Union, S. 416-419.

Bohnsack, R. (2007). Rekonstruktive Sozialforschung. Einführung in qualitative Methoden. 6., durchgesehene und aktualisierte Aufl. Opladen: UTB, Verlag Barbara Budrich.

Bonsen, M./Gathen, J. v. d. (2004). Schulentwicklung und Testdaten. Die innerschulische Verarbeitung von Leistungsrückmeldungen. In: Holtappels, H. G./Klemm, K./Pfeiffer, H./Rolff, H.-G./Schulz-Zander, R. (Hrsg.). Jahrbuch der Schulentwicklung. Daten Beispiele und Perspektiven. Bd. 13. Weinheim, München: Juventa, S. 225-252.

Bonß, W. (1991). Soziologie. In: Flick, U./Kardorff, E. v./Keupp, H./Rosenstiel, L. v./Wolff, S. (Hrsg.). Handbuch Qualitative Sozialforschung. Grundlagen, Konzepte, Methoden und Anwendungen. München: Psychologie Verlags Union, S. 36-39.

Borchardt, A./Göthlich, S. E. (2006). Erkenntnisgewinn durch Fallstudien. In: Albers, S./Klapper, D./Konradt, U./Walter, A./Wolf, J. (Hrsg.). Methodik der empirischen Forschung. 1. Aufl. Wiesbaden: Deutscher Universitäts-Verlag, S. 37-54.

Bortz, J./Döring, N. (2002). Forschungsmethoden und Evaluation für Human- und Sozialwissenschaftler. 3., überarb. Aufl. Berlin: Springer-Verlag.

Bos, W./Postlethwaite, T. N. (2002). Internationale Schulleistungsforschung. Ihre Entwicklungen und Folgen für die deutsche Bildungslandschaft. In: Weinert, F. E. (Hrsg.). Leistungsmessungen in Schulen. 2. Aufl. Weinheim, Basel: Beltz, S. 251-267.

Bos, W./Lankes, E.-M./Prenzel, M./Schwippert, K./Walther, G./Valtin, R. (Hrsg.). Erste Ergebnisse aus IGLU. Schülerleistungen am Ende der vierten Jahrgangsstufe im internationalen Vergleich. Münster: Waxmann Verlag, 2003.

Böttcher, W. (2002). Kann eine ökonomische Schule auch eine pädagogische sein? Schulentwicklung zwischen Neuer Steuerung, Organisation, Leistungsevaluation und Bildung. Weinheim, München: Juventa.

Bourdieu, P. (1997a). Die feinen Unterschiede. Kritik der gesellschaftlichen Urteilskraft. 9. Aufl. Frankfurt/M.: Suhrkamp.

Bourdieu, P. (1997b). Sozialer Sinn. Kritik der theoretischen Vernunft. 2. Aufl. Frankfurt/M.: Suhrkamp.

Bourdieu, P. (1997c). Verstehen. In: Bourdieu, P. e. a. (Hrsg.). Das Elend der Welt. Zeugnisse und Diagnosen alltäglichen Leidens an der Gesellschaft. Konstanz: UVK, S. 779-802.

Bromme, R. (1992). Der Lehrer als Experte. Zur Psychologie des professionellen Wissens. Bern: Huber.

Brüsemeister, T. (2000). Qualitative Forschung. Ein Überblick. Wiesbaden: Westdt. Verlag.

Brüsemeister, T. (2005). „Wo Interaktion ist, soll Organisation werden" - Zur Einführung von Qualitätsmanagement an Schulen. In: Jäger, W./Schimank, U. (Hrsg.). Organisationsgesellschaft. Facetten und Perspektiven. Wiesbaden: Huber.

Buchen, H./Burkhard, C. (2000). Wird Schulmanagement zum Qualitätsmanagement? Handlungsbereiche von Schulleitungen und Schulaufsicht bei der Qualitätsentwicklung und Qualitätssicherung von Schule. In: Frommelt, B. u.a. (Hrsg.). Schule am Ausgang des 20. Jahrhunderts. Weinheim, München: Juventa.

Büchter, A./Leuders, T. (2005). Zentrale Tests und Unterrichtsentwicklung. Bei guten Aufgaben und gehaltvollen Rückmeldungen kein Widerspruch. In: Pädagogik, 57 (5), S. 14-18.

Bühler-Niederberger, D. (1985). Analytische Induktion als Verfahren der qualitativen Methodologie. In: Zeitschrift für Soziologie, 14 (6), S. 475-485.

Bühler-Niederberger, D. (1995). Analytische Induktion. In: Flick, U./Kardorff, E. v./Keupp, H./Rosenstiel, L. v./Wolff, S. (Hrsg.). Handbuch Qualitative Sozialforschung. Grundlagen, Konzepte, Methoden und Anwendungen. 2. Aufl. Weinheim, Basel: Beltz, S. 446-450.

Bundesministerium für Bildung und Forschung (Hrsg.). TIMSS - Impulse für die Schule und Unterricht. Forschungsbefunde, Reforminitiativen, Praxisberichte und Video-Dokumente. Bonn, 2001.

Burkard, C. (1998). Schulentwicklung durch Evaluation? Handlungsmöglichkeiten der Schulaufsicht bei der Qualitätsentwicklung und -sicherung von Schule. Frankfurt/ M.: Peter Lang.

Burkard, C./Orth, G. (2005). Standardsetzung und Standardüberprüfung in Nordrhein-Westfalen. In: Rekurs, J. (Hrsg.). Bildungsstandards, Kerncurricula und die Aufgabe der Schule. Münster: Aschendorff Verlag, S. 136-149.

Carnoy, M. (2005). Have State Accountability and High-Stakes Tests Influenced Student Progressing Rates in High School? In: Educational Measurement, 4, S. 19-31.

Coburn, C. E. (2005). The Role of Nonsystem Actors in the Relationship between Policy and Practice: The Case of Reading Instruction in California. In: Educational Evaluation and Policy Analysis, 27 (1), S. 23-52.

Coe, R./Visscher, A. J. (Hrsg.). School Improvement through Performance Feedback. Lisse: Zwets & Zeitlinger, 2002.

Crundwell, R. M. (2005). Alternative Strategies for Large Scale Student Assessment in Canada: Is Value-Added Assessment One Possible Answer? In: Canadian Journal of Educational Administration and Policy, 41. Abrufbar unter: http://www.umanitoba.ca/publications/c-jeap/articles/crundwell.html. (Zugriff am: 24.11.2005)

Dalin, P./Rolff, H.-G./Buchen, H. (1996). Institutioneller Schulentwicklungs-Prozeß: Ein Handbuch. 3. Aufl. Bönen/Westf.: Verlag für Schule und Weiterbildung, Kettler.

Dann, H.-D. (2000). Lehrerkognition und Handlungsentscheidungen. In: Schweer, M. K. W. (Hrsg.). Lehrer-Schüler-Interaktion. Pädagogisch-psychologische Aspekte des Lehrens und Lernens in der Schule. Opladen: Leske+Budrich, S. 79-108.

Darling-Hammond, L. (2004). Standards, Accountability and School Reform. In: Teachers College Record, 106 (6), S. 1047-1085.

DESI-Konsortium: Klieme, E./Eichler, W./Helmke, A./Lehmann, R. H./Nold, G./ Rolff, H.-G./Schröder, K./Thomé, G./Willenberg, H. (Hrsg.). Unterricht und Kompetenzerwerb in Deutsch und Englisch. Zentrale Befunde der Studie Deutsch-Englisch-Schülerleistungen-International (DESI). Frankfurt/M.: Beltz, 2006.

Deutsches PISA-Konsortium: Baumert, J./Klieme, E./Neubrand, M./Prenzel, M./ Schiefele, U./Schneider, W./Stanat, P./Tillmann, K.-J./Weiß, M. (Hrsg.). PISA 2000. Basiskompetenzen von Schülerinnen und Schülern im internationalen Vergleich. Opladen: Leske+Budrich, 2001.

Dewe, B. (1998). Zur Relevanz der Professionstheorie für pädagogisches Handeln. In: Schulz, W. K. (Hrsg.). Expertenwissen. Soziologische, psychologische und pädagogische Perspektiven. Opladen: Leske+Budrich, S. 67-86.

Dewe, B./Ferchhoff, W./Radtke, F.-O. (1992a). Das „Professionswissen" von Pädagogen. In: Dewe, B./Ferchhoff, W./Radtke, F.-O. (Hrsg.). Erziehen als Profession. Zur Logik professionellen Handelns in pädagogischen Feldern. Opladen: Leske+ Budrich, S. 71-91.

Dewe, B./Ferchhoff, W./Radtke, F.-O. (1992b). Einleitung: Auf dem Weg zu einer aufgabenzentrierten Professionstheorie pädagogischen Handelns. In: Dewe, B./Ferchhoff, W./Radtke, F.-O. (Hrsg.). Erziehen als Profession. Zur Logik professionellen Handelns in pädagogischen Feldern. Opladen: Leske+Budrich, S. 7-20.

Diekmann, A. (2002). Empirische Sozialforschung. Grundlagen, Methoden, Anwendungen. 9. Aufl. Reinbek bei Hamburg: Rowohlt.

Ditton, H./Edelhäußer, T. (2002). Einstellungen von Lehrkräften und Schulleiter/innen zu zentralen Testuntersuchungen an Schulen. In: Empirische Pädagogik, 16 (1), S. 17-33.

Dobbelstein, P./Peek, R./Schmalor, H. (2004). An Ergebnissen orientieren. Ein Paradigma für alle Fächer und Lernbereiche? In: Forum Schule, 1, S. 18-26.

Drerup, H./Terhart, E. (1979). Wissensproduktion und Wissensanwendung im Bereich der Erziehungswissenschaft. In: Zeitschrift für Pädagogik, 25 (3), S. 377-394.

Eisenhardt, K. M. (1989). Building Theories from Case Study Research. In: Academy of Management Review, 14 (4), S. 532-550.

Fabel, M./Tiefel, S. (2004). Biographie als Schlüsselkategorie qualitativer Professionsforschung - Eine Einleitung. In: Fabel, M./Tiefel, S. (Hrsg.). Biographische Risiken und neue professionelle Herausforderungen. Wiesbaden: VS Verlag, S. 11-42.

Feiks, D. (2004). Der Ruf nach guten Lehrern. Professionelles Handeln in pädagogischen Aufgabenfeldern fördern. In: Realschule in Deutschland, 5, S. 11-16.

Fend, H. (1986). ‚Gute Schulen - schlechte Schulen'. Die einzelne Schule als pädagogische Handlungseinheit. In: Die Deutsche Schule, 78 (3), S. 275-293.

Fend, H. (2001). Qualität im Bildungswesen: Schulforschung zu Systembedingungen, Schulprofilen und Lehrerleistung. Weinheim, München: Juventa.

Fidler, B. (2001). A Structural Critique of School Effectiveness and School Improvement. In: Harris, A./Nigel, B. (Hrsg.). School Effectiveness and School Improvement. Alternative Perspectives. New York/London: Continuum, S. 47-74.

Flick, U. (1995). Qualitative Forschung. Theorie, Methoden, Anwendungen in Psychologie und Sozialwissenschaft. Hamburg: Rowohlt.

Flick, U. (2000). Konstruktion und Rekonstruktion. Methodologische Überlegungen zur Fallrekonstruktion. In: Kraimer, K. (Hrsg.). Die Fallrekonstruktion. Sinnverstehen in der sozialwissenschaftlichen Forschung. Frankfurt/M.: Suhrkamp, S. 179-200.

Flick, U. (2004a). Triangulation. Eine Einführung. 1. Aufl. Wiesbaden: VS Verlag.

Flick, U. (2004b). Zur Qualität qualitativer Forschung - Diskurse und Ansätze. In: Kuckartz, U./Grunenberg, H./Lauterbach, A. (Hrsg.). Qualitative Datenanalyse: computergestützt. Methodische Hintergründe und Beispiele aus der Forschungspraxis. 1. Aufl. Wiesbaden: VS Verlag, S. 43-63.

Flick, U. (2006a). Qualitative Evaluationsforschung zwischen Methodik und Programmatik - Einleitung und Überblick. In: Flick, U. (Hrsg.). Qualitative Evaluationsforschung. Konzepte, Methoden, Umsetzungen. Reinbek bei Hamburg: Rowohlt, S. 9-29.

Flick, U. (2006b). Qualitative Sozialforschung. Eine Einführung. Reinbek bei Hamburg: Rowohlt.

Flick, U./Kardorff, E. v./Steinke, I. (2005). Was ist qualitative Sozialforschung? Einleitung und Überblick. In: Flick, U./Kardorff, E. v./Steinke, I. (Hrsg.). Qualitative Forschung. Ein Handbuch. 4. Aufl. Reinbek bei Hamburg: Rowohlt, S. 13-29.

Florian, M./Fley, B. (2004). Organisationales Lernen als soziale Praxis. Der Beitrag von Pierre Bourdieu zum Lernen und Wissen von und in Organisationen. In: Florian, M./Hillebrandt, F. (Hrsg.).

Adaption und Lernen von und in Organisationen. Beiträge aus der Sozionik. Wiesbaden: VS Verlag, S. 69-100.

Florian, M./Hillebrandt, F. (2004). Einführung: Sozionische Beiträge zur Adaption und Lernen von und in Organisationen. In: Florian, M./Hillebrandt, F. (Hrsg.). Adaption und Lernen von und in Organisationen. Beiträge aus der Sozionik. Wiesbaden: VS Verlag, S. 7-22.

Freidson, E. (2001). Professionalism. The Third Logic. Cambridge: Chicago Press.

Fried, L. (2002). Pädagogisches Professionswissen und Schulentwicklung. Eine systemtheoretische Einführung in Grundkategorien der Schultheorie. Weinheim, München: Juventa.

Fuchs-Heinritz, W. (2000). Biographische Forschung. Eine Einführung in die Praxis und Methoden. 2. überarbeitete und erweiterte Aufl. Wiesbaden: Westdt. Verlag.

Gathen, J. v. d. (2006). Die innerschulische Rezeption von Leistungsrückmeldungen aus Large-Scale-Assessments - Grundlage und Ziele von Fallstudien. In: Kuper, H./ Schneewind, J. (Hrsg.). Rückmeldungen und Rezeption von Forschungsergebnissen. Zur Verwendung wissenschaftlichen Wissens im Bildungsbereich. Münster: Waxmann, S. 77-88.

Gehrmann, A. (2003). Der professionelle Lehrer. Muster der Begründung - Empirische Rekonstruktionen. Opladen: Leske+Budrich.

Gerhardt, U. (1991). Typenbildung. In: Flick, U./Kardorff, E. v./Keupp, H./Rosenstiel, L. v./Wolff, S. (Hrsg.). Handbuch Qualitative Sozialforschung. Grundlagen, Konzepte, Methoden und Anwendungen. München: Psychologie Verlags Union, S. 435-450.

Giesecke, H. (1986). Was ist des Pädagogen Profession? Ein Versuch über pädagogisches Handeln. In: Neue Sammlung, 26, S. 205-215.

Glaser, B. G./Strauss, A. L. (1965/1979). Die Entdeckung gegenstandsbezogener Theorie: Eine Grundstrategie qualitativer Forschung. In: Hopf, C./Weingarten, E. (Hrsg.). Qualitative Sozialforschung. 1. Aufl. Stuttgart: Klett-Cotta, S. 91-114.

Glaser, B. G./Strauss, A. L. (1998). Grounded Theory. Strategien qualitativer Forschung. Bern: Verlag Hans Huber (Orig.: The Discovery of Grounded Theory - Strategies for Qualitative Research, 1967).

Göhlich, M./Hopf, C./Sausele, I. (Hrsg.). Pädagogische Organisationsforschung. Wiesbaden: VS Verlag Sozialwissenschaften, 2005.

Goldstein, H. (2001). Using Pupil Performance Data for Judging Schools and Teachers: scope and limitations. In: British Educational Research Journal, 27 (4), S. 433-442.

Gräsel, C./Jäger, M./Willke, H. (2006). Konzeption einer übergreifenden Transferforschung und Einbeziehung des internationalen Forschungsstandes. Expertise II zum Transferforschungsprogramm. In: Gräsel, C./Nickolaus, R. (Hrsg.). Innovation und Transfer. Expertisen zur Transferforschung. Hohengehren: Schneider Verlag, S. 445-566.

Gräsel, C./Fußangel, K./Pröbstel, C. (2006). Die Anregung von Lehrkräften zur Kooperation - eine Aufgabe für Sisyphos? In: Zeitschrift für Pädagogik, 52 (2), S. 205-219.

Gray, J./Reynolds, D./Fitz-Gibbon, C./Jesson, D. (Hrsg.). Merging Traditions. The Future of Research on School Effectiveness and School Improvement. Trowbridge, Wiltshire: Cassell, 1996.

Greenwood, R./Hinings, C. R. (1988). Organizational Design Types, Tacks and the Dynamics of Strategic Change. In: Organization Studies, 9 (3), S. 293-316.

Groeben, A. v. d. (2005). Die bessere Schule verhindern. Wie die neuen „Qualitäts"-Maßnahmen die Fehler des Systems zementieren. In: Pädagogik, 57 (5), S. 20-23.

Groeben, A. v. d./Tillmann, K.-J. (2000). Pro und Contra Leistungsvergleichsstudien. Eine Kontroverse. In: Pädagogik, 12, S. 6-9.

Groeben, N./Rustemeyer, R. (1995). Inhaltsanalyse. In: König, E./Zedler, P. (Hrsg.). Bilanz qualitativer Forschung. Bd. 2: Methoden. Weinheim: Deutscher Studien Verlag, S. 523-554.

Groß Ophoff, J./Koch, U./Hosenfeld, I./Helmke, A. (2005). Qualitätssicherung: Von der Evaluation zur Schul- und Unterrichtsentwicklung. Ergebnisse der Lehrerbefragung zur Nutzung der VERA-Rückmeldungen. Vortrag gehalten auf dem Kongress der AEPF, Salzburg 19.-21. September 2005.

Groß Ophoff, J./Koch, U./Hosenfeld, I./Helmke, A. (2006). Ergebnisrückmeldungen und ihre Rezeption im Projekt VERA. In: Kuper, H./Schneewind, J. (Hrsg.). Rückmeldungen und Rezeption von Forschungsergebnissen. Zur Verwendung wissenschaftlichen Wissens im Bildungsbereich. Münster: Waxmann, S. 19-40.

Hanushek, E. A./Raymond, M. E. (2004). The Effect of School Accountability Systems on the Level and Distribution of Student Achievement. In: Journal of European Economic Association, 2 (2-3), S. 406-415.

Harris, A./Bennett, N. (Hrsg.). School Effectiveness and School Improvement. Alternative Perspectives. New York/London: Hargreaves, 2001.

Hasse, R./Krücken, G. (2000). Neo-Institutionalismus im Theorievergleich - Netzwerkansätze, Theorien der Strukturierung und Systemtheorie. Paper 2000/28, Institut für Soziologie. RWTH Aachen.

Heller, K. A./Hany, E. A. (2002). Standardisierte Schülerleistungsmessungen. In: Weinert, F. E. (Hrsg.). Leistungsmessungen in Schulen. 2. Aufl. Weinheim, Basel: Beltz, S. 87-101.

Helmke, A. (2000). TIMSS und die Folgen. Der weite Weg von der externen Leistungsevaluation zur Verbesserung des Lehrens und Lernens. In: Trier, U. P. (Hrsg.). Bildungswirksamkeit zwischen Forschung und Politik. Chur: Rüegger, S. 135 -164.

Helmke, A. (2004). Von der Evaluation zur Innovation: Pädagogische Nutzbarmachung von Vergleichsarbeiten in der Grundschule. In: Das Seminar, 2, S. 90-112.

Helmke, A./Schrader, F.-W. (2001). Von der Leistungsevaluation zur Unterrichtsentwicklung. In: Silbereisen, R./Reitzle, M. (Hrsg.). Psychologie 2000. Bericht über den 42. Kongress der Deutschen Gesellschaft für Psychologie in Jena. Pabst: Lengerich, S. 594-606.

Helmke, A./Jäger, R. S. (2002). Die Studie MARKUS - Mathematik-Gesamterhebung Rheinland-Pfalz: Kompetenzen, Unterrichtsmerkmale, Schulkontext. Landau: Empirische Pädagogik.

Helsper, W./Böhme, J. (2004). Einleitung in das Handbuch der Schulforschung. In: Helsper, W./Böhme, J. (Hrsg.). Handbuch der Schulforschung. 1. Aufl. Wiesbaden: VS Verlag, S. 11-31.

Hesse, A. (2005). Vergleichstests, Schülerleistungen und Unterrichtsqualität. Gegen falsche Gewissheit. In: Pädagogik, 57 (5), S. 35-38.

Hildenbrand, B. (1991). Fallrekonstruktive Forschung. In: Flick, U./Kardorff, E. v./Keupp, H./Rosenstiel, L. v./Wolff, S. (Hrsg.). Handbuch Qualitative Sozialforschung. Grundlagen, Konzepte, Methoden und Anwendungen. München: Psychologie Verlags Union, S. 256-260.

Hiller, P. (2005). Organisationswissen. Eine wissenssoziologische Neubeschreibung der Organisation. 1. Aufl. Wiesbaden: VS Verlag.

Hillerich, I. (2003). Wie werden Ergebnisse von empirischen Schulleistungsstudien von Schulen verarbeitet? In: Döbert, H./Kopp, B. v./Martini, R./Weiß, M. (Hrsg.). Bildung vor neuen Herausforderungen. Neuwied: Luchterhand, S. 251-264.

Hitzler, R. (2002). Sinnkonstruktionen. Zum Stand der Diskussion (in) der deutschsprachigen interpretativen Soziologie. In: Forum Qualitative Sozialforschung, 2. Abrufbar unter: http://www.hitzler-soziologie.de/pdf/publikationen_Mitarbeiter/ronald/HitzlerPublikationen.pdf. (Zugriff am: 11. Mai 2005)

Hitzler, R./Reichertz, J./Schröer, N. (1999a). Das Arbeitsfeld einer hermeneutischen Wissenssoziologie. In: Hitzler, R./Reichertz, J./Schröer, N. (Hrsg.). Hermeneutische Wissenssoziologie: Standpunkte zur Theorie der Interpretation. Konstanz: UVK, S. 9-49.

Hitzler, R./Reichertz, J./Schröer, N. (Hrsg.). Hermeneutische Wissenssoziologie. Standpunkte zur Theorie der Interpretation. Konstanz: UVK, 1999b.

Hofer, M. (1986). Sozialpsychologie erzieherischen Handelns. Göttingen: Hogrefe.

Hofer, M./Dobrick, M. (1981). Naive Ursachenzuschreibungen und Lehrerverhalten. In: Hofer, M. (Hrsg.). Informationsverarbeitung und Entscheidungsverhalten von Lehrern. München: Urban & Schwarzenberg, S. 110-158.

Hornstein, W./Lüders, C. (1989). Professionalisierungstheorie und pädagogische Theorie. Verberuflichung erzieherischer Aufgaben und pädagogische Professionalität. In: Zeitschrift für Pädagogik, 35 (6), S. 749-769.

Ingersoll, R. M. (1994). Organizational Control in Secondary Schools. In: Harvard Educational Review, 64 (2), S. 150-172.

Ingersoll, R. M. (2003). Who Controls Teachers' Work? Power and Accountability in America's Schools. Cambridge, London: Harvard University Press.

Ingram, D./Seashore Louis, K./Schroeder, R. G. (2004). Accountability Policies and Teacher Decision Making: Barriers to the Use of Data to Improve Practice. In: Teachers College Record, 106 (6), 1258-1287.

Jacob, B. A./Lefgren, L. (2004). The Impact of Teacher Training on Student Achievement. Quasi-Experimental Evidence from School Reform Efforts in Chicago. In: Journal of Human Resources, 39 (1), 50-79.

Jäger, M./Prenzel, M. (2005). Erfolgreiche Bildungssysteme nutzen wissenschaftliche Erkenntnisse. Überlegungen zur Verwertung pädagogischen Wissens. In: Heid, H./Harteis, C. (Hrsg.). Verwertbarkeit. Ein Qualitätskriterium (erziehungs-)wissenschaftlichen Wissens? Wiesbaden: VS Verlag, S. 163-182.

Kane, T. J./Staiger, D. O. (2002). The Promise and Pitfalls of Using Imprecise School Accountability Measures. In: Journal of Economic Perspectives, 16 (4), 91-114.

Kardorff, E. v. (1991). Qualitative Sozialforschung - Versuch einer Standortbestimmung. In: Flick, U./Kardorff, E. v./Keupp, H./Rosenstiel, L. v./Wolff, S. (Hrsg.). Handbuch Qualitative Sozialforschung. Grundlagen, Konzepte, Methoden und Anwendungen. München: Psychologie Verlags Union, S. 3-8.

Kelle, U. (1999). Validitätskonzepte und Validierungsstrategien für die qualitative Sozialforschung? In: Schwengel, H./Höpken, B. (Hrsg.). Grenzenlose Gesellschaft? Sektionen, Forschungskomitees, Arbeitsgruppen. Bd. II/Teil 1. Pfaffenweiler: Centaurus-Verlagsgesellschaft, S. 271-273.

Kempfert, G./Rolff, H.-G. (2000). Pädagogische Qualitätsentwicklung: ein Arbeitsbuch für Schule und Unterricht. 2. unveränderte Aufl. Weinheim, Basel: Beltz.

Klatetzki, T./Tacke, V. (Hrsg.). Organisation und Profession. 1. Aufl. Wiesbaden: VS Verlag, 2005.

Klemm, K. (1998). Steuerung der Schulentwicklung durch zentrale Leistungskontrollen? In: Rolff, H.-G./Holtappels, H. G./Klemm, K./Pfeiffer, H./Schulz-Zander, R. (Hrsg.). Jahrbuch der Schulentwicklung. Bd. 10. Weinheim, München: Juventa, S. 271-294.

Klemm, K. (2000). Large scale assessments in einem modernisierten Bildungssystem. Vortrag auf der Fachtagung „Empirische Schulleistungsvergleiche - Nutzen, Risiken, Interessen" am 14./15. März. Deutscher Bildungsserver, Onlineressource 14751.

Klieme, E. (2004). Begründung, Implementation und Wirkung von Bildungsstandards: Aktuelle Diskussionslinien und empirische Befunde. In: Zeitschrift für Pädagogik, 5, S. 625-634.

Klieme, E./Baumert, J./Schwippert, K. (2000). Schulbezogene Evaluation und Schulleistungsvergleiche. Eine Studie im Anschluss an TIMSS. In: Rolff, H.-G./Bos, W./Klemm, K./Pfeiffer, H./Schulz-Zander, R. (Hrsg.). Jahrbuch der Schulentwicklung. Bd. 11. Weinheim, München: Juventa, S. 387-420.

Klieme, E./Avenarius, H./Blum, W./Döbrich, P./Gruber, H./Prenzel, M./Reiss, K./Riquarts, K./Rost, J./Tenorth, H. E./Vollmer, H. J. (2003). Zur Entwicklung nationaler Bildungsstandards. Eine Expertise. In: Bundesministerium für Bildung und Forschung (Hrsg.). Bd. 1. Bonn.

Klug, C./Reh, S. (2000). Was fangen die Schulen mit den Ergebnissen an? Die Hamburger Leistungsvergleichsstudie aus Sicht ‚beforschter' Schulen. In: Pädagogik, 52 (12), S. 16-21.

Kluge, S. (2000). Empirisch begründete Typenbildung in der qualitativen Sozialforschung. In: Forum Qualitative Sozialforschung, 1 (1). Abrufbar unter: http://qualitative-research.net/fqs. (Zugriff am 28.11.2005)

Koch, U./Groß Ophoff, J./Hosenfeld, I./Helmke, A. (2006). Qualitätssicherung: Von der Evaluation zur Schul- und Unterrichtsentwicklung - Ergebnisse der Lehrerbefragung zur Auseinandersetzung mit den VERA-Rückmeldungen. In: Eder, F./Gastager, A./Hofmann, F. (Hrsg.). Qualität durch Standards? Beiträge zum Schwerpunktthema der 67. Tagung der AEPF. Münster: Waxmann, S. 187-199.

Kohler, B. (2002). Zur Rezeption von TIMSS durch Lehrerinnen und Lehrer. In: Unterrichtswissenschaft, 30, S. 158-188.

Kohler, B. (2004). Zur Rezeption externer Evaluation durch Lehrkräfte, Eltern sowie Beamte der Schulaufsicht. In: Empirische Pädagogik, 18 (1), S. 18-39.

Kohler, B. (2005). Rezeption internationaler Schulleistungsstudien. Wie gehen Lehrkräfte, Eltern und die Schulaufsicht mit Ergebnissen schulischer Evaluation um? Münster: Waxmann.

Kohler, B./Schrader, F.-W. (2004). Ergebnisrückmeldung und Rezeption: Von der externen Evaluation zur Entwicklung von Schule und Unterricht. In: Empirische Pädagogik, 18 (1), S. 3-17.

Köller, O./Baumert, J./Bos, W. (2002). Third International Mathematics and Science Study: Dritte Internationale Mathematik- und Naturwissenschaftsstudie. In: Weinert, F. E. (Hrsg.). Leistungsmessungen in Schulen. 2. Aufl. Weinheim, Basel: Beltz, S. 269-284.

Kopp-Malek, T. (2004). Über das Lernen in und von Organisationen: Einblicke in Diskussionen zum Forschungsfeld „organisationales Lernen". In: Florian, M./Hillebrandt, F. (Hrsg.). Adaption und Lernen von und in Organisationen. Beiträge aus der Sozionik. Wiesbaden: VS-Verlag, S. 23-40.

Kowal, S./O'Connell, C. O. (2005). Zur Transkription von Gesprächen. In: Flick, U./Kardorff, E. v./Steinke, I. (Hrsg.). Qualitative Forschung. Ein Handbuch. 4. Aufl. Reinbek bei Hamburg: Rowohlt, S. 437-447.

Kraimer, K. (2000). Die Fallrekonstruktion - Bezüge, Konzepte, Perspektiven. In: Kraimer, K. (Hrsg.). Die Fallrekonstruktion. Sinnverstehen in der sozialwissenschaftlichen Forschung. Frankfurt/M.: Suhrkamp, S. 23-57.

Kraimer, K. (2002). Einzelfallstudien. In: Eckhard, K./Zedler, P. (Hrsg.). Bilanz qualitativer Forschung. 2. völlig überarb. Aufl. Weinheim, Basel: Beltz, S. 213-232.

Kraus, W. (1991). Qualitative Evaluationsforschung. In: Flick, U./Kardorff, E. v./ Keupp, H./Rosenstiel, L. v./Wolff, S. (Hrsg.). Handbuch Qualitative Sozialforschung. Grundlagen, Konzepte, Methoden und Anwendungen. München: Psychologie Verlags Union, S. 412-415.

Kuckartz, U. (2004). QDA-Software im Methodendiskurs: Geschichte, Potenziale und Effekte. In: Kuckartz, U./Grunenberg, H./Lauterbach, A. (Hrsg.). Qualitative Datenanalyse: computergestützt. Methodische Hintergründe und Beispiele aus der Forschungspraxis. 1. Aufl. Wiesbaden: VS Verlag, S. 11-26.

Kühl, S./Strodtholz, P. (Hrsg.). Methoden der Organisationsforschung. Ein Handbuch. Reinbek bei Hamburg: Rowohlt, 2002.

Kultusministerkonferenz (2004, Dezember). Bildungsstandards der Kultusministerkonferenz. Abrufbar unter: http//:www.kmk.org/schul/Bildungsstandards/Bildungsstandards.htm. (Zugriff am 10.01.2005)

Kuper, H. (2001). Organisationen im Erziehungssystem. Vorschläge zu einer systemtheoretischen Revision des erziehungswissenschaftlichen Diskurses über Organisationen. In: Zeitschrift für Erziehungswissenschaft, 4 (1), S. 83-106.

Kuper, H. (2002a). Entscheidungsstrukturen in Schulen. Eine differenzierte Analyse der Schulorganisation. In: Zeitschrift für Pädagogik, 48 (6), S. 856-878.

Kuper, H. (2002b). Stichwort: Qualität im Bildungswesen. In: Zeitschrift für Erziehungswissenschaft, 5 (4), S. 533-551.

Kuper, H. (2004a). Das Thema ‚Organisation' in den Arbeiten Luhmanns über das Erziehungssystem. In: Lenzen, D. (Hrsg.). Irritationen des Erziehungssystems. Frankfurt/M.: Suhrkamp, S. 122-151.

Kuper, H. (2004b, 10.-11. Juni). Entscheiden und Kommunizieren - Eine Skizze zum Wandel schulischer Leistungs- und Partizipationsstrukturen und den Konsequenzen für die Lehrerprofessionalität. Vortrag gehalten auf dem Tagung der Kommission Professionsforschung und Lehrerbildung der DGfE, Halle-Wittenberg.

Kuper, H. (2005). Evaluation im Bildungssystem. Stuttgart: Kohlhammer.

Kuper, H. (2006). Rückmeldungen und Rezeption - zwei Seiten der Verwendung wissenschaftlichen Wissens im Bildungssystem. In: Kuper, H./Schneewind, J. (Hrsg.). Rückmeldungen und Rezeption von Forschungsergebnissen. Zur Verwendung wissenschaftlichen Wissens im Bildungsbereich. Münster: Waxmann, S. 7-16.

Kuper, H./Hartung, V. (2007). Überzeugungen zur Verwendung des Wissens aus Lernstandserhebungen. Eine professionstheoretische Analyse. In: Zeitschrift für Erziehungswissenschaft, 2 (10), S. 214-229.

Kurtz, T. (2002). Berufssoziologie. Bielefeld: Transcript-Verlag.

Lamnek, S. (1989). Qualitative Sozialforschung. Bd. 2: Methoden und Techniken. München: Psychologie Verlags Union.

Lamnek, S. (2002). Qualitative Interviews. In: König, E./Zedler, P. (Hrsg.). Bilanz qualitativer Forschung. 2. völlig überarb. Aufl. Weinheim, Basel: Beltz, S. 157-193.

Landesinstitut für Schule (2005a). Ergebnisrückmeldungen Musterschule (Auszüge) LSE 2005/2006. Soest.

Landesinstitut für Schule (2005b). Materialien zur Lernstandserhebung in Nordrhein-Westfalen. Reader für Moderatorinnen und Moderatoren. Soest.

Landesinstitut für Schule (2005c). LSE9 - Ergebnisse aus der Mustermannschule 2004: Mathematik-Erweiterungskurs 9a. Soest.

Lehmann, R. H./Peek, R./Gänsfuß, R./Lutkat, S./Mücke, S./Barth, I. (2000). QuaSum. Qualitätsuntersuchungen im Unterricht in Mathematik. Ergebnisse einer repräsentativen Untersuchung im Land Brandenburg. In: Ministerium für Schule Jugend und Sport des Landes Brandenburg (Hrsg.). Schulforschung in Brandenburg. 1. Teltow: Druckerei Grabow

Leschinsky, A./Cortina, K. S. u. a. (2003). Zur sozialen Einbettung bildungspolitischer Trends in der Bundesrepublik. In: Cortina, K. S./Baumert, J./Leschinsky, A. (Hrsg.). Das Bildungswesen in der Bundesrepublik Deutschland. Strukturen und Entwicklungen im Überblick. Reinbek bei Hamburg: Rowohlt, S. 20-51.

Leutner, D./Wirth, J./Fleischer, J. (2005). Zentrale Lernstandserhebungen in der Jahrgangsstufe 9 im Jahr 2004 in NRW: Erster Kurzbericht zur wissenschaftlichen Begleitung. Abrufbar unter: http://www.standardsicherung.schulministerium.nrw.de/ lern-stand8/upload/download/ergebn_05/kurzbericht1_wb_04.pdf. (Zugriff am 29.01.08).

Luhmann, N. (1981). Organisationstheorie. In: Luhmann, N. (Hrsg.). Soziologische Aufklärung. Opladen: Westdt. Verlag, S. 335-389.

Luhmann, N. (1992). Organisation. In: Küpper, W./Ortmann, G. (Hrsg.). Mikropolitik. Macht und Spiele in Organisationen. 2. durchges. Aufl. Opladen: Westdt. Verl., S. 165-185.

Luhmann, N. (2000). Organisation und Entscheidung. Opladen: Westdt. Verlag.

Luhmann, N. (2002). Das Erziehungssystem der Gesellschaft. 1. Aufl. Frankfurt/M.: Suhrkamp.

Luhmann, N./Schorr, K. E. (1979). Das Technologiedefizit der Erziehungswissenschaften und die Pädagogik. In: Zeitschrift für Pädagogik, 25, S. 345-365.

Maritzen, N. (2001). Schulleistungsforschung und Schulentwicklung, zwei Seiten einer Medaille. In: Journal für Schulentwicklung, 5, S. 46-54.

Markstahler, J./Schwarz, A./Steffens, U. (2004). PISA 2000 in Hessen: Schulrückmeldung braucht Schulberatung. In: Schulverwaltung, 8, S. 200-202.

Mayntz, R. (1963). Soziologie der Organisation. Reinbek bei Hamburg: Rowohlt Verlag.

Mayntz, R. (1971b). Max Webers Idealtypus der Bürokratie und Organisationssoziologie. In: Mayntz, R. (Hrsg.). Bürokratische Organisation. Neue Wissenschaftliche Bibliothek, Bd. 27, 2. Aufl., Köln: Kiepenheuer & Witsch, S. 27-35.

Mayntz, R. (Hrsg.). Bürokratische Organisation. Neue Wissenschaftliche Bibliothek, Bd. 27, 2. Aufl., Köln: Kiepenheuer & Witsch, 1971a.

Mayntz, R. (Hrsg.). Implementation politischer Programme. Empirische Forschungsberichte. Königstein/Ts.: Verlagsgruppe Athenäum, Hain, Scriptor, Hanstein, 1980.

Mayntz, R. (Hrsg.). Implementation politischer Programme II. Opladen: Westdt. Verlag, 1983.

Mayring, P. (1991). Qualitative Inhaltsanalyse. In: Flick, U./Kardorff, E. v./Keupp, H./ Rosenstiel, L. v./Wolff, S. (Hrsg.). Handbuch Qualitative Sozialforschung. Grundlagen, Konzepte, Methoden und Anwendungen. München: Psychologie Verlags Union, S. 209-213.

Mayring, P. (1995). Qualitative Inhaltsanalyse: Grundlagen und Techniken. 5. Aufl. Weinheim: Deutscher Studien Verlag.

Mayring, P. (2005). Qualitative Inhaltsanalyse. In: Flick, U./Kardorff, E. v./Steinke, I. (Hrsg.). Qualitative Forschung. Ein Handbuch. 4. Aufl. Reinbek bei Hamburg: Rowohlt, S. 468-475.

Merton, R. K./Kendall, P. L. (1945/46/1979). Das fokussierte Interview. In: Hopf, C./ Weingarten, E. (Hrsg.). Qualitative Sozialforschung. 1. Aufl. Stuttgart: Klett-Cotta, 1979, S. 1171-1204.

Meyer, J. W./Rowan, B. (1977). Institutionalized Organizations: Formal Structure as Myth and Ceremony. In: The American Journal of Sociology, 83 (2), S. 340-363.

Meyer, J. W./Scott, W. R. (Hrsg.). Organizational Environments. Newbury Park, London, New Delhi: Sage, 1992.

Mintzberg, H. (1979). The Structuring of Organizations. Englewood Cliffs: Prentice-Hall.

Mintzberg, H. (1983). Structure in Fives: Designing Effective Organizations. Englewood Cliffs: Prentice-Hall.

Müller, S. (2005). Erste Erfahrungen mit Vergleichsarbeiten und Lernstandserhebungen aus Schulsicht. In: Schulverwaltung. Zeitschrift für Schulleitung. Schulaufsicht und Schulkultur. Ausgabe Nordrhein-Westfalen, 16 (6), S. 166-168.

Nachtigall, C./Kröhne, U. (2006). Methodische Anforderungen an schulische Leistungsmessungen - auf dem Weg zu fairen Vergleichen. In: Kuper, H./Schneewind, J. (Hrsg.). Rückmeldungen und Rezeption von Forschungsergebnissen. Zur Verwendung wissenschaftlichen Wissens im Bildungsbereich. Münster: Waxmann, S. 59-74.

Newman, F. M./King, M. B./Rigdon, M. (1997). Accountability and School Performance: Implications from Restructuring Schools. In: Harvard Educational Review, No. 1. Abrufbar unter: http://www.edreview.org/harvard97/1997/sp97/s97newm. htm. (Zugriff am: 28.11.2005)

Nilshon, I. (2004). Qualitätssicherung auf der Grundlage von System-Monitoring. Sechs Fallstudien an Brandenburger Gymnasien (Projekt QuaSUM3). In: Ministerium für Bildung Jugend und Sport des Landes Brandenburg (Hrsg.). Schulrückmeldungen von Schulleistungsstudien am Beispiel des QuaSUM-Projekts. Zwei Untersuchungen zur Wirksamkeit. 3. Potsdam, S. 1-52.

Oelkers, J. (2004, 28. November). Mit Bildungsstandards Schulqualität sichern: Wunsch oder Wirklichkeit? Vortrag auf der Tagung „Bildungsstandards = Kompetenzstandards? Ihre Konsequenzen für Schulleitung, Schulaufsicht und Lehrerbildung" in der Evangelischen Akademie Arnoldshain.

Oevermann, U. (1997). Theoretische Skizze einer revidierten Theorie professionalisierten Handelns. In: Combe, A./Helsper, W. (Hrsg.). Pädagogische Professionalität. Frankfurt/M.: Suhrkamp, S. 70-182.

Orth, G. (2005a). Bilanz und Ausblick. Lernstandserhebungen in Klasse 9 in NRW. In: Schulmagazin, 10, S. 5-8.

Orth, G. (2005b). Weiterentwicklung des Lernens. Erfahrungen zu Lernstand 9 in NRW. In: Schulmanagement. Die Zeitschrift für Schulleitung und Schulpraxis, 5, S. 14-17.

Parsons, T. (1939/1964). Die akademischen Berufe und die Sozialstruktur. In: Rüschemeyer, D. (Hrsg.). Beiträge zur soziologischen Theorie. Neuwied: Luchterhand, S. 160-179.

Parsons, T. (1964). Beiträge zur soziologischen Theorie. Bd. 15. Neuwied: Luchterhand.

Parsons, T. (1968). Professions. In: Sills, D. L. (Hrsg.). International Encyclopedia of the Social Sciences. 12. New York: The Macmillan Company & The Free Press, S. 536-547.

Parsons, T./Platt, G. (1990). Die amerikanische Universität. Frankfurt/M.: Suhrkamp.

Patton, M. Q. (1988). The Evaluator's Responsibility for Utilization. In: Evaluation Practice, 9 (2), 5-24.

Peek, R. (1997). Zur Bedeutung von externer Evaluation für die Schulentwicklung - das Beispiel Hamburg. In: Lehmann, R.-H. u.a. (Hrsg.). Bildungscontrolling und Evaluation, 2. Abschlussband zur gleichnamigen Sommerakademie vom 31. August bis 6. September 1997in Nyireghyhaza (Ungarn). S. 117-128.

Peek, R. (2001). Rückmeldestrategien als Element der Qualitätsentwicklung durch großflächige Tests. In: Journal für Schulentwicklung, 5 (2), S. 55-64.

Peek, R. (2002). Die Bedeutung der vergleichenden Leistungsmessungen für die Qualitätskontrolle und Qualitätsentwicklung von Schulen und Schulsystemen. In: Weinert, F. E. (Hrsg.). Leistungsmessungen in Schulen. 2. Aufl. Weinheim, Basel: Beltz, S. 323-335.

Peek, R. (2004a). Akademische Wunschvorstellung oder pädagogisches Potenzial? Vergleichsarbeiten als Motor für eine ergebnisorientierte Unterrichtsentwicklung. In: Forum Schule, 2. Abrufbar unter: http://www.forumschule.de/archiv/14/fsaktuell/ art_print/magztp_print.html. (Zugriff am: 25.04.2006)

Peek, R. (2004b). Klassenbezogene Rückmeldungen aus Schulleistungsstudien und ihre Rezeption in beteiligten Schulen im Land Brandenburg (Projekt QuaSUM 2). In: Ministerium für Schule Jugend und Sport des Landes Brandenburg (Hrsg.). Schulrückmeldungen von Schulleistungsstudien am Beispiel des QuaSUM-Projektes. Zwei Untersuchungen zur Wirksamkeit. 3. Potsdam, S. 9-111.

Peek, R. (2004c). Qualitätsuntersuchungen an Schulen zum Unterricht in Mathematik (QuaSUM) - Klassenbezogene Ergebnisrückmeldungen und ihre Rezeption in Brandenburger Schulen. In: Empirische Pädagogik, 18 (1), S. 82-114.

Peek, R./Dobbelstein, P. (2003). Mehr als Wiegen und Messen. Zentrale Lernstandserhebungen in Nordrhein-Westfalen. In: Forum Schule. Abrufbar unter: http://www.forum-schule.de/archiv/14/fsaktuell/art_print/magztp_print.html. (Zugriff am: 25.04. 2006)

Peek, R./Dobbelstein, P. (2006). Benchmarks als Input für die Schulentwicklung - das Beispiel der Lernstandserhebung in Nordrhein-Westfalen. In: Kuper, H./Schneewind, J. (Hrsg.). Rückmeldung und Rezeption von Forschungsergebnissen. Zur Verwendung wissenschaftlichen Wissens im Bildungsbereich. Münster: Waxmann, S. 41-58.

Pollak, G. (1998). Pädagogische Professionalität? Anmerkungen aus der Perspektive erziehungswissenschaftlicher Wissensforschung. In: Vierteljahreszeitschrift für wissenschaftliche Pädagogik, 74 (1), S. 23-38.

Prenzel, M./Drechsel, B. (2003). Schulleistungsforschung und Lehrerbildung. Folgerungen aus TIMSS und PISA. In: Die Deutsche Schule. Zeitschrift für Erziehungswissenschaften, Bildungspolitik und pädagogische Praxis, 7.Beiheft, S. 32-53.

Raymond, M. E./Hanushek, E. A. (2003). High-Stakes Research. In: Education Next: a Journal of Opinion and Research, 3 (3), S. 48-55.

Reckwitz, U. (1997). Kulturtheorie, Systemtheorie und das sozialtheoretische Muster der Innen-Außen-Differenz. In: Zeitschrift für Soziologie, 26 (5), S. 317-336.

Reh, S. (2004). Abschied von der Profession. In: Zeitschrift für Pädagogik, 50 (3), S. 358-372.

Reichertz, J. (2000). Zur Gültigkeit von Qualitativer Sozialforschung. In: Forum Qualitative Sozialforschung, 2. Abrufbar unter: http://qualitative-research.net/fqs/fqs-d/2-00inhalt-d.htm. (Zugriff am: 22.06.2006)

Rheinberg, F. (2002). Bezugsnormen und schulische Leistungsbeurteilungen. In: Weinert, F. E. (Hrsg.). Leistungsmessungen in Schulen. 2. Aufl. Weinheim, Basel: Beltz, S. 59-71.

Richardson, S. A./Snell Dohrenwend, B./Klein, D. (1965/1979). Die „Suggestivfrage". Erwartungen und Unterstellungen im Interview. In: Hopf, C./Weingarten, E. (Hrsg.). Qualitative Sozialforschung. 1. Aufl. Stuttgart: Klett-Cotta, S. 205-245.

Rogers, E. M. (2003). Diffusion of Innovations. 5th ed. New York: Free Press.

Rolff, H.-G. (1995). Evaluation - ein Ansatz zur Qualitätsentwicklung von Schulen? In: Landesinstitut für Schule und Weiterbildung (Hrsg.). Evaluation und Schulentwicklung. Ansätze, Beispiele und Perspektiven aus der Fortbildungsmaßnahme Schulentwicklung und Schulaufsicht. Soest: Verlag für Schule und Weiterbildung, Kettler, S. 293-310.

Rolff, H.-G. (2002). Was bringt die vergleichende Leistungsmessung für die pädagogische Arbeit in Schulen? In: Weinert, F. E. (Hrsg.). Leistungsmessungen in Schulen. 2. Aufl. Weinheim, Basel: Beltz, S. 337-352.

Rolff, H.-G./Gathen, J. v. d. (2008, in Druck). Rückmeldungen an Lehrkräfte und Rezeption. In: DESI-Konsortium (Hrsg.). Sprachliche Kompetenzen. Leistungsverteilungen und Bedingungsfaktoren. DESI-Ergebnisse Bd. 2. Weinheim, Basel: Beltz, S. 55-59.

Rosenstiel, L. v. (2005). Organisationsanalyse. In: Flick, U./Kardorff, E. v./Steinke, I. (Hrsg.). Qualitative Forschung. Ein Handbuch. 4. Aufl. Reinbek bei Hamburg: Rowohlt, S. 224-238.

Rüschemeyer, D. (1972). Doctors and Lawyers: A Comment on the Theory on the Professions. In: Pavalko, R. (Hrsg.). Sociological perspectives on occupations. Itasca: F.E. Peacock, S. 26-38.

Rüschemeyer, D. (1980). Professionalisierung. Theoretische Probleme für die vergleichende Geschichtsforschung. In: Geschichte und Gesellschaft, 6 (1), S. 311-463.

Schaefers, C. (2002). Der soziologische Neo-Institutionalismus. Eine organisationstheoretische Analyse- und Forschungsperspektive auf schulische Organisationen. In: Zeitschrift für Pädagogik, 48 (6), S. 835-855.

Scheele, B./Groeben, N. (1998). Das Forschungsprogramm Subjektive Theorien. In: Fremdsprachen Lehren und Lernen, 27, S. 12-32.

Scheibler, F./Pfaff, H. (2004). Mehrfachauswertungen qualitativer Daten mit Hilfe eines deduktiven Schemas und MAXqda. In: Kuckartz, U./Grunenberg, H./Lauterbach, A. (Hrsg.). Qualitative Datenanalyse: computergestützt. Methodische Hintergründe und Beispiele aus der Forschungspraxis. 1. Aufl. Wiesbaden: VS Verlag, S. 155-165.

Schimank, U. (1994). Organisationssoziologie. In: Kerber, H./Schmieder, A. (Hrsg.). Spezielle Soziologien. Problemfelder, Forschungsbereiche, Anwendungsorientierungen. Reinbek bei Hamburg: Rowohlt, S. 240-254.

Schlömerkemper, J. (2002). Leistungsmessungen und die Professionalität des Lehrerberufs. In: Weinert, F. E. (Hrsg.). Leistungsmessungen in Schulen. 2. Aufl. Weinheim, Basel: Beltz, S. 311-321.

Schneewind, J. (2006a). Gutachten zu Form und Einsatz von Ergebnisrückmeldungen für die Unterrichtsentwicklung. Die Instrumente Klassencockpit, Orientierungsarbeiten, Check 5. Im Auftrag der Bildungsdirektion des Kanton Zürich. Abteilung Bildungsplanung. Unveröffentlichtes Manuskript, Berlin.

Schneewind, J. (2006b). Rückmeldungen als Motivator für die Teilnahme an Schulleistungsstudien? Die Rezeptionsstudie von BeLesen. In: Kuper, H./Schneewind, J. (Hrsg.). Rückmeldungen und Rezeption von Forschungsergebnissen. Zur Verwendung wissenschaftlichen Wissens im Bildungsbereich. Münster: Waxmann, S. 107-126.

Schneewind, J. (2006c). Wie Lehrkräfte mit Ergebnisrückmeldungen aus Schulleistungsstudien umgehen. Ergebnisse aus Befragungen von Berliner Grundschullehrerinnen. Arbeit zur Erlangung des akademischen Grades Dr. phil., Freie Universität Berlin.

Schneewind, J./Merkens, H./Kuper, H. (2005). Erprobung eines Rückmeldeformats an Berliner Grundschulen. In: Döbert, H./Fuchs, H.-W. (Hrsg.). Leistungsmessungen und Innovationsstrategien in Schulsystemen. Ein internationaler Vergleich. Bd. 6. Münster: Waxmann, S. 79-94.

Schnell, R./Hill, P. B./Esser, E. (2005). Methoden der empirischen Sozialforschung. 7., völlig überarb. und erw. Aufl. München: R. Oldenbourg Verlag.

Schrader, F.-W./Helmke, A. (2002). Alltägliche Leistungsbeurteilung durch Lehrer. In: Weinert, F. E. (Hrsg.). Leistungsmessungen in Schulen. 2. Aufl. Weinheim, Basel: Beltz, S. 45-58.

Schrader, F.-W./Helmke, A. (2003). Evaluation - und was danach? Ergebnisse der Schulleiterbefragung im Rahmen der Rezeptionsstudie WALZER. In: Schweizerische Zeitschrift für Bildungswissenschaften, 25 (1), S. 79-110.

Schrader, F.-W./Helmke, A. (2004). Von der Evaluation zur Innovation? Die Rezeptionsstudie WALZER: Ergebnisse der Lehrerbefragung. In: Empirische Pädagogik, 18 (1), S. 140-161.

Schwippert, K. (2004). Leistungsrückmeldungen an Grundschulen im Rahmen der Internationalen Grundschul-Lese-Untersuchung (IGLU). In: Empirische Pädagogik, 18 (1), S. 62-81.

Schwippert, K. (2005a). Vergleichende Leistungsuntersuchungen, Bildungsstandards und die Steuerung von schulischen Bildungsprozessen. In: Berufs- und Wirtschaftspädagogik Online, 8. Abrufbar unter: http://www.bwpat.de/ausgabe8/schwippert_bwpat8.pdf. (Zugriff am: 25.04.2006)

Schwippert, K. (2005b). Zur gewandelten Akzeptanz von Schulrückmeldungen. In: Döbert, H./Fuchs, H.-W. (Hrsg.). Leistungsmessungen und Innovationsstrategien in Schulsystemen. Ein internationaler Vergleich. Bd. 6. Münster: Waxmann, S. 63-78.

Scott, W. R. (1992). Introduction: From Technology to Environment. In: Meyer, J. W./Scott, W. R. (Hrsg.). Organizational Environments. Ritual and Rationality. Newbury Park, London, New Delhi: Sage, S. 13-17.

Seashore Louis, K./Febey, K./Schroeder, R. (2005). State-Mandated Accountability in High Schools: Teacher's Interpretations of a New Era. In: Educational Evaluation and Policy Analysis, 27 (2), S. 177-204.

Shulha, L. M./Cousins, J. B. (1997). Evaluation Use: Theory, Research, and Practice since 1986. In: Evaluation Practice, 18 (3), S. 195-208.

Soeffner/Hitzler (1994). Hermeneutik als Haltung und Handlung. In: Schröer, N. (Hrsg.). Interpretative Sozialforschung. Auf dem Weg zu einer hermeneutischen Wissenssoziologie. Opladen: Westdt. Verlag, S. 28-35.

Soeffner, H.-G. (1999). Verstehende Soziologie und sozialwissenschaftliche Hermeneutik. Die Rekonstruktion der gesellschaftlichen Konstruktion von Wirklichkeit. In: Hitzler, R./Reichertz, J./Schröer, N. (Hrsg.). Hermeneutische Wissenssoziologie: Standpunkte zur Theorie der Interpretation. Konstanz: UVK, S. 39-49.

Söll, F. (1999). Was denken Lehrer/innen über Schulentwicklung? Eine qualitative Studie zu subjektiven Theorien. Weinheim, Basel: Beltz.

Spillane, J. P. (2000). Cognition and Policy Implementation: District Policymakers and the Reform of Mathematics Education. In: Cognition and Instruction, 18 (2), S. 141-179.

Stähling, R. (2005). Qualitätsentwicklung statt Vergleichsarbeiten. Zu einem unfruchtbaren Verhältnis von Forschung und Schule. In: Die Deutsche Schule, 97 (2), S. 211-221.

Stamm, M. (2002). Evaluation und ihre Folgen: Eine unterschätzte pädagogische Herausforderung. In: Zeitschrift für Berufs- und Wirtschaftspädagogik, 98 (2), S. 181-196.

Steinke, I. (1999). Kriterien qualitativer Forschung. Ansätze zur Bewertung qualitativ-empirischer Sozialforschung. Weinheim, München: Juventa.

Steinke, I. (2000). Geltung und Güte. Bewertungskriterien für qualitative Forschung. In: Kraimer, K. (Hrsg.). Die Fallrekonstruktion. Sinnerstehen in der sozialwissenschaftlichen Forschung. Frankfurt/M.: Suhrkamp, S. 201-236.

Stichweh, R. (1997). Profession in einer funktional differenzierten Gesellschaft. In: Combe, A./Helsper, W. (Hrsg.). Pädagogische Professionalität. Frankfurt/M.: Suhrkamp, S. 49-69.

Strauss, A./Corbin, J. (1996). Grounded Theory: Grundlagen Qualitativer Sozialforschung. Weinheim, Basel: Beltz.

Strodtholz, P./Kühl, S. (2002). Qualitative Methoden der Organisationsforschung - ein Überblick. In: Kühl, S./Strodtholz, P. (Hrsg.). Methoden der Organisationsforschung. Ein Handbuch. Reinbek bei Hamburg: Rowohlt, S. 7-29.

Tacke, V. (2005). Schulreform als aktive Deprofessionalisierung? Zur Semantik der lernenden Organisation im Kontext der Erziehung. In: Klatetzki, T./Tacke, V. (Hrsg.). Organisation und Profession. 1. Aufl. Wiesbaden: VS Verlag, S. 165-198.

Tenorth, H.-E. (2004). Bildungsstandards und Kerncurriculum - Systematischer Kontext, bildungspolitische Probleme. In: Zeitschrift für Pädagogik, 50 (5), S. 650-660.

Tenorth, H.-E. (2006). Professionalität im Lehrerberuf. Ratlosigkeit der Theorie, gelingende Praxis. In: Zeitschrift für Erziehungswissenschaft, 9 (4), S. 580-597.

Terhart, E. (1986). Organisation und Erziehung. Neue Zugangsweisen zu einem alten Problem. In: Zeitschrift für Pädagogik, 32 (2), S. 205-223.

Terhart, E. (1994). Lehrer/in werden - Lehrer/in bleiben: berufsbiographische Perspektiven. In: Mayr, J. (Hrsg.). Lehrer/in werden. Innsbruck: Österr. Studien-Verlag, S. 17-46.

Terhart, E. (1998). Lehrerberuf: Arbeitsplatz, Biographie, Profession. In: Altrichter, H. (Hrsg.). Handbuch zur Schulentwicklung. Innsbruck, Wien: Studien-Verlag, S. 560-585.

Terhart, E. (2001). Lehrerberuf und Lehrerbildung. Forschungsbefunde, Problemanalysen, Reformkonzepte. Weinheim, Basel: Beltz.

Terhart, E. (2002). Wie können die Ergebnisse von vergleichenden Leistungsstudien systematisch zur Qualitätsverbesserung genutzt werden? In: Zeitschrift für Pädagogik, 48 (1), S. 91-110.

Thies, E. (2005). Die Entwicklung von Bildungsstandards als Länder übergreifendes bildungspolitisches Programm. In: Rekus, J. (Hrsg.). Bildungsstandards, Kerncurricula und die Aufgabe der Schule. Münster: Aschendorff, S. 8-23.

Thomas, S./Smees, R./Elliot, K. (2000). Value Added Feedback for the Purpose of School Self Evaluation. In: Askew, S. (Hrsg.). Feedback of Learning. London, New York: Routledge Falmer, S. 144-159.

Thürmann, E. (2002). Unbekanntes Land. Wie Bildungsstandards das Lernen verbessern sollen. In: Forum Schule, 3, S. 22-25.

Tillmann, K.-J. (2001). Leistungsvergleichsstudien und Qualitätsentwicklung oder: Auf dem Weg zu holländischen Verhältnissen? In: Journal für Schulentwicklung, 5, S. 9-17.

Türk, A. (1997). Organisation als Institution der kapitalistischen Gesellschaftsformation. In: Ortmann, G. (Hrsg.). Theorien der Organisation: die Rückkehr der Gesellschaft. Opladen: Westdt. Verlag, S. 124-176.

Volante, L. (2005). Accountability, Student Assessment, and the Need for a Comprehensive Approach. In: International Electronic Journal for Leadership in Learning, 9, (6). Abrufbar unter: http://www.ucalgary.ca/%7Eiejll/volume9/volante.htm. (Zugriff am: 24.11.2005)

Watermann, R./Stanat, P. (2004). Schulrückmeldungen in PISA 2000: Sozialnorm- und kriteriumsorientierte Rückmeldeverfahren. In: Empirische Pädagogik, 18 (1), S. 40-61.

Watermann, R./Stanat, P./Kunter, M./Klieme, E./Baumert, J. (2003). Schulrückmeldungen im Rahmen von Schulleistungsuntersuchungen: Das Disseminationskonzept von PISA 2000. In: Zeitschrift für Pädagogik, 49 (1), S. 91-111.

Weber, M. (1922/2006). Wirtschaft und Gesellschaft. Paderborn: Voltmedia.

Weick, K. E. (1976). Educational Organizations as Loosely Coupled Systems. In: Administrative Science Quarterly, 21 (1), S. 1-19.

Weick, K. E. (1995). Sensemaking in Organizations. Thousand Oaks, London, New Delhi: Sage.

Weick, K. E./Sutcliffe, K. M./Obstfeld, D. (2005). Organizing and the Process of Sensemaking. In: Organization Science, 16 (4), S. 409-421.

Weinert, F. E. (2002a). Perspektiven der Schulleistungsmessung - mehrperspektivisch betrachtet. In: Weinert, F. E. (Hrsg.). Leistungsmessungen in Schulen. 2. Aufl. Weinheim, Basel: Beltz, S. 353-366.

Weinert, F. E. (2002b). Vergleichende Leistungsmessungen in Schulen - eine umstrittene Selbstverständlichkeit. In: Weinert, F. E. (Hrsg.). Leistungsmessungen in Schulen. 2. Aufl. Weinheim, Basel: Beltz, S. 17-31.

Weinert, F. E. (Hrsg.). Leistungsmessungen in Schulen. 2. Aufl. Weinheim, Basel: Beltz, 2002.

Weishaupt, H./Steinert, B./Baumert, J. (1991). Bildungsforschung in der Bundesrepublik Deutschland. Situationsanalyse und Dokumentation. Bad Honnef: Bock.

Weiss, C. H. (1988). Evaluations for Decisions. Is anybody there? Does anybody care? In: Evaluation Practice, 9 (1), S. 5-19.

Wenzel, H. (2005). Professionen und Organisation. Dimensionen der Wissensgesellschaft bei Talcott Parsons. In: Klatetzki, T./Tacke, V. (Hrsg.). Organisation und Profession. 1. Aufl. Wiesbaden: VS Verlag, S. 31-71.

Wernet, A. (2003). Pädagogische Permissivität. Schulische Sozialisation und pädagogisches Handeln jenseits der Professionalisierungsfrage. Opladen: Leske+Budrich.

Wernet, A. (2005). Über pädagogisches Handeln und den Mythos seiner Professionalisierung. In: Pfadenhauer, M. (Hrsg.). Professionelles Handeln. Wiesbaden: VS Verlag, S. 125-144.

Wiegand, M. (1996). Prozesse Organisationalen Lernens. Wiesbaden: Gabler.

Willke, H. (2001). Systemisches Wissensmanagement. 2. neu bearbeitete Aufl. Stuttgart: Lucius und Lucius.

Witzel, A. (1982). Verfahren der qualitativen Sozialforschung. Überblick und Alternativen. Frankfurt/New York: Campus Verlag.

Witzel, A. (1985). Das problemzentrierte Interview. In: Jüttemann, G. (Hrsg.). Qualitative Forschung in der Psychologie: Grundfragen, Verfahrensweisen, Anwendungsfelder. Weinheim, Basel: Beltz, S. 227-255.

Witzel, A. (1996). Auswertung problemzentrierter Interviews: Grundlagen und Erfahrungen. In: Strobl, R./Böttger, A. (Hrsg.). Wahre Geschichten? Zur Theorie und Praxis qualitativer Interviews. Baden-Baden: Nomos, S. 49-76.

Witzel, A. (2000). Das Problemzentrierte Interview. In: Forum Qualitative Sozialforschung, 1 (1). Abrufbar unter: http://qualitative-research.net/fqs. (Zugriff am 28.11.2006)

Yin, R. K. (2003). Case Study research. Design and Methods. 3. Thousand Oaks, London, New Delhi: Sage.

Anhang

Leitfaden für die problemzentrierten Interviews zum Zeitpunkt E

Interviewleitfaden für den Erhebungszeitpunkt (E 1)
- Einstiegsfrage: Inwieweit sind Sie selbst an den Lernstand 9 Erhebungen beteiligt?

Bereich Rezeption
- Wie sind Daten und Abläufe der Lernstand 9 Erhebungen bei den Lehrkräften angekommen?
- Welche Grundlagen haben die verschiedenen Lehrkräfte in Bezug auf die Übernahme der Informationen aus Lernstand 9?
- Welche Informationsquellen sind (für die Arbeit mit Lernstand 9) wichtig? Welche Kompetenzgrundlagen spielen eine herausragende Rolle für den Umgang mit den Lern Stand 9 Ergebnissen: Welche Vorteile bzw. Nachteile haben Sie für sich bei der Betrachtung/Auswertung/Interpretation der L9 Daten festgestellt? (Ansprechpartner: Wer wurde bei Problemen/Schwierigkeiten gefragt?)
- Gab es schulinterne Fortbildungen und/oder Beratungen? Haben Sie Qualitäts- und/oder Arbeitszirkel gebildet? Mit wem haben Sie die Daten betrachtet? Was war davon aus Ihrer Sicht sinnvoll?
- Inwieweit werden die bereitgestellten Materialien (und ggf. eine personelle Beratung)für die Datenaufnahme als hilfreich eingeschätzt?
- Unter welchen Bedingungen und auf welchen Schulebenen werden die Hilfsmaterialien (und ggf. die Beratungsangebote) genutzt?

Bereich Reflexion
- Werden überhaupt Informationen gewonnen? Wie wird die praktische Anwendung des Wissens begründet? (rational oder normativ?) Was sind die Wissensgrundlagen für die ‚neue Output-Steuerung'? (Nutzung von Wissen → Kompetenz) Werden Kausalzusammenhänge durch die rückgemeldeten Daten hergestellt (Technologisierung der Ursachenzuschreibungen) oder werden solche Zuschreibungen eher zurückgewiesen? (Technologie oder Konsens? Technologische oder normative Handlungsmodelle?)
- Unter welchen Gesichtspunkten werden die Ergebnisse thematisiert? Welche Aspekte stehen im Vordergrund? Welche Formen und Inhalte werden für die schulbezogenen Auseinandersetzungen mit den Evaluationsergebnissen gewählt?
- Welchen Sinn sehen Sie für sich in der Auseinandersetzung und Interpretation der zurückgemeldeten Daten? Erkenntniswert/Gewinn für die eigene Arbeit?
- Welche Interpretationen haben Sie aus den Daten ziehen können, welche Informationen für sich gewinnen können?
- Welchen diagnostischen Wert messen Sie den Daten bei? Welche Möglichkeiten sehen Sie für die Unterrichts- und Schulentwicklung?
- Wurde/wird ein eigenes Interesse für die Auswertung der Evaluationsdaten entwickelt?
- Werden Probleme mit den Daten bzw. Unsicherheiten in der Interpretation genannt und auf welche Aspekte beziehen sich diese (z.B. Vergleichbarkeit der Daten; Verständlichkeit bestimmter Aspekte etc.)?

- Gibt es Interpretationshoheiten an der Schule (z.B. gebunden an Personen oder schulinterne Gremien), die eine ‚allgemeingültige' Interpretation für die Lehrkraft darstellt? (Berufsethos, geteilte Normen)
- zusammenfassende Bestandsaufnahmen, Erörterung der Auswertungs- und Diagnosemöglichkeiten der Daten; Unterrichts- und Schulentwicklung

Bereich Handlung
- *Wie* wird mit den neuen Informationen umgegangen? Wird ‚neues Wissen' in den Unterricht integriert? Können aus den Daten/Informationen Handlungen abgeleitet werden?
- Gibt es Druck die Ergebnisse in Handlungen umzusetzen?
- Überwiegen individuelle Konsequenzen für den eigenen Unterricht (Benotung, Leistungsmessungen, Evaluation, Didaktik) oder die Gedanken über die allgemeine Schulentwicklung/Unterricht der Kollegen eigener Fachrichtungen/anderer Fachrichtungen?
- Haben Sie schon Schritte umgesetzt? Wie weit sind die Entwicklungen aus den Konsequenzen der Ergebnisse und der gesamten Berichterstattung?
- Bereich Evaluation
- Werden die eingeleiteten Maßnahmen rückblickend bewertet? Wird wahrscheinlich erst zum zweiten Erhebungszeitpunkt eine Rolle in den Interviews spielen, da es sich beim ersten Erhebungszeitpunkt um die erste Durchführung der Lernstandserhebung Lernstand 9 in NRW handelt.

Bereich Profession
- Welches Verständnis von Professionalisierung liegt bei den Lehrkräften vor? Einschätzung der eigenen Expertise und Kompetenzen; Vorwissen im Bereich der Evaluation; Bereitschaft zur Selbstevaluation
- Aufdeckung des Bildungsbegriffs bzw. Referenz auf Zentralwert der Profession
- Umgang mit Evaluation allgemein; Art der Reflexion der eigenen Handlungen/Wissen; In welchen Relationen stehen die Bereiche ‚Kompetenz, Rationalität, Intelligenz und Wissen' zueinander?
- Welche Zielsetzungen verbinden Sie mit dem Lehrerberuf? – z.B. auch Ziele für den eigenen Unterricht, Ziele für die Schule, auch in Hinblick auf das Bildungssystem oder Schulsystem
- Welche Kontrollmechanismen Ihrer Arbeit erachten Sie als sinnvoll und welche wenden Sie in der Praxis an (bes. auf welchen Ebenen)? (hier auch im Vergleich zu ‚früher' (Input-Steuerung) und ‚heute' (Output-Steuerung) – besteht ein Bewusstsein für die Veränderungen im Bildungssystem und wenn ja, wie sieht dieses aus? (Stichwörter: Parallelarbeiten, Klassenarbeiten, unterschiedliche Benotungen, Rücksprache mit Kollegen über Benotung- und Inhaltstandards etc.) → zielt vor allem auch auf „alle" Mechanismen jenseits von L9.
- Wie haben Sie kontrolliert bzw. wie kontrollieren Sie Ihre Unterrichtsziele und Ihren Unterrichtserfolg jenseits von L9 bzw. spielt L9 dabei überhaupt eine Rolle?
- *Wie würden Sie Ihren eigenen Unterricht beschreiben? Was sind Ihre bevorzugten Unterrichtsformen, -methoden?* (Teamteaching, gemeinsame Unterrichtsvorbereitungen, Fortbildungen, Engagement im Bereich der Schule/Schüler)

- In welcher Weise werden die Daten persönlich aufgenommen? (Weiterentwicklung oder Bedrohung der Autonomie?)

Bereich Organisation
- Wie arbeiten Sie hier an der Schule? In welchen Organisationsformen findet eine Auseinandersetzung mit den Daten statt?
- Welche Einzelpersonen oder welches schulinterne Gremium wird als Informationsträger wahrgenommen (wer weiß was)?
- Welche Entscheidungen waren maßgeblich für die weitere Bearbeitung der Informationen und Daten? Wurden von den Lehrkräften überhaupt Entscheidungen in Form von Prämissen wahrgenommen?
- Welche formellen Absprachen und informellen Verabredungen sind maßgeblich für die Weiterverarbeitung der Daten; welche Konsequenzen folgen daraus?
- Welche Personengruppen bzw. welche Schulgremien setzen sich damit auseinander? Welche Gremien würden Sie als sinnvoll erachten?
- Werden Handlungen durch Entscheidungen eingeleitet und auch als solche wahrgenommen? Auf welchen Ebenen werden die Entscheidungen über die weitere Schulentwicklung getroffen? Sind Handlungsstrategien als Nebenwirkung der Auseinandersetzung auf der Organisationsebene zu erkennen?
- Werden Handlungen eher aufgrund individueller, kooperativer oder autoritärer Entscheidungen/Prämissen eingeleitet? (Rollen der Schulebenen. Schulleitung, FK-Vorsitzende etc.)
- Inwieweit wird die Schulentwicklung auf Basis von Evaluationsstudien als eine Möglichkeit für eine nachhaltig wirksame Verbesserung der eigenen Schule angesehen? (Stichwort: Beteiligung an Schulentwicklung als Aufgabe des Einzellehrers bzw. des Kollegiums)
- In welchen Organisationsformen werden Handlungsvereinbarungen getroffen? bzw. werden Formen geschaffen, in denen Vereinbarungen getroffen werden können? Wo wurden in Ihrer Schule bisher Entscheidungen festgehalten? Welche wurden getroffen? Wer hat über diese Entscheidungen die Verantwortung bzw. trägt sie?

Assoziationsspiel bildet das Ende des Interviews
- 3 spontane Antworten auf folgende Frage: Bitten nennen Sie spontan 3 Dinge/Veränderungen, die Sie sich persönlich für die Entwicklung Ihrer Schule für die Zukunft wünschen/, die Ihnen wichtig erscheinen ...

Leitfaden für die problemzentrierten Interviews zum Zeitpunkt E2

Interviewleitfaden für den Erhebungszeitpunkt (E 2)
- Einstiegsfrage: Haben sich für Sie seit unserem letzten Gespräch Veränderungen in Bezug auf Ihre Wahrnehmung von Lernstand 9 ergeben?

- Was ist bereits aus dem alten Interview bekannt? Inhalte wurde zusammengefasst und Fragen aufgrund der Situation im ersten Interview formuliert.

- Aufteilung der Bereiche wie zum ersten Erhebungszeitpunkt bleiben erhalten und die Fragen orientieren sich am Leitfaden zum Erhebungszeitpunkt E 1
- Fokus wird jeweils auf die Bereiche gelegt, die während des ersten Interviews nicht behandelt wurden.
- Fokus auch Vergleich der beiden Lernstandserhebungen im Schuljahr 04/05 und 05/06

Belege über die Zuweisungen der Interviewaussagen

Zitatnr.	Name	(Zeitpunkt E1/E 2)	Fach	Funktion	Schule
1	Herr Schulz		Deutsch	FK-Vorsitzender	A
2	Frau Weber	I	Deutsch	-	A
3	Herr Schulz		Deutsch	FK-Vorsitzender	A
4	Herr Wolf		Englisch	-	A
5	Frau Weber	II	Deutsch	-	A
6	Herr Schulz		Deutsch	FK-Vorsitzender	A
7	Frau Weber	I	Deutsch	-	A
8	Frau Weber	I	Deutsch	-	A
9	Herr Schulz		Deutsch	FK-Vorsitzender	A
10	Herr Becker		Mathe	Did. Leiter	A
11	Frau Koch	II	Englisch	-	A
12	Herr Mann		Deutsch	Schulleiter	B
13	Frau Huber		Mathe	-	B
14	Frau Beyer		Englisch	-	B
15	Herr Mann		Deutsch	Schulleiter	B
16	Frau Beyer		Englisch	-	B
17	Frau Beyer		Englisch	-	B
18	Frau Huber		Mathe	-	B
19	Frau Koch	II	Englisch	-	A
20	Herr Mann		Deutsch	Schulleiter	B
21	Frau Beyer		Englisch	-	B
22	Herr Stein		Mathe	FK-Vorsitzender	B
23	Herr Weiß		Deutsch	-	B
24	Frau Fischer	I	Mathe	-	A
25	Frau Fischer	II	Mathe	-	A
26	Herr Stein		Mathe	FK-Vorsitzender	B
27	Frau Fischer	I	Mathe	-	A
28	Frau Fischer	II	Mathe	FK-Vorsitzender	A
29	Herr Stein		Mathe	FK-Vorsitzender	B
30	Frau Klein		Deutsch	-	A

31	Herr Müller	II	Mathe	-	A
32	Frau Dann		Englisch	-	A
33	Frau Roth		Deutsch	FK-Vorsitzende	B
34	Herr Müller	I	Mathe	-	A
35	Herr Müller	II	Mathe	-	A
36	Herr Müller	II	Mathe	-	A
37	Frau Dann		Englisch	-	A
38	Frau Roth		Deutsch	FK-Vorsitzende	B
39	Herr Müller	II	Mathe	-	A
40	Herr Hahn		Mathe	-	B
41	Frau Krüger		-	Did. Leiterin	B
42	Herr Krause		Deutsch	-	B
43	Frau Roth		Deutsch	FK-Vorsitzende	B
44	Herr Müller	II	Mathe	-	A
45	Frau Peters		Deu/Englisch	FK-Vorsitzende	B
46	Frau Roth		Deutsch	FK-Vorsitzende	B
47	Herr Müller	I	Mathe	-	A
48	Herr Krause		Deutsch	-	B
49	Frau Krüger		-	Did. Leiterin	B
50	Herr Müller	I	Mathe	-	A
51	Frau Peters		Deu/Englisch	FK-Vorsitzende	B
52	Frau Dann		Englisch	-	A
53	Herr Müller	I	Mathe	-	A
54	Herr Hahn		Mathe	-	B
55	Herr Krause		Deutsch	-	B
56	Herr Becker		Mathe	Did. Leiter	A
57	Frau Weber	I	Deutsch	-	A
58	Frau Weber	I	Deutsch	-	A
59	Frau Fischer	II	Mathe	-	A
60	Herr Schulz		Deutsch	FK-Vorsitzender	A
61	Frau Klein		Deutsch	-	A
62	Frau Weber	II	Deutsch	-	A
63	Frau Huber		Mathe	-	B
64	Herr Becker		Mathe	Did. Leiter	B
65	Herr Becker		Mathe	Did. Leiter	B
66	Frau Krüger		-	Did. Leiterin	B
67	Frau Fischer	I	Mathe	-	A
68	Herr Schulz		Deutsch	FK-Vorsitzender	A
69	Frau Weber	I	Deutsch	-	A
70	Frau Klein		Deutsch	-	A
71	Herr Schulz		Deutsch	FK-Vorsitzender	A
72	Frau Koch	II	Englisch	-	A
73	Frau Koch	I	Englisch	-	A
74	Frau Koch	II	Englisch	-	A
75	Frau Koch	II	Englisch	-	A
76	Frau Koch	II	Englisch	-	A

77	Frau Beyer		Englisch	-	B
78	Herr Stein		Mathe	FK-Vorsitzender	B
79	Herr Stein		Mathe	FK-Vorsitzender	B
80	Herr Müller	II	Mathe	-	A
81	Herr Müller	I	Mathe	-	A
82	Herr Mann		Deutsch	Schulleiter	B
83	Herr Stein		Mathe	FK-Vorsitzender	B
84	Frau Dann		Englisch	-	A
85	Herr Stein		Mathe	FK-Vorsitzender	B
86	Frau Dann		Englisch	-	A
87	Herr Mann		Deutsch	Schulleiter	B
88	Herr Müller	I	Mathe	-	A
89	Frau Dann		Englisch	-	A
90	Frau Roth		Deutsch	FK-Vorsitzende	B
91	Herr Hahn		Mathe	-	B
92	Herr Mann		Deutsch	Schulleiter	B
93	Herr Stein		Mathe	FK-Vorsitzender	B
94	Herr Krause		Deutsch	-	B
95	Frau Peters		Deu/Englisch	FK-Vorsitzende	B
96	Herr Krause		Deutsch	-	B
97	Herr Weiß		Deutsch	-	B
98	Herr Weiß		Deutsch	-	B
99	Frau Peters		Deu/Englisch	FK-Vorsitzende	B
100	Herr Krause		Deutsch	-	B
101	Herr Krause		Deutsch	-	B
102	Frau Peters		Deu/Englisch	FK-Vorsitzende	B
103	Herr Wolf		Englisch	-	A
104	Herr Wolf		Englisch	-	A
105	Herr Wolf		Englisch	-	A

Educational Governance

Grundlagen Erziehungswissenschaft

Helmut Fend

Entwicklungspsychologie des Jugendalters
Ein Lehrbuch für pädagogische und psychologische Berufe
3., durchges. Aufl. 2003. 520 S.
Br. EUR 24,90
ISBN 978-3-8100-3904-0

Detlef Garz

Sozialpsychologische Entwicklungstheorien
Von Mead, Piaget und Kohlberg bis zur Gegenwart
3., erw. Aufl. 2006. 189 S. Br. EUR 22,90
ISBN 978-3-531-23158-7

Heinz Moser

Einführung in die Medienpädagogik
Aufwachsen im Medienzeitalter
4., überarb. und akt. Aufl. 2006.
313 S. Br. EUR 22,90
ISBN 978-3-531-32724-2

Jürgen Raithel / Bernd Dollinger / Georg Hörmann

Einführung Pädagogik
Begriffe – Strömungen – Klassiker – Fachrichtungen
2., durchges. und erw. Aufl. 2005.
330 S. Br. EUR 16,90
ISBN 978-3-531-34702-8

Christiane Schiersmann

Berufliche Weiterbildung
2007. 272 S. Br. EUR 19,90
ISBN 978-3-8100-3891-3

Bernhard Schlag

Lern- und Leistungsmotivation
2., überarb. Aufl. 2006. 191 S.
Br. EUR 16,90
ISBN 978-3-8100-3608-7

Agi Schründer-Lenzen

Schriftspracherwerb und Unterricht
Bausteine professionellen Handlungswissens
2., erw. Aufl. 2007. 252 S. Br. EUR 19,90
ISBN 978-3-531-15368-1

Peter Zimmermann

Grundwissen Sozialisation
Einführung zur Sozialisation im Kindes- und Jugendalter
3., überarb. und erw. Aufl. 2006.
232 S. Br. EUR 18,90
ISBN 978-3-531-15151-9

Erhältlich im Buchhandel oder beim Verlag.
Änderungen vorbehalten. Stand: Juli 2008.

www.vs-verlag.de

VS VERLAG FÜR SOZIALWISSENSCHAFTEN

Abraham-Lincoln-Straße 46
65189 Wiesbaden
Tel. 0611.7878-722
Fax 0611.7878-400